滝沢正先生古稀記念論文集

いのち、裁判と法

比較法の新たな潮流

矢島基美・小林真紀
［編集代表］

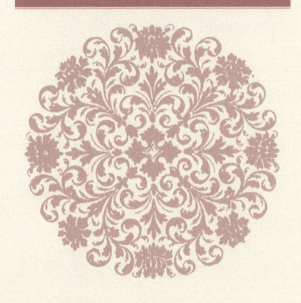

三省堂

滝沢 正 先生

謹んで古稀を祝し
滝沢 正 先生に捧げます

執筆者一同

はしがき

　本書は、上智大学法科大学院教授である滝沢正先生が2016年7月に古稀を迎えられたことから、日頃の学恩に感謝したいという思いのもとに一堂に会した17名の執筆者が、祝意として謹呈するものである。

　この論文集は、次に掲げる2つの点に重きをおいて構成されている。第一に、滝沢先生が最も力を注いで研究を進められてきた専攻領域そのものである。あらためて言うまでもなく、先生の主たるご専門はフランス法および比較法であるが、これらに加え、EU法や国際法に関わる問題についても優れた業績を発表されてきている。このことを踏まえ、本書の企画の際には、外国法・比較法的視点からの論考はもとより、国際関係法的な視点から扱った論考も含まれるよう、テーマ設定について執筆者の方々に配慮を頂けるようお願いした。幸いにも、アメリカ法、フランス法、ドイツ法など英米法および大陸法を代表する法体系を扱った論文と、EU法、国際公法および国際私法といった分野横断的な視点から書かれた論文が多数寄せられたおかげで、本書そのものが、先生のご活躍の分野の広さを示す指標にもなっている。それぞれの論文は独立しているとはいえ、全体を通してみられる相互の繋がりが、一方で、法系論的な観点から英米法や大陸法の特徴を示し、他方で、法の統一あるいは国際的な法の動向の現状を描き出しており、そこに比較法の新たな潮流を汲み取ることができるのではないかと考えている。

　第二に、これまで、滝沢先生ご自身が中心となり複数の研究者と連携して進められてきた数々の共同研究の成果を考慮した。先生は、上智大学を研究の拠点として種々の共同研究を実施され、その成果を学会や紀要にて発表されてきている。それらを大別するなら、まず、フランス生命倫理法に代表される、生殖補助医療や終末期医療において起こる法的問題や、患者の同意や死者の遺志の捉え方といった人の生と死をめぐって生じる諸問題を扱ったものがある。次

に、ヨーロッパ各国法およびEU法における裁判組織のあり方、裁判の根源および意義あるいは公正性などを論点として、裁判と法をめぐる諸問題を扱ったものが挙げられる。そこで、本論文集もこれら2つのテーマを柱として、第1部を「生と死」、第2部を「裁判と法」とする2部構成を取ることにした。各部において論考は、それぞれの論者が検討の主たる対象とした国別に並べられている。

　滝沢先生は、1976年3月に東京大学大学院博士課程を修了し、法学博士の称号を受けられ、同年4月に上智大学法学部に助教授として着任された。以来、こんにちに至るまで、上智大学を拠点としてフランス法および比較法の教育と研究に邁進されている。また、東京大学、九州大学、日本大学をはじめとする全国各所の大学および大学院においても、長きにわたり非常勤講師としてフランス法および比較法の講義を担当されてきた。こうした先生のご活躍は、指導教授であられた野田良之先生をはじめとする先代が築かれてきた基礎法学教育の礎を後世に伝えるべく、近年、法学部における基礎法学科目の重要性に対する認識が低下しつつある現状に警鐘を鳴らそうとする、滝沢先生の強いご意志のあらわれであるともいえる。

　とりわけ、先生のご業績の筆頭に挙げられるのが、1986年に渋沢・クローデル賞を受賞された『フランス行政法の理論』（有斐閣）、1997年に初版が出された『フランス法』（三省堂）、および2009年に刊行された『比較法』（三省堂）である。とくに後者の2つの書物は、体系的かつ分かりやすい教科書に長らく欠けていた両分野で、まさに教科書として不動の地位を得ているといっても過言ではない。特筆すべきは、両書ともきわめて優れた体系書であるにもかかわらず、フランス民法典のように平易で明快な言葉で書かれている点である。とかく担当者の専攻や関心に偏りがちなフランス法や比較法の講義のあり方に一石を投じ、法学の一分野として教育すべき重要性をあらためて世に示したという点も、学界で高く評価されている所以である。これらの書物も含め、先生がこれまで発表されてきた数々のご研究の成果から、先生が抱かれている問題意識を敢えてひと言で表現するならば、それは、常に物事の全体を俯瞰し、大局的視点に立ちつつ、最も基本的かつ重要な論点を射抜くことにあるのではないかと思われる。

もちろん、滝沢先生のご活躍は、教育・研究の分野にとどまらない。上智大学では、法学部国際関係法学科長、法学部長、法科大学院長など、次々に重要な役職を担われたのち、第14代学長に選任され、上智大学のさらなる発展に貢献されてきた。現在も、同大学生命倫理研究所の所長としてご活躍中である。また、学界においては、比較法学会、日仏法学会および公法学会の理事を長期にわたって務められている。とりわけ比較法学会では2006年に理事長に就任され、2期にわたり、わが国における比較法学の発展に寄与すべく学会の先頭に立って指揮をとられてきた。加えて、末延財団の理事としても、外国法研究を志す若手研究者の育成に注力されてきた。このように、滝沢先生のご活躍の分野は裾野があまりに広く、ここにひと言で書き表すことは難しい。詳細については、巻末に掲げたご業績の一覧を参照して頂きたい。

　滝沢先生の周囲には、常に同僚や門弟が集う。先生を中心にいつの間にか人の輪ができ、それが波のように分野を越えて多方向に伝わって、幾重もの学問的交流の環が自然と形成されていく。それも、学問に対しては常に厳しく批判的な姿勢を貫きつつ、ひとたび研究の場から離れると、誰に対しても穏やかで優しさに満ち溢れた態度で接してくださるという、滝沢先生のお人柄に魅かれる者が後を絶たないためである。本書も、こうした先生のお人柄に尊敬の念を抱いてやまない多数の研究者が、先生がめでたく古稀を迎えられるにあたり、何らかの祝意を表したいと結集した結果、完成したものである。いわば、滝沢先生のお人柄が、フランス刺繍の糸のように門弟の絆を強く縫い合わせ、本書をきっかけとして、「比較法の新たな潮流」と題する一枚の刺繍画を描く機会を与えてくださったのではないかと考えている。なお、企画を立ち上げた当初には寄稿へのご承諾を頂きながらも、編集のスケジュール上の理由から、玉稿を収めることが叶わなかった方もおられる。あらためてここにご寛恕を請う次第である。

　本書の刊行にあたっては、昨今の厳しい出版事情にもかかわらず、企画の段階から一貫して三省堂の黒田也靖氏にご尽力を頂いた。同氏の寛容かつ粘り強い編集努力がなかったら、本書の刊行は到底実現しえなかったであろう。厚くお礼を申し上げる。

最後に、執筆者一同に代わり、滝沢先生の今後のますますのご活躍とご健勝を心よりお祈りし、先生の学恩に謝するべく本書を謹呈することとしたい。

　2016年11月

執筆者を代表して

矢島　基美

小林　真紀

目　次

はしがき
編者・執筆者紹介

▌ 第1部　生と死 ▌

生命倫理における人間像 ── 物語としての人生 ……〈奥田純一郎〉 2
　Ⅰ　はじめに ……………………………………………………………… 2
　Ⅱ　物語的自己同一性 ── 人間の多層性を束ねるリクールの「自己の解釈学」 …………………………………………………………………… 5
　Ⅲ　物語とは？ ── ドゥオーキンとの比較：自己の中の輻輳・緊張 …… 11
　Ⅳ　結　語 ………………………………………………………………16

生殖補助医療における望まない子の出産・出生責任 ── アメリカ、ニュー・ヨーク州における二つの判決から ………〈服部篤美〉 17
　Ⅰ　はじめに ……………………………………………………………17
　Ⅱ　ニュー・ヨーク州での二つの判決 ── 事実の概要と判決要旨 ……19
　　1　Paretta 判決 ── 生殖補助医療により望まない障害児が出生した事例 …19
　　2　Andrews 判決 ── 生殖補助医療により望まない健常児が出生した事例 …22
　Ⅲ　検　討 ………………………………………………………………25
　　1　2つの判決 …………………………………………………………25
　　2　州における従来型「望まない子の出産・出生」訴訟 ……………26
　　3　生殖補助医療における「望まない子の出産・出生」訴訟事案の特徴 …29
　　4　若干の検討 …………………………………………………………31
　Ⅳ　結びにかえて ── これからの課題 ………………………………35

ニュー・ヨーク州における同意能力を欠く患者の生命維持治療に関する決定について ── 制定法の歴史とその背景にあるもの 〈永水裕子〉 37

- I　はじめに………………………………………………………………37
- II　「家族による医療ケア決定法」の制定へ…………………………38
  - 1　生命維持治療拒否権について……………………………………38
  - 2　ニュー・ヨーク州の先例とその背景にある考え方……………40
  - 3　ニュー・ヨーク州生命と法に関する特別委員会報告書「他者が決定しなければならない場合－同意能力のない患者のために決定すること」(1992)……………………………………………………44
  - 4　「家族による医療ケア決定法」が制定されるまでの道のり……48
  - 5　家族による医療ケア決定法………………………………………51
- III　おわりに………………………………………………………………57

フランスにおける終末期医療と法 ── 意思表示できない患者に対する治療の中止・差し控え 〈小林真紀〉 58

- I　はじめに………………………………………………………………58
- II　終末期における患者の権利の保障…………………………………60
  - 1　レオネッティ法による枠組み……………………………………60
  - 2　顕在化した問題……………………………………………………63
- III　新たな解決策の模索…………………………………………………71
  - 1　制定の背景と経緯…………………………………………………71
  - 2　クレス－レオネッティ法の概要…………………………………72
- IV　おわりに………………………………………………………………75

フランスにおける生殖補助医療と法 〈本田まり〉 78

- I　はじめに………………………………………………………………78
- II　生殖補助医療に関する法制度………………………………………80

1　実施（技術利用）要件 80
　　2　受精卵着床前遺伝子診断 82
　　3　研　究 83
　　4　禁止される行為 85
　Ⅲ　近時の動向 ── 第三者が関わる生殖を中心として 87
　　1　原　則 87
　　2　配偶子提供および自己保存 89
　　3　代理懐胎 90
　Ⅳ　わが国における状況 93
　Ⅴ　おわりに 94

着床前診断を巡るドイツの10年と胚保護法新3a条　〈佐藤　亨〉 96

　Ⅰ　はじめに 96
　Ⅱ　着床前診断の実施から胚保護法の改正まで 98
　Ⅲ　胚保護法新3a条の内容の検討 104
　　1　3a条1項について 106
　　2　3a条2項1文について 108
　　3　3a条2項2文について 111
　Ⅳ　おわりに 113

遺言の撤回と被相続人の意思の探求
── 破毀院判決を手がかりとして　〈門広乃里子〉 114

　Ⅰ　はじめに 114
　Ⅱ　平成25年判決について ── 遺言解釈と撤回された遺言 116
　　1　事実関係と判決要旨 116
　　2　遺言解釈と撤回された遺言 118
　Ⅲ　2014年破毀院判決について ── 果実の持戻と被相続人の無償処分意思 119
　　1　事実関係と判決要旨 119

2　果実の持戻しと無償処分意思 ……………………………………121
　Ⅳ　考　察 ……………………………………………………………………125
　Ⅴ　むすびに …………………………………………………………………126

EU国際相続法における当事者自治の原則 …………〈福井清貴〉 128

　Ⅰ　序　文 ……………………………………………………………………128
　Ⅱ　EU相続規則の成立とその内容 ………………………………………129
　　1　沿　革 …………………………………………………………………129
　　2　条　文 …………………………………………………………………131
　　3　EU相続規則と草案の内容 …………………………………………132
　Ⅲ　量的制限をめぐる議論 …………………………………………………139
　　1　国籍国法以外の法の選択 ……………………………………………139
　　2　小　括 …………………………………………………………………143
　Ⅳ　結　語 ……………………………………………………………………144

▌第2部　裁判と法 ▌

人道的な処刑と合衆国最高裁
―― 処刑失敗をめぐる論議からみえるもの ………〈岩田　太〉 148

　Ⅰ　はじめに ―― 近年の死刑をめぐる状況 ……………………………148
　Ⅱ　合衆国における処刑のあり方と裁判所による規制 …………………151
　　1　死刑に対する合衆国最高裁の規制概説 ……………………………151
　　2　処刑の残酷性と合衆国最高裁の規制 ………………………………152
　　3　近年の最高裁と薬殺刑 ―― Baze判決からGlossip判決へ ………154
　Ⅲ　処刑失敗をめぐるナラティブ――SaratとDennoの議論から ………161
　Ⅳ　結びに代えて ……………………………………………………………164
　　1　合衆国における死刑をめぐる公けの議論の活発さ ………………164
　　2　死刑をめぐる運用の困難さ・死刑の特殊性 ………………………167

フランス法における「結社の自由」の制約原理
――「特殊性の原理」の意義と射程 〈髙作正博〉 169

- Ⅰ 序 —— 結社の自由の制約原理としての「目的」……169
- Ⅱ 「特殊性の原理」の概念……171
  - 1 原理の概念・基礎・性質……171
  - 2 リペールの公法規範説……174
  - 3 ミシューの公法・私法規範説……176
- Ⅲ 「特殊性の原理」の適用……178
  - 1 原理違反の場合の制裁内容……178
  - 2 国務院による特殊性の原理の厳格な適用……180
  - 3 破毀院による特殊性の原理の柔軟な適用……184
- Ⅵ 結 —— 内在的制約としての「目的」……187

フランスにおける合憲性統制の新段階 〈矢島基美〉 188

- Ⅰ はじめに……188
- Ⅱ 憲法院付託権拡大の試み……190
  - 1 1974年憲法改正……190
  - 2 1990年憲法改正案……192
  - 3 1993年憲法改正案……194
- Ⅲ 2008年憲法改正による成功……195
  - 1 QPC制度導入の経緯……195
  - 2 QPC制度の手続……198
  - 3 成功の要因……199
- Ⅳ 事後的な合憲性審査制度の運用とその影響……202
  - 1 QPC制度運用の実際……202
  - 2 QPC制度の導入にともなう問題ないし影響……204
- Ⅴ むすびに代えて……206

ナチス期および戦後期におけるドイツの弁護士政策 〈荒井　真〉 208

- Ⅰ　はじめに……………………………………………………………208
- Ⅱ　自由職としての弁護士の誕生……………………………………209
- Ⅲ　弁護士認可制限の導入……………………………………………210
- Ⅳ　ユダヤ人弁護士の排除……………………………………………215
- Ⅴ　他分野からの参入者の排除………………………………………220
- Ⅵ　追放者（Vertriebene）および避難民（Flüchtlinge）の排除……221
- Ⅶ　女性弁護士の排除…………………………………………………224
- Ⅷ　元ナチス関係者の再認可…………………………………………225
- Ⅸ　おわりに……………………………………………………………227

比較法におけるミクロ史の視点
——19世紀末日独の調停を題材に 〈松本尚子〉 229

- Ⅰ　はじめに……………………………………………………………229
  - 1　テーマと問題関心………………………………………………229
  - 2　方法論上の特徴…………………………………………………230
- Ⅱ　比較の視点をどこにおくか………………………………………231
  - 1　「日本人の法意識」論からみた調停…………………………231
  - 2　ミクロ史・日常史の視点——「司法利用」と比較司法史…234
- Ⅲ　比較の基盤となるファクター——規範的枠組みと統計データ……237
  - 1　プロイセン勧解人制度…………………………………………237
  - 2　日本の勧解制度…………………………………………………239
  - 3　小　括……………………………………………………………240
- Ⅳ　ミクロ史の視点——利用者の視点からみた調停比較…………241
  - 1　勧解人記録から読み取れること………………………………241
  - 2　明治期勧解研究から読み取れること…………………………244
- Ⅴ　むすびにかえて……………………………………………………247

EU先決裁定制度における先決問題付託義務違反と公正な裁判を受ける権利 —— 欧州人権条約6条の観点から 〈西連寺隆行〉 249

- Ⅰ 序 249
- Ⅱ EUの先決裁定制度 250
  - 1 先決問題付託義務 250
  - 2 訴訟当事者の地位 252
  - 3 小 括 253
- Ⅲ 欧州人権条約6条適合性審査 253
  - 1 欧州人権条約6条適合性審査の枠組み 253
  - 2 付託拒否理由の審査 259
  - 3 違反認定時の救済 263
  - 4 考察 —— 理由付け審査の背景 263
- Ⅳ 結 語 265

クルツ・バット引渡請求事件（英国）の国際法上の意義について 〈洪 恵子〉 267

- Ⅰ はじめに 267
- Ⅱ クルツ・バット引渡請求事件の概要 270
  - 1 事実背景 270
  - 2 高等裁判所におけるバットの主張と裁判所の結論 271
- Ⅲ 特別使節の免除 272
  - 1 特別使節に関する国際法 272
  - 2 特別使節として認められるための要件 273
  - 3 裁判所と行政府の役割分担 274
- Ⅳ 身分による免除を享有できる範囲 277
- Ⅴ 刑事管轄権からの事項的免除 279
  - 1 事項的免除の根拠と裁判所の判断 279
  - 2 事項的免除に関する本件の意義 281
- Ⅵ おわりに 284

国際司法裁判所における「法の一般原則」への依拠
── クリーン・ハンズ原則の可能性 〈岩石順子〉 285
- I はじめに 285
- II 「法の一般原則」としてのクリーン・ハンズ原則 287
  - 1 クリーン・ハンズ原則の意味と機能 287
  - 2 国際法上の議論 288
- III 近年の国際司法裁判所におけるクリーン・ハンズ原則への依拠 293
  - 1 クリーン・ハンズ原則への依拠例 293
  - 2 原則への依拠と裁判における紛争の個別化 299
- IV おわりに 301

個人の国際法上の権利と国際司法裁判所 〈土屋志穂〉 303
- I はじめに 303
- II 国際司法裁判所における個人と外交的保護 307
- III ディアロ事件における人権侵害に対する外交的保護 311
- IV おわりに 317

滝沢正先生 略歴　319
滝沢正先生 主要著作目録　322

装丁＝三省堂デザイン室
組版＝木精舎

編集代表・執筆者紹介

〈編集代表〉

　矢島　基美（やじま・もとみ）◆上智大学法学部教授
　小林　真紀（こばやし・まき）◆愛知大学法学部教授

〈執筆者（執筆順）〉

　奥田純一郎（おくだ・じゅんいちろう）◆上智大学法学部教授
　服部　篤美（はっとり・あつみ）◆東海大学法科大学院実務法学研究科教授
　永水　裕子（ながみず・ゆうこ）◆桃山学院大学法学部教授
　本田　まり（ほんだ・まり）◆芝浦工業大学工学部共通学群人文社会科目准教授
　佐藤　　亨（さとう・とおる）◆上智大学客員研究員
　門広乃里子（かどひろ・のりこ）◆國學院大學法学部教授
　福井　清貴（ふくい・きよたか）◆明治大学法学部専任講師
　岩田　　太（いわた・ふとし）◆上智大学法学部教授
　髙作　正博（たかさく・まさひろ）◆関西大学法学部教授
　荒井　　真（あらい・まこと）◆フェリス女学院大学国際交流学部教授
　松本　尚子（まつもと・なおこ）◆上智大学法学部教授
　西連寺隆行（さいれんじ・たかゆき）◆大阪大学大学院国際公共政策研究科准教授
　洪　　恵子（こう・けいこ）◆南山大学法学部教授
　岩石　順子（いわいし・じゅんこ）◆上智大学客員研究員
　土屋　志穂（つちや・しほ）◆上智大学客員研究員

第1部
生と死

生命倫理における人間像
―― 物語としての人生

奥田 純一郎

I　はじめに

　本稿は、主としてポール・リクールの自己論、特に「物語的自己同一性」と称される自己としての人間像を手掛かりに、生命倫理問題に取り組む際に前提とする・すべき人間像を描く試みである[1]。とりわけ、リクールがキーワードとしている「物語」という概念に着目し、ロナルド・ドゥオーキンとの比較でその含意を検討する。

　生命倫理においては、自律ないし自己決定権を中核として論じられてきた。その系として、医療行為といえども、患者の承諾なしにその身体に侵襲を加える事は違法であり、患者に対し十分な説明を行った上での同意があって初めて正当化される。これがインフォームド・コンセント（Informed Consent、以下IC）の法理である。この法理は第二次世界大戦以降の医師の職業的・専門的権威に対する信頼の動揺[2]を契機に、急速に受容されている[3]。その背景としては、この法理が、社会の構成員全員に共有される価値観が失われた近代以降の多元社会の現実に適合的である事を大きな拠り所としている。即ち多元社会におい

---

[1] リクール自身が生命倫理に関して集中して論じた、ポール・リクール著（久米博／越門勝彦訳）『道徳から応用倫理へ（公正の探究　2）』（法政大学出版局、2013年）所収の諸論考を適宜参照する。
[2] その典型例は、戦中のナチスドイツや日本の七三一部隊による人体実験である。更に第二次世界大戦後においてもアメリカのタスキギー梅毒事件のような、被験者の同意なき侵襲的実験を専門家としての医師たちが制止できなかった事が挙げられる。参照、金森修『負の生命論』（勁草書房、2003年）。

ては、各人は自身の善の構想（生き方に関する理想・価値観・人生観）を自ら選択・遂行する自由（自律権もしくは自己決定権）を有しているとされ、この自由は他者の同様の自由を害しない限りで制約を受けないものとされる。この原則はジョン・スチュワート・ミルにおいて侵害原理（harm principle）と称される。ミルは「文明共同体のどの成員に対してにせよ、彼の意思に反して権力を行使しても正当とされる唯一の目的は、他の成員に及ぶ害の防止というにある。」[4]と言う。即ちこの事は、他の成員に害を及ぼさない事柄＝私事においては、彼の意思のみが絶対的な主権者である事を意味している。自己決定権を尊重すると称する立場は、多かれ少なかれ、この侵害原理を前提にしていると言ってよい[5]。そして実際この自己決定権、言い換えれば患者個人の意思・同意によらなければあらゆる医療行為も正当化され得ない、という視点からの医療の問い直しは目覚ましかった。かつては患者よりも専門的知見を有する医療者側の裁量を広く認め、パターナリズムに基づく専断的医療を自明視してきた医療の空間は一新された。端的に「自己決定権の勝利」とも呼ぶべき現象である。

　ここでは意思を中心に据えた、「強い個人」とも呼ぶべきある特定の個人像が前提とされている。即ち自己の生における善の構想を、自ら自由に選び取り、それを一貫して自らの責任において追及できるような個人像である。しかしこの論法が前提とする個人像は、まったくの虚構ではないにせよ、普遍的に実在するものとは言えない。一貫した善の構想・人生理想を、常に維持して自

---

3) 各国でその旨の立法が行われている事に加え、世界的な文書としてはニュルンベルク綱領（1947年）、世界医師会のヘルシンキ宣言（1964年、その後その時々の医学の進歩を背景に、逐次改定されている）等があり、2005年10月に開催されたユネスコ総会において「生命倫理と人権に関する世界宣言」が採択された。

4) J.S.ミル著（塩尻公明＝木村健康訳）『自由論』（岩波文庫、1971年）24頁（訳語は適宜変更した）。このミルの考えは、更にカントの「人間は自由＝自らのみが原因となるがゆえに、尊厳を有する」という思想に遡ることができる。参照、カント（篠田英雄訳）『道徳形而上学原論』（岩波文庫、1960年）第2章。言わばカントの「なぜ」自由に価値があるかの主張を踏まえてミルは「如何に」自由を守るべきかを唱えており、両者は相補って「強い個人」を求めている。参照、上村芳郎『クローン人間の倫理』（みすず書房、2003年）153-158頁並びに163-166頁。

5) 参照、拙稿「死における自己決定——自由論の再検討のために」國家學會雑誌113巻9・10号97-154頁、特に第1部第2章。ここでは功利主義（ジェームズ・レイチェルス）、リバタリアニズム（H・トリストラム・エンゲルハート）、リベラリズム（ロナルド・ドゥオーキン）の見解につき検討した。その結果この三者は、相違点にもかかわらず、強い個人の前提は共有していることを示した。

身をそれに向けて作り上げていく事の方が、むしろ稀ではないか。それは健康な状態において日常生活を送っている場合でも言えることである。ましてや自身の死が間近に迫っている時、人は首尾一貫した意思を持ち続けるよりも、その時々の苦しみに翻弄され、他人の影響・誘導に屈してしまう——即ち「弱い個人」である——事の方が多いのではないか。だとすれば、多元社会の現実が要請した強い個人像は、それが自明なものとして遍く存在するとまで考えられた時、むしろ「現実」に反するものとなっている。「強さ」を背景に、その内容の選択を私事として各人に委ねるのは、現実の「弱さ」の前に過度に擬制的である。とすれば死において明らかになり、生もそこから逃れられない「弱さ」を抱える、人間存在の全体を把握する必要がある。これは「私事」としての承認では足りず、公共的な支えを必要とする。

　また「自己決定権の勝利」への異議申し立ては別の法面からもなされている。生命倫理は、患者個人の意思に関わる問題だけを扱うのではない。集団としての人間を扱う事象もまた射程に入ってくる。典型的には強制的予防接種に代表される感染症対策などの公衆衛生的問題、個人としてよりも種としての人間に注目する医学や研究、それを支えるバイオバンク事業などの問題がある。また近時ICの前提とされる「証拠（エビデンス）に基づく医療」（Evidence Based Medicine、以下EBM）におけるエビデンス収集による統計・確率志向もまた患者個人の意思や個性と無縁の所に成り立つものである[6]。

　このように考える時、生命倫理が対象とする「人間」は、多様な姿を持っている。対象となるのは一人の人間ではあるが、その人間のどこに関心が寄せられるかによって、描かれる人間像もまた様々である。だとすれば、人間のあり様の内、意思という側面のみに注目する「自己決定権の勝利」の時代が今なお続いていると考えることは困難である。では問題ごとに異なる個人像・人間像を使い分けることが適切であろうか？　それもまた別の意味で問題を生じ得る。即ち、ICの普及＝自己決定権の勝利の背景には、人間の物（もの）化・断片化への批判があった。主体的存在者ではなく単なる医療の営みの客体とさ

---

[6] 斎藤清二『医療におけるナラティブとエビデンス』（遠見書房、2012年）。斎藤は、エビデンスによって最も有効性の高いとされる治療法を「標準治療」として患者の意思に関わらず押し通す通俗的なEBM理解（ガイドライン派もしくはグローバル・スタンダード派）は誤解に基づくものだとする。

れ、固有の意思や選択の機会を奪われていたからこそ、それへの異議申し立てとしてのICには説得力があった。だとすれば、必要なのは人間像の多様性を認めつつも、それが「一人の」個人が直面する課題であること・多様性を束ねる存在として一人の個人であることを、直視する人間像である。

II 物語的自己同一性
── 人間の多層性を束ねるリクールの「自己の解釈学」

　上記のような多様性は、特に死という形でその人が失われた時に明らかになる。ここで参考になるのはウラジーミル・ジャンケレヴィッチによる死の考察である[7]。彼は、概念的には一つのものである死が人称の視角によって異なる様相を呈することを指摘する。一方で、私から見た「私」の死は、恐怖・自らは経験できない神秘であり、他の誰にも代替不可能であるが故に語り得ぬ不条理である（一人称の死）。他方、私から見た「彼（抽象的な誰か）」の死は、「人は必ず死ぬ」という客観的命題の当てはめ・統計学的な必然である（三人称の死）。この二つの死のイメージの断絶を埋める窓となるのが、私にとってその固有名詞が重要な意味を持つ、かけがえのない存在である身近な他者としての「あなた」の死（二人称の死）を通じた思考によってである。この他者は、私が深い共感を覚えつつも、しかしその死を私が替わる事のできない非対称性（人格の個別性）に阻まれるが故に、その存在がかけがえのないものと認識される存在である。ジャンケレヴィッチの考察は死の諸意味を指摘し、死の瞬間において死が個人に内属するものではないことを指摘する。同時に、生・自己（私）としての人間存在が人称的視角によって多層的であること（生の多層性）を、死による喪失という形で指摘する。自己は「私」としてのみならず、「あなた」「彼」としても生きている。存在構造の中に、自我（「私」の意思・一人称）のみならず他者（二人称）や社会（三人称）を内在させている、と言える。このように見る時、「自己決定権の勝利」は一人称のみに主権的権限を与える（と

---

7) ウラジーミル・ジャンケレヴィッチ（仲沢紀雄訳）『死』（みすず書房、1978年）及び同（フランソワーズ・シュワッブ編、原章二訳）『死とはなにか』（青弓社、1995年）参照のこと。

同時に、それが不都合な場合もこの建前にこじつける）ことにより多層性を無視・軽視するが故の誤りを犯している、と言える。自己とは一人称の意思のみに還元され得るものではない。このことは、上記の生命倫理の向き合う問題が、必ずしも一人称のみを問題とする訳ではないこととも整合する。

　このように理解される自己において、それぞれの人称的な生の視角は如何に関わるか、そもそも自己とはどのような構造をしているのか？　この問いへの答えの例として、『存在と時間』におけるマルティン・ハイデガー[8]、『全体性と無限』におけるエマニュエル・レヴィナス[9]、『他者のような自己自身』におけるポール・リクール[10]の三人の考察を、やや雑駁ながら検討する。

　ハイデガーは、人間存在のあり方を「現存在（Dasein）」と表現し、その分析として議論を進める。人間のみが現存在、即ち「その存在においてこの存在に関わり合う存在者」であり、自己の存在に関わり得る存在＝実存（Existenz）である。この点で他の存在者とは異質である。現存在は日常において世界内存在（In-der-Welt-sein）というあり方をしている。つまり既存の文脈に従った形で無意識のうちに、自己の認識する世界の事物に主観的な意味づけ（気遣い）を行っている。この時、人は他人との関係から自己を見ており、自己と他者の違いを意識しない（ハイデガーによれば、世人（das Man）＝誰でもない人、である）。しかしかかるあり方は人間にとって非本来的であり頽落であり、各人が自己の究極の可能性である死を意識した時に初めて本来性を自覚する、とハイデガーは言う。死とは日常生活における漠然とした不安とは異質の、必ず到来する恐怖である。それは現存在としての自己が存在しなくなる瞬間であり、同時に自己に全体性を与えるものでもある。自らの死を意識することは、日常における（世人としての）他者との交わりから、各自のあり方に反省を促す。単調に漫然と続く「現在」の連続としての時間ではなく、各人が将来の自らの死

---

[8] マルティン・ハイデガー（細谷貞雄訳）『存在と時間（上・下）』（ちくま学芸文庫、1994年）。

[9] エマニュエル・レヴィナス（合田正人訳）『全体性と無限――外部性についての試論――』（国文社、1989年）。なおレヴィナスにはこれと並ぶ第二の主著とされる『存在の彼方へ』（講談社学術文庫、1999年）もあるが、本稿の主題としては『全体性と無限』と重複する所が多い（詳しくは後掲注(11)で述べる）ので、原則としてこちらのみに言及する。

[10] ポール・リクール（久米博訳）『他者のような自己自身』（法政大学出版局、1996年）。

を自覚し、自らのこれまでを支えてきたあり方に立ち戻り（伝統を背負い受けて）、今ある自己の立場を捉え直すにいたる（自らの生に意味を与える伝統を有し、自らの死後も永続する共同体に帰依する）ものとして時間を理解する。これがハイデガーの言う本来性であり、また存在の意味としての時間性である。

　一方レヴィナスは対照的に、死ではなく「あること・存在一般（il y a）」が恐怖であるという認識から出発する。その恐怖から免れるために非人称的な世界＝存在一般から「私」の居場所を分離・確保し、その中に「同」化できる領域を広げようとする（レヴィナスはこうした営みを「住まう」「享受」「所有」「労働」等として表現する）。しかしこの、世界を切り取り自らに同化し支配下に置こうとする孤独な営みが、決定的に挫折する局面が死である。あらゆるものを自らの支配の客体となそうとする自由な主体としての「私」は、その外部にある死の到来によって支配を失う。死の接近という恐怖の中で、「私」は他者に出会う、とレヴィナスは言う。他者もまた死と同じく、主体としての「私」が支配・「同」化できないものであるが、孤独なるが故に「私」に死がもたらす恐怖からの脱出口となる。即ち「私」に現前し「私」同様死の恐怖・苦痛に苦しむ他者の「顔」が、孤独から解放してくれるものとなる。この故に「顔」は翻って、「私」に猶予なき無限の責任を追及してくる。「顔」の表す他者の苦しみは、それが向けられた「私」にしか救済できないからである。こうした対面的・具体的な関係に立脚した責任を倫理の中核に置くレヴィナスは、「顔」の持つ具体性を忘却し抽象的な「人間」として捉えることを「全体性の哲学」として批判する。そしてレヴィナスは、ハイデガーもまた、全体性の哲学の誤りを払拭できていないとする[11]。

　共に死を重要な手掛かりとして出発しつつ、ハイデガーとレヴィナスの理解は対照的である。他者との交わりを「頽落」とし、死への自覚を契機にそこから脱出し本来性を取り戻し、自己に場を与える共同体への帰依を以て「死後の生」を得ようとするハイデガー。そのような抽象的なものへの没入を戒め、具体的な他者との交わりの内に、死のもたらす恐怖からの脱出口を見出すレヴィ

---

11) 後年の『存在の彼方へ』（前掲注(9)）では、他者の「顔」の中に痕跡を残す無限者としての「彼」の存在（もう一つの顔）が示唆され、これが他者と矛盾する責任を追及すること、この窮地からの抜け道として正義が要請されることが説かれている。しかし私見によれば、ここでレヴィナスの言う「彼」も抽象的な第三者ではなく、基本的な理解は本文中で言及した『全体性と無限』と大きく異なるものではない。

ナス。両者は相容れないもののように見える。

しかし視点を変えてみると、両者は共通の陥穽に陥っている事が解る。それは前述のジャンケレヴィッチと照合する事で明らかになる。ジャンケレヴィッチは死を一人称・二人称・三人称の死に区別し、それがお互いに還元不可能である事を説いた。これに対しハイデガーもレヴィナスも、特定の視角を死（そしてその半影としての生）の本質とし、その他の視角をこれに還元している。ハイデガーは二人称的な他者を「頽落」として切り捨てた上で「私」の一人称的な孤独の契機のみから出発し、三人称的な「共同体の歴史」への没入を構想する。これは各人のかけがえのなさ・固有名詞としての存在のあり様を一人称で代表する、「強い個人」の仮定を前提の中に織り込んでいるものと言える。他方レヴィナスは、三人称的な普遍性が「全体性の哲学」の根拠となり無制限の暴力を許容する事を恐れる余り、これを切り捨て二人称に属する他者を重視し、一人称さえも「他者への責任」への奉仕として規定する。これは高度な（時に不可能な事すら命ずる、過剰な）倫理を課すように見える反面、「顔」が「他者」あるいは二人称的な存在であるという承認が前提にあって初めて成り立つ議論でもある[12]。それを超えて他者を他者として認識「すべき」であるとするならば（レヴィナスの「倫理」とは正しくそれであると思われるが）、二人称的な個別の承認を超えた三人称的な資格による判断を密輸入していると考えざるを得ない。いずれにせよこの両者の見解は、死において明らかになる自己の構造の、一つの特定の視角を過度に強調し他を軽視しているという共通の欠点を抱えている。両者の相違は、強調するものの違いに過ぎない。

次に自己の多層的な構造を明らかにしようとした論者として、ポール・リクールを取り上げる。著書『他者のような自己自身』において、リクールは自らの存在論・解釈学・倫理学をめぐる多彩な先行業績を「自己の解釈学」として定位する。そして特に、倫理学を展開する場・結節点として、独我論的（本稿の視点からすれば、一人称的）な自我でもなく普遍的な資格を有するが故に主体となる（同じく、三人称的な）「人間」でもなく、「自己自身」を措定する。そのあり方から倫理学の目標としての「よき生を、他者とともに他者のために、正しい制度において、生きること」を構想する。

---

[12] ここでのレヴィナス批判は井上達夫『他者への自由——公共性の哲学としてのリベラリズム』（創文社、2000年）228-235頁にヒントを得ている。

リクールは、主体としての自己を自明な与件とはせず、言葉を通じて語り合うことの中に人間の存在論を展開する。即ち他者から語りかけられることで「自己」を、自らが語りかけることで「他者」を見出し、その媒介として対面関係に尽くされない「言語」を用いることで、三つの極――「よき生」を生きようとする自己、その心遣いの相互的な相手となる他者、自己と他者を支える制度――を存在の中に析出する。ここにおいて自己を統制するのは「物語ること」である。つまり自己とは、他者や制度からの影響を受けてそれを引き受けつつ（同一性（idem）としての自己同一性）、それを解釈して自己の生を「物語」として構築し、主体的に他者や制度に働きかける（自己性（ipse）としての自己同一性）存在者である[13]。この同一性と自己性の往復運動は、両者に不調和が生じるたびに繰り返される。

　こうした言語を用いることを媒介にした、自己の存在理解（リクールの言葉によれば「証しし、物語る」）から、リクールは倫理のあり方（同じく「命令する」）を描く。彼は記述と命令、事実判断と価値判断を峻別する方法二元論を批判し、「物語る」ことによる自己同一性を媒介にして、記述と命令を結びつける。その結果明らかになる倫理のあり方は、自己の存在構造を反映したものとなる。つまり存在の三つの極に対応して、それぞれに課される価値を有するものとなり、「私」としての自己は自己の生を解釈・評価し「よき生」を生きる事、他者に対しては友愛・心遣いを向けて「他者とともに他者のために」生きる事、制度としては私と他者の生を支える「正しい制度」である事を求める。この三つの命令は時に相互に矛盾・対立するが、その際の解決の仕方としてリクールは「実践的賢慮」を挙げている。

　以上のリクールの自己論は、ハイデガーやレヴィナスのような一元化の誤りを回避できる。自己性としての自己同一性を一人称、他者を二人称、制度を三人称と言い替えることも可能であり、これらが同一性としての自己同一性に包含されるという自己像をリクールは持っていると解し得る。これはジャンケレヴィッチの解釈として本稿が導いた、生の（そして同時に、自己の）多層性に

---

[13] この見解は、共同体論から示唆を受けて「自己解釈的主体」として自我論を再定式化し、その上でリベラリズムを擁護する井上達夫とも平仄が合う。参照、井上・前掲注(12)154-179頁。リクールも共同体論者（特にチャールズ・テイラーとアラスデア・マッキンタイア）に言及している。

配慮しているように見える。

　しかしやはり問題点を抱えている。それは「物語る」ことを様々な問題の結節点としている事に見出される。物語る事によって自己の解釈を行うには、ある現実の認識→自己に関する、物語の動揺→解釈による新しい物語の構築、という一定の幅のある時間が前提になっている。そしてこのことにより、解釈を行う自己性としての自己同一性＝一人称の視角が他の視角に対して優位に立つ事を含意している。結局一見したほどには多層性を重視しておらず、一人称への還元を図っている。更に言えば「存続し続ける自己」を暗黙に前提とするこうした理解は「生からの視点」に回帰している[14]。本稿の主題は正しく、死＝その後の時間が自己にとって存在しなくなる出来事をも含んだ物語としての人生なのであり、死の重要性をリクールの枠組では正当に捉えられない。また方法二元論の「物語」による克服の試みも興味深いが、「命令」が自己の外との関わりによってのみ生じ得るという理解は、やはり一人称としての自己性を過度に重視している難点を免れない。死において究極的に見られるように、三つの視角は等価値であると解すべきである[15]。従って既に存在している自己が他者や社会と関わるのではなく、並存する三つの視角（存在の三つの層）全体を統合する規制理念として、自己を捉え直すべきである。

　ここでキーワードとなるのは「固有名詞性」である。確かに自己は三人称的な考慮に基づく「平等な資格」を有する存在の上に成り立つ。その限りでは固有性はなく、他の存在と対称的である。しかし自己は、その存在を他とは非対称的な（かけがえのない）ものとする、固有領域としての「自分」を形成する。自分は一人称的な自我と二人称的な他者から構成される、三人称的視点からは不可知・不可侵の領域である[16]。しかしこうして「自身のことのように」思

---

14) このことは、『意志的なものと非意志的なもの』（紀伊國屋書店、第1巻1993年、第2・3巻1995年）において、ハイデガーやサルトルが不安や死をモチーフにしていることを批判し、生における経験を素材とする事にも現れる。参照、ジャン・グロンダン（杉村靖彦訳）『ポール・リクール』（白水社文庫クセジュ、2014年）42頁。

15) リクールに典型的に見られるように、「生からの視点」を前提にしている限り、多層性の故に生じる不均衡が時間の幅により解消してしまう（物語の更新による整合化がもたらされてしまうが故の）不都合に気付かない。これがジャンケレヴィッチの死の理解を生に反転させる事が論じられて来なかった理由の一つであると推測される。

16) だからこそ、身近な他者の死は自己の一部の喪失として理解される。よく言われる「身を切られるように辛い」という言葉は単なる比喩以上の意味を持つ。その意味では自殺も、他者の自分の一部を不当に奪う事であり、純然たる「自」殺ではないとも言える。

われる他者も人格の個別性・非対称性の故に隔てられ、一人称と二人称の間には厳然たる壁がある。自身の生において他者を必要としつつも、一体とはなり得ないし身代わりにもなれない。自己は、三つの層を貫いて存在する扇の要であり、それぞれの層からの影響を受けつつ不断に自己解釈と再構成を繰り返す[17]。ここにおいて「私の」死という言葉は、所有格、即ち私に内属して所有されるものではなく、固有名詞としての帰属点を示すものである。それは他の誰の死でもないという意味でユニークであるが、私のみが支配し得るものではなくむしろ私に関わる全ての者に開かれたもの、孤独と関係性への窓口の両方の側面を持つものである。それは「私」即ち自己に関わる「物語」を「物語る」のは一人称だけではなく、二人称・三人称も独自の視点から物語っていることを示す。むしろ、複数の物語が緊張関係を孕みつつ影響を与え合って更新しつつ併存するのを束ねることこそ、自己が「生きている」ということである。

III 物語とは？
—— ドゥオーキンとの比較：自己の中の輻輳・緊張

　キーワードとしての「物語」が出てきた所で、話を少し戻そう。この語は近時、諸分野において注目を浴びている。物語、あるいはそれを形成する行為（物語る）を含めナラティブ（narrative）と称されるが、このナラティブを鍵としたアプローチは医療・看護・心理・福祉・社会学・文化人類学・司法上の紛争解決・経営学などの諸分野に取り入れられているという[18]。このアプローチ

---

[17] ここでの理解、及び存在／当為の並行性については、拙稿「死の公共性と自己決定権の限界」（井上達夫編『公共性の法哲学』（ナカニシヤ出版、2006年）330-348頁）を参照していただきたいが、その結論を図に示すと以下のようになる。

		存在（生の世界） →当為（道徳的世界）（←：制約条件）
一人称	自我	独我論的意思＝「単なる」自己決定
二人称	自分	個別的共感　←「存在」への畏敬
三人称	自己	普遍的資格　←「かけがえのなさ」への配慮

[18] 野口裕二編『ナラティヴ・アプローチ』勁草書房、2009年所収の諸論考は、その応用範囲の広範さを示すとともに、各分野における個別化の故に共通性が見出しがたくなった現状をも示している。

は、生命倫理においても有効であるとして、特に看護領域における研究手法として注目されている。また前述したEBMに対置されるNBM（Narrative Based Medicine）もその一環である。

　ここにおける物語・ナラティブとは、ある出来事を、時系列に沿って配列された、当事者の置かれた文脈から意味を与えられたものとして構成されたものとして、当事者自身によって語られるものである。同じ疾患であっても、医療者が専門的知識を背景に語る物語と、患者本人が自己自身の（それ以外ではありえない）文脈から語られる物語では、違いが生じ得る。医師以上に患者に寄り添い患者の声に接する機会の多かった看護師が、患者の生の声を聞き取りその真意に迫ろうとして、ナラティブ・アプローチによる研究に先鞭をつけたことは、ある意味当然とも言える。一方この患者の「自己の物語」に定位して医療問題を語ること、この物語に優先性あるいは最終的な決定権限を与えることを「自己決定権の尊重」と呼んできた、とも言いうる。

　このように考えると、物語という言葉は、上記の人間存在の強さ／弱さという見地から見て両義的である。一方で、その時々の苦しみや周囲の意向に翻弄されて物語を頻繁に更新してしまう、という意味では、弱さに寄り添う概念である。他方、首尾一貫した物語を構築し、それに向けた外界の整序を行う力を与える、という意味では、強さにより親和的な概念でもある。強さと弱さを兼ね備えた人間存在を理解する上で、物語という概念は適切なものと言える。

　問題はその両者が対立する場合である。強さに定位した立論の例として、ロナルド・ドゥオーキンが『ライフズ・ドミニオン』[19]で主張した認知症末期患者マーゴの例[20]を挙げよう。ドゥオーキンは人格が尊重されるべき理由として、自律性を挙げる。その自律性の中心に置かれるのは、人生の首尾一貫性（インテグリティ）の視点であり、この首尾一貫性の視点からなされる判断＝批判

---

19) ロナルド・ドゥオーキン（水谷英夫＝小島妙子訳）『ライフズ・ドミニオン』（信山社、1998年）（原著はDworkin, Ronald M., *Life's Dominion: An Argument about Abortion, Euthanasia, and Individual Freedom* 1993.）。拙稿（前掲注(5)）も参照頂きたい。

20) ドゥオーキン・前掲注(19)362頁及び371頁。法哲学・政治哲学に関心を傾けた晩年のリクールの著作には、ドゥオーキンへの言及がしばしばある。しかし、主として法理論に関する著作への言及が多く、テーマ上当然言及されるべき自己論・人格論への言及の例は寡聞にして知らない（それどころか「自律と傷つきやすさ」（前掲注(1)所収）では、人格・インテグリティを取り上げるのに上記著作に言及せず、わざわざ法理論での話を間接的に援用している）。その理由は不明であり、今後の検討課題とする。

的利益を、その時点時点でなされる感情的判断＝経験的利益に優位させる。認知症に陥る前に、もし認知症になった場合には自身に積極的安楽死をもたらすよう希望していた患者が、現在認知症に陥っていてそれなりに楽しそうに日々を送っていたとしても、批判的利益の見地から事前の意思に従って積極的安楽死をもたらすべきであるとする。これは人生をただ一つの物語で貫こうとする、強い個人のモデルの典型例である。

　このドゥオーキンの立場は、リクールの物語的自己同一性を極端にまで推し進めた結果として理解できる。一人称の視点による自己の再構成を絶対化させ、二人称・三人称の視点をこれに従属させることを以て「自己決定権の尊重」としたことの帰結である。しかしこの帰結は、あまりにも人間のあり様を無視していると言わざるを得ない。人間の弱さが避けがたいものであるとすれば、それを無視した立論は疑問である。

　人生に物語としての一貫性を与えることを重視するという点でのドゥオーキンとの親和性にもかかわらず、リクール自身がこの帰結を受け容れるとは思われない[21]。確かに論文「自律と傷つきやすさ」[22]の中で、リクールは人間が「(帰責)能力ある人」即ち「責任」を負い得る主体であることを重視している。そうであるためには、主体がある行為を自己のものであるとして名乗り、その帰結を引き受けることができる存在でなくてはならない。しかしリクールは同時に、その主体が「砕けた(傷ついた)コギト」であることも主張している。つまり人間、主体はドゥオーキンの想定するような首尾一貫性を備えた均質な一枚岩の存在ではあり得ない。そしてコギトが「砕け」る、即ち一貫性の破れを生じる理由として、通時的な一貫性の難しさや他者からの影響による「傷つきやすさ」を挙げ、「自律と傷つきやすさとは、逆説的ながら、権利の主体の言論の世界で交差するのである」と述べる。このリクールの主張は、人間存在の多層性を正面から受け止めており、示唆に富む。またそれが、自我(一人称の「私」の思惟)の通時的一貫性の困難さ(いわゆる意思の弱さ)だけではなく、他者と同時的に存在を共有する、共時的な存在であるが故に他者からの影響を受けて変容を迫られるものであることを直視している。即ち一人称によって描

---

21) リクール自身が、ドゥオーキンが挙げた例のような認知症末期患者に対して、積極的安楽死を行うべきであると主張しているか否かは、寡聞にして確認が取れていない。
22) リクール・前掲注(1)所収。

かれる物語は、こうした「傷つきやすさ」の故に変容を迫られ、その都度再帰的に更新されるものである。これは一人称の批判的利益から描かれた物語が他者や世界に働きかけて変容を迫る、ドゥオーキン的な理解とは好対照である。

　問題は、リクールのこうした理解が、それだけでは人間像の記述に留まることである。この人間像を前提としても、なおドゥオーキン的な結論を当為として主張することは十分に可能である。否むしろ、現実はそうであるからこそ、強い個人として示された意思には拘束力を認めるべきである、との主張もあり得る。この主張からすれば、自己決定権の尊重とは一人称としての自我が描いた物語の貫徹実現を意味する。だからこそ物語の前提となる首尾一貫した視点からの意思である批判的利益に規範的な効力を与え、その時々の意思である経験的利益を覆すことを可能にする。現在、経験的利益さえ明らかでない認知症末期の患者に対しては、事前（それはかなり遠くの過去かも知れない）の批判的利益に基づく物語を完成させるべく、他者や制度を動員することも含意する。それが積極的安楽死を行うことで、本人を死に至らしめることであってもまた然りである。何故リクールの言う「再帰的な自己解釈による物語の更新」をしなくてはならないのか？　恐らくそのような反問が可能であろう。

　こうした仮想的な反問に、リクールはどう答えるだろうか？　リクール自身の現実の答えは明らかでないが、彼の諸々の論考から推測しうる。上記の反問は事実判断・記述と価値判断・当為を峻別する方法二元論を前提している。しかし前述のように著書『他者のような自己自身』において、リクールは「物語ること」を媒介にした人間存在論から、方法二元論の克服を述べている。他者から語りかけられる自己・自らが語りかける他者・両者を媒介する（対面関係に尽くされない）言語＝制度が、物語ることの中に要請される。人間存在において物語ることを本質的なものであると考えるならば、この物語ることの三つの極――自己・他者・制度――に対応して当為（リクールの言葉では「命令」）が語られる。それが倫理学の目標としての「よき生を、他者とともに他者のために、正しい制度において、生きること」である。より踏み込むならば、リクールは一人称としての自我が物語を形成すべく再帰的な自己解釈をする上での要請として、この目標（リクールの言葉では「小倫理学（小エチカ）」）を構想している、と思われる。従って自己の極・一人称に定位した「よき生を生きること」という目的論の故に「物語の更新」が要請される、という回答はあり得る。

しかしリクール自身が立脚する、「よき生を生きよ」というアリストテレス的な目的論は、今日必ずしも万人に受け入れ可能ではない。またジャン・ナベールの反省哲学や否定神学にコミットし、特に「生の根源的肯定」という価値に共感を示していることは、リクール自身が著作で言及しているだけでなく多くの論者によっても指摘されている[23]。これは前提の中に結論を含んだ循環論法であるとの批判があり得る。だとすれば、多層的な人間構造を踏まえたリクールの「小倫理学」を支えるには、更に踏み込んだ解釈が必要ではないか。

　ここで視点を変えよう。リクールは「物語る」主体を一人称に定位しているように思われる。それは上記の同一性としての自己同一性／自己性としての自己同一性を区別し、物語的自己同一性を後者に定位させていることからも見て取れる。しかし「物語る」のは一人称だけであろうか？　上記のように、他者を二人称、制度を三人称と読み替えることができるならば、他者も制度（に立脚する第三者）も人称性を帯びており、それぞれの視点から「私」について物語ることは可能である。即ち、同一性としての自己において、二人称・三人称からの物語も語られており、それは一人称からの再帰的な自己解釈の単なる客体ではない。更に「私」における二人称は同時に自身の生における一人称であり、「私」を二人称として自身の生の物語を描いている。それは三人称においても同様である。だとすれば、「私」の死は他者の人生の一部の剥奪でもある。確かにそれが不幸として襲い掛かってくることは避けがたい。しかし「私」もしくは一人称の意思のみによって、かかる事態を生じさせることは、他者の物語を侵害する行為であって許されない、ということは言い過ぎであろうか？

　同一性としての自己は、自己性としての自己が作った物語（物語的自己同一性）を掻き乱すアポリアを与えるだけの場ではない。むしろ「私」に関わる多様な人々によって語られる「私」の物語が輻輳し響きあう場である。かけがえのない「私」に関する多数の物語が輻輳する、かけがえのない場であるからこそ、その物語の多様性は尊重されるべきであり、それを可能にする場自体が尊重されるべきである。このように理解することによって、論点先取や循環論法に陥ることなく、リクールの結論を維持することは可能であろう。特に終末期

---

23) ジャン・グロンダン・前掲注(14)の他、杉村靖彦『ポール・リクールの思想――意味の探索』（創文社、1998年）、オリヴィエ・モンジャン（久米博訳）『ポール・リクールの哲学――行動の存在論』（新曜社、2000年）など。

にあって、その場が失われることが避けがたくその時が迫っている状況にあってこそ、このことは強く要請されて良いと思われる[24]。

Ⅳ　結　語

　本稿ではリクールの物語的自己同一性という観念、特にその鍵となる「物語」という概念を吟味することを試みた。そのことにより、生命倫理問題における人間を、単に個人の意思、一人称の次元でのみ捉えるのではなく、他者や制度の中に生きる存在としてその全体像を反映できる人間像を求めた。また「自身の描く物語による自己同一性」という点でリクールと類似するロナルド・ドゥオーキンの自律性・インテグリティと比較することにより、物語の観念が一人称の支配、言い換えれば独我論に陥りかねないこと、それを避けるためにリクールの自己像を一歩進めて解釈し、「私」に関わる様々な人々の「私」の物語が輻輳する場として捉えることを提唱した。

　とはいえ、リクールが先行する著作の標題『時間と物語』に示した、物語と並ぶ・それを支えあう観念である時間、とりわけ自己としての人間の時間的広がりについては、未だ十分に考察しえなかった。医療現場においてICが「瞬間の出来事ではなくてプロセス」という事が強調されること、また逆に終末期においては時間が限られているが故にこそ生じる様々な問題がある。このことからすれば医療現場、そしてそれを含む人間の生における時間的広がりの持つ意味（特に意思の弱さを避けられない「弱い個人」への含意）について考察する必要がある。この点は今後の課題とせざるを得ない。

---

[24] しかしながら、一人称と二人称・三人称の物語が均質な資格で関わるというのもまた言い過ぎである。「私」が一人称と最も近く結びついていることは否定できず、二人称・三人称との関わり方とは質的な違いがある。ここで言わんとした事は、一人称のみがその場、「私」の生の消滅させる、文字通りの生殺与奪の権を持つことはない、という点に尽きる。

生殖補助医療における望まない子の出産・出生責任
―― アメリカ、ニュー・ヨーク州における二つの判決から

服 部 篤 美

I はじめに

　本稿は、生殖補助医療において施術者の過失により依頼者にとっての「望まない子」が出生した事件で施術者側の民事責任を論じた、ニュー・ヨーク州における二つの損害賠償請求訴訟を紹介し、分析を試みるものである。

　筆者はかねてよりアメリカにおける「望まない子の出産・出生」をめぐる医療者側の法的責任を、細々とではあるが、研究してきた。いわゆるWrongful Conception訴訟やWrongful Birth訴訟、Wrongful Life訴訟についての検討である。これらの訴訟は、中絶や避妊の選択が憲法上の権利として保障されたことを背景に、原告らの中絶や避妊選択を侵害し「望まない子の出産・出生」を生じさせた医療者等にその責任を問うものである。ところが最近この「望まない子の出産・出生」の責任を、産むための技術である生殖補助医療の提供過程で望まない子の出産や出生を引き起こした施術者に対して追及する訴えをアメリカで目にするようになった[1]。確かに、生殖補助医療でも配偶子、移植する受精卵や胚の取り違えがあれば依頼者の希望する子と異なった子どもが生まれる可能性があり、こうして生まれた子は依頼者にとっての「望まない子」ということになる。しかし、避妊や中絶の選択肢を侵害した医療者の責任を問う従来

---

1) 本稿で扱う判決のほかにもたとえば、Doolan v. IVF America(MA),Inc.No.993476, 2000WL33170944(Mass.Super. 2000), Johnson v.Superior Court,101 Cal.App.4th869,124 Cal.Rptr.2d 650(Cal.App.2Dist.2002)などがある。

型のWrongful Birth訴訟、Wrongful Life訴訟あるいはWrongful Conception訴訟事案での医療者の役割と出生する子の遺伝子を組み合せ受精卵を創りそれを移植する生殖補助医療での施術者の役割は相当に異なっており、同じ責任法理ではかられるべきか疑念がある。また中絶や避妊の自己決定を侵害したわけではない生殖補助医療の事案では施術者は依頼者のいかなる利益を侵害したのか、法はそれを保護する必要があるのかも議論する必要がある。本稿はこうした問題意識からニュー・ヨーク州での二つの体外受精医療過誤判決—①第三者の卵提供による体外受精において提供卵の遺伝情報が伝えられず障害児出生回避の措置が採られないまま移植され望まない障害児が出生したParetta v. Medical Offices for Human Reproduction, 195 Misc.2d 568, 760 N.Y.2d 639(N.Y.Sup.Ct.2003)（以下「Paretta判決」という）と②夫婦間体外受精を行った際に精子が取り違えられた結果、夫の遺伝子をもたず肌の色の異なる望まない健常児が出生したAndrews v. Keltz,15 Misc.3d 940,838 N.Y.S.2d 363(N.Y.Sup.Ct.2007)（以下「Andrews判決」という）—をⅡにて紹介する。本稿がニュー・ヨーク州を取り上げたのは、同州ではこの二つの判決で、下級審ながら、体外受精により望まない障害児が生まれた場合と望まない健常児が生まれた場合の双方につき施術者の責任が示されたからである。そして両判決の紹介後Ⅲにおいて、ニュー・ヨーク州での従来型「望まない子の出産・出生」訴訟の先例を概観した上で、上記二判決の論旨を参考に、生殖補助医療で過失により「望まない子の出産・出生」を生じさせた施術者の責任を避妊や中絶権侵害を基礎とする「望まない子の出産・出生」訴訟に依拠して判断することの適否やその問題点を指摘する。また同州における生殖補助医療に関連深い裁判例を併せて紹介し、同州が示す施術者責任のあり方やその特徴を明らかにしたい。そして本稿を生殖補助医療に携わる施術者の責任を日本でも考察するための足がかりとしたいと考えている。

Ⅱ　ニュー・ヨーク州での二つの判決
　　　──　事実の概要と判決要旨

1　Paretta判決 ── 生殖補助医療により望まない障害児が出生した事例

【事実の概要】

　Paretta夫婦$X_{1,2}$は第三者の卵提供を用いた体外受精を実施したが、卵提供者の遺伝情報がX夫婦に伝えられず、スクリーニングなど障害児出生回避の措置が採られないまま移植が行われ、妻X_1は嚢胞性線維症に罹患し重篤な障害[2]を負うX_3を出産した。そこでX夫婦及びX_3は、卵提供者が嚢胞性線維症の保因者であることをX夫婦に伝えず、夫X_2への同病に対する保因者テストも怠ったとして、体外受精を実施した$Y_{1,2}$ら関係施設[3]、プログラムを夫婦に勧めたY_3医師及び同プログラムの監督者で卵提供者の情報[4]を伝えたY_4医師らに対し、①遺伝病を発症したX_3の親として夫X_2が負う精神的苦痛[5]、②X夫婦及びX_3が負う障害に起因する経済的損害[6]、③Yらの義務違反の結果からX全員が受けた精神的苦痛の賠償を求めた。またXらは④施設等[7]への懲罰的損害賠償、⑤施設他の体外受精プログラムに対する監督義務違反[8]も追及した。Xのこれらの請求に対しY側が州の「望まない障害児出産・出生」訴訟に依拠し請求却下を求めたのが本訴である。Yらの申立てに対しXらは、請求は「望

2）X_3は2000年5月に出生しその後2か月を集中治療室で過ごし、複数の手術を受け1か月間結腸切開バックを装着するなどした。症状は終生増悪し医療ケアが必要な状況にある。
3）本件体外受精に関わった施設もしくは組織が$Y_{1,2}$以外にもあるようだが本件体外受精プログラムとの具体的関係は判決中明らかでない。
4）Xらの申立てによれば、Y_4はX夫妻に提供者の情報として血統、身体的特徴などの他、精神的な病気や遺伝病はないと伝えた。
5）X_3の嚢胞性線維症の発症原因が夫X_2にもあることに基づく精神的苦痛ではないかと推察される。
6）X_3に要する医療費、手術費、入院費及び障害児の養育により妻が失う賃金を指す。
7）懲罰的損害賠償請求は本生殖補助医療を承認したことを理由とし、$Y_{1,2}$施設だけでなく注(3)で言及した施設被用者にも向けられている。
8）監督義務違反はY_4にも問われたが、Y_4の却下申立てにXらが反対せずこの請求は斥けられた。

まない子の出産・出生」に基づく請求とは区別され、医療過失、インフォームドコンセントの欠落[9]や妊娠かつ移植前のカウンセリングの過失を問うものだと述べ、更に過失推定則に基づき被告有責の略式判決を求めた。ニュー・ヨーク地区裁判所は以下のような理由から、懲罰的損害賠償の求めとX夫婦が負担するX₃の障害に起因する経済的損失に対する賠償請求を認めたが、その他についてはXら親子の請求を斥け、その範囲でYらの請求却下申立てを容認した[10]。

【判　旨】

　ダウン症児の出生の危険性や羊水検査の情報を与えられず中絶の機会を失い望まないダウン症児を出産した事案と家族族計画上の遺伝相談で誤った情報が提供され望まない障害児を出産した事案を併合し医療者側の責任を述べたBecker v. Schwarts, 46 N.Y.2d 401, 413 N.Y.2d 895, 386 N.E.2d 807(N.Y.1978)（以下「Becker判決」という）で州最高裁判所は、望まない障害児を出産した親は子の障害故に自身が負担する経済的損害につき賠償請求を許されるが、障害児の出生による精神的苦痛の賠償請求はできない、また生まれた障害児は法律上認められる侵害を受けておらず、その障害から解放され生まれる基本的権利もないため、医療者に対し賠償請求はできないと判断した。「望まない障害児出産・出生」訴訟の先例であるBecker判決では本件と異なり、医師らが子どもの障害を生じさせたとする主張はなされていない。他方本件XらはYらがX₃の懐胎に責任があり、子の遺伝子の構成、嚢胞性線維症を保因する精子と卵子の結びつきに一定の役割を果たしたと主張する。しかし、X₃には他の子どもと同様、この遺伝病から解放されて産まれる権利はない。生殖補助医療において過ちを犯した医師に賠償請求をすることを子に許せば、現代医療技術の助けで懐胎された子に医療援助なしに懐胎された子よりもより多くの権利や期待を与えることになる。法も当裁判所もそのような区別を認めない。

　Becker判決は望まない障害児を出産した両親自身が受けた情緒損害について賠償請求できない旨を確立している。医療技術の助けで懐胎された子が遺伝病を負って生まれた場合をこれと区別する先例はなく、裁判所はこれを他の親の場合と異なって扱うことはできない。不幸なことに、遺伝病に子が苦しむのを目にする情緒的損害は懐胎方法にかかわらず同じで、補償される対象ではな

---

9) 嚢胞性線維症についての説明がなかった点に基づく。
10) 但し、施設に対する監督義務違反に基づく請求はなお維持されている。

い。また本件はXらが依拠するPerry-Rogers v.Obasaju,282 A.D.2d 231, 723 N.Y.S.2d 28（N.Y. App.Div.2001）（以下「Perry判決」という）とも区別される。この事件では、病気の子の誕生による精神的苦痛の賠償が求められたのではなく、妊娠出産の機会や出生前の子と母との絆を形成する機会が奪われ子を取り戻すまでの間親子が別れていたことによる情緒損害が求められた。さらに胎児に先天的な病気があると誤った情報が告げられた結果中絶選択をした妊婦の精神的苦痛に対する賠償請求を認めたMartinez v. Long Island Jewish Hillside Medical Center, 70 N.Y.2d 697,518 N.Y.S.2d 955,512 N.E.2d 538(1987)は、胎児に障害があるとの誤った情報が、彼女が固く信じているところとは真逆の行為をさせた事件で、彼女が直接的に受けた精神的苦痛の賠償を認めたものだ。それは障害ある子の誕生により親に生じた精神的苦痛の賠償を求める本件と区別され、よって本件はBecker判決により判断される。加えて、夫X_2が二次的に賠償を求める配偶者利益の損失は、妻X_1の障害児の出生による情緒損害に密接不可分に絡むものであるからこれも却下される。しかしXらのあらゆる請求が否定されるわけではない。先のBecker判決は彼らの子の障害に起因して親が負ったそして今後も負い続ける金銭的支出について賠償できることを十分明らかにしている。

　懲罰的損害賠償の請求はこの段階では、Yらの主張が立証を十分果たしておらず、却下されない。卵提供者が保因者であることをYらが知っていたかもしれないとの証拠があり、YらはXらに情報を与えずX_2への保因者検査も怠った。Yらの行為は、最低に見積もっても重大な過失、あるいは詐欺でさえあり得る。またX_3のケアを理由にX_1がフルタイムの仕事を辞めることを根拠とする逸失賃金の賠償請求に対するYらの却下申立ても拒否する。Yらの異議申立ては、望まない健常児出産訴訟において、健常な子の養育費賠償請求を否定するWeintraub v. Brown, 98 A.D.2d 339,470 N.Y.S.2d 636(N.Y.App.Div.1983)（以下「Weintraub判決」という）に基づいているに過ぎない。その事案とは異なり、Becker判決の事案同様、本件Xらは障害があり助けを高度に必要とするまさに依存する子の看護を行っている。X_3の障害について被告の役割を無視することは難しい。また卵提供者の目の大きさやそばかすを気にするXら夫婦が、卵提供者が囊胞性線維症の保因者か否かの情報開示を期待していなかったと考えるのは難しい。故に、X夫婦は厳しく賠償を請求することが許される。しか

し本件記録ではX夫婦の求める略式判決を許すことはできない。この段階で過失推定則を適用することは不適切で、X夫婦は法律問題としてXらが判決を勝ち取ると証明する十分な証拠を提出しておらず、多くの問題が未解決である。

2 Andrews判決 —— 生殖補助医療により望まない健常児が出生した事例

【事実の概要】

Andrews夫妻$X_{1,2}$は夫婦間体外受精をY_1医師の発案で行うこととし、夫X_2はY_2生殖医療施設で精子を採取しこれを氏名を明記した容器に入れ、蓋をしてY_2施設のスタッフに預けた。Y_2施設では平行して妻X_1の採卵が行われ、Y_3（胚培養士）は得られた卵子と精子を受精させY_1医師がこの受精卵を妻X_1に移植した。しかしこうして2004年に出生したX_3は健常ではあったがX_2の身体的特徴がなく、X_3の兄たちや親族とも皮膚の色、顔や髪の特徴が家系的に相容れないものであった[11]。そこでX夫婦は父子関係につきDNA鑑定を行い、X_2がX_3の父でないことが判明した。X夫婦は、受精卵を移植したY_1医師、受精卵を作成したY_3胚培養士そしてY_2施設[12]らに対し、医療過誤、不法行為、説明義務違反、契約違反もしくは詐欺、不法な身体的接触の法理等に基づき[13]、①Xら夫婦が受けた、出生子X_3の顔を見るたびに誤りを思い出して感じる無力感や鬱などの精神的苦痛、また周囲から表される不快な好奇心や質問からの情緒的な緊張、未知の遺伝子によるX_3の健康上の不安、X_3の生物学上の父がX_3に対するX夫婦の権利を干渉するのではないかという不安、X夫婦の遺伝子をもつ或いは半血の子どもが誰かの下に産まれているのではないかという不安について、②出生子X_3が受ける、外観の明らかに異なる親や兄弟そして親族の中で育ち、周囲からの好奇にさらされることで生じる身体的損害、情緒損害、将来アイデンティティーを確立できない不安、そしていつか自身が血縁に

---

11) 依頼者たる妻X_1はドミニカ共和国の出身、夫X_2は白人系であったが、出生したX_3はアフリカ系、もしくはアフリカ系アメリカ人の特徴を有していた。
12) Y_2施設は法人化されていなかったこともあり、施設の所有者かつ経営者Y_4も被告となり所有者及び経営者としての責任及び個人の責任が問われた。
13) Xらは$Y_{1,2,4}$に対して医療過誤に基づき、Y_3に対して不法行為に基づき各請求をした。このほか妻X_1は全被告に対し説明義務違反及び不法な身体的接触、$Y_{2,3,4}$に対し契約違反、Y_1に対して詐欺に基づく請求をしている。

関する真実を知りその結果受ける精神的損害につき賠償を求めた。Xらの請求に対しY₁Y₃らが、州は「望まない子の出産・出生」に基づく請求を認めていないとして請求却下を申し立てたのが本訴である[14]。Yらの主張に対してXらはY₃に対し過失推定則に基づく略式判決を求めた。ニュー・ヨーク地区裁判所は以下のような理由から、Xらの略式判決の申立てを認容したが、Xらの精神的損害賠償の請求及び他の多岐にわたる訴訟原因を否定しYらの却下申立ての多くを認めた[15]。

【判　旨】
1) 依頼夫婦の精神的損害に対する賠償請求の可否

　Xら夫婦の主張する侵害の多くは既存判決により打ち立てられた原理の観点から補償されうるものではない。不妊手術後望まない健常児が生まれた事件で親による養育費請求を否定したO'Tool v.Greenberg,64 N.Y.2d 427,488 N.Y.S.2d 143,477N.E.2d 445(N.Y.1985)（以下「O'Tool判決」という）が公序（public policy）の問題として健常な子の誕生は法の認める損害（harm）とはなり得ないと判示し、同様にWeintraub判決も生命は最も価値のある贈り物だとしている。ニュー・ヨーク州の裁判所は健常な子を認められる侵害と判断したことがないだけでなく、Becker判決で重篤な障害児の出生の結果生じた親の精神的苦痛に対する賠償も否定した。州裁判所が示してきた、望まない健常児の誕生は子の親にとって侵害を構成せず、重篤な障害児の親でさえ当該子の誕生による情緒損害の請求はできないとする原理を本件に拡張することにより、本件Xら夫婦が生物学上つながりのない子を持ったことから生じた精神的苦痛について賠償請求することはできない。この結論はXら夫婦の引用するPerry判決と矛盾するものではない。Perry判決は障害児や計画外の健常児の出生による情緒損害を求めるものではない。しかしPerry判決は身体侵害のない被害者に情緒損害についての賠償請求を認めている。州最高裁判所の先例Cohen v.Cabrini

---

14) Y₂施設及び施設所有者かつ経営者たるY₄には既に欠席判決で何らかの責任が認められている。
15) 具体的に下された裁判所の判断は①XらのY₁及びY₄の個人責任に基づく請求を却下し、②他の被告（Y₂,₃及び施設所有者かつ経営者Y₄）に対する訴訟は①の請求と分離される。③X₁,₂による不法行為に基づく訴訟原因は判決が指示する範囲で却下される。④X₃による請求は却下され、契約違反、説明義務違反、不法な身体的接触及び詐欺に基づく請求もまた却下されるというものであった。

Medical Center, 94N.Y.2d 639,709N.Y.S.2d 151,730N.E.2d 949(N.Y.2000)（以下「Cohen 判決」という）が夫の子を持つ機会を奪われたとする妻の請求はあまりにも憶測的であると請求を斥けたことから、本件X夫婦は自身の遺伝子による子をもうける機会を奪われたとの請求はできない。が、Xらの遺伝物質が他者に使われ、彼らの全血もしくは半血の子がいるかもしれないとの不安や出生子の遺伝上の親がX夫婦の親としての権利に干渉してくるかもしれないとの継続的な不安は、Becker判決やWeintraub判決で考慮された公序によって妨げられ得ない。厳格な体外受精を行ったのに夫X_2の精子がX_3に使われていなかったことを知ることとなり、なぜこのような事態が生じたのか等全く説明がない状況では、身体侵害がなくとも情緒損害の賠償が許される「真実性の保証（guarantee of genuiness）」[16]が存在する。

2) 健常児自身の精神的損害に対する請求の可否

出生子の精神的損害についての賠償請求については却下される。Yらの過失は出生子が子宮に移植される前に発生しており、Yらが胎児に対して注意義務を負っているとのXらの主張は説得的でない。不法行為の時点で懐胎されていた胎児が、当該行為により死産となった場合の母の請求を認容した先例や出生した未熟児に賠償請求を認めた州の先例[17]とは区別される。またCohen判決が述べたように、単に加害行為から生じる損害の予見可能性のみに基づき法的義務は課されるのではなく、むしろ、共通概念としての倫理性、理論そして義務を課すことによって生じる社会的結果への配慮に基づき裁判所は法的義務の問題を解決する。

3) その他の原告らの請求について

施設の所有者兼経営者としてのY_4への責任は欠席判決により認められる。

---

16) この規範は、事件の事情から真実性の何らかの保証が得られた場合、精神的損害賠償を認めるとしたFerrara v.Galluchio,5 N.Y.2d 16,176 N.Y.S.2d 996,152N.E.2d 249(N.Y.1958)に遡る。

17) 破水した妊婦への医療過誤の結果死産に至った事例と妊娠18週に当たる双子を妊娠している妊婦への医療過誤により死産が生じた事例で妊婦による精神的損害賠償請求を認めたBroadnax v.Gonzalez,2 N.Y.3d 148,777 N.Y.S.2d 416,809N.E.2d 645(N.Y.2004)とトイレの欠陥で妊娠4か月の妊婦が負傷し早産が惹起された事件で加害時にはviable未満であった出生未熟児に賠償請求を認めたLeighton v.City of NewYork,39 A.D.3d 84,830 N.Y.2d 749(N.Y.App.Div.2007)に依拠する。なお、Leighton判決は州が懐胎前の不法行為責任訴訟（pre-conception訴訟）を認めていない点についても触れている。

しかし、被告らに対する契約違反および不法な身体的接触、詐欺に基づく請求、Y_3 に対する説明義務違反、Y_4 個人としての監督責任に基づく請求は、Y らの却下申立て[18]にX らが反論をしておらず却下される。また Y_1 医師は精子の採取や受精に関わらず単に渡された受精卵を移植したに過ぎないので Y_1 への医療過誤に基づく請求もなしえない。更に精子の取り違えは合理的に予見できず Y_1 への説明義務違反に基づく請求も却下される。しかし、夫 X_2 の精子を受け取ったことを否定せず妻 X_1 の卵を受精させたことを認める Y_3 胚培養士については過失推定則が適用される。原告に有利な略式判決や指示評決をもたらす例は原告らの状況証拠が非常に説得的で被告の反論が非常に弱く過失の推定が避けがたい場合にのみ生じるが、本件は説得力ある状況証拠があり Y の反論が存在していない。

III 検 討

1 2つの判決

上記二つの判決により以下の様な方向性が示された。体外受精における手技上の過失により依頼者にとって「望まない障害児」が出生した場合は、①依頼者たる親は、出生児の障害に起因する通常外の経済的損失につき賠償を求めることができ、しかし②親は障害児の出生による精神的苦痛については賠償請求はできない、また③出生した障害児自身は障害を負って生まれてきた責任を施術者に問えない。体外受精における施術者側の過失により健常であるが「遺伝上望まない子」が生まれた場合、①依頼者夫婦は「望まない子」が出生したことによる精神的損害について請求できず、②遺伝上望まれなかった「健常児」もその責任を施術者に請求し得ない。これらの結論は州における Wrongful Conception 訴訟、Wrongful Birth 訴訟及び Wrongful Life 訴訟の先例に基づき導かれた[19]。

---

18) 被告らは、Y_4 の個人としての責任については Y_4 が体外受精に関与していない点を、その他の請求については契約違反を理由に情緒損害の賠償は認められていないなどと主張し請求の却下を申し立てた。

2 州における従来型「望まない子の出産・出生」訴訟

　Wrongful Conception訴訟とは、不妊手術や中絶手術等をしたにもかかわらず医療者などの過失により健常児を出産した親が、望まない健常児の親となったことにつき被告にその責任を問う損害賠償請求訴訟である。またWrongful Birth訴訟は、遺伝カウンセリングや出生前診断などを利用して障害児の出生を回避しようとしたにもかかわらず、医療者側の過失により回避されるはずの障害児を出産した親による同様の訴訟で、こうして出生した障害児自身が出生させられた責任を被告に問う訴訟をWrongful Life訴訟と呼び親の訴訟と区別する。これら一連の訴訟は、そもそもは望まない非嫡出子として生まれた子が不利な状況を背負って生きることを強要された責任を実父や母の懐胎に責任ある第三者に問う「望まない非嫡出子出生訴訟」に遡る[20]。しかしこの訴訟は、非嫡出子に対する差別の解消や、1960年代に入り下された女性の避妊や中絶の権利を憲法上の権利内に位置づけた一連の連邦最高裁判所判決[21]を契機として、過失ある医療者により避妊や中絶選択が侵害され「望まない子」を出産した妊婦らによる損害賠償請求訴訟として形を変えた。そしてこうした訴訟は全米的な規模で現れるようになり、出生した子による訴訟はこうした親の訴訟事案を前提とするWrongful Life訴訟として位置づくようになった。

　望まない子の出産・出生をめぐる判決群はニュー・ヨーク州でも全国的な傾向と相似的に形成されてきた。即ち訴訟の起源は、州施設に収容されていた知的障害のある女性が暴行を受け妊娠した結果出生した非嫡出子が母に対する安全配慮を怠った州に対し責任を求めたWilliams v.State,18 N.Y.2d 481,223N.

---

19) もっとも、Andrews判決が子の請求を否定する根拠は、懐胎前の原告に対し不法行為責任が伝統的に否定されてきた点に基づく。この点は望まない障害児によるWrongful Life訴訟でも問題になりうるが、州にはこの論点を措いて当該請求の可否を論じたBecker判決などの先例があった。他方健常児が出生責任を問おうとする医療訴訟については適切な先例を欠いていた。

20) Zepeda v. Zepeda,41 Ill.App.2d 240,190 N.E.2d 849(1st.Dist.1963),cert.denied,379 U.S.945(1964)が最初のケースとされる。「望まない非嫡出子出生」訴訟については、砂川恵伸「"Wrongful Life"に対する不法行為責任」流大法学10号（1969年）29頁が紹介している。

21) Griswold v. Connecticut,381 U.S.479,381U.S.617(1965),Eisenstadt v. William,405 U.S.438,31 L.Ed. 2d 349,92 S.Ct.1029(1972),Roe v. Wade,410 U.S.113, 35 L. Ed. 2d 147(1973)などがある。

E.2d 343,276 N.Y.S.2d 885(N.Y.1966)に遡る。この事件で州最高裁判所は子の求めた損害賠償請求を斥けた。その後前述した一連の連邦最高裁判所判決、1970年の州堕胎法改正を受け、医療過誤の結果望まない健常児を出生した親による予期せぬ養育費や精神的苦痛の賠償を認める判決が下級審で現れるようになった[22]。州の望まない出産及び出生責任をめぐる判決の方向性を定めたのは、望まないテイサックス病児を出産した親が障害児の出生による精神的苦痛につき賠償を求めた Howard v. Lecher, 42 N.Y.2d 109, 64 N.E.2d 366(N.Y.1977) と Paretta 判決が引用した Becker 判決である。州最高裁判所は Howard 判決で、望まない障害児を出産した親の精神的損害賠償の請求を否定し、更に Becker 判決で、医療者の過失が避妊や中絶を妨げ望まない障害児の出生を導いた場合には、①出生した障害児自身による Wrongful Life に基づく請求は認めない、②望まない障害児を出産した親は負担する出生児の障害に係る経済的負担につき賠償請求できる、しかし③子が障害に苦しむ姿を目にする親の精神的苦痛の賠償請求はできず、これに付随する夫が失った配偶者利益や妻の医療費の賠償もできないとする立場を確立した[23]。Becker 判決は、Wrognful Life 請求について、被告側の出生子に対する義務を仮定したとしても、子に「完全な機能を持つ人」として生まれる基本権はなく、生まれなかった方が障害を負って生まれるよりもよいかどうかの判断は法の能力を超えており、出生した障害児が法の認める侵害を受けたとはいえない、こうした判断は立法府に任せるべきだと述べた。また親による Wrognful Birth 請求については、障害児の治療・看護に要する金銭上の損害は算定可能だが、身体侵害のない第三者に精神的損害の賠償請求を否定してきた伝統に従い、恣意的になりがちだとして障害児の出生に基づく精神的損害を否定した。さらに裁判所は、望まれ、計画され、妊娠された子どもが生まれた場合、障害児の出生により親は苦痛を受けるであろうが「障害によってもなお全てを減衰させられない愛」を親は経験するやもしれないと

---

22) 望まない健常児を出産した親の請求を認める事例として、Ziemba v.Sternberg,45 A.D.2d 230,357 N.Y.S.2d 265(N.Y.App.Div.1974),Debora S. v.Sapega,56 A.D.2d 841,392 N.Y.S.2d 79(N.Y.App.Div.1977) などがある。対して Clegg v.Chase,89 Misc.2d 510,391N.Y.S.2d 966(N.Y.Sup.Ct.1977)はこのような親の請求を否定する。

23) Becker 判決は精神的損害について Howard 判決に依拠し判断した。なお、両判決は丸山英二「先天性障害児の出生と不法行為責任—アメリカにおける Wrongful Birth 訴訟と Wrongful Life 訴訟について—」藤倉皓一郎編『英米法論集』(東大出版会、1987年) 443頁等にも紹介されている。

述べ、精神的苦痛の賠償を許すにはあまりに憶測的に過ぎると述べた。この部分がParetta判決でも引用された。

望まない健常児出産訴訟は、長く州最高裁判所の判断が出ず、その訴訟原因の認否について下級審の立場も別れていたが、次第に予期せぬ妊娠・出産による医療費、それに基づく身体的苦痛、妻の妊娠・出産により失われた夫の配偶者利益について訴訟原因を認めるようになった。そして争点が出生した健常児の養育費請求の可否に絞られ、やがてこれを否定する傾向が現れた[24]。養育費の請求を否定する控訴審判決の一つであるWeintraub判決は、同請求は公序により否定され、養育費請求を認容する判決は生命が最も高価な授かりものの一つであるという現代の見解に矛盾すると批判した。その後州最高裁判所は、妻への不妊手術の過失により健常児が出生し、その養育費請求の認否を争ったO'Tool判決で、養育費請求を否定する下級審の傾向を肯定し以下のように述べている。「当裁判所は、法や人が人の生命に置いているほぼ普遍的ともいえる高い価値を認めている[25]。我々社会が生命の尊厳を認めるのに照らして、公序の問題として、健常な子の誕生が法律上補償されうる損害を構成するということはできない[26]。健常児の誕生から生じる道徳的、社会的、情緒的利益は純粋に経済上の利益保護よりも選ばれるべきである。(文献引用略)健常児の誕生が法的損害になると判示することは、変えることのできない本質的な人間の生命への価値を、親に課せられた経済的負担にしたがって作り直す司法上不適切な仕事を当審にさせることになろう。」この両判決がAndrews判決で引用された。

ニュー・ヨーク州では、望まない健常児出産訴訟では、親は失敗した不妊手術などの費用、望まない妊娠・分娩にかかる費用、それに基づく夫の失った配偶者利益、妻の妊娠・分娩による身体的及び精神的苦痛については加害者に賠償請求できるが、望まない健常児に通常要する養育費の賠償請求はできない。望まない障害児出産訴訟では、親は子が障害故に負担する治療費や看護費用等の賠償は請求できるが、子が障害に苦しむ姿を目にする親の精神的苦痛は賠償

---

24) Sorkin v. Lee,78 A.D.2d 180,434 N.Y.S.2d 300(N.Y.App.Div.1980), Jean-Charles v. Planned Parenthood Association of the Mohawk Valley Inc.,99A.D.2d 542,471 N.Y.S.2d 622(N.Y.App.Div.1984)などがある。
25) Becker判決などが引用されている。
26) Weintraub判決などが決引されている。

請求できない。そして障害児自身によるWrongful Life訴訟原因も認めない[27]。
上述した裁判例の形成経緯と状況から同州の以下のような特徴が見いだせる。第一に、ニュー・ヨーク州でも「望まない子の出産」に基づく訴えは、一連の連邦最高裁判所判決を踏まえ女性の避妊や中絶選択が私法上も保護されるべき利益として高められた結果認容に転じた医療過誤訴訟であること。よってこれらの請求の被侵害利益は女性や夫婦あるいはカップルの出産回避利益と把握されること。第二に、それに付随する子による「望まない出生」訴訟では、子の障害は被告医療者と関わりのない生来的なものであり、子には障害を負って生まれるか生まれないかの選択肢しかない。そこでこの訴訟では、子が障害を負わず生まれる権利ではなく、親の避妊や中絶選択を介した、子の生まれない権利が被侵害利益となること。第三に、身体侵害を伴わない間接的被害者としての精神的損害賠償請求は認められないとするニュー・ヨーク州の伝統的な原則が「望まない子の出産」訴訟でも堅く維持されていること。その結果裁判所は、出生子が健常か否かにかかわらず、子の出生に基づき親が受けた精神的損害は、身体侵害を伴わない第三者の受けた損害として、憶測的で恣意的になりやすいとして精神的損害賠償の請求を否定している。第四に、同州の裁判所は、望まない子の出産や出生に基づく請求は、公序（public policy）により制限され得るとし、出生子が健常であるか否かにかかわらず生命に対し高い価値を置く州の姿勢をこれらの訴訟に反映させてきたことである。その結果、たとえ障害があったとしても子育てに伴う親の精神的苦痛は癒やされ得るものとして損害性が否定され、健常児の出生は親にとって侵害とならないとされている。

3 生殖補助医療における「望まない子の出産・出生」訴訟事案の特徴

　本稿冒頭で述べたように、医療者が避妊や中絶選択を侵害した場合と同様に、生殖補助医療でも、施術者の過失から依頼者において「望まない子の出産・出生」が生じる可能性がある。こうした「望まない子の出産」をした親やその子がその原因となった過失ある施術者に不法行為責任を追及しようとすれば、議論されるべき損害項目は、従来からある「望まない子の出産・出生」訴訟で

---

[27] なおニュー・ヨーク州には「望まない子の出産・出生」に基づく損害賠償請求を制限する制定法はない。

議論されてきた損害項目と多くが重なり、論点は共通する。具体的にいえば、賠償すべき損害を枠づける「あれなければこれなしテスト」の下では、生殖補助医療の結果望まない障害児が出生した事案の場合、被告の過失がなければ依頼者は別の健常な子を得ていたはずであり、検討すべき親の損害は出生した子の障害故に親が負担する経済的損害と出生児が障害児であることによる精神的苦痛となる。また生殖補助医療の結果依頼者と血縁のない望まない健常児が生まれた事案では、被告の過失がなければ血縁のある別な健常児が生まれたはずで、養育上の経済的負担の面では差が生じず、検討すべき親の損害は血縁のない「望まない子が出生」した精神的損害のみとなる。それぞれの望まない子は、被告の過失がなければ受精されることはなく、結局、非出生と親の望まない子として生まれ生きる現状との比較において損害が検討される。これらの損害項目は全て従来型の「望まない子の出産・出生」訴訟において議論されてきた損害項目と重なっている。

　しかし、従来型の「望まない子の出産・出生」事案と生殖補助医療における「望まない子の出産・出生」事案とでは、原告らの侵害された利益の点で、また施術者あるいは医療者の果たした役割の点で異なりがある。そもそも生殖補助医療は子どもを授かるための医療技術で避妊や中絶とその目的を異にする。加えて体外受精や人工授精プログラムでは、単に妊娠、出産を導けばよしとするのではなく、通常健常児の出産を目指して配偶子のスクリーニングを行ったり、用いられる配偶子を夫婦間に限定したり、あるいは選択された第三者の配偶子を利用するなど、生まれる子の遺伝的構成に介入がなされる。その意味でこうしたプログラムは依頼夫婦の「選択的妊娠・出産」の実現を含み、配偶子や移植すべき受精卵の取り違えは、依頼夫婦による「出生子の遺伝子構成決定利益」や「選択的妊娠・出産利益」に対する第三者による侵害となる。そして生まれる子はこうした親の選択を介し「選択的出生利益」を主張することになる。しかし中絶や避妊の権利と異なり、依頼者による「出生子の遺伝子構成決定利益」や「選択的妊娠・出産」利益が、憲法上保護される権利か否かは定かではなく、そもそも依頼者たる親に生殖補助医療を利用した「出生子の遺伝的構成を決定する利益」や「選択的妊娠・出産利益」が私法上認められるのか、その根拠も含め、明らかではない。

　医療者や施術者の関わりの面で見ると、従来の「望まない子の出産・出生」

訴訟では、たとえば望まない障害児の障害は医師によりもたらされたものではない。医療者は望まない子を出産あるいは出生させたにすぎず、求められる責任もそこにあった。ところが、生殖補助医療事案では施術者は依頼者の「選択的妊娠・出産」を妨げただけでなく、そもそも依頼者の望まない遺伝的構成をもつ子の生命を創り出し、事案によっては障害を発症させたのであって、その責任も問われるべき状況がある。

　避妊や中絶侵害の結果「望まない子の出産・出生」が生じた場合での医療者の責任を問う事案と生殖補助医療において施術者が「望まない子の出産・出生」を生じさせた事案との共通点を重視すれば、生殖補助医療における施術者の責任を従来の「望まない子の出産・出生」訴訟に依拠し解決する考えにも合理的な面がある。しかし安易な依拠に基づいた解決では、生殖補助医療における被侵害利益の検討が不十分なまま責任が追求されたり、出生子の遺伝子構成を誤った施術者の責任が十分に追求されない等の問題が生じるおそれがある。

4　若干の検討

　Parretta判決は、生まれた子の障害について施術者の負った役割は無視しえないと指摘し、またこの事件での原告らの主張が従来の「望まない子の出産・出生」事案でのそれとは異なることを認識していた。しかし裁判所はその違いに基づく被侵害利益の分析や損害評価の分析に立ち入らず、従来型「望まない障害児出産・出生」訴訟の先例であるBecker判決に従い施術者の責任を判断した。その結果、親は出生子の障害のために自身が負担する、賃金の喪失を含む経済的負担につき賠償請求ができるが、親子は望まない障害児の出生に基づく精神的苦痛の賠償を否定された。Paretta判決の結論は、体外受精プログラムで依頼者と血縁の異なる望まない健常児が出生したAndrews判決でのモデルとされ[28]、ここでも従来からの「望まない健常児出産」訴訟の先例が踏襲され、親子の施術者に対する望まない健常児の出生に基づく精神的損害に対する賠償請求が斥けられた。こうした結論は、精神的損害の賠償請求に厳しい判断を下し、健常か否かを問わず出生した子の生命に払う高い価値を根拠に損害性を否

---

28) Andrews判決は、望まない障害児を出産した親の精神的損害賠償を否定する先例として、Paretta判決をBecker判決と並べて引用している。

定してきた従来の判決姿勢をあらためて支持し、維持したものともいえる。加えてParetta判決が、請求を斥けるに当たり、医療技術の助けで懐胎された場合とそのような技術を利用せず懐胎された場合とを区別して扱う必要はないと判示した点も注目される。

　両判決が自覚するか否かは別として、両判決から得られる結論を親による「出生子の遺伝子構成決定利益」や「選択的妊娠・出産利益」の視点から見直せば、結局、親の「選択的妊娠・出産利益」はその目的が障害児の出生回避にある場合には不法行為法上の保護を受け、夫婦間の子に限定して子をもうけようとする親の「遺伝子選択利益」や「選択的妊娠・出産利益」は保護されないということになる。親と遺伝的に繋がらないことでAndrews事件の当事者が受けている精神的苦痛は想像に難くなく、障害児が出生した場合同様、親の出産選択利益は侵害されている。しかし賠償されるべき損害は精神的損害に尽きるが故に請求が否定されており、「選択的出産」利益の取り扱いには結果において差異が生じている。さらに従来型の「望まない子の出産・出生」訴訟の事案では生まれる子の遺伝子構成は被告の関与しない所与のものであり、「望まない子の出産・出生」訴訟はまさに医療者の「望まない子の出産・出生」責任を問うことに焦点があった。対して生殖補助医療における「望まない子の出産・出生」事案では、健常であろうとも生まれてきた子の遺伝子構成は医療者によるものであり、その過失の結果、当事者は血縁的につながりのない親子関係を生きることになった。このような事案の違いを捨象し、従来型の「望まない子の出産・出生」訴訟を当てはめ健常か否かの二分法の下で判断すれば、当事者の損害は見落とされ遺伝子構成や受精過程での医療者の過失に対する責任追及は曖昧になっている。

　出生子の遺伝子構成を誤り望まない命を生み出した施術者の責任追求は、「望まない子の出産・出生」に基づく訴えを唯一の手段とするわけではない。しかしParetta判決で認められたのは、障害児の出生による経済的損害の賠償以外には、施設などに向けられた監督責任、懲罰的損害賠償請求に限られた。その懲罰的損害賠償請求も、卵提供者が嚢胞性線維症の保因者であることを施術者側が知っていたにもかかわらずこれを原告らに告げなかったという事案の特徴に基づくものであった。望まない健常児が出生したAndrews判決は、依頼者に被告の過失で夫婦間の子を得られなかった精神的苦痛の賠償請求を認め

ず、依頼者の遺伝物質が他者に使われている可能性に対する不安、出生子の生物学上の父が出生子に対し何らかの権利を主張するおそれや出生子に対する依頼者の親としての権利への干渉のおそれについてのみ賠償請求が可能だと判示した。

　一般にアメリカ不法行為訴訟では身体侵害を伴わない被害者による精神的損害賠償の請求は憶測的だとの理由等で厳しく制限されており、その傾向はニュー・ヨーク州でも同様である。ニュー・ヨーク州の先例によれば、事故などで妊婦が流産や死産に至った場合、当該妊婦の夫は自身の子どもを持つ機会を奪われたとの精神的損害を加害者に請求することはできない[29]。生殖補助医療にかかわる事案においても、体外受精を予定していた夫婦の受精卵が他者に使われてしまったCreed v. United Hospital,190 A.D.2d 489,600 N.Y.S.2d 151(N.Y.App.Div.1993)で、下級審裁判所は、移植予定の受精卵が他女に移植されてしまった結果妊婦が受けた精神的苦痛に対する賠償請求を否定している[30]。またAndrews判決が引用したCohen判決で州最高裁判所は、夫との子を得る機会を失ったとする妻の精神的損害賠償請求を否定した。Andrews判決が唯一認めた精神的損害は、体外受精において移植されるべき夫婦間の胚が他女に移植され、後日出生した子を依頼者が取り戻した事例で、依頼者が妊娠を経験する機会を失い、出生前の子どもとの絆や分娩機会を奪われ、4か月以上にわたり子どもと引き離された苦痛につき賠償を求めたPerry判決に基づくものだけである。Perry判決は、望まない健常児の出生に基づく精神的損害とは異なり、誰かわからない者に胚が移植されたと知らされた原告らが感じた、自分たちの子の運命をもう知り得ないかもしれないといった気持ちは予見可能だと述べ、その事情を汲んで[31]身体侵害のない精神的苦痛の賠償可能性を認めた。

　上記のようにニュー・ヨーク州では、出生子の遺伝子を誤って構成し望まない子を出生させた行為そのものに対して施術者の責任を追及することはそれほど容易ではない。とりわけ望まない遺伝的特徴を持つ健常児が生まれた場合に

---

29)　いわゆるwrongful nonbirth訴訟と称されるEndresz v.Friedberg,24 N.Y.2d 478,301 N.Y.S.2d 65,248 N.E.2d 901(N.Y.1969)等がある。
30)　原告妊婦は被告の採卵行為が身体侵害にあたるとして精神的苦痛の賠償を求めたが裁判所はこれを認めなかった。
31)　Ferrara判決前掲注(16)の指摘する、事件の事情から真実性の何らかの保証が得られた場合に該当するとした。

は、「あれなければこれなしテスト」で検証したように、生じた精神的苦痛こそが考慮されるべき損害となるが、州は精神的損害のごく一部しか認めない。精神的苦痛に対する賠償責任は、仮に契約法上の責任を追及した場合であっても、その追及には限界があるともいわれている[32]。

　このような法状況に対して、生殖補助医療において施術者の過失で「望まない子の出産・出生」が生じた場合、被害当事者は旧来の法概念では十分な救済がはかられておらず、親における遺伝子の承継や配偶子の選択などの権利を含む新しい生殖利益概念が必要だとする見解も出ている[33]。しかしその一方で親に出生子の遺伝子構成を決定する利益を認めれば、依頼者側の要求には際限がなく、生殖補助医療は依頼者の望む子を生産する請負のようになる可能性も懸念される。先にみたように、ニュー・ヨーク州では旧来の訴訟を通じ、この種の訴訟での請求認否が理屈よりも公序による制約を受け、健常か否かにかかわらず生まれてきた子の生命に対する高い価値をそこに反映させてきた。Paretta判決は、生殖補助医療を利用し出生した子と自然に懐胎された子とを区別して扱うことはできないともいっている。こうした帰結である既存のルールに基づいた両判決の結論は上述した懸念の歯止めとなろう。その代わりそこには生殖補助医療に携わる医療者を過度に免責させるおそれが含まれている。また両判決の結論は結局、避妊であれ、中絶であれ、そして生殖補助医療の利用であれ、私法が保護すべき親の出生選択利益の限界として、障害児の出産を回避する利益を際立たせる結果ともなっている。

---

32) Joshua Kleinfeld, Tort Law and In Vitro Fertilization:The Need for Legal Recognition of "Procreative Injury",115 Yale L.J.237(2005)は,契約責任は不法行為責任が出尽くした後に初めて問題とされ、結果に対する保証Warrantyがない場合には、難しいと述べる。
33) Kleinfeld前掲注(32)は「生殖利益（procreative interest）」といった概念を新たに提唱する。Kate Wevers, Prenatal Torts and Pre-Implantation Genetic Diagnosis,24Harv.J.L.& Tech.257(2010)も、論点を着床前診断に限定するが、施術者の責任を既存の出生前不法行為責任を追及する事案と同様に扱うべきではないと述べ、望まない子の出産・出生訴訟では不十分な側面を分析している。

IV 結びにかえて ── これからの課題

　Paretta判決、Andrews判決の二判決を読む限りでは、避妊や中絶侵害による「望まない子の出産・出生」訴訟に依拠するだけでは、生殖補助医療における望まない子の出産、出生を導いた施術者の責任は、十分な解釈に至らないように思われる。もっとも施術者の責任のあり方を含め、生殖補助医療を介して望まない子が生まれた場合の法的対応についてはアメリカでも判決や学説がまだ十分積み上げられていない[34]。また生殖補助医療を介した望まない子の出生問題を、避妊や中絶権侵害に基づく従来の「望まない子の出産・出生」訴訟に依存し解決することが仮に妥当だとしても、州によってこれらの訴訟で保護される利益範囲は異なっており、その結果、生殖補助医療での施術者責任も州により異なってくるのか、見守る必要がある。さらに生殖補助医療における施術者の過失で依頼者と血縁関係のない子が生まれた場合には、Andrews判決も示唆するように、当該出生子と依頼者との親子関係や監護権の帰属の問題も生じうる。　実際既述Perry判決の別訴Perry-Rogers v. Fasano, 276 A.D.2d 67, 715 N.Y.S.2d 19(N.Y.App.Div.2000)では、生殖補助医療で胚が取り違えられ血縁のない子を出産し後日生物学上の親に出生子を引き渡した夫婦が引き渡した子への訪問権を争った。これらのほかにも生殖補助医療をめぐる法律問題には未解決な課題がある[35]。

　本稿はそうした問題の一端として、ニュー・ヨーク州における生殖補助医療で「望まない子の出産・出生」を生じさせた施術者の責任を紹介した。二判決の結論は多分にアメリカ法独特の法原理やニュー・ヨーク州の先例に拘束されており、ここでの検討は日本における生殖補助医療の施術者責任のあり方を考えるに当たってすぐに役立つものではない[36]。しかし日本でも夫婦間体外受精プログラムで受精卵の取り違えが生じ、誤った受精卵を移植され妊娠したと

---

34) Wevers前掲注(33)は、Paretta判決には裁判所のこの問題に対する混乱や不慣れさが現れていると指摘する。
35) たとえば本稿で取り上げた二つの事件が示すように、生殖補助医療では複数の専門家や施設が複雑に関わることも多く、関わる者の専門性や資格、役割、連携の状況に応じた責任理論を検討する必要もあろう。

される女性が中絶を余儀なくされた事例[37]も生じている。今後日本でこうした場合の施術者の責任を法的に問題にする際には、生殖補助医療での施術者責任をめぐるアメリカでの試行錯誤の議論から学ぶべき点もあるのではないかと思う。少なくとも筆者にとって本稿は、大学院時代に滝沢正先生からご指導いただいた研究テーマである「望まない子の出産・出生」訴訟をあらためて見直す機会となり、この訴訟の抱える課題の広がりを自覚する機会ともなった。本稿で得られた具体的な検討課題を、生殖補助医療の施術者責任のあり方をテーマとした新たな研究につなげていければと考えている。

---

36) 精神的損害の賠償に厳しいアメリカ法の伝統が施術者に対する責任追及を困難にさせる要因の一つのようであるが、対して日本では慰謝料制度が被害者救済の手段として積極的に活用されているなど法状況に相当な違いもある。
37) 2009年2月に発覚した香川県立中央病院の事例がある。他者の受精卵を移植された当該女性は県に対し訴訟を提起し後日和解した。2009年2月20日朝日新聞、朝刊1面や2009年8月20日朝日新聞、朝刊39面の記事等を参照されたい。

ニュー・ヨーク州における同意能力を欠く患者の生命維持治療に関する決定について
―― 制定法の歴史とその背景にあるもの

永 水 裕 子

I　はじめに

　同意能力を欠く患者の生命維持に関する治療の中止が問題となった場合に、ニュー・ヨーク州の裁判例においては、その者の事前の意思表明が「明白かつ説得力のある証拠」によって証明されない限りは、中止を認めないとしてきたが、このような厳格な運用により尊厳を冒されたとして患者の遺族が争った事件もあり、制定法による手当てが行われてきた。しかし、同意能力を欠く患者の終末期を含む医療について他者が決定するという包括的な法律が制定されたのは2010年と比較的最近である。本稿では、法案が1993年に提案されてからこのように時間をかけて制定されたこの「家族による医療ケア決定法」がなぜ制定されたのか、その歴史と背景にあるもの、およびその内容を紹介し、我が国における同様の問題に対して何らかの示唆を得ることができればと考えている[1]。

---

[1]　なお、このような終末期医療をめぐる問題については多くの優れた先行業績があるが、紙幅の都合上、日本語文献を最小限に抑えたことにつきご海容を賜れば幸いである。

II 「家族による医療ケア決定法」の制定へ

1 生命維持治療拒否権について

　1976年のQuinlan事件判決において、ニュー・ジャージー州最高裁が、同意能力のある患者には、生命維持治療を受けるか拒否するかを決定するという憲法上保護された権利があり、さらに、この権利は遷延的に意識のない状態にある患者にも適用されると判示した。そして、その権利を行使するのは、良心的な後見人であるとしたのである[2]。これを受けて、多くの州裁判所が同様の判示を行い、代行判断者が患者に代わってそのような判断を行うことは、患者の憲法上の権利を保障するための必要な手段であると考えられるようになり、いくつかの裁判所において、同意能力のない患者は、同意能力のある患者と「同じ（医療について決定する）権利」を享受していると判示された[3]。例えば、Saikewicz事件判決では、同意能力のない患者にも、同意能力のある患者と「同じ尊厳と価値」があることから、「同じ権利と選択」が付与されなければならないとしている[4]。しかし、これに対しては、治療拒否権という憲法上保障された権利の基礎にあるのは自律的な選択であり、同意能力を一度も有したことがない者について「自律」を前提とした自己決定権行使は考えられないとして、重度の精神障害者や幼児について、その者の自己決定権を「代行判断」できるという考え方は批判されている[5]。しかし、事故などで今まで有していた同意能力を失ってしまった患者の場合には、もともと自らの価値観や選好により自由な選択を行っていたのであるから、治療方針をめぐっても、そのような人生における価値観が存在していたのであり、それさえ分かっていれば、（濫用の危険性などの問題があるとしても、）代行者がその価値観を反映させることは「絶対に不可能」とは言えない[6]。ただし、同意能力を欠く患者の生命維持治療拒

---

2) In *re* Quinlan, 355 A.2d 647 (N.J. 1976).
3) NORMAN L. CANTOR, MAKING MEDICAL DECISIONS FOR THE PROFOUNDLY MENTALLY DISABLED, The MIT Press, 2005, at 34.
4) Superintendent of Belchertown State School v. Saikewicz, 370 N.E.2d 417 (Mass. 1977).
5) CANTOR, *supra* note 3, at 36-37.
6) CANTOR, *supra* note 3, at 34-35.

否権を他人が代行することについては、それが功利主義的な考え方から濫用される危険性があることが指摘されている[7]。

さて、濫用の危険があったり、本人の選択とは言えない可能性があるということを考慮しても、生命維持治療拒否権を同意能力を欠く患者に与えるべきであるという結論は揺るがないものなのだろうか。それを知るためには、生命維持治療拒否権の根拠について考える必要が出てくる。Saikewicz事件判決のように、同意能力のない患者には、同意能力のある患者と「同じ権利と選択」を付与することには無理があるのは上述の通りである。ただし、「同じ権利」が保障されるわけではないと言ったとしても、彼らに憲法上の権利がないと言っているわけではないことに注意が必要である。「自律的な選択という意味の自由だけ」が彼らにとって重要な自由というわけではないからである。合衆国憲法第14修正の下で基本的な憲法上の自由権として確立された生命維持治療拒否権の根拠として、(1)自己決定の利益、(2)福祉の利益、(3)身体の不可侵性を維持するという利益という三つの理由が挙げられる[8]。重度の精神障害者には自己決定をすることはできないため、1番目の利益を保護するという考え方は出てこないが、自己決定できない者であっても、治療拒否権の2番目と3番目の利益を保護すべきである。とりわけ3番目の要素である身体の不可侵性は、人としての尊厳を侵害されないという、より広い意味での利益が含まれているきわめて重要な利益であり、自己決定できない者の場合には特に重要な利益として保護されるべきである。

このように、同意能力のない者の生命維持治療拒否権は、当該治療がその者の福祉にかなうかという観点、および、そのような治療によってその者の身体の不可侵性や尊厳が不必要に侵害されないかという観点から保障されなければならない権利である。代行者による行使には前述のような濫用の危険性が懸念されるが、代行者が同意能力のない患者に代わって権利行使をしないことにより、後述のPouliot事件のように患者がいつまでも尊厳のない苦しい状況に置かれ、尊厳が冒される危険性が出てくる（それは、患者が医療技術の「対象」と

---

7) ROGER B. DWORKIN, LIMITS: THE ROLE OF THE LAW IN BIOETHICAL DECISION MAKING, Indiana University Press, 1996, at 117.
8) Alicia R. Ouellette, *When Vitalism is Dead Wrong: The Discrimination Against and Torture of Incompetent Patients by Compulsory Life-Sustaining Treatment*, 79 Ind. L.J. 1, 46-47 (2004), ; CANTOR, *supra* note 3, at 37-38.

なっているだけの状況であり、当該患者だけでなく、人間の尊厳を損なうものであろう。）だけでなく、同意能力のある者ならば受けられる利益を同意能力がないために受けられず、平等の扱いを受けられない結果となる[9]。そこで、代行判断者による権利行使を認めつつ、前述のように、根底にある本人の福祉、身体の不可侵性や尊厳を保護するためにはどのような決定が最善かを慎重に判断し決定する義務を代行判断者に課すのが適切である[10]。

2　ニュー・ヨーク州の先例とその背景にある考え方

　ニュー・ヨーク州の最高裁は、「明白かつ説得力のある証拠」がなければ、同意能力を欠く者の生命維持治療を中止することはできないと判示しており、「患者の生命を維持する州の利益」を重んじてきたが、それは個々人の「生命権」は、「誤りがあったとしても生命の側に間違う」ことを確保する基準により保護されねばならないという考えに基づいている[11]。ニュー・ヨーク州法には、同意能力を一度も有したことがない者や以前同意能力を有していたが、同意能力があるうちに自らの希望を表明していない患者の治療を終了することを許容するメカニズムがなかったのである[12]。さらに、1990年のCruzan事件判決で連邦最高裁は、「生命を維持する州の利益」により「明白かつ説得力のある証拠」のような高い証拠基準を設定しても問題ない、すなわち、それは州のポリシーであるとしてこれを許容する。そうであるならば、Cruzan事件で問題となったミズーリ州やニュー・ヨーク州のように、州が高い証拠基準を設定しても本人の憲法上のプライバシー権を侵害しないという結論になる[13]。

---

9) Cantor, *supra* note 3, at 39.
10) Cantor, *supra* note 3, at 41.
11) In *re* Storar, 438 N.Y.S.2d 266 (1981)（重度の精神遅滞の52歳の膀胱がん患者に治療として輸血を行うかが問題となった事案）; In the Matter of Westchester County Medical Center on Behalf of Mary O'Connor, 534 N.Y.S.2d 886 (1988)（脳卒中のため同意能力を欠くに至った患者に経鼻チューブによる栄養・水分補給をするかが問題となった事案。事前に何らかの意思表明あり。）
12) Alicia Ouellette, Bioethics and Disability: Toward a Disability-Conscious Bioethics, Cambridge University Press, 2011, at 283-84.
13) Cruzan v. Director, Missouri Dep't of Health, 497 U.S. 261 (1990). Ouellette, *supra* note 8, at 10.

このような状況の下で、Pouliot事件と呼ばれる悲劇的な事件が起こったのであるが、その概要は以下のとおりである[14]。

　Pouliot (以下、Pとする) は、精神遅滞および脳性麻痺の40代前半の女性である。家族と長年暮らしてきたが、1999年にはニュー・ヨーク州の発達障害者のための施設に住んでいた。最後に入院する数ヶ月前、彼女は胃と食道の逆流、肺炎、胃腸の出血を繰り返していた。1999年12月21日には、肺炎、胃腸の出血、重篤な腹部痛および腸の機能不全を理由として大学病院に入院した。Pの姉妹のアリスがPの代理人となり、彼女の死が避けられないこと、遷延的に半昏睡状態になっていくこと、人工栄養を消化できないことから、人工栄養・水分補給を含めた医学的介入は、Pの死の過程を長引かせるだけであると考え、それをやめるように医療従事者に求め、病院内倫理委員会もこれに同意した (1999年12月22日)。Pの苦痛を除去するための緩和ケアのみが行われ数日が経過したが、州の司法長官が、当該状況における生命維持を拒否するという本人の明確な事前の指示がない限り、人工栄養・水分補給を中止することはニュー・ヨーク州法上認められないとして介入してきた (1999年12月27日付の主治医のカルテに記載)。Pは同意能力を一度も有したことがないため、その基準には当てはまらない。法的介入があったことから、主治医達は、静脈から人工栄養・水分補給を行ったが、これは7週間も続き、Pは何があったかを理解することができず、時折苦痛に呻いたり、わめいたり、顔をしかめたりしていた。浮腫により体全体がむくみ、皮膚の所々が破ける状態であった。そこで、2000年3月3日に、家族および訴訟上の後見人と医療従事者は裁判所から治療中止命令をもらってきた (このときの担当裁判官は、「法が常に正しいわけではない。」(There's the law, and there's what's right.) と述べたそうである)。Pは、州の司法省が上訴しようとしている間に亡くなった。確かに、当時のニュー・ヨーク州法の下では、同意能力を一度も有したことがない者から人工栄養・水分を撤去することができないのだが、そのせいで、Pは人としての尊厳を奪われたのである。

　Pの家族は、彼女の死後、Pの合衆国憲法上の権利侵害などを根拠に州の司法長官らを訴えたが、司法長官らは免責の対象になるとされ成功しなかった。

---

14) 事実の概要は、Blouin v. Spitzer, 356 F.3d 348 (2nd Cir. 2004) および Ouellette, *supra* note 8, at 13-18を参照。

連邦控訴裁判所では、州の役人である被告に免責が与えられるためには、被告の行為が憲法上の権利侵害に該当し、その権利が明確に確立されていなければならないとされ、連邦最高裁判決を引用しながら、確かに生命維持治療拒否権は憲法上確立された権利であるといえるが、死期の迫っている同意能力のない者が代行判断者にそのような医療上の決定をしてもらう権利は確立されていないと判示された[15]。

Pの医師らは、ニュー・ヨーク州法がPにとって非人間的で拷問のような死を押しつけることを命じたことに愕然とし、同意能力のない患者の医療に関する決定についての州法を変えるためにロビー活動を行った[16]。そして、それが実ったのが、2002年の「精神遅滞の者のための医療決定法（Health Care Decisions Act for Persons with Mental Retardation : HCDAPMR）」であり[17]、Pが直面したような非常に狭い場合において、適切に選任された代行判断者が、精神遅滞の患者の生命維持治療を終了することを許可するというものである。この制定法はPにとっては役だったかもしれないが、子ども、そして以前同意能力のあった成年について州法の変更をしたものではない[18]。同法§1750-b(2)では、生命維持治療の差し控え、中止について検討する際に、後見人が精神遅滞の人の最善の利益に基づく決定を表明すること（精神遅滞の人の希望が分かっている場合は別）を規定し、最善の利益の評価には、①すべての人の尊厳と独自性（uniqueness）、②当該精神遅滞の者の健康の維持、改善、または回復、③緩和ケアおよび疼痛管理による苦痛の緩和、④人工栄養・水分補給の独特な性質およびそれが精神遅滞の人に与えるであろう影響、⑤その人の全体的な医学的症状、が含まれるとする。さらに、①精神遅滞の人には、精神遅滞でない人に与えられるのと同じ平等権、平等の保護、尊重および尊厳を受ける権限がないという推定をしてはならず、②後見人、医療従事者、またはその他の当事者による財政的考慮により医療従事者が影響されてはならないと規定する。生命維持治療について、患者の後見人が口頭または書面により生命維持治療中止・差し控えを主治医に伝えた場合には、主治医は要件を具備したもう一人の医師等

---

15) Blouin v. Spitzer, 213 F. Supp. 2d 184 (N.D.N.Y. 2002); 356 F.3d 348 (2nd Cir. 2004).
16) OUELLETTE, *supra* note 12, at 289.
17) N.Y. SURR. CT. PROC. ACT § 1750-b (McKinney 2002).
18) OUELLETTE, *supra* note 12, at 289.

と相談し、精神遅滞の患者が末期状態、遷延性意識不明、または、生命維持治療を必要とする病状が不可逆的かつ無期限に続く場合であり、治療がその者の病状及び治療の予想される結果に鑑みて通常外の負担となること（さらに、人工栄養・水分補給中止・差し控えの場合には、生命維持の合理的希望がないこと、またはそのような人工栄養等が通常外の負担になること）が合理的に考えて医学的に確実であると決定したことをカルテに記載しなければならない[19]。その上で、主治医は生命維持治療中止・差し控えのオーダーを出す（または上記の要件を充たしていないならば後見人の決定に反対する）ことをカルテに記載し、処置の行われる48時間前に患者本人またはその他の当事者にその旨を伝える[20]。

In re Baby Boy W[21]は、同法に従って、脳症により精神遅滞となった生後1ヶ月の男児Wの医療に関する決定をWの祖母が求めたケースであるが、裁判所は、生命維持治療中止に関する同法の要件が充たされているとし、祖母を後見人として選任し、彼女に、「人工栄養および水分を含む、生命維持治療の差し控えまたは中止に関する決定を行なうことを含めた、Baby Boy Wに関するすべての医療に関する決定を行なう権限がある」という命令が下されたのである。とはいえ、この子は精神遅滞の診断がなされているので同法が適用されているだけである。ニュー・ヨーク州民は、以下で制定過程および内容について紹介する「家族による医療ケア決定法（Family Health Care Decisions Act：FHCDA）」という、より広範な制定法を州議会が制定するまであと8年間待たねばならなかったのである。

---

19) N.Y. SURR. CT. PROC. ACT § 1750-b (4)(a)(b)(c) (McKinney 2015).
20) N.Y. SURR. CT. PROC. ACT § 1750-b (4)(d)(e) (McKinney 2015).
21) 773 N.Y.S.2d 255 (Surr. Ct., Broome County 2004). この他にも、同法を参考にしたMatter of A.B., 768 N.Y.S.2d 256(Sup. Ct. 2003)では、3歳半で遷延性植物（PVS）状態でレスピレーター等の装置をつけている子の母親が、もう一方の親、子どもの治療を行なっている医師の支持のもと、回復の見込みのないPVS状態の子どもの生命維持治療を中止することができるかについて裁判所が判断を行い、母親の申立てが認められている。

3 ニュー・ヨーク州生命と法に関する特別委員会報告書「他者が決定しなければならない場合－同意能力のない患者のために決定すること」(1992)

　ニュー・ヨーク州において、1985年にMario Cuomo知事が、死の定義、生命維持治療、臓器移植、生殖補助技術や重篤な障害をもった新生児の治療などの医学の進歩により出現してきた問題について政策を作るための諮問機関として「ニュー・ヨーク州生命と法に関する特別委員会（The New York State Task Force on Life and the Law : Task Force）」を招集し、Task Forceには、州民の理解促進および必要な場合に制定法や規則の案を提出するという任務が与えられた。このような役割を担っているTask Forceの報告書を受け、ニュー・ヨーク州では、1987年7月に心肺蘇生を中止することを記載するいわゆる蘇生禁止命令（DNR）法を制定し、さらに事前に治療方針について決定する必要性および判断能力を失った場合に備えて医療代理人を選任する必要性に関するTask Forceの報告書を受け、医療代理人に関する法律を1990年7月に制定した。ところが、判断能力のない患者の終末期医療についての決定の多くは、DNR法の対象となる心肺蘇生の問題ではなく、医療に関する代理人を選任していない場合に問題となる。そこで、今回、Task Forceには、それまでの制定法ではカバーし切れていない、上記のような広い領域、しかも終末期に限定されないものについて、政策を立案することが求められたのである。後述の通り、1992年に報告書が提出されてから2010年に制定法ができるまで時間がかかっているが、細かい点で修正がなされているものの、制定法の内容はTask Force報告書とほぼ同じものであることから、それぞれの規定の背景にある考え方はこの報告書を読むことで分かるため、内容を紹介する。

　報告書が提案している制定法の主要な点として、患者が判断能力を欠いている場合（その判断を慎重に行うべきことも重要な点として挙げてもよいだろう）に、①代行判断者をリストから選任してその者に医療に関する決定を行わせるということ、②代行判断者がその判断を行うために従うべき基準（生命維持治療中止の場合には、より慎重な手続に則って行うこと）、③代行判断者がいない患者の医療に関する決定についてである（なお、未成年者の生命維持治療に関する決定の特則も重要だが、本稿の関心とややずれているため対象外とした[22]）。その他にも主治医の義務や倫理審査委員会に関する規定がある。

(1) 代行判断者選定

　まず、報告書は、ニュー・ヨーク州において、患者に判断能力がない場合に医師が家族の意向を聞くことが通常行われてきたが、実際は家族には制定法上および判例法上、そのような患者の医療について決定する権利は与えられていないという法と現実の齟齬を指摘している。その上で、確かに家族が適切な決定者となり得るかどうか明らかではない場合があることを認識しつつも、通常は家族が患者の希望や価値観を良く知る者でありその通りに行動しようとするものであること、および社会において家族生活に与えられる特別な地位ということを考えると、通常人にとっては、自らが判断能力を失った場合には家族に判断してもらいたいと考えるであろうことから、家族の中から選んでいくというリストを作ろうと提案している[23]。ただし、ある人にとっては家族よりももっと近しい他人がいる場合があることや、家族よりもその者の方が判断するのに適している場合があることを考慮し、家族以外の者であるが家族に与えられるのと同等の尊重がなされている者をもリストに入れるべきであるとしている[24]。もちろん、すでに医療に関する代理人を選任しているならば、そちらを優先するのが患者本人の意思を尊重することになるのでそのような扱いにすべきであるし[25]、本人の利益を考えるならば、ある程度柔軟に代行判断者を決定すべきである[26]。そこで報告書がリストに挙げるのは、上の順位から、(a)精神衛生法又は代行判断裁判所手続法の規定に基づき選任される後見人又は身上後見人、(b)もし、このリストに載っている他の者が反対しないのであれば、リスト上の他の者が選任した18歳以上の個人（要するに、リスト上では下位の者であっても、他の者の反対さえなければ代行判断者になれるということ。こちらの規定は制定法では柱書に組み込まれた）、(c)法的な別居をしていない配偶者[27]、(d) 18歳以上の息子又は娘、(e)親、(f)18歳以上の兄弟姉妹、(g)18歳以上の近しい友人（close friend）又は近しい親戚（close relative）[28]である。医療従事者が代

---

22) 未成年者の生命維持治療に関する決定については、永水裕子「アメリカにおける小児の終末期医療」甲斐克則編『小児医療と医事法』（信山社、印刷中）を参照。
23) THE NEW YORK STATE TASK FORCE ON LIFE AND THE LAW, WHEN OTHERS MUST CHOOSE: DECIDING FOR PATIENTS WITHOUT CAPACITY, at 76, 93-95 (1992).
24) *Id.*, at 51-52, 95.
25) *Id.*, at 96-97.
26) *Id.*, at 97-98.
27) 制定法では、後述の通り、「同居のパートナー」という文言が加わった。

行判断者になるべきかについても検討がなされているが、「ナーシング・ホームの居住者や長期入院の患者の中には、自分の理想とする医療や価値観についてよく知っている唯一の者が医療従事者である場合もあろう。しかし、Task Forceは、医師や患者をケアする施設と提携していたり、そこに雇用されている管理者は、近しい友人としての代行判断者になるべきではない」と考えると記載されている。それは、どうしても利害衝突が起こること、さらに、代行判断者がいない患者のための項目を別に用意しており、その厳格な手続に則って医療に関する決定を行う方がより透明性のある決定ができるため本人のためになると考えられることからである[29]。

(2) 代行判断者がその判断を行うために従うべき基準

　まずは、代行判断の基準、そしてそれが不可能である場合には最善の利益基準によって患者の医療に関する決定を行うべきであるとする。これは、代行判断者も医療従事者も、可能な範囲で判明した患者の希望や患者の宗教的および道徳的信念を含めた価値観を反映させる決定を行う倫理的義務があるとTask Forceは考えるからである[30]。これにより、「代行判断者は、病人としての患者というだけでなくて、以前健康だったときの自身（自分だけのゴール、選好、信念を有する、患者が自分と定義する者）とつながりを有する完全な人としての患者に対しても敬意を払うことになるのである。このような尊重がなされなければ、患者は今までの人生から切り離され、育んできた価値観や信念を奪われてしまうのである[31]」。仮に代行判断者が患者の表明した希望を知らなかったとしても、患者が何を望んだかについて強い直感が働くであろうとされる。それは、親は子どもの価値観を育むことを助けてきたのであるから、それを理解することができるだろうし、子どもは親から教わったのだから親の価値観を把握することができるであろう。そして、夫婦は一緒に価値観を発達させてきたのであるからというわけである[32]。

　ところが、代行判断の基準は、今まで一度も判断能力を有しなかった者や、治療の選好について一度も表明したことのない者の場合には使用することがで

---

28) 制定法では、close relativeという文言は削除されている。
29) THE NEW YORK STATE TASK FORCE ON LIFE AND THE LAW, *supra* note 23, at 99.
30) *Id.*, at 104.
31) *Id.*, at 104.
32) *Id.*, at 105.

きない。Task Force は、その場合には、患者の最善の利益基準を利用すべきであると考える。この基準は、患者の治療のリスク・ベネフィットの判断と関連し、何が患者の福祉を最も促進するかを決定するというものである。すなわち、合理人が同じ医学的および個人的な状況に置かれた場合に、選ぶであろう治療方針は何かという基準で選ぶというものである[33]。その基準による決定とは、たった一つの正解ではなく、合理的な選択肢の範囲内であればよいというものである[34]。

(3) 代行判断者がいない患者の医療に関する決定について

　Task Force は、家族などがおらず代行判断者を有しない、いわゆる社会的弱者のためにどのように責任を持って判断すべきかについて政策を作る義務があると考えている[35]。そこで、他州における制定法や判例法を調べてみたが、その当時は、オレゴン州とノース・キャロライナ州のみが、そのような場合において患者の医師に対し、生命維持治療の差し控え・中止を含む医療について決定する権利を与えていたようである。しかし、Task Force は、判断能力のない患者の利益を守るためには、それらの手続が不十分であると考えている。なぜならば、生命維持治療の差し控え・中止においては、単に医学的な判断だけでなく、社会的、倫理的な判断が中心となっているからである[36]。そこで、Task Force は、司法モデルと非司法モデル（医療施設外における手続、または医療施設における手続）という手続について検討し、裁判所を利用する司法モデルでは、デュー・プロセスの保障、社会への説明責任等の利点があるものの、医療関係者ではない裁判官の判断への懸念や手続が煩雑で時間がかかるという欠点があるため、望ましくないと結論づける[37]。非司法モデルのうち、医療施設外における手続として、後見人選任などの手続が検討されるが、いずれも資金などの問題があることから、望ましくないと結論づけられる[38]。その結果、Task Force が一番望ましいと考える手続は医療施設における手続であり、問題となっている医療の性質（ルーティーンか、重大な治療か、生命維持治療か）

---

33) *Id.*, at 105-106.
34) *Id.*, at 107.
35) *Id.*, at 76.
36) *Id.*, at 158.
37) *Id.*, at 158-160.
38) *Id.*, at 160-162.

によって審査手続の内容が変わってくるという柔軟なものであり、審査基準は患者の意向が分かるならば、それを反映させたもの、それが不明であれば最善の利益基準によるとする[39]。さて、検査のための採血等のルーティーンな医療に関する判断の場合は、医学的な要素がほとんどであり、治療を遅らせることによるリスクの方が大きいことや通常の医療においても個別の同意をとらないことが一般であることから、主治医の判断により治療を行うことができるとしている[40]。これに対して、侵襲性のある重大な治療の場合には、リスクを伴うだけでなく、患者の価値観等が関係してくることから、主治医は他の者と相談して決定を行うことが望ましいとされている[41]。生命維持治療の差し控え・中止の場合には、判断を誤ると取り返しのつかない結果になることから最も慎重なリスク・ベネフィット判断が必要となってくるため、患者のケアを行っている他のスタッフと相談して決定された主治医の判断に加えて、もう一人の独立した医師の判断および生命倫理審査委員会の審査が必要であるだけでなく、生命倫理審査委員会は決定の理由について述べ、それを州の保健省が審査するという形で透明性と説明責任を果たすべきであるとされる[42]。

4 「家族による医療ケア決定法」が制定されるまでの道のり

患者が同意能力を欠く場合の終末期の意思決定について、ニュー・ヨーク州法は、前述の通り、DNR法の対象となる心肺蘇生の問題、医療に関する代理人選任、患者が精神遅滞の場合に関する制定法を用意していたが、それ以外の場合においては、「明白かつ説得力のある証拠」という高い証拠基準を満たさなければ、患者の生命維持治療差し控え・中止ができないということには問題があった[43]。さらに、実際には医療従事者は家族の意向を聞いているにもかかわらず、州法において、患者が同意能力を失った場合に家族に治療について決定する権限を与える制定法も規則もなかったし、先例もほとんどなかった[44]。

---

39) *Id.*, at 162-163.
40) *Id.*, at 163-164.
41) *Id.*, at 164-166.
42) *Id.*, at 167-171.
43) Robert N. Swindler, *New York's Family Health Care Decisions Act: The Legal and Political Background, Key Provisions and Emerging Issues*, NYSBA Journal, June 2010, at 19.

それにもかかわらず、ニュー・ヨークにおいてFHCDAがなかなか制定されなかったのは以下のような政治的背景による。

　1993年にRichard Gottfried議員によって下院（Assembly）に法案が提出された。なお、Gottfried議員は、Health Care Proxy Lawの主たるスポンサーであった人で、下院の保健委員会（Health Committee）の議長を務めており、法案成立まで17年にわたりこの法案を粘り強く提出し続けてきた。上院では、1995年にJohn A. DeFrancisco議員により初めてこの法案が提出されたが、その後は上院の保健委員会の議長であるKemp Hannon議員により提出されることが多かった[45]。通常はTask Forceの報告書を受けてすぐに制定法ができることが多いのだが、今回は事情が違った[46]。多くの団体がこの法案を支持したのであるが、上院を支配していた共和党に影響を与えていたニュー・ヨーク州カトリック協議会（Catholic Conference）が反対の声明を出したのである。すなわち、法案には生命を軽視し安楽死を容易にする側面があるのではないかというのである、例えば、代行判断者のいない患者の場合に倫理審査委員会が終末期の意思決定を行うことを許容する条項や、妊娠している女性の生命維持治療中止を認めることになることへの反対などの懸念が表明された。その他にも、ニュー・ヨーク州Right to Lifeなどが同様の懸念を示した。

　法案は毎年提出され、例えば、2002年には、倫理委員会が終末期の意思決定を行うという条項を削除した法案が出されたが、それにもかかわらず、カトリック協議会の反対は続いた。2002年になると、HCDAPMRが制定されたことから、この法案の通過の可能性が出てきた。さらに、2007年には、生命維持治療をつけるという代行判断者の判断を医療従事者は尊重する義務があるということを強調する文言を付け加えることにより、Gottfried議員はRight to Lifeの支持獲得に成功したのである。さらに重要なこととして、法案が提出された1993年以来、ニュー・ヨーク州民の態度が少しずつ変わってきたということが挙げられる。つまり、終末期において、積極的治療ではなく緩和ケアを選択することはおかしなことではないという合意が形成されたこと、および判断能力のない患者の医療については、家族が決定できるべきであると多くの州

---

44) Swindler, *supra* note 43, at 20.
45) *Ibid.*
46) Swindler, *supra* note 43, at 20-21.

民が考えていることが挙げられる[47]。

　しかし、そのような展開があったものの、この法案には、終末期医療ではなく、中絶および同性愛者の権利という観点から二つの問題が提起された。2003年に、カトリック協議会の要望により、上院において、この法案に妊婦の生命維持治療に関する決定を行うに当たって、代行判断者は、その決定が胎児に与える影響および妊娠の結果についても考慮しなければならないという文言が付け加えられた。これが実際に問題となる場合はほとんどないであろうが、下院のプロチョイス派は、「胎児」という文言を入れることに対して、象徴的および政治的理由により異議を申し立てた。その結果として、数年にわたり、下院は「胎児」条項が入っている法案に反対し、上院は逆に「胎児」条項が入っていない法案に反対した。同時期である2003年に、下院は代行判断者のリストに配偶者だけでなく、それと並列させて「または同居のパートナー（domestic partner）」という文言を入れた。これは一般的に同性愛者の権利への支持が高まっているだけでなく、同性愛のカップルがパートナーの医療について決定することを許容することへの支持が高まってきたことが理由である。しかし、上院はそのような変更をしないことを示唆した。その結果として、パートナーという文言が入っている法案に上院は反対し、そのような条項が入っていない法案に下院が反対するという構図が生まれた。

　法案の支持者はこのような対立にいらだち、死にゆく患者に関する人道的決定を許容する必要性に焦点を戻そうとしたが、2009年までその努力は実らなかった。

　2008年の大統領選においてオバマ大統領が選ばれ、40年以上ぶりに州の上院を民主党が支配することとなった。2009年の初めに、Thomas Duane議員が上院保健委員会の議長となり、その後すぐにこの法案（「胎児」条項なし、「パートナー」条項ありという下院バージョン）を提出したことによって、上院と下院との対立は終わった。2009年の春には、知事、上院、下院のスタッフが集まり、この法案について精査することとなった。すなわち、この法案が適用される場面を明確にする必要があること、および既存の法律や規則との適用関係の問題への対応を行った[48]。2009年6月に上院においてすべての法案審議が中止さ

---

47) Swindler, *supra* note 43, at 21.

れる事態が発生し、残念ながら議会が閉会されたが、2010年の1月には、両院において法案が提出され[49]、下院においては同年1月20日（ほとんど満場一致）、上院においては同年2月24日に可決（満場一致）され、同年3月16日に知事が署名を行い、最初に法案が提出されてから17年を経てとうとうこの法案が成立した。知事は、「約20年の交渉を経て、ニュー・ヨーク州民にはとうとう自らのケアを指示することができない家族のために医療に関する決定を行う権利が与えられた」と述べた。

　Task Forceの報告書を受けて1993年に初めてこの法案を提出し、それ以降長年にわたってこの法案を提出し続けてきたGottfried議員は、下院の保健委員会のホームページに、「17年かかってここまで来た。……この問題に関する技術的、倫理的、宗教的、および政治的ハードルを克服するには長年の努力が必要であった。」と述べている[50]。「ニュー・ヨーク州は、医療に関する決定能力を患者が欠いており医療代理人を選任していない場合には、配偶者、同居のパートナー、またはその他の家族に法的権限を与えるという他の48州にようやく加わることとなった。」「家族は、とうとう愛する者の希望を尊重し、彼らの最善の利益を擁護することが可能となったのである。」「患者は、適切な治療を否定されるべきではないし、彼らの希望、価値観、または宗教的信念に抵触するような負担のある治療を受けさせられるべきではない。」とGottfried議員は述べる[51]。

5　家族による医療ケア決定法[52]

(1)　全体像

　2010年3月16日に成立したニュー・ヨーク州のFHCDAは、自ら治療につ

---

48) FHCDAの対象となっている患者に対してどのようにこの法案が適用されることがあるのかを整理すること、および精神遅滞局等の規則の対象となっている患者への適用の問題である。
49) A.7729-D (Gottfried et al.) and S.3164-B (Duane et al.).
50) Updates from the Committee on Health, Family Health Care Decisions Act Signed into Law: Victory for Patients and Families After 17-Year Fight, March 16, 2010, at http://assembly.state.ny.us/comm/?sec=post&id=019&story=40265 (Last visited, Sept. 2015).
51) *Ibid.*
52) 同法はその後もホスピスにおける医療指示が付け加えられるなど改正されている。

いて決定する能力を欠く者に代わって医療に関する決定を行う手続を制定し、この点について、公衆衛生法、精神衛生法および代行裁判所手続法（Surrogate's Court Procedure Act）を改正するものである[53]。この法律の立法趣旨は、Section 1において、以下のように述べられている[54]。すなわち、「……この制定法は、……29-CC章を公衆衛生法に追加することによって、総合病院や福祉施設において、医療について決定する能力を欠いている患者、および、公衆衛生法29-C章に基づいて代行判断者を指定していない者、あるいは自らの受ける治療の希望について明白かつ説得力のある証拠を提供していない者について、代行判断者を選定し、医療に関する決定をする力を与えるための意思決定プロセスを制定した。……この制定法は、同意能力の有無にかかわらず、殺人、自殺、自殺幇助および慈悲殺を禁止する等の、個人の行動を制約する現行法および政策を支持するものである。」

N.Y. PUB. HEALTH LAW §2994-a (Mckinney 2015)（以下、条文数のみを示す）は定義、§2994-bは他の州法との適用の優劣関係[55]、§2994-cは、同意無能力の決定[56]、§2994-dは代行判断者による成年患者のための医療決定、§2994-eは未成年患者の生命維持治療に関する決定、§2994-fは主治医の義務、§2994-gは代行判断者のいない成年患者のための医療決定について規定しているが、ここでは、中心となる§2994-dと§2994-gについて紹介する。

(2) §2994-d

§2994-d(1)は、代行判断者の確定に関する規定であるが、以下のリストの最

---

53) Laws of New York, 2010, Chapter 8.
54) なお、Section 2では、公衆衛生法に、29-CC章（FHCDA）および29-CCC章（Nonhospital Orders Not to Resuscitate）を追加するとされるが、本稿の考察対象は、FHCDAである。
55) §2994-bの概要は以下のとおりである。§2994-b(1)では、(2)(3)の制約がある以外は本章の適用があるとする。§2994-b(2)では、主治医がまず、§2994-cの下で、患者が医療代理人を指定していないかを判断する合理的な努力を行わなければならず、原則として、指定された者がいるならば、その者の判断に従うとする。§2994-b(3)では、主治医に、患者には精神遅滞又は発達障害がある、あるいは、精神衛生施設からの移送であると信じるに足る合理的な理由がある場合には、(a)裁判所により後見人指名がなされている場合には代行裁判所手続法§1750-bによる手続に従い、(b)(a)の指名がなくても、代行裁判所手続法の§1750-b(1)(b)に該当する者がいる場合には、その手続に従い、(c)(a)(b)に該当しないが精神衛生法や精神障害局の規則に該当する場合には、それらの法律や規則によるとされる。そして、§2994-b(4)により、§2994-b(2)(3)に該当しないならば、本章の手続によるとされる。

上位者群の一人が、同意能力のない成年患者の代行判断者となる。ただし、上位群の者が合理的に利用可能でない、決定することを望まない、決定する能力がない場合には、次順位群となる者が代行判断者となる。ただし、その者は、その者よりも上位群の者が反対しないならば、リスト上の他の者を代行判断者として指名することができる。順位は以下の通りである。(a)精神衛生法82章の下で、医療に関する決定をする権限を有する後見人、(b)法的に別居していないならば配偶者、または同居しているパートナー、(c)18歳以上の息子又は娘、(d)親、(e)18歳以上の兄弟姉妹、(f)近しい友人である。(2)は、代行判断者になることができない者として、医療施設の医師などを列挙しているが、例外として、その者に患者との血縁関係がある、入院する前から近しい友人であった、などの場合には、代行判断者になりうるとしている。ただし、その者は主治医の地位から外れなければならない。(3)(a)(i)は、代行判断者の権限と義務について述べているが、すべて本章の基準および制限の下で行われることが明記され、(3)(a)(ii)では、本人の意思表明があるため、代行判断者の判断が不要な場合について規定されるが、とりわけ生命維持治療の差し控え・中止については、18歳以上の二人（うち一人は医師などの専門職）の証人の面前において口頭で、

---

56) §2994-cは、成年患者に関して同意能力の推定をするという規定であるが、(1)では、本項、裁判所命令、または精神衛生法により後見人に決定権を付与する場合以外には、成年患者には同意能力があると推定すると規定される。そして、(2)では、まずは主治医が、医学的確実性が合理的な程度ある場合に意思決定能力がないという判断をすると規定され、さらに、(3)では、独立した別の医療提供者又はソーシャルサービス提供者による主治医との同意見が必要であるとされ、精神病又は精神遅滞か発達障害を理由として患者を無能力とするかによって、主治医又は独立した意見を述べる者に一定の資格要件が課される。(3)(d)において、主治医と独立した意見を述べる者との意見が不一致の場合には、他に解決法がなければ、倫理審査委員会へ照会するものとされる。(4)は、(a)情報を理解できるならば、患者に対し代行判断者が決定することの通知、(b)代行判断者（§2994-dのリストの最上位の一人、その者が利用できない場合には以下、順番に次の順位へ降りていく。）への通知、(c)患者が精神衛生施設から移送された場合には、精神衛生法により当該施設の長などへの通知がなされると規定する。(5)では、患者の無能力は、その他の目的において患者に能力がないと解釈されてはならないとして、限定的なものとしている。さらに、(6)においては、本人が無能力の判断に反対しているか、代行判断者の判断に反対している場合には、以下の(a)(b)以外の場合であれば、異議が優先されるとしている。すなわち、(a)裁判所の決定、または本人の異議を覆す裁判所命令が出された場合、(b)その他、本人の決定を覆す法的根拠がある場合である。(7)では、処置の際に、主治医による能力に関する再確認が必要であるとされる。それが生命維持治療の差し控え又は中止の場合には、独立した医師の意見も必要となってくる。

あるいは書面により本人の意思表示がなされていることが必要である。すでに代行判断者の指名が行われている場合には、措置の前にその者に通知するよう主治医は合理的な努力をしなければならない。それが生命維持治療の中止などの場合であれば、主治医は勤勉な努力をし、連絡ができなかった場合にはカルテにその旨を記載しなければならない。(3)(b)では、§2994-cにより意思決定能力なしと決定され、§2994-d(1)により代行判断者が確定することにより、代行判断者の権限が開始し、主治医が患者の能力が戻ったと判断した場合にはその権限が終了すると規定される。(3)(c)では、「……代行判断者は、患者の医療について十分な情報を受けた上での決定をするために必要な情報を受ける権利を有する。また、代行判断者は、患者の診断、予後、提案された医療の性質および結果、ならびに提案された医療のリスク・ベネフィットと代替案を含む、十分な情報を受けた上での決定をするために必要な情報を求めることとし、医療従事者はそのような情報を与えるものとする。」と規定される。

(4)は意思決定基準に関する規定であり、「(a)代行判断者は、(i)患者の宗教的および道徳的信条を含む、患者の希望に従って、あるいは(ii)患者の希望が合理的に不明であり、合理的な努力をもってしても明確にならない場合には、患者の最善の利益に従って医療に関する決定を行うものとする。患者の最善の利益の評価には、以下の要素が含まれる。すなわち、すべての人の尊厳および独自性の考慮、患者の生命保持の可能性およびその範囲、患者の健康又は機能の改善・回復、患者の苦痛の軽減、およびすべての医学的症状や患者の立場に立った、合理人ならば考慮したいと考えるようなその他の懸念および価値観である。(b)すべての症例において、代行判断者による患者の希望および最善の利益の評価は、患者中心でなければならない。医療に関する決定は、それぞれの患者の個々の状況においてなされるべきであり、患者の宗教的および道徳的信念を含む患者の価値観に合理的に可能な限り一致させなければならない。」と規定される。

生命維持治療の差し控え又は中止の決定について、(5)は以下のように規定する。すなわち、§2994-d(4)で規定されている基準に加えて、生命維持治療の差し控え又は中止に関する代行判断者の決定は、以下の要件が充足された場合にのみ認められるものとする。「(a)(i)治療が患者にとって通常外の負担であり、もう一人の独立した医師の同意を受けた上で、主治医が医学的確実性の合理的

な範囲内および承認された医療水準に従って、以下の決定をした場合。すなわち、(A)患者は治療がなされようがなされまいが6ヶ月以内に死に至る可能性の高い病気又は傷害を負っているか、(B)患者は遷延的に意識を失った状態である場合、または、(ii)治療を行うことが、その状況の下において、非人間的もしくは通常外の負担と合理的に考えられるような苦痛又はその他の負担となるだろうこと、およびもう一人の独立した医師の同意を得た上で、主治医が医学的確実性の合理的な範囲内および承認された医療水準に従って、患者の症状は不可逆的もしくは不治であると判断した場合である。」「(b)患者のケアに直接携わっていない医師を入れた倫理審査委員会又は管轄する裁判所が決定を審査し、本章で規定されている基準に合致すると判断した場合にのみ、住居型医療施設では、(a)(ii)の下において代行判断者は生命維持治療を拒否する権限を有する。この要件は、心肺蘇生中止の決定には該当しない。(c)総合病院において、(a)(ii)の下でなされた、医学的処置による栄養・水分の差し控え又は中止という代行判断者の判断は、主治医が反対意見の場合、患者のケアに直接携わっていない医師を入れた倫理審査委員会又は管轄する裁判所が決定を審査し、本項および(4)項で規定されている基準に合致すると判断するまでは、実施されない。」「(d)医療の力を借りずに栄養および水分を経口補給することは、本章の医療には該当しないので、本章の対象とはならない。(e)代行判断者は、主治医に対して、口頭または書面により生命維持治療の差し控え又は中止の決定を伝えるものとする」。

　2010年の In the Matter of Zornow 事件判決[57]において、事前の意思表示や医療代理人を選任していない、進行したアルツハイマー病に罹患した93歳の熱心なカトリック信者の終末期における人工栄養・水分差し控えの医療指示が問題となった。裁判所は、FHCDA §2994-d(5)における生命維持治療の差し控え・中止決定のための要件を充たすかを判断するには、§2994-d(4)の基準に従わねばならず、§2994-d(4)(a)(i)において、患者の宗教的信条に従い最善の利益にかなう医療決定をすべきであることから、カトリック教会の見解を参照すると、終末期における人工栄養・水分は、死が迫っていたり人工栄養等の補給が意味をなさないなどの例外を除き、原則として医療ではなく必要なケアであると考

---

[57] 919 N.Y.S.2d 273 (Sup. Ct. 2010).

えられていることから、上記のような包括的な医療指示（および代行判断者として後見人がそのような指示をする場合、その指示）には制定法上の根拠はなく無効であると判示された[58]。

(3) §2994-g

　§2994-gは、代行判断者のいない成年患者のための医療決定に関する条文であるが、まずは、(1)代行判断者のいない患者かどうかを確認する作業を行い、(2)そのような患者の治療方針決定のための基準は、§2994-dと同じものであり、病院や医療従事者の財政上の利益に基づいて決定してはならないとされる（(2)(b)）。そして、医療について、ルーティーンなもの、重大な医療、生命維持治療に関するものというカテゴリーに分類した上で、それぞれ手続を定めている。(3)(b)ルーティーンなもの[59]については、主治医が個別の同意を必要とせず決定するとしている。(4)重大な医療[60]について決定するためには、(b)(i)主治医が患者のケアに直接責任を有する病院スタッフと相談した上で推奨する必要があり、(b)(ii)総合病院においては、病院により指定された少なくとももう一人の医師が、その推奨が適切であることに同意するということを独立して決定しなければならない。

　最後に、(5)生命維持治療の差し控え・中止の決定については、(a)管轄裁判所が§2994-d(4)(5)で規定されている基準に則って決定が行われていると判断すれば、そのような決定が認められる。「(b)主治医が病院により指定された二人目の医師の独立した同意見を得て、医学的確実性の合理的な程度において、(i)生命維持治療は、患者が治療を行ったとしてもすぐに死んでしまうことから医学的利益とならないこと、および(ii)生命維持治療を行うことが、受容されている

---

58) 本件を含む医療指示書をめぐる問題については、新谷一朗「アメリカにおける人工延命処置の差し控え・中止（尊厳死）議論」甲斐克則編『終末期医療と医事法』125頁以下（信山社、2013年）を参照。
59) 投薬、分析のための体液採取、局所麻酔下の歯科治療など、通常患者や代行判断者の個別の同意を必要としないもの。長期にわたる人工呼吸器装着はこれに含まれないが、1ヶ月以内に回復が予想される急性期疾患や手術後のケアにおける装着は含まれる（(3)(a)）。
60) ①全身麻酔が必要なもの、②重大なリスクを伴うもの、③大きな痛みや不快等を伴ったり、切開を必要とするような、身体の不可侵性に対する重大な侵害を含むもの、④（救急を除き）身体的拘束が必要なもの、⑤（救急や手術後のケアや急性期疾患に対する48時間以内の投与を除く）向精神薬の利用、に該当する治療および診断・治療のための処置すべてのこと（(4)(a)）。

医療水準に反していると判断したならば、」裁判所の許可を得ずに判断能力を欠く患者の生命維持治療の差し控え・中止を行うことができる。ただし、苦痛緩和に必要な治療は別である。(6)もし、主治医とは別に意見を求められた医師が主治医と反対意見である場合や、主治医に相談された患者ケアに責任を有しているスタッフが重大な医療又は医学的利益のない治療という点について主治医と反対の意見を有している場合、その他の方法で解決できなければ生命倫理審査委員会に照会されることとなる。

Ⅲ　おわりに

　ニュー・ヨーク州では、このように同意能力を欠いている患者の生命維持治療に関する決定について、「生命の側に間違う」という先例は維持されているものの、Pouliot事件を契機として2002年に精神疾患を有している者の医療について、最終的には2010年に同意能力を欠く患者すべての医療決定に関する制定法が作られた。制定法は生命維持治療に関する決定に特化したものではないが、患者の利益を確保するための代行判断者となるべき者の決定、その者が考慮すべき事項の列挙や基準の明確化、医療従事者に対して慎重な判断を求める等の要件の整備により、本人にとって利益となる医療を受ける可能性を確保しつつ代行判断者や医師の権限濫用の余地を最小限に抑えているだけでなく、代行判断者のいない成年患者のための医療決定、生命維持治療が問題となる場合の要件と手続についても細かく規定されている点が我が国にも参考になる。代行判断者がいない場合の生命維持治療に関する決定に関する運用上の問題点がないかなどについて、今後の裁判例を待ちながら考究を続けていきたい。

フランスにおける終末期医療と法
―― 意思表示できない患者に対する治療の中止・差し控え

小 林 真 紀

I はじめに

　医療技術の飛躍的な進歩に伴い、医療の当事者たる患者の権利保障の重要性が増している。患者は何らかの疾病を抱えているから、肉体的にも精神的にも脆弱な立場におかれる。とりわけ、終末期にある患者は、適切な緩和ケアを受け、無益な延命治療の中止や差し控えに関わる意思を十分に尊重される必要がある。現在の日本には、こうした終末期患者の権利に関わる具体的な法律は存在せず、いくつかのガイドラインが公表されるに留まっている[1]。実際の医療現場での対応は、これらのガイドラインに基づいて行われる医療機関や医療者の判断に任されている。

　他方、フランスは、ここ15年間に患者の権利保障にかかわる法律を次々と成立させ、実効性を確保するための枠組みを整備してきた[2]。すなわち、病者および保健制度の質に関する2002年3月4日法（以下、「クシュネール法」という）[3]、病者の権利および終末期に関する2005年4月22日の法律（以下、「レオネッティ法」という）[4]、そして、病者および終末期にある者のための新たな権利を創設する2016年2月2日の法律（以下、「クレス－レオネッティ法」という）[5]である。これらの法律は、各々が単体の法律として存在するわけではなく、公衆衛生法

---

1) 日本で公表されているガイドラインとしては次のものがある：厚生労働省「人生の最終段階における医療の決定プロセスに関するガイドライン」（平成19年5月、平成27年3月改訂）、日本救急医学会・日本集中治療医学会・日本循環器学会「救急・集中治療における終末期医療に関するガイドライン」（平成26年11月）、全日本病院協会「終末期医療に関するガイドライン」（平成21年5月）など。

典（Code de la santé publique：CSP）に組み込まれ、それにより既存の条文を改正したり廃止したりするという形を取っている[6]。

本稿では、とくに、後者の2つの法律が対象とする終末期患者の中でも、意思表示できない者に焦点を当てて検討を行う[7]。現実に、多くの医療者が治療の中止や差し控えに関して問題に直面するのは、患者が重篤かつ不治の疾患の末期状態にあり重度の意識障害に苛まれ自ら意思表示をすることが困難な場合である。フランス法がこうした状態にある患者の意思を尊重するために構築してきた法的な枠組みを検討することは、この分野で立法のない日本にとって有益な示唆となりうる。

まず、レオネッティ法により、終末期患者に対して新たに認められた権利や整備された法制度を検討する(Ⅱ)。次に、同法が施行されたのちに明らかになった種々の課題を考察し、これらの点に関わるクレス－レオネッティ法の対応を検証する(Ⅲ)。最後に、今後、日本がこの分野で立法化を進める際に考慮すべき点について、現行のフランス法から得られる示唆を導き出すことにしたい。

---

2) 本稿では、フランスにおける終末期医療と法に関する邦語の先行研究として次の各論稿を参照した：大河原良夫「フランス終末期法と『死ぬ権利』論―その枠組と展開」福岡工業大学研究論集47巻1・2号（2014年）11頁以下、小出泰士「フランスにおける終末期の状況―『死の喪失』から『死をいきること』へ」北海道生命倫理研究3巻（2015年）1頁以下、同「フランスの終末期における治療の差し控え・中止、緩和ケア、安楽死」理想692号（2014年）97頁以下、近藤和哉「フランスの終末期医療―臨床現場におけるレオネティ法とわが国への示唆」神奈川ロージャーナル7号（2014年）101頁以下、本田まり「フランスにおける人工延命処置の差控え・中止（尊厳死）論議」甲斐克則編『医事法講座〈第4巻〉終末期医療と医事法』（信山社、2013年）165頁以下。

3) Loi n° 2002-303 du 4 mars 2002 relative aux droits des malades et à la qualité du système de santé, JORF du 5 mars 2002, p.4118.

4) Loi n° 2005-370 du 22 avril 2005 relative aux droits des malades et à la fin de vie, JORF n° 95 du 23 avril 2005, p.7089.

5) Loi n° 2016-87 du 2 février 2016 créant de nouveaux droits en faveur des malades et des personnes en fin de vie, JORF n° 0028 du 3 février 2016.

6) 本稿では、クレス－レオネッティ法によって改正された公衆衛生法典の規定と区別するために、改正前の条文には、条文番号の前に「旧」を付すことにする。

7) なお、本稿では、紙幅の都合上、未成年や成年被後見人などの同意能力のない患者については検討対象から除外する。

II 終末期における患者の権利の保障

レオネッティ法の目的は、「非合理的な執拗さ（obstination déraisonnable）」に該当する治療を拒否する権利を保障し、治療中止の決定手続を明確化すると同時に、受任者（personne de confiance）および事前指示書（directive anticipée）を法制化することで、とりわけ終末期患者にとって重要な諸権利の保障を強化することにあった[8]。

1 レオネッティ法による枠組み

レオネッティ法の特徴のひとつとして、まず、「終末期（fin de vie）」の定義が法律の中に明文で組み込まれた点が挙げられる。それによれば、終末期とは、その疾患の原因にかかわらず、「重篤かつ不治の疾患に罹患し、その進行期または末期にある状態」を指す（CSP 旧L1111-12条）。

(1) 治療の中止・差し控え

一般的に、意思表示ができない患者に対して、必要な治療や検査を「行う」ことについては、緊急の場合か、または受任者または家族（あるいは近親者）の意見を聞いた上であれば認められていた（CSP 旧L1111-4条第4パラグラフ）。これに加えてレオネッティ法は、こうした患者に対する治療を「行わない」ことも認めた。一方で、その治療の中止や差し控えが患者の生命を危機に晒す可能性がある場合には、医師は、①受任者または家族（あるいは近親者）に意見を求める、②事前指示書がある場合には参照する、③医療倫理綱領に定められた手続に則って合議により決定する、という条件を遵守すれば、治療を「行わない」ことも可能である（同条第5パラグラフ）。他方で、当該治療が無益で（inutiles）不均衡である（disproportionnées）か、または単に生命を維持する効果しか持たない場合には、「非合理的な執拗さ」に当たるとして治療を中止または差し控えることができる（CSP 旧L1110-5条）。とくに、患者が終末期にあり

---

[8] Proposition de loi relative aux droits des malades et à la fin de vie, présentée par M. Jean Leonetti et al., et enregistrée à la Présidence de l'Assemblée nationale le 26 octobre 2004, AN. n° 1882.

意思表示できない場合であっても「非合理的な執拗さ」に該当する治療は中止できる旨が明文で定められた（CSP 旧L1111-13条）。このときも、生命を危機に晒す結果が予想される治療中止の場合と同様に、医師には3つの要件の遵守が求められる。

(2) 患者の意思の尊重

レオネッティ法は、意思表示できない患者に対する治療の中止を認めると同時に、そうした患者の意思を可能な限り尊重する手段として受任者および事前指示書を制度化した点に特徴がある。

まず、受任者とは、「患者が意思表示できない場合に、意見を求められ、かつ必要な情報を与えられる者」であり、「親、近親者または主治医などがなりうる」（CSP 旧L1111-6条）。患者が意思表示できない場合、受任者の意見は、他のあらゆる非医学的な意見（たとえば、他の家族や近親者の意見）よりも優先される（CSP 旧L1111-12条）。ただし、事前指示書が作成されていれば、受任者よりも指示書の内容が優位する。他方で、受任者の意見に拘束力はない。医師は、受任者に意見を「求め」、「考慮に入れる」義務は負うものの、受任者の意見と同一の判断を下すことは義務づけられない。この点で、アメリカの一部の州で見られるような受任者の意見に絶対的な拘束力を認める制度とは異なる[9]。

次に、事前指示書とは、「将来、意思表示ができなくなった時に備えて、成年が作成」し、「治療の制限あるいは中止の条件に関わる希望を記載」した文書を指す（CSP 旧L 1111-11条第1パラグラフ）。同法が制定される以前のフランスでは、一般的に、治療の中止に関する自分の意思を書面に残しておくことにはあまり関心が払われていなかった。患者の立場からすれば、事前指示書に法的効力がなければ実際に医師によって尊重されるか分からないから、作成に消極的になるのは当然である。そこでレオネッティ法は、事前指示書に一定の法的効果を持たせる規定を創設した。まず、医師は、意思表示できない患者が予め事前指示書を作成していた場合には、その内容を考慮に入れなければならない（同条第2パラグラフ）。事前指示書に記載されている内容は、受任者やそれ以外の家族・親族の意見よりも優先される（CSP 旧L1111-12条）。ただし、事前指示書に医師の判断を拘束する絶対的な効力は認められておらず、医師は参

---

[9] Diane Roman, « Le respect de la volonté du malade : une obligation limitée ? », *RDSS*, 2005, n° 3, p.433.

考にするにとどまる。この点は、前述の受任者の意見の場合と同様である。

　事前指示書の有効性は、次の要件が満たされる場合に認められる。まず、形式的要件としては、①書面であること、②患者本人が作成したものであること、③本人により、氏名、生年月日、出生地および作成日と署名が記入されていることが要求される。身体的に自ら作成できない場合には、受任者を含めた2名の証人によって作成してもらうことも可能である。次に、実体的要件としては、作成者は、事前指示書の作成時に、十分な説明を受け、自発的に意思を表明できる状態になければならない。また、医師が事前指示書を確認した時から遡って3年以内に署名されたものに限り有効な書面として扱われる。作成者は、いつでも、新たな内容を書き加えたり、修正したりすることができるが、それらを行った場合には、その時点から改めて3年の期間が数えられる。撤回する場合の特別な手続は定められていないが、作成日から3年は有効であるとみなされるため、撤回した旨を書面に明確に記載することが推奨されている。なお、事前指示書の書式や登録方法についてはレオネッティ法には規定はない。

(3) **合議による決定**

　意思表示できない患者に対する治療を中止する場合、その最終判断は医師が行う。とくに、当該治療の中止が患者の生命を危機に晒す可能性がある時と、当該治療が終末期患者に対する「非合理的な執拗さ」に該当すると考えられる場合には、医師が恣意的な判断を下すことを回避するため、中止の判断は合議によることが義務づけられた[10]。合議手続は、医師の発議により開始される。医師は、受任者、あるいは家族や近親者の意見に拘束されることはなく、事前指示書が書かれていたとしても、それに縛られることもない。ケアチームが存在すればその構成員にも意見を求め、少なくとも1名の別の医師にも意見を聴く。これらの関係者の意見を踏まえ、かつ医学的な判断も含めた上で、最終的には、当該患者を受け持つ医師が治療の中止・差し控えを決定する。決定には理由が付され、他の関係者からの意見とともに当該患者の診療録に添付される。

　ここで重要なのは、治療中止・差し控えが認められるための前提として、誰

---

10) この合議手続の詳細は、現在、CSP R4127-37条に規定されている。

もが「苦痛を緩和するケアを受ける権利を有する」ことが明文で保障されている点である（CSP旧L1110-5条第4パラグラフ）。これは、十分に緩和ケアを受けられていない患者が、医師によって「非合理的な執拗さ」であると恣意的に判断され、治療が中止されることは回避すべきであるという立法者の意思を反映した結果である。緩和ケアを受ける権利は、隣国のベルギーやルクセンブルクでも法律の明文で保障されており[11]、治療中止・差し控えについて法制化する際には必ず考えられなければいけない権利である。

2 顕在化した問題

レオネッティ法は、クシュネール法では十分ではなかった終末期患者の権利保障を強化したという点で一定の評価はされている。ただし、レオネッティ法が終末期にある患者あるいはその治療に当たる医療者が直面するすべての問題を解消したわけではない。ここでは、同法の施行後に顕在化した問題を取り上げて検証する。

(1) 「非合理的な執拗さ」に関する問題

まず、「非合理的な執拗さ」という用語の定義の曖昧さに起因する問題が挙げられる。第一に、法文の規定に照らすと、「非合理的な執拗さ」に該当する治療の拒否と、それ以外の治療の中止との間の法的関係が明確ではない[12]。一方で、CSP旧L1110-5条第2パラグラフによれば、いかなる医療行為も「非合理的な執拗さ」に該当する治療を伴ってはならず、かりにそのような治療が施されている場合には、当該治療の中止や制限は当然に認められる。ここから、患者は、一般的に、意思表示できるかできないか、あるいは終末期にあるか否かにかかわらず、「非合理的な執拗さ」に該当する治療は中止を求めうると解釈できる。他方で、CSP旧L 1111-13条では、医師が明確に「非合理的な執拗さ」を拒否（中止）できるのは、意思表示できない終末期患者に限定されている。このとき、医師は、事前指示書を確認し、受任者や家族・親族に意見

---

11) ルクセンブルク法における緩和ケアを受ける権利については、小林真紀「ルクセンブルクにおける終末期医療に関する法的枠組みの検討(1)—2009年緩和ケア法および安楽死法の分析から」愛知大学法学部法経論集202号（2015年）17頁以下参照。

12) Conseil d'Etat, *La révision des lois de bioéthique, Etude adoptée par l'assemblée générale plénière le 9 avril 2009,* La Documentation française, 2009, p.105.

を聴いた上で合議により決定するという法定の手続を踏まなければならない。これは、言い換えれば、意思表示は困難であるが終末期にあるとは判断できない患者に「非合理的な執拗さ」に当たる治療が実施されていた場合、CSP旧L1110-5条によって当該治療は中止されることになったとしても、CSP旧L1111-13条が定める終末期患者には当たらないという理由から、医師は、同条に定められた手続には縛られずに中止できるというようにも解釈しうる。同じ意思表示ができない患者であっても、終末期にあるか否かで適用される手続が異なることになり、結果的に手続の透明性が確保されないおそれがある。

　第二に、中止の対象となる「治療」には何が含まれるかという問題がある。とりわけ、人工的な栄養・水分補給や人工呼吸あるいは透析などが中止しうる治療に含まれるかどうかは、法文上は明らかでない。かりにこれらが治療ではなくケア（soins）に当たるとすれば、当然に中止の対象であるとはいえなくなる。レオネッティ法が議会に提案された際には、不治の病に罹患している患者からの要請に基づく場合には、栄養補給は、中止しうる治療の中に含むとされていた。ところが、審議の過程で、栄養補給は医療者の当然の義務であり治療にはあたらないとして、中止することに異議が唱えられた[13]。その結果、最終的にレオネッティ法には、水分・栄養補給に関わる規定は挿入されなかった。2009年の報告書のなかで、国務院は、こうした法案審議過程での議論も踏まえた上で、「非合理的な執拗さ」に該当する要件のひとつとして「単に生命を維持する効果以外に持たない」ことがCSP旧L1110-5条に明記された点に鑑み、水分・栄養補給のように、専ら生命機能の維持を人工的に確保する目的で行われる行為はすべて中止の対象になると主張した[14]。これに対して、患者によって治療や措置に対する苦痛の感じ方は異なるから、人工的な栄養補給であるからといって一律に中止の対象にすべきではなく、個々の患者の状況と症状に応じて判断するべきであるという意見もある[15]。とりわけ植物状態にあるなどの理由から意思表示できない患者に関しては、苦痛の程度を測ることは容易ではなく、治療中止の判断をすること自体が他者が本人の生の意味を問う

---

13) Conseil d'Etat, étude précitée note 12, p.106.
14) Conseil d'Etat, étude précitée note 12, p.107.
15) Clémentine Lequillerier, « L'arrêt de l'alimentation artificielle des personnes en fin de vie ou atteintes de maladie incurable », *RDSS*, 2009, n° 1, p.124.

ことにつながるため、問題はより重大である。後述のヴァンサン・ランベール事件においても、患者が意思表示できる状態になかったために、栄養と水分の人工補給が「非合理的な執拗さ」に該当するかを本人に確認しえなかった。結果的に、この解釈をめぐって医師と一部の家族の間で見解が分かれ訴訟にまで発展する要因になった。

さらに、「非合理的な執拗さ」に該当する治療を中止したことによって、患者に苦痛が生じる場合にも問題が発生する。治療中止後の患者に対しては、「尊厳を尊重し本人の生の質を保証する」（CSP旧L1110-5条第2パラグラフ）ために適切な緩和ケアが施されるが、ここで苦痛緩和のために実施される鎮静の扱いが問題として浮上した。レオネッティ法施行後に制定されたデクレ（現CSP R4127-37条）[16]によれば、治療中止を決定した場合には、当該患者を適切な環境のなかで看取ることができるよう、医師は鎮痛および鎮静のための治療を実施する旨が定められている。しかし、これ以上の詳細は明文化されていなかったため、実際に行う鎮静の種類の選択や時期の判断は医師の裁量に任され、その結果として、医師や医療機関によって鎮静の実施態様に大きなばらつきがあることが明らかになった[17]。とりわけ、持続的な深い鎮静（sédation profonde et continue）[18]については、積極的安楽死や自殺幇助を認めないフランスでは、死の境界線をどこに引くかという視点からも慎重な対応が求められるため、法律上の明確な位置づけがないことが医師の行動を躊躇させる要因になっていると指摘されている[19]。

(2) **事前指示書の効果**

事前指示書の法制化はレオネッティ法の主たる柱のひとつであったが、同法施行後、その効果について疑問が提起された。たとえば、2014年に国家倫理諮問委員会（Comité consultatif national d'éthique pour les sciences de la vie et de la santé : CCNE）が公表した「終末期に関する公開討論会についての報告書」[20]

---

16) Décret n° 2010-107 du 29 janvier 2010 relatif aux conditions de mise en œuvre des décisions de limitation ou d'arrêt de traitement, JORF n° 0025 du 30 janvier 2010, p.1869.
17) Conférence de citoyens sur la fin de vie, « Avis citoyen », 14 décembre 2013, <http://www.ccne-ethique.fr/sites/default/files/publications/avis_citoyen.pdf> (Consulté le 21 mars 2016)
18) フランスにおける持続的な深い鎮静の扱いについては、大河原良夫「フランス終末期法とターミナル・セデーション──『不合理執拗』と安楽死のあいだ」福岡工業大学研究論集48巻1号（2015年）25頁以下参照。
19) Conférence de citoyens sur la fin de vie, avis précité note 17, p.8.

では、事前指示書は、その名称とは裏腹に単なる患者の希望として扱われているにすぎず、最終的な治療方針の決定は医師の裁量に任されている点が問題であるとの批判が取り上げられた。ここから、「指示」という名称から期待されるような効果が実際には保障されていないことが、事前指示書の作成率が伸び悩んでいる要因であるとも指摘されている[21]。実際に、2012年のINEDのデータによれば、フランス国内の病院で亡くなった患者のうち、事前指示書を作成していた者の割合はわずか2.5％にすぎない[22]。結局、終末期患者の権利を保障する法規定があっても、市民も医師もそれを尊重していないという望ましくない状況にあることが明らかになったといえる[23]。

　確かに、レオネッティ法は、事前指示書の有効性の条件として、患者が意識を無くした時から遡って3年以内に作成されたものでなければならないことを定めている（CSP旧L1111-11条第2パラグラフ）。3年という具体的な期間を設定することで、可能な限り直近の患者の意思を把握することが目指されたものと考えられる。さらに、事前指示書には、本人の要請があれば、当時の健康状態についての医師による証明や、医師が本人に十分な情報を提供した旨を付記できる（CSP R1111-17条）。終末期とはいかなる状態を指すのか、拒否しうる治療には何があるかといった点について予め医師の助言を得られれば、患者も具体的な状況を想定して自らの意思を書面にできる。しかし、現実には、こうした規定によっても事前指示書の内容の曖昧さを完全に払拭することはできなかった。その要因は次のような点にあると考えられる。

---

20) CCNE, « Rapport sur le débat public concernant la fin de vie », 21 octobre 2014, p.9, <http://www.ccne-ethique.fr/sites/default/files/publications/rapport_ccne_sur_le_debat_fin_de_vie.pdf> (Consulté le 21 mars 2016)
21) Cécile Castaing, « Fin de vie : que disent les avis ? », *RDSS*, 2014, n°4, p.687.
22) Sophie Pennec, Alain Monnier, Silvia Pontone, Régis Aubry, « Les décisions médicales en fin de vie en France », *Population & Sociétés bulletin mensuel d'information de l'Institut national d'études démographiques*, n° 494, novembre 2012, <https://www.ined.fr/fichier/s_rubrique/19162/494.fr.pdf> (Consulté le 21 mars 2016)
23) CCNE, rapport précité note 20, p.10. 実際に、2012年に保健省が実施した調査によれば、レオネッティ法に基づき「患者は医師に治療の中止を求めることができる」、「非合理的な執拗さ」に該当する治療は中止される」ことは正しいか否かを尋ねる設問において、「正しい」と答えた回答者は半数にも満たなかったことが明らかになった。Cf. Ministère des Affaires sociales et de la Santé, La fin de vie Etude quantitative, Sondage réalisé du 23 au 26 novembre 2012, <http://social-sante.gouv.fr/IMG/pdf/La_fin_de_vie_-_Etude_quantitative.pdf> (Consulté le 21 mars 2016)

一方で、法律により3年という有効期間が定められていても、健康な時に表明した意思と、現に重篤な病に侵された状態で表示する意思との間の乖離を補うことは難しい。終末期が近づけば近づくほど、患者本人の意思が変わる可能性は高くなり事前指示書が撤回されるケースは増える[24]。また、レオネッティ法では、事前指示書の作成時に医師の関与は義務化されておらず、かつ事前指示書の様式も本人の自由に任せられていることから、指示書の内容が患者の主観的な視点で書かれる可能性は否定できない[25]。この状況では、たとえ患者が熟慮の上に指示書を作成していたとしても、それが医学的に妥当な判断であるかを検証することは難しい。さらに言えば、かりに医師からの助言を得て作成した場合であっても、事前指示書の中に作成後に起こりうるあらゆる医学の進歩を想定した内容を盛り込むことはできない。結果的に、レオネッティ法の枠組みでは、作成された事前指示書の内容と、現実に患者がおかれている状況とが合致しないケースが生じ、そのことが、終末期では医師の判断が優先されていると多くの国民に捉えられてしまう状況を作り出したと考えられる。

　これに対する解決策として、CCNEは、答申第121号の中で、事前指示書を2種類に分類し性質に応じた拘束力を付与することを提言した[26]。まず、すべての人が、将来訪れうる終末期の状態を想定して自らの希望を記載する文書を作成しておく。これにより、誰もが自分の終末期について予め考える機会を得られる。その上で、実際に本人が重篤あるいは不治の疾患を患った場合には、その時点で治療方針に関する具体的な意思を記載した文書を別途作成する。このとき、医療者の介入を義務づけ、患者には具体的な情報を提供する。患者の病状が進行し意思表示できなくなった際には、医師は、後者の文書をもとに治療の中止や差し控えを決定する。本来、患者は、現実に終末期を目前にし、実際にこれから起こりうる状況について十分に説明を受け理解した状態で初めて、真に具体的な意思を表示することができるから[27]、こうした区別は有効

---

24) CCNE, Avis n° 121 « Fin de vie, autonomie de la personne, volonté de mourir », 30 juin 2013, p.31, <http://www.ccne-ethique.fr/sites/default/files/publications/avis_121_0.pdf> (Consulté le 21 mars 2016)
25) この点に関して、本来は、医師の関与を義務として明記し、事前指示書が有効性を発揮するための要件にすべきであったと批判する見解もある。Cf. Laurence Cimar, « La situation juridique du patient inconscient en fin de vie », *RDSS*, 2006, n° 3, p.477.
26) CCNE, avis précité note 24, p. 29.

であるという。

　事前指示書の作成率が上がらなかった要因として、保管方法に関する統一的な規定がないことも指摘されている。レオネッティ法では、医師は、必要な時期に確実に事前指示書にアクセスできる仕組みが確保されておらず[28]、医師以外の者に対して事前指示書の秘密が守られるための枠組みも十分とはいえない[29]。確かに、2006年のデクレ[30]によって、事前指示書は「医師が容易にアクセスできるような方法で」保管される旨は規定された（CSP R1111-19条）。しかし、これは医師のアクセスを確実にするシステムを現に創設するものではない。結局、治療中止の決定の際に、医師は、目前の意思表示できない患者がかつて作成したかもしれない事前指示書について、保管場所を特定できないまま各所に問い合わせ探さなくてはならないという事態が起こる。さらに、事前指示書は常時撤回可能であるから（CSP 旧L1111-11条）、場合によっては、ようやく探し当てた指示書が実際は最終版ではなかったという可能性もある。このことから、中央管理システムのような国内で統一された登録制度を作ることも考えるべきであると主張する意見もある[31]。

(3) ヴァンサン・ランベール事件によって提起された問題

　レオネッティ法が抱える課題のうち、とくに「非合理的な執拗さ」の概念の曖昧さが原因となって裁判所で争われた事例として、ヴァンサン・ランベール事件[32]がある。2008年9月、ヴァンサンは交通事故に遭い最小意識状態に陥った。翌年にかけて複数の病院を転々としたのちにランス大学病院に入院し、そ

---

27) L. Cimar, précité note 25, p.477.
28) Elie Alfandari, Philippe Pedrot, « La fin de vie e la loi du 22 avril 205 », *RDSS*, 2005, n° 5, p.757.
29) L. Cimar, précité note 25, p.478.
30) Décret n°2006-119 du 6 février 2006 relatif aux directives anticipées prévues par la loi n° 2005-370 du 22 avril 2005 relative aux droits des malades et à la fin de vie et modifiant le code de la santé publique (dispositions réglementaires), JORF n°32 du 7 février 2006, p.1973.
31) C. Castaing, précité note 21, p.688.
32) CE, Assemblée, 24 juin 2014, Req. n° 375081 ; CE, Assemblée, 14 février 2014, 375081, Req. n° 375081. なお、2014年の国務院判決ののち、担当を変わった医師によって下された決定に反発した一部のヴァンサンの家族が新たに国内で訴訟を提起し、この事案は、現在も裁判所で争われている。Cf. TA Châlons-en-Champagne, 9 octobre 2015, M. L... H..., Req. n° 1501768 et 1501769.

こで水分と栄養の人工補給を受けることになった。しかし、担当医は、当時のヴァンサンの状態に鑑みて、水分および栄養補給は「非合理的な執拗さ」に該当するとして、CSP R4127-37条に則って中止のための手続を開始した。ヴァンサンは、事前指示書を作成しておらず、受任者も指名していなかったため、担当医は、彼の家族から意見を聴取し、他の複数の医師にも相談した上で、合議により治療中止を決定した。しかし、ヴァンサンの両親、彼の異母兄弟および妹はこの決定に異議を唱え、シャロン＝アン＝シャンパーニュ行政地方裁判所に提訴した。同裁判所は、2014年1月16日に「治療中止の決定を差し止める」という判断を下した[33]。この判断に反発し、ヴァンサンの治療中止に賛成していた妻とほかの親族および病院側が国務院に控訴した。これを受けて国務院は2014年6月24日に判決を下した[34]。

　最大の争点は、ヴァンサンに対する人工的な水分および栄養補給が、CSP旧L1110-5条が定める「非合理的な執拗さ」に該当するか、該当する場合には、その中止の決定は適法に下されたものであったかという点である。一審の行政地方裁判所は、ヴァンサンへの水分および栄養補給は治療に当たるとしつつも、これらの治療は、彼がおかれている現状を考慮すると「非合理的な執拗さ」に該当するとはいえないこと、かつ、合議による判断の手続開始について知らされていたのが家族の一部でありCSP R4127-37条に定められた手続が守られていなかったことを理由に、治療中止の決定は適法ではないと判断した。これに対して、国務院は、水分・栄養補給については、ヴァンサンの生命機能を人工的に維持しているにすぎないから、「非合理的な執拗さ」に該当し、治療中止の決定の対象になると判断した。次に、決定の適法性については、合議の経緯を細かく検証したうえで、全体の手続に違反はなかったと判断した。結果的に、一審とは反対に、ヴァンサンへの水分・栄養補給の中止決定は適法であるとして、中止決定の取消しを求めていた両親らの訴えを退ける判断を下したの

---

33) TA Châlons-en-Champagne, 16 janvier 2014, n° 1400029, <http://chalons-en-champagne.tribunal-administratif.fr/A-savoir/Communiques/Affaire-Vincent-Lambert-alimentation-et-hydratation-maintenues> (Consulté le 21 mars 2016)
34) ヴァンサンの両親らは、こののち、ヨーロッパ人権裁判所に提訴している。同裁判所は、2015年6月5日に、医師らによる治療中止の決定はヨーロッパ人権条約2条に反しないという結論を下した。Cour EDH, 5 juin 2015, *Lambert et autres c. France*, Req. n° 46043/14.

である。

　レオネッティ法は、治療には何が含まれるかを明示することは避けつつも、中止の対象となる「非合理的な執拗さ」に該当するか否かの判断基準は明文化し、かつ、患者の意思が不明な場合には、この基準に沿って合議により医師が決定するという方針をとった。この方針自体は、議会でも長時間かけて議論されており、拙速に採用されたものではない。実際に、ヨーロッパ人権裁判所も、ランベール事件判決の中で「2005年法（レオネッティ法）は、本件のような状況で医師が下す決定の枠組みを詳細に定めるために十分な明瞭性を有している」[35)]として、レオネッティ法の規定を評価している。おそらく、立法の時点では、ランベール事件のように、ある医療行為が「非合理的な執拗さ」に該当するか否かという点について家族の中で激しく意見が対立する事態は想定されていなかったと考えられる。このことは、同事件で「公の報告官（rapporteur public）」が表明した、レオネッティ法の立法者は家族の意見の間に優劣をつけることは考えていなかったという指摘にも表れている[36)]。実際に、フランスでは、医師は、家族が全員一致で下した判断に反して、治療を中止することはないという。通常は、医療者と患者の家族との間で、治療を中止するか否かについて繰り返し協議がもたれ、その中で徐々に合意が形成される。その証拠に、レオネッティ法が適用されて9年以上が経つにもかかわらず、この問題について国務院には一度も問題が提起されていない[37)]。いわば、ランベール事件は、偶然に偶然が重なった極めて稀なケースであった。しかし、その稀少な事案が、レオネッティ法が抱える複数の課題を浮き彫りにした。裁判所の審理を通じて法の欠缺が明らかになった以上、この問題にも対処すべきことが新たに立法者に求められたのである。

---

35) Cour EDH, affaire precitée note 34, §160.
36) Rémi Keller, « Droit au respect de la vie et droits du patient : la question de l'interruption d'un traitement », Conclusions sur Conseil d'État, Assemblée, 14 février 2014, *Mme Rachel Lambert*, n° 375081, *RFDA*, 2014, p.664.
37) R. Keller, conclusions précitées note 36, p.663.

III 新たな解決策の模索

2016年2月2日に成立したクレス-レオネッティ法は、以上に述べたようなレオネッティ法の課題を解決するために制定された。ここでは、同法の概要を紹介し、修正あるいは新規挿入されたCSPの諸規定によって、レオネッティ法の適用後に明らかになった種々の問題が解消されうるのかという点について、若干の考察を加えておくことにしたい。

1 制定の背景と経緯

2012年4月に、大統領選挙に立候補したオランド氏は、終末期患者の「それ（苦痛）が緩和されない場合に、明確かつ厳格に定められた要件のもと、尊厳を維持しつつ自らの生に終止符を打つための医療上の援助を得られる」ようにする旨を公約として掲げた[38]。その後、大統領に就任したオランド氏は、公約を実現するための第一段階として、同年7月にD. シカール氏を長とする「フランスにおける終末期に関する検討委員会」を設置した。同委員会は、フランス国内の各都市での公開討論会、専門家への聴き取り、終末期患者を対象とした全国アンケートなどを実施した。同時に、オランド大統領は、CCNEに対して終末期に関する問題について答申を出すように指示した。まず、前者のシカール委員会が、2012年末に「終末期について一体となって考える」[39]と題する報告書を公表する。続いて、2013年7月には、CCNEが答申第121号「終末期、自律、死の意向」[40]を公表した。この中でCCNEは、生命倫理分野を規律する法規範の改正の際には公開討論会を開催しなければならないとするCSP L1412-1-1条の規定にしたがい、「市民講演会（Conférence de citoyens）」を開催

---

[38] オランド大統領の選挙公約より抜粋。Cf. <http://download.parti-socialiste.fr/projet_presidentiel_2012_francois_hollande.pdf> (Consulté le 21 mars 2016)

[39] Commission de réflexion sur la fin de vie en France, "Penser solidairement la fin de vie", Rapport à François Hollande, Président de la république française, 18 décembre 2012, <http://social-sante.gouv.fr/IMG/pdf/Rapport-de-la-commission-de-reflexion-sur-la-fin-de-vie-en-France.pdf> (Consulté le 21 mars 2016)

[40] CCNE, avis précité note 24.

することを提案した。これを受けて同年秋に4週間にわたって市民と専門家の意見交換を目的とした市民講演会が開かれ、ここで出された意見が同年12月に報告書「市民の意見」[41]として公表された。翌2014年の6月20日に、ヴァルス首相が、国民議会のクレス議員とレオネッティ議員に対して、2005年のレオネッティ法に関する改正案を作成するよう要請した。折しも、同月24日に、先述のランベール事件に関する判決が国務院から下されている。同年10月21日には、CCNEが、2年間にわたって実施してきた公開討論会で出された意見をとりまとめた「終末期に関する公開討論会についての報告書」[42]を公表した。

　以上の経緯と議論を踏まえ、2015年1月21日に、クレス議員とレオネッティ議員が国民議会に改正法案を提出した。ところが、複数の争点について2度の読会を経ても両議院が同一の文面で法案を採択するに至らなかったため、2016年1月19日に混合同数委員会が開催された。そこで出された折衷案に基づき、同年1月27日に法案が可決されることになった。

2　クレス−レオネッティ法の概要

　以上のように新法の審議が紆余曲折を経た理由は、次に掲げる点について上院と下院で見解が真っ向から対立したことにある。すなわち、①水分や栄養の人工補給は「治療」に当たるか、②事前指示書にいかなる法的拘束力を付与すべきか、③持続的な深い鎮静を受ける権利を明文で保障するか[43]、という問題である。ここでは、意思表示できない患者に関わる問題に焦点を絞り、新法の中でいかなる対応が取られたかという点を簡潔に紹介するに留めておく。

---

[41] Conférence de citoyen sur la fin de vie, avis précité note 17.
[42] CCNE, rapport précité note 20. この報告書は、終末期における患者の権利に関する市民の声や医療現場の現状を把握する上で貴重な資料である。報告書によれば、レオネッティ法の規定があるにもかかわらず、実際には、終末期患者が自宅で十分な緩和ケアを受けられる体制は整備されておらず、患者の付添いに対する支援も不十分である。救急外来には、余命いくばくもない高齢の終末期患者が多数運ばれ数日内に死亡するが、その半分以上が本来は緩和ケアを必要としているといった問題も指摘されている。
[43] 詳細については、レオネッティ議員が作成した「2005年法の評価のための議会報告書」参照のこと。Jean Leonetti, Rapport d'information fait au nom de la mission d'évaluation de la loi n° 2005-370 du 22 avril 2005 relative aux droits des malades et à la fin de vie, enregistré à la Présidence de l'Assemblée nationale le 28 novembre 2008, n° 1287, pp.204-216.

(1)「非合理的な執拗さ」の中止・制限

　まず、「非合理的な執拗さ」に該当する治療か否かにかかわらず、あらゆる患者に、治療を拒否あるいは受けない権利が明文で認められた（CSP L1111-4条第2パラグラフ）。その上で、これまで、治療を受ける権利と無益な治療の中止が同一の条文に盛り込まれていたのを2つの条文（CSP L1110-5条およびCSP L1110-5-1条）に分け、後者については要件の明文化を図った。すなわち、患者が、終末期にあるか否かにかかわらず、意思表示できる場合には本人の要請に基づいて、また意思表示できない場合には医師の合議による決定があることを条件に、「非合理的な執拗さ」に該当する治療を中止できるとした（同条第1パラグラフ）。これにより、レオネッティ法の適用後に指摘されていた、患者が終末期にあるか否かで適用される手続が異なるという可能性は否定された。

　次に、人工的な栄養および水分補給は治療に含まれること、したがって、それが「非合理的な執拗さ」に該当する場合には、中止の対象となる旨が法文に明記された（CSP L1110-5-1条第2パラグラフ）。これによって、ヴァンサン・ランベール事件で問題となった点については、司法的な判断に加えて立法的な解決が図られたことになる。注目すべきは、「人工栄養補給および人工水分補給は治療である」旨が限定列挙されている点である。言い換えれば、これ以外の生命維持のための措置、たとえば人工呼吸や透析などの扱いは、新法の中でも文言上は明らかではない。

　さらに、「非合理的な執拗さ」を中止したのちは、一定の条件のもとで、「持続的な深い鎮静」が実施されることも明記された（CSP L1110-5-2条第1パラグラフ）。新法の特徴は、この項目についても、患者が意思表示できる場合とそうでない場合とに分類している点にある。患者が意思表示できる場合には、本人の要請があることに加えて、生命予後が短く、治療抵抗性のある苦痛の原因が疾患そのものにあるか、治療中止自体が生命予後を短縮すると同時に耐え難い苦痛を発生させうるという、いずれかの要件を満たす時に実施される。ここでは、患者に意思表示できる能力があることから、生命予後の程度と患者自身が感じている苦痛の評価が基準となっている。これに対して、意思表示できない患者の場合は、本人の苦痛の程度を外部的に評価することは困難であるため、こうした要件は設定されていない。すなわち、医師による合議手続の結果として「非合理的な執拗さ」に該当する治療が中止された場合は、患者本人の

苦痛の評価を行うことなく「持続的な深い鎮静」が実施されることになる（同条第2パラグラフ）。また、患者が意思表示できる時もそうでない時も、「持続的な深い鎮静」を行う場合には、（治療中止の決定とは別に）合議による決定が必要である。この合議の場には、患者に関わる医療スタッフ（医師のみならず、看護師やケアスタッフも含まれる）が関与するため、上述の要件を満たす状態にあるかを、医師の立場だけでなく医療チームとして検証することが可能となる。

(2) 事前指示書

　事前指示書に関しては、新法により、その様式（モデル）がデクレにより提示されることになった（CSP L1111-11条第2パラグラフ）。事前指示書の作成時に、作成者が具体的に終末期を想定できるような様式を設定することで、作成時の意思と、実際にそれが参照される終末期における意思との乖離をできるだけ小さくすることが期待できる。そして、作成された事前指示書を一括して管理する国家登録局も設置されることになった（同条第5パラグラフ）。また、担当医は、患者に対して事前指示書を作成できること、およびその作成の条件について情報を与えることも明示された（同条第6パラグラフ）。

　このように、いわば環境整備を行ったうえで、原則として、事前指示書は「医師を拘束する（s'impose）」旨が明記された（CSP L1111-11条第3パラグラフ）。レオネッティ法では、医師は事前指示書を「考慮に入れる」ことを義務づけられていたにすぎなかったから、指示書の拘束力という点では強化されたといえる。同時に、この原則に対する例外として2つの場合が明記された。すなわち、緊急の場合と、患者がおかれている医学的な状況が明らかに事前指示書の内容に合致しない場合である。加えて、後者のケースに相当するとして医師が事前指示書とは異なる決定を下す場合には、必ず合議によることが義務づけられた（CSP L1111-11条第4パラグラフ）。決定は診療録に記録され、受任者あるいは家族や親族にも伝えられる。

　以上のように、クレス－レオネッティ法により、事前指示書には拘束力があることが原則とされ、これに対する例外規定も明示されたことで、従前に比べて事前指示書の法的な位置づけが明確になったといえる。とくに、例外的に医師が事前指示書と異なる判断を下す場合の手続を以前より詳細に定めたことも、指示書の拘束力を担保する機能を果たしている。ただし、新法が適用され

たのちに、現場で、この原則と例外が逆転する事態が起こりうる懸念は払拭できない。加えて、事前指示書のモデルが提示されるとはいえ、記入時における医師の関与は義務化されていないから、作成者が適切に終末期を想定せずに記載する可能性も残っている。これらの点に関わる評価は、新法が施行された後の検証の結果が公表された時点で改めて行うことにしたい。

Ⅳ　おわりに

　わが国では、終末期における治療方針は、厚生労働省の「終末期医療の決定プロセスに関するガイドライン」をはじめとするいくつかのガイドラインをもとに決定されている。いずれも医療者に対する強制力はなく、利用するかどうかは各医療機関の判断に任せられている。実際に、同省の調査によれば、これらのガイドラインを活用している医療機関の数は多くない。他方で、国民の側も、事前指示の重要性については認識している者は多いものの、実際に意思を書面に残している者の割合は極めて少ない[44]。意思表示できないゆえに一層脆弱な立場におかれる患者の治療方針を決定するにあたっては、患者・家族・医療者という三者の関係性を踏まえて考える必要があるから、現行の体制で対応できる範囲には限界があろう。したがって、日本でも、意思表示できない患者の治療の中止・差し控えについて立法する必要性は否定できない。その際に、これまで本稿で検討したフランスの法状況からは、少なくとも、次のような示唆を得ることができると思われる。

　まず、法制化の前提として「緩和ケアを受ける権利」の位置づけを法文上で明確にし、この権利の実効的な保障の在り方を考える必要がある。十分な緩和ケアが保障されない中で治療中止に関わる部分だけが法制化されても、真の意味で患者の権利が保障されるとはいえない[45]。フランスでは、緩和ケアを受ける権利は医療機関でも在宅の場合でも保障され（CSP L1110-10条）、治療中止の前提になる旨が明文で規定されている（CSP L1110-5-1条）[46]。患者が意思

44）厚生労働省・終末期医療に関する意識調査等検討会「人生の最終段階における医療に関する意識調査報告書」（平成26年3月）22頁。
45）Conseil d'Etat, étude précitée note 12, p.111 et s.

表示できないという状況の深刻さを加味すれば、こうした土台の整備なくして実効的な権利保障を実現することは難しい。

　次に、具体的に立法化する際には、フランスの議会やヴァンサン・ランベール事件で問題とされたような論点について十分に議論する必要がある。意思表示できない患者の治療方針を決める際に事前指示書を参照する旨を法文の規定に盛り込む場合には、その効力発生要件、効果の及ぶ範囲（とくに医師の判断に対する拘束力）および有効期限のみならず、指示書の保管方法や医療者による閲覧の手段に関しても議論すべきである。また、事前指示書を作成しないまま意思表示できない状態に陥る患者が多いことはフランスの例からも明らかであるから、その場合に、本人の意思を医療者に伝える人（レオネッティ法でいう受任者に該当する者）に何らかの法的な役割を担わせるのか、その場合に患者の家族との関係、とりわけ意見の相違が発生した場合にどう対処するかといった点も考慮に入れられなければならない。他方で、意思表示できない患者の場合は、治療中止の決定について一定の範囲で医療者に判断を任せざるを得ないケースが発生することは必至であるから、その場合の決定過程における透明性の確保[47]や、決定に対する異議申立ての可能性や手段なども検討する必要がある。

　ただし、これらすべての項目について、法律でどの程度まで定めるべきなのかという点については、別途議論しなければならない。場合によっては、医療技術の進歩や個々の患者がおかれている状況の違いを加味できる余地を残すために、細部まで法律では取り決めないという選択肢もありうる。いずれにせよ、どの項目について、どの程度まで立法化するのかという論点整理が行われないまま、法案が出されることは望ましくない。

　最後に、法律施行後の検証システムの整備にも配慮するべきである。医療技術は日進月歩である一方で、高齢化社会の進展に伴い国民の終末期に対する認

---

46) フランスの保健省は、2015年末の段階で、クレス-レオネッティ法の成立を見越して緩和ケアの充実を目的とした新たな予算を提示している。Cf. Le Monde, 3 décembre 2015, "Un plan pour développer l'accès aux soins palliatifs".

47) とくに、救急の現場での手続上の透明性の確保はフランスでも問題になっている。救急医療の現場では単独の医師で対応する場合もあるから終末期患者であるからといって必ず合議によって決定できる状況にあるわけではない。また、在宅診療のなかで終末期患者に対応している医師には、治療方針を合議によって判断することは現実的に困難が伴う。Cf. L. Cimar, précité note 25, p.478.

識も変化する。数年おきに法律の適用状況を調査し、課題を抽出し、解決策を探求することを厭わないことが、立法者の責務であるという点は、レオネッティ法およびクレス－レオネッティ法の制定過程から学ぶことのできる重要な教訓のひとつである。レオネッティ法が制定されてから、次のクレス－レオネッティ法の法案が提出されるまでの10年の間には、シカール委員会、CCNE、国民による公開討論会など、複数の議論の場が設定され数多くの報告書や意見が出された。議会では、これらの報告書はすべて詳細に検討され、その結果は、改正法案の骨子に反映されている。フランスの終末期関連法の検討からは、立法の内容はもとより、こうした法律施行後の再検証のプロセスを議論することの重要性も導き出されるといえよう。

【付記】
　本稿は、科研費補助金（基盤研究B）（2014年度～2016年度、研究課題番号：26284006、研究代表者：小出泰士）を受けて行われた研究の成果の一部である。

【謝辞】
　筆者がフランス生命倫理法を研究するようになったきっかけは、フランス留学前に指導教授の滝沢正先生が下さった「学際的なテーマを選び研究をするように」というご助言にある。寛容ながらも常に的確な先生のご指導に対し、改めて、心より感謝申し上げる次第である。

フランスにおける生殖補助医療と法

本 田 ま り

I　はじめに

　フランスにおいて、生殖補助医療（assistance médicale à la procréation : AMP）は、主として公衆衛生法典（Code de la santé publique : CSP）に規定されている。ただし、民法典にも人体の尊重および親子関係等に関する規定があり、刑法典にも罰則が定められている。生殖補助医療は、"生命倫理三法[1]"（以下、「1994年法」という）のうちの1つである「人体の要素および産物の提供ならびに利用、生殖補助医療、ならびに出生前診断に関する1994年7月29日の法律[2]」により法制化された。その後、"生命倫理法"により修正が施されていく[3]。「生命倫理に関する2004年8月6日の法律[4]」（以下、「2004年法」という）は、1994

---

1) Loi n°94-653 du 29 juillet 1994 relative au respect du corps humain : JO n°175 du 30 juillet 1994, p.11056 ; Loi n°94-654 du 29 juillet 1994 relative au don et à l'utilisation des éléments et produits du corps humain, à l'assistance médicale à la procréation et au diagnostic prénatal : JO n°175 du 30 juillet 1994, p.11060 ; Loi n°94-548 du 1er juillet 1994 relative au traitement de données nominatives ayant pour fin la recherche dans le domaine de la santé et modifiant la loi n°78-17 du 6 janvier 1978 relative à l'informatique, aux fichiers et aux libertés : JO n°152 du 2 juillet 1994, p.9559.
2) Loi n°94-654 du 29 juillet 1994, préc. note(1).
3) 先行研究として、滝沢正「フランスにおける生命倫理法制」上法43巻4号（2000年）9-36頁、同「生命倫理問題に関する法的対応の二類型 — アメリカ型とフランス型」〈共同研究・生命倫理法の展開 — 比較法的考察／II　比較法〉上法48巻3・4号（2005年）189-207頁、小林真紀「1994年生命倫理法判決」フランス憲法判例研究会編『フランスの憲法判例II』（信山社、2013年）97-100頁、同「2004年生命倫理法判決（新）」101-104頁、小門穂『フランスの生命倫理法　生殖医療の用いられ方』（ナカニシヤ出版、2015年）等がある。
4) Loi n°2004-800 du 6 août 2004 relative à la bioéthique : JO n°182 du 7 août 2004, p.14040.

年法を統合したものである。さらに、これを改正するのが「生命倫理に関する2011年7月7日の法律[5]」（以下、「2011年法」という）である。

1994年法では、「医学的に援助された生殖（procréation médicalement assistée：PMA）」という語が「生殖への医学的介助（assistance médicale à la procréation：AMP）」という語に置き換えられた。この刷新は、補助された生殖を、医学のみならず他の次元、とりわけ親子関係に関する法的次元において検討するという立法者意思を示すという[6]。

2011年法は、生殖補助医療の定義として「生殖補助医療は、体外受精、配偶子・生殖組織・胚の保存、胚移植および人工授精を可能とする、臨床的かつ生物学的な実践」と規定する（2011年法31条、公衆衛生L.2141-1条1項）。科学技術の進展を考慮し、「生殖補助医療に用いられる生物学的手法の一覧表（リスト）は、生命医学機構（Agence de la biomédecine：ABM）[7]による答申の後、保健担当大臣のアレテ（arrêté）〔命令、省令―筆者注〕により定められる」と規定される（2011年法31条、公衆衛生L.2141-1条1項）。

生殖補助医療は、病理学的特徴が医学的に診断された不妊の治療、または特に重篤な疾患が子に遺伝するか、カップルの他方がそれに感染することの回避を目的とする（2011年法33条、公衆衛生L.2141-2条1項）。治療という目的は、2011年法により再確認されたものであり、同性カップルまたは独身女性に生殖補助医療への道を開くという大いに議論された問題に対し、立法者が回答を与えたものとされる[8]。

---

5) Loi n°2011-814 du 7 juillet 2011 relative à la bioéthique : JO n°157 du 8 juillet 2011, p.11826；服部有希「【フランス】生命倫理関連法の制定」外国の立法No.249-1（2011年）12-15頁、林瑞枝「【海外法律情報】フランス　生命倫理法改正―2011年7月7日法」ジュリ1432号（2011年）71頁、拙稿「フランス生命倫理法改正」年報医事法学27号（2012年）213-218頁。出生前診断等を含む詳細については、拙稿「フランスにおける生殖医療と法規制」甲斐克則編『医事法講座 第5巻　生殖医療と医事法』（信山社、2014年）213-232頁を参照。
6) Valérie DEPADT-SEBAG, Droit et bioéthique - 2ᵉ éd., Éditions Larcier, 2012, pp.210-211；拙稿「フランス生命倫理法の改正―出生前診断、生殖補助医療および受精卵着床前診断における要件の緩和」〈共同研究・生命倫理法の展開―比較法的考察／Ⅳ フランス法〉上法48巻3・4号（2005年）234-235頁。
7) 2004年法により創設された国の行政の公施設であり、保健担当大臣の監督下に置かれ、移植、生殖、胚生学および人の遺伝学の分野における権限を有する（2004年法2条、公衆衛生L.1418-1条～L.1418-8条）。
8) DEPADT-SEBAG, préc. note(6) p.211.

2011年の生命倫理法改正は、ニコラ・サルコジ前大統領の政権下で、保守・中道右派の政党である国民運動連合（UMP）が与党の時に行われた。しかし、翌2012年にフランソワ・オランド大統領が誕生し、中道左派の社会党が与党となり、いくつかの立法（制定および改正）がなされている。そのうちの1つが、同性カップルに婚姻することを認める法律[9]であり、これは2013年5月17日に制定された。この法律により、同性婚をした者たちが養子縁組を行うことは認められたが（民345-1条）、生殖補助医療の利用は認められなかった。

　本稿は、生殖補助医療の実施（技術利用）要件、およびその効果の1つとして、生まれた子の親子関係に関するフランスの法的状況を検討することにより、わが国への示唆を得ることを目的とする。まず、フランスにおける生殖補助医療に関する法制度を確認する（Ⅱ）。次に、近時の動向として、第三者が関わる（配偶子、胚または子宮の提供による）生殖の実態および法的問題を検討する（Ⅲ）。さらに、わが国における状況を整理し、若干の比較法的考察を行う（Ⅳ）。各問題について、法令等の立法ならびにフランスの国内裁判所および欧州人権裁判所（以下、「人権裁判所」という）による判例を分析の対象とする。生命科学および保健科学に関する国家倫理諮問委員会（Comité consultatif national d'éthique pour les sciences de la vie et de la santé : CCNE）による答申も公表されているが、紙幅の都合により割愛する。

Ⅱ　生殖補助医療に関する法制度

1　実施（技術利用）要件

　生殖補助医療を利用できるカップルの要件について、2011年法は「カップルを構成する男性および女性は、生きていて生殖年齢にあり、胚移植または授精に事前に同意していなければならない」として規定を改正した（2011年法33条、公衆衛生L.2141-2条2項）。すなわち、2011年法は「婚姻しているか、少なくとも2年の共同生活を証明できる」という要件を削除した。この要件は、

---

9) Loi n°2013-404 du 17 mai 2013 ouvrant le mariage aux couples de personnes de même sexe : JO n°114 du 18 mai 2013, p.8253.

1994年法および2004年法により、カップルの安定性を確保するために設けられていたものである。この削除に関しては、原理的な側面と実務的な側面があるという[10]。前者については、財産的な問題を扱うに過ぎない連帯民事協約（Pacte civil de solidarité : PACS）によるカップルに生殖補助医療への道を開くこと、および2年という期間が不妊を確証するものではないことが指摘される。後者について、共同生活の証明は、証拠の自由によりあらゆる方法で、特に受領証書、課税申告または証明書によってなされる。しかし、内縁（concubinage）（民515-8条）の証明書およびその他の証拠は容易に入手することができ、このような確認は医師の権限に含まれないため、2年という期間の要請が尊重されていないという。これに対し、婚姻およびPACSに関する事項は、出生証書の余白記載（mention marginale）に示される。当事者らが第三者との正式な結合関係にないことを確認する必要もある[11]。

　生殖補助医療の原則に関しては、2011年法に含まれていない規定が検討に値する[12]。すなわち、子の権利または利益を重視する考え方が乗り越えられたわけではなく、同性カップルによる生殖補助医療の利用も、死後生殖[13]も、代理懐胎も許可されていない。死後生殖は、死後授精だけでなく、死後の胚移植も含めて禁止されている（2004年法24条、公衆衛生L.2141-2条2項）〔付記を参照〕。

　体外受精胚は「L.2141-1条に定められる生殖補助医療の枠内において、その目的に従う場合にのみ」作成することができる（公衆衛生L.2141-3条）。体外受精胚が保存されているカップルの、親になる計画が終了した場合、または一方が死亡した場合には、カップルの双方または生存している一方は、他のカップルによる胚の受入れ、胚が治療を目的とする研究の対象となること、または保存の終了に同意することができる。いずれにしても、3ヵ月の熟慮期間を経た、書面による同意が必要となる（2011年法34条、公衆衛生L.2141-4条Ⅱ）。

---

10) DEPADT-SEBAG, préc. note(6) pp.211-213.
11) Jean-René BINET, La réforme de la loi bioéthique : Commentaire et analyse de la loi n° 2011-814 du 7 juillet 2011 relative à la bioéthique, LexisNexis, 2012, pp.64-65.
12) Jean-René BINET, La loi du 7 juillet 2011 : une révision mesurée du droit de la bioéthique, Droit de la famille, n°10, octobre 2011, étude 21, 9.
13) 拙稿「フランスにおける死後生殖に関する法的動向」生命倫理24号（2013年）151-158頁。

公衆衛生法典L.2141-2条に定められるもの以外の目的で、生殖補助医療の活動を実施する行為は、5年の禁錮および7万5000ユーロの罰金に処せられる（刑511-24条）。

2 受精卵着床前遺伝子診断

2004年法により、遺伝学的検査に関して、民法典に次のような16-10条が規定された（2004年法4条）。

「人の遺伝学的特質に関する検査は、医学的または科学研究の目的においてのみ実施することができる。

検査の性質および目的について十分に情報が提供された後、検査の実施に先立ち、本人の明示的な同意が書面により取得されなければならない。この同意は、検査の目的を記載する。これは、形式を問わず、いつでも撤回することができる。」

さらに2011年法により、公衆衛生法典が次のように改正される。すなわち、医師は、検査に先立ち、遺伝相談を含む予防措置またはケアの余地がある重篤な遺伝的異常が診断された場合には、潜在的に関わる家族が黙秘によってさらされることになる危険について、検査を受ける者に情報を提供する。医師は、本人とともに、診断後に補完されることもある書面において、遺伝に備えて家族に宛てた情報の伝達方法を記載する。重篤な遺伝的異常が診断された場合、診断について知らないでいるという意思を本人が書面により表示していないかぎり、伝えられる医療情報は、誠実（loyal）、明白かつ適切な方法で作成され、医師により署名され手渡される文書において要約される。診断の告知の際に、医師は、補足情報を提供しうる患者団体を本人に伝え、本人が望む場合には、公衆衛生法典L.1114-1条により認められた団体の一覧表を交付する。本人は、家族に対し自ら伝えることを望まない場合には、その情報提供を行うよう医師に求めることができる。その場合、医師は、家族に対し、検査対象者の名、遺伝的異常または危険性を明かすことなく、家族的な性質を帯びる医療情報を知らせ、遺伝相談に行くよう勧める。親戚に当たる者から相談を受けた医師は、検査を行う医師から、問題となる遺伝的異常の情報を得る（2011年法2条、公衆衛生L.1131-1-2条）。

2011年法により、受精卵着床前遺伝子診断（diagnostic préimplantatoire : DPI.以下、「着床前診断」という）は、「体外受精胚から採取された細胞に基づき行われる生物学的診断」と定義付けられた（2011年法21条、公衆衛生L.2131-4条）。着床前診断が例外的に認められる要件は、以下のとおりである。出生前診断に関する学際センターにおいて活動する医師は、カップルが、その家族的な状況により、診断の時点で不治と認められた特に重篤な遺伝病に冒された子を産む強い可能性を有することを確認しなければならない。診断は、予めかつ正確に、両親の一方または直系尊属のうちの1人に重篤な疾患の原因となる異常が認められた場合にのみ、行うことができる。診断の実施に際し、カップルの双方が、書面により同意を表示しなければならない。診断は、当該疾患ならびにその予防方法および治療方法の研究以外を目的としてはならず、生命医学機構により許可を受けた施設においてのみ実施することができる（公衆衛生L.2131-4条）。

　着床前診断に関するL.2131-4条およびL.2131-4-1条の規定に違反する行為は、2年の禁錮および3万ユーロの罰金に処せられる（刑511-21条）。この規定は、1994年法9条により制定され、2004年法25条により公衆衛生法典L.2161-2条に同一の規定が置かれる。

　重篤な遺伝病に罹患した年長の子を治療するために、ヒト白血球抗原（Human Leukocyte Antigen : HLA）適合性があり、提供者となりうる次の子（"医薬品としての赤ん坊（bébé médicament）"、"二重の希望を担う赤ん坊（bébé du double espoir）" または"救世主きょうだい"）を着床前診断によってもうけることは、2004年法により認められた（2004年法23条、公衆衛生L.2131-4-1条）[14]。さらに2011年法により、その「実験的な性格（caractère expérimental）」という文言も削除され、このような着床前診断は標準化された[15]。

3　研　究

　社会党政権による立法として、胚および胚性幹細胞（ES細胞）を対象とする

---

14) 拙稿・前掲注(6) 238-249頁：ABM, Extension du DPI (DPI-HLA). <http://www.agence-biomedecine.fr/Extension-du-DPI-DPI-HLA,179?lang=fr>
15) DEPADT-SEBAG, préc. note(6) pp.142-143.

研究を認める法律[16]も、2013年8月6日に制定された。この法律は、1ヵ条からなり、2011年法を改正するものとして公衆衛生法典L.2151-5条を修正する。2015年2月11日には、胚および胚性幹細胞を対象とする研究ならびに生殖補助医療における生命医学研究に関するデクレ（décret）〔命令、政令〕[17]が制定された。このデクレは、生殖補助医療における生命医学研究の定義および要件ならびに監視について規定を設けるが（公衆衛生R.1125-14条以下）、明白な法的根拠を欠いており、違法なものとして無効となる危険にさらされていた[18]。

その後、「保健制度の現代化に関する2016年1月26日の法律[19]」（以下、「2016年法」という）により、配偶子の研究に関する規定が公衆衛生法典に追加された（2016年法155条Ⅲ、公衆衛生L.2151-5条Ⅴ）。これは「生殖補助医療の枠内で行われる生命医学研究は、カップルを構成する各人がそれに同意している場合には、胚を作成するための配偶子を対象として、または懐胎を目的とする移植前後の体外受精胚を対象として、実施することができる」というものであるが、国民議会議員らの申立てにより、違憲審査の対象となった[20]。

憲法院は、次のように判断する。第1に、当該規定は、生殖補助医療に関する臨床研究（recherche clinique）の発展を目的とし、国民議会第1読会において政府の修正により挿入されたものである。当初の政府提出法案におけるいくつかの規定は、保健施設内での臨床研究を発展させるために公衆衛生法典を改正することを目的とする。したがって、憲法45条1項2段〔条文との関連性による修正〕に違反するという申立理由は退けられる[21]。第2に、当該規定は、進

---

16) Loi n°2013-715 du 6 août 2013 tendant à modifier la loi n°2011-814 du 7 juillet 2011 relative à la bioéthique en autorisant sous certaines conditions la recherche sur l'embryon et les cellules souches embryonnaires : JO n°182 du 7 août 2013, p.13449：詳細は、拙稿「人間を対象とする研究に関する法改正」日仏法学28号（2015年）158-161頁とりわけ159頁以下。
17) Décret n°2015-155 du 11 février 2015 relatif à la recherche sur l'embryon et les cellules souches embryonnaires et à la recherche biomédicale en assistance médicale à la procréation : JO n°37 du 13 février 2015 p.2745, texte n°8.
18) Daniel VIGNEAU, L'assistance médicale à la procréation dans l'éprouvette des Pouvoirs publics, Dict. perm. bioéth. biotech., Bull. n°269, avril 2016, pp.1-3 surtout p.2.
19) Loi n°2016-41 du 26 janvier 2016 de modernisation de notre système de santé : JO n°22 du 27 janvier 2016.
20) Cons. const., Décision n° 2015-727 DC du 21 janvier 2016, 81-86 : JO n°22 du 27 janvier 2016 texte n°2.
21) Cons. const., préc. note(20) 83-84.

展中であり、かつ生殖補助医療（procréation médicalement assistée）の効率を向上させる、または胚の病気を予防するか治療するための技術を、臨床試験（essai clinique）に付すと規定する。臨床試験の実施は、一方でカップルを構成する各人の同意次第であり、他方で公衆衛生法典第1部第1編第2章に規定される生命医学研究に関連する保証（garantie）を遵守しなければならない。このように、臨床試験は、とりわけ国立医薬品保健製品安全機構（Agence nationale de sécurité du médicament et des produits de santé : ANSM）による許可に先立ち提出しなければならず、研究参加者の利益（intérêt）の優越という原則および危険と利益（bénéfice）の均衡評価という原則を遵守して行われる。したがって、2016年法155条Ⅲは、人間の尊厳の保護という原則を無視していない[22]。当該規定は、理解不可能ではなく、他のいかなる憲法的要請も無視していないことから、合憲とされなければならない[23]。

2016年法155条の適用のために、生殖補助医療に関する2016年3月4日のデクレ[24]が定められた。これは、配偶子および生殖組織に関する欧州の指令を国内法に置き換え（transposer）、規制を大幅に修正する。

4　禁止される行為

(1)　生殖クローニング

生殖クローニング（clonage reproductif）は、民法典16-4条により禁止される（1994年法[25] 3条）。その規定は、次のとおりである。

「何人も、人類の統合性（intégrité de l'espèce humaine）を侵害することはできない。

人の選別を組織化する傾向のある、すべての優生学的な実践を禁止する。

遺伝病の予防および治療を目標とする研究を除き、人の子孫の修正を目的として、遺伝的特性に対するいかなる改変も加えてはならない。」

---

22) Cons. const., préc. note(20) 85.
23) Cons. const., préc. note(20) 86.
24) Décret n°2016-273 du 4 mars 2016 relatif à l'assistance médicale à la procréation : JO n°56 du 6 mars 2016 texte n°16 : VIGNEAU, préc. note(18) pp.1-3.
25)「人体の尊重に関する1994年7月29日の法律」により、民法典16条が改正され、16-1条～16-12条が挿入された。Loi n°94-653 du 29 juillet 1994, préc. note(1)。

この規定は2004年法21条により改正され、「他の生者または死者と遺伝的に同一の子を出生させる目的を有する、すべての介入を禁止する」という規定が3項に挿入された。

　刑法典においても「研究を目的として体外で妊娠（conception）させる行為またはクローン技術によりヒト胚を作成する行為は、7年の禁錮および10万ユーロの罰金に処する」（2004年法28条、刑511-18条）と規定される。さらに「優生学および生殖クローニングの罪」として、「人の選別を組織化する傾向のある、優生学的な実践を行う行為」（刑214-1条）および「他の生者または死者と遺伝的に同一の子を出生させる目的を有する介入を行う行為」（刑214-2条）等は、30年の懲役および750万ユーロの罰金に処せられる（いずれも2004年法28条）。

(2) 　二重の配偶子提供

　カップルの双方が不妊である場合には、他のカップルから余剰（残余）胚の提供を受けることができ、精子および卵子を同時に（二重に）提供してもらうことはできない[26]。「カップルを構成する少なくとも1人に由来しない配偶子を用いて、胚を作成することはできない」（公衆衛生L.2141-3条）という規定は、2011年法により修正されていない。

(3) 　代理懐胎

　1994年法により、民法典に「他人のための生殖または懐胎に関するすべての約定は、無効とする。」という規定が設けられた（1994年法3条、民16-7条）。代理懐胎の禁止は、人体の不可処分性（indisponibilité）という原則に基づく。すなわち、出生時に遺棄しなければならない子を宿すという行為は、いわゆる代理母にとっても懐胎される子にとっても人体の不可処分性の原則を侵害し、人間の尊厳を害するという[27]。この規定を含む民法典の「人体の尊重」という節は「公序（ordre public）」と位置付けられる（民16-9条）。

　刑法典でも「親子関係の侵害」として、「子を受け入れることを望むカップルと、彼らに引き渡すためにその子を宿すことを承諾する女性との間を仲介する行為」は、1年の禁錮および1万5000ユーロの罰金に処すると規定される（刑

---

[26] DEPADT-SEBAG, préc. note(6) pp.211-231.
[27] Bernard BEIGNIER et Jean-René BINET, Droit des personnes et de la famille - 2ᵉ éd., LGDJ, 2015, p.135.

227-12条3項)。未遂も同じ刑に処され(同条4項)、「これらの行為が習慣的に、または営利目的でなされていた場合」には刑が倍増される(同条3項)。

　配偶子提供および代理懐胎については、近時の動向を次に述べる。代理懐胎の定義は、わが国のものを参照しつつ、そこで改めて確認する。

III　近時の動向 —— 第三者が関わる生殖を中心として

1　原　則

　配偶子および胚の提供に関しては、「匿名」と「無償」という2つの原則がある。「無償」は、「人体の不可処分性」とともに、「人体の非財産性(extrapatrimonialité)」に含まれる[28]。

(1)　匿　名

　「匿名」の原則は、民法典16-8条(1994年法3条)および公衆衛生法典L.1211-5条に規定されている。「配偶子の提供を行った者またはカップルおよびその提供を受けたカップルを同時に識別できる情報を漏洩する行為は、2年の禁錮および3万ユーロの罰金に処する」という刑法典511-10条と同一の規定が、公衆衛生法典L.1273-3条に置かれている。「胚を受け入れたカップルおよびそれを放棄したカップルは、それぞれの身元を知ることができない」(公衆衛生L.2141-6条3項)とされ、それらの「カップルを同時に識別できる記名情報を漏洩する行為」は、2年の禁錮および3万ユーロの罰金に処せられる(刑511-25条II)。

　提供者(第三者であるドナー)が関わる生殖補助医療においては、生まれてくる子の利益のために、匿名の解除が問題となっていた。2011年法の政府提出法案では、提供者の身元を知る可能性が示されていたが、配偶子提供の減少を懸念し、家族の利益(秘密)および親子関係を重視する国民議会および元老院により、匿名の原則は維持された[29]。

---

28) BEIGNIER et BINET, préc. note(27) pp.134-136.
29) Daniel VIGNEAU, La nouvelle loi «bioéthique» : une réforme à la fois significative et prudente, Dict. perm. bioéth. biotech., Bull. n°218-1, septembre 2011, pp.2-18 surtout p.7.

2011年法により、提供者が関わる生殖補助医療における関係者（提供者、受容者および生まれた者）の個人情報を収集し保存するすべての人または機関は、情報処理および自由に関する国家委員会（Commission nationale de l'informatique et des libertés : CNIL）の監督に服することとなった（2011年法27条、公衆衛生L.1244-6条2項）。この委員会は、個人情報が収集される要件を監督し、データの機械的な扱いはすべて、届出および事前の許可という方式を遵守してなされる（2011年法27条、公衆衛生L.1244-6条3項）。

国務院は、2015年11月12日の判決[30]により、配偶子提供の匿名性は欧州人権条約（以下、「人権条約」という）8条および14条に違反しないと判示した。その理由は、次のとおりである。公衆衛生法典L.1244-6条によれば、医師は、治療上必要な場合には、識別〔わが国でいう連結 — 筆者注〕不可能な医療情報を入手することができる。この規定は、予防目的でこのような情報が入手されるのを妨げるものではないと理解すべきである。これらのデータが医師にのみ入手可能だとしても、利益の調整および医師と他の人々との扱いの違いは、人権条約8条が国内の立法者に認める評価の余地に属する。識別可能なデータに関しては、匿名の原則（règle）が、提供者とその家族の私生活を保護するという目的に対応する。この原則は、情報に関する一定の要請を満たすことを妨げるとしても、妊娠の秘密を打ち明けるか否かを決めるのは専ら両親の役目である以上、宿された本人の私生活および家族生活を何ら侵害するものではない。2011年の生命倫理法を可決した際、立法者は、匿名の原則を修正することを避けつつ、一般利益（intérêt général）に関する複数の考察を根拠としていた。それらは、とりわけ家族間における均衡の保護、親子関係に関する社会的および感情的な特性を再び問題とすることの重大な危険、配偶子提供の相当な減少という危険、ならびに人体の要素および産物の提供に付随する倫理を再び問題とすることの危険である。立法者は、配偶子提供者の個人データについて情報を強制的に切り離すことを禁じながらも、対立する諸利益間の公正な均衡（juste équilibre）を確立した。したがって、この禁止は、人権条約8条と両立しないものではない。配偶子提供により生まれた子は、配偶子提供者の子とも、受入れカップルの子とも、類似の比較しうる状況にいるわけではない。した

---

30) CE, 12 novembre 2015, n°372121 : D. 2015, p.2382 ; JCP G 2015, 1299.

がって、14条の意味におけるいかなる差別も、配偶子提供により生まれた子をデータの入手に関して苦しめてはいない。

(2) 無　償

「無償」の原則とは、いかなる報酬または支払いも「人体の要素の採取または産物の収集に応じる者に対して支給されてはならない」というものである（民16-6条（1994年法3条）および公衆衛生L.1211-4条（2004年法7条））。施術する医師も、提供を目的とする配偶子に関する生殖補助医療の臨床的・生物学的活動を名目として「行為に対するいかなる報酬も得てはならない」とされる（公衆衛生L.2142-1条3項）。

2　配偶子提供および自己保存

配偶子不足という問題への対策として、2011年法は、提供に関する要件を緩和する。婦人科医は、患者である女性に対して卵子（ovocyte）の提供に関する情報を与え、主治医は、患者であるカップルに対して配偶子提供に関する情報を与えなければならない（2011年法29条Ⅰ、公衆衛生L.1244-1-1条およびL.1244-1-2条）。提供者が成年の場合には、既に子をもうけている必要はなく、後に自らが生殖補助医療を利用する可能性のために、配偶子または生殖組織の一部を採取し保存しておくことが提示されなければならない（2011年法29条Ⅱ、公衆衛生L.1244-2条3項）。凍結保存に関しては、卵子を超高速で凍結できるガラス化法（vitrification）という技術の利用が認められた（2011年法31条、公衆衛生L.2141-1条4項）。

配偶子提供に関する2015年10月13日のデクレ[31]は、子のない者に配偶子提供を認めるものであり、2011年法29条を適用するために定められる。このデクレは、配偶子提供者、とりわけ卵子の自己保存を望む女性提供者に与えられなければならない情報を明確にし、配偶子の自己保存を行う提供者が、それを継続するか否かについて毎年問われることを規定する。このデクレは、公衆

---

31) Décret n°2015-1281 du 13 octobre 2015 relatif au don de gamètes : JO n°239 du 15 octobre 2015 p.19108 texte n°27 ; D. 2015, p.2080, Anne PORTMANN ; JCP G 2015, 1174 ; Daniel VIGNEAU, Les gamètes du cœur..., Dict. perm. bioéth. biotech., Bull. n°264/265, novembre-décembre 2015, p.4.

衛生法典L. 2141-1条に規定されるアレテの公布に伴い施行されることになっていた。同条の適用に関する2015年12月24日のアレテ[32]は、生殖補助医療の臨床的・生物学的な適正実施（bonne pratique）のための規則を改正する。

3　代理懐胎

わが国において、代理懐胎とは「子を持ちたい女性（依頼女性）が、生殖医療の技術を用いて妊娠すること及びその妊娠を継続して出産することを他の女性に依頼し、生まれた子を引き取ること」と定義付けられ、「サロゲートマザーとホストマザーという2種類の方法がある」と説明される[33]。いわゆるサロゲート（またはサロゲイト）マザーとは「依頼者夫婦の夫の精子を妻以外の女性に人工授精する場合」であり、いわゆるホストマザーとは「子を望む不妊夫婦の受精卵を妻以外の女性の子宮に移植する場合」である[34]。

フランスにおいては、子の出生証書における母の指定（désignation）により母子関係が証明される。ただし、ローマ法の格言「母性は常に確実である（Mater semper certa est）」にあるとおり、母性を立証するのは出産で足りる（民325条および332条）。しかし、代理母に関しては事情が異なる。

代理母が卵子および子宮を提供する（人工授精型の）場合には「他人のための生殖（procréation pour autrui）」という語が用いられる（ただし、代理母の卵子を用いて体外受精を行う場合を含む）。この場合には、遺伝的な（卵子の）母と分娩（出産）の母が一致する。代理母が子宮のみを提供する（体外受精型の）場合には「他人のための懐胎（gestation pour autrui：GPA）」という語が用いられる。この場合、遺伝的な（生物学上の、卵子の）母と分娩（出産）の母は一致しない。前者は、依頼者であるカップルの女性または卵子提供者であり、作成された体

---

32) Arrêté du 24 décembre 2015 pris en application de l'article L. 2141-1 du code de la santé publique et modifiant l'arrêté du 3 août 2010 modifiant l'arrêté du 11 avril 2008 relatif aux règles de bonnes pratiques cliniques et biologiques d'assistance médicale à la procréation : JO n°6 du 8 janvier 2016 texte n°13.

33) 日本学術会議生殖補助医療の在り方検討委員会「対外報告　代理懐胎を中心とする生殖補助医療の課題──社会的合意に向けて」（2008（平成20）年4月8日）3頁。<http://www.scj.go.jp/ja/info/kohyo/pdf/kohyo-20-t56-1.pdf>

34) 日本産科婦人科学会「代理懐胎に関する見解」（2003（平成15）年4月12日）。<http://www.jsog.or.jp/about_us/view/html/kaikoku/H15_4.html>

外受精胚が後者である代理母に移植される[35]。もっとも、「生殖」と「懐胎」の区別をせずに「代理懐胎」の総称として《 gestation pour autrui : GPA 》という語が用いられることもある。

　破毀院は、代理母に関する約定（合意）の合法性を否定してきた[36]。外国における代理懐胎で生まれた子について、当該国で作成された出生証書をフランスの身分登録簿（registre d'état civil）に謄記（転記または登録）することは、認められていなかった。破毀院は、2011年4月6日の判決において「民法典16-7条および16-9条の公序により無効となる、代理懐胎に関する約定に効果を発生させることは、人の身分の不可処分性（indisponibilité de l'état des personnes）というフランス法の重要な原則に反する」と述べていた[37]。さらに破毀院は、2013年および2014年の判決[38]において、外国で行われたとしても、代理懐胎を利用したことによる法律回避（fraude à la loi）を理由として、代理母を母として指定する出生証書の謄記を認めなかった〔付記を参照〕。

　しかし、司法大臣による2013年1月25日の通達（トビラ通達）[39]は、外国で生まれ、フランス人の親をもつ子に対し「他人のための生殖または懐胎に関する約定を利用したことの真実性（vraisemblance）が十分に明らかである場合には」フランス国籍証明書を交付するとして、その要件を示した。国務院は、2014年12月12日の判決[40]により、この通達が有効であると認めた。この背景には、いくつもの事例および議論があるが、人権裁判所で争われた事例が注目を集めた。

　人権裁判所は、2014年6月26日の判決[41]により、「他人のための懐胎」により生まれた子とカップルとの間で、アメリカでは法的に立証された親子関係が

---

35) François VIALLA, et al., Les grandes décisions du droit médical - 2e éd., LGDJ, 2014, pp.71-72.
36) Cass. ass. plèn., 31 mai 1991, n°90/20.105 ; Cass. 1re civ., 17 décembre 2008, n°07-20.468 ; Cass. 1re civ., 6 avril 2011, n°09-66-486, n°10-19.053 et n°09-17.130.
37) Cass. 1re civ., 6 avril 2011, préc. note(36).
38) Cass. 1re civ., 13 septembre 2013, n°12-30.138 et n°12-18.315 ; Cass. 1re civ., 19 mars 2014, n°13-50.005.
39) BOMJ n°2013-01 du 31 janvier 2013. <http://www.textes.justice.gouv.fr/art_pix/JUSC1301528C.pdf>
40) CE, 12 décembre 2014, n°s 367324, 366989, 366710, 365779, 367317, 368861.
41) CEDH, 26 juin 2014, n°65192/11 et n°65941/11, Mennesson c. France et Labassee c. France.

フランス法では認められないことは、私生活を尊重される子の権利に関して人権条約8条に違反すると判示した（全員一致）。家族生活を尊重される親の権利に関しては、8条違反はないとされている（全員一致）。人権裁判所は、「他人のための懐胎」により生まれた子と生物学上の父との間の親子関係をフランス国内の判例が認めないことは、国家に許された広範な評価の余地を超えていると判断した。

破毀院による2015年7月3日の2つの判決[42]では、代理懐胎に関する約定は、外国で作成された出生証書の騰記を妨げないとされた。破毀院は、民法典47条に基づき、出生証書が違反（irrégulier）、偽造（falsifié）または現実への不一致（ne correspondent pas à la réalité）によるものでないかぎり騰記を認めるとし、ロシアで生まれた子の事例について、代理母が母として指定されているため現実に合致していると判示した。

これに対し、レンヌ控訴院は、2015年9月28日の2つの判決[43]により、外国（インドおよびアメリカ）における「他人のための懐胎」で生まれた子について、依頼者であるフランス人夫婦を両親として指定した出生証書は、妻が子を出産したのではないため現実に合致しないとして、その騰記を認めなかった。破毀院による7月3日の判決に続き、公序として禁止される「他人のための懐胎」を利用することはもはや考慮されず、出生証書が現実に合致しているか否かのみが考慮された[44]。体外受精胚が依頼者カップルの間で作られている場合には、そのカップルが生物学上の親となるが、提供による卵子が用いられている場合には、その卵子提供者が生物学上の母となる。いずれにしても、母に関する生物学的真実（vérité biologique）よりも、父に関する生物学的真実および出産という現実（réalité）が重視されたといえる。

---

[42] Cass ass. plén., 3 juillet 2015, n°15-50.002 et n°14-21.323 : D. 2015, p.1438, Inès GALLMEISTER ; JCP G 2015, 821 ; Jean HAUSER, État civil des enfants nés à étranger d'une GPA : circulez y a rien à voir !, RTD civ. 2015, pp.581-583 ; Aude MIRKOVIC, GPA : oui à la transcription sous conditions des actes de naissance, Dict. perm. bioéth. biotech., Bull. n°262, septembre 2015, pp.1-3.

[43] CA Rennes, 28 septembre 2015, n°14/05537 et n°14/07321 : JCP G 2015, 1086 ; Aude MIRKOVIC, GPA : refus de transcription d'actes de naissance étrangers, Dict. perm. bioéth. biotech., Bull. n°264/265, novembre-décembre 2015, pp.4-5.

[44] MIRKOVIC, préc. note [43].

Ⅳ　わが国における状況

　わが国においては、生殖補助医療で生まれた子の親子関係に関する特別法が存在せず、民法（親族編）が適用されている（2016年9月現在）。判例により、母子関係は分娩（出産）という事実のみで発生する[45]。日本産科婦人科学会は、倫理的見解を会告という自主規制のかたちで表明している[46]。

　生殖補助医療に関する法整備作業としては、2003（平成15）年に、厚生労働省が医療制度に関する報告書を、法務省が親子関係に関する要綱中間試案をまとめたが[47]、国会における法案審議には至らなかった。厚生労働大臣および法務大臣から連名で依頼を受けた日本学術会議は「対外報告　代理懐胎を中心とする生殖補助医療の課題 − 社会的合意に向けて − 」（2008（平成20）年4月8日）[48]を公表した。ここでは提言として、代理懐胎については法規制により「原則禁止とすることが望ましい」、ただし、対象を限定した厳重な管理下での「試行的実施（臨床試験）は考慮されてよい」等と述べられている。

　この報告書をとりまとめる背景には、出生届受理をめぐる裁判および医師による施術実施の公表等があった。前者として、夫婦の受精卵（胚）をアメリカ人女性に移植した（体外受精型の）事例[49]があり、最高裁は出産（分娩）した女性を法律上の母とすると判示した（全員一致）。もっとも、「立法による速やかな対応を強く望む」および「法整備が必要」という補足意見が述べられており、同様の補足意見は、死後生殖に関する事例[50]でも見られる。性同一性障害のため戸籍の性別を女性から男性へ変更した者が、妻との間でAIDによりもうけた子について、最高裁は、嫡出推定が適用されるとして戸籍の父の欄に夫の名を記載する等の訂正を認めた（裁判官5名のうち3対2で判断が分かれてお

---

45) 最判昭和37年4月27日民集16巻7号1247頁。
46) 日本産科婦人科学会「倫理に関する見解」。<http://www.jsog.or.jp/ethic/index.html>
47) 厚生科学審議会生殖補助医療部会「精子・卵子・胚の提供等による生殖補助医療制度の整備に関する報告書」（2003（平成15）年4月）および法制審議会生殖補助医療関連親子法部会「精子・卵子・胚の提供等による生殖補助医療により出生した子の親子関係に関する民法の特例に関する要綱中間試案」（2003（平成15）年7月）。
48) 日本学術会議・前掲注(33)。
49) 最決平成19年3月23日民集61巻2号619頁。
50) 最判平成18年9月4日民集60巻7号2563頁。

り、裁判長は反対していた)[51]。

　自民党の「生殖補助医療に関するプロジェクトチーム（PT）」は、第三者が提供した精子による人工授精および体外受精、第三者が提供した卵子による体外受精、ならびに体外受精型の代理懐胎を「特定生殖補助医療」として、これを認める法案（医療および親子関係に関するもの）[52]を作成している。このうち、親子関係に関する民法の特例法案では、出産した女性が母、精子提供に同意していた夫が父とされている。

　生殖補助医療の研究に関しては、厚生労働省および文部科学省が「ヒト受精胚の作成を行う生殖補助医療研究に関する倫理指針」（2010（平成22）年12月17日公布、2011（平成23）年4月1日施行、2015（平成27）年3月31日一部改正）[53]を策定している。再生医療およびそれに関連する研究は、国による法律および指針の下に行われている。配偶子または胚が利用されるという点でつながる生殖補助医療についても、国による法規制がなく、専門職団体による自主規制に実効性（拘束力）がない場合には、わが国は法律回避を助長する国となるかもしれない。

V　おわりに

　フランスにおいては、法改正により胚および配偶子の研究が認められ、デクレおよびアレテにより研究および生殖補助医療に関する実施規則が整備されている。第三者が介入する生殖補助医療については、人権条約および人権裁判所による判例の影響をフランスの国内裁判所も受けている。法律で禁止されている代理懐胎については、代理母を母として指定する出生証書を謄記することができるか否かが問題となった。

　わが国においては、代理懐胎が法律で禁止されておらず、出産した代理母が

---

51) 最決平成25年12月10日裁時1593号4頁・判時2210号27頁。
52) 吉村やすのり　生命の環境研究所。<http://yoshimurayasunori.jp/blogs/特定生殖補助医療に関する法律案の概要/>。
53) 文部科学省　ライフサイエンスの広場　生命倫理・安全に対する取組「生殖補助医療研究」。<http://www.lifescience.mext.go.jp/bioethics/seisyoku_hojo.html>

〔ウェブサイトはすべて、2016年8月15日現在〕

法律上の母として認められる。さらに、自民党による法案では、体外受精型の代理懐胎（フランスでは「他人のための懐胎」に相当するもの）を容認することが提案されている。規制の緩い国においては、代理母となる女性の搾取に至る危険があることも考慮しなければならない。国際社会における規範を踏まえて立法することが重要である。

【付記】
　脱稿後、以下の3つの判決に接した。破毀院は、提供者を伴う生殖補助医療に関する民法典311-19条および311-20条は、カップルの配偶子を用いて実施された生殖補助医療には適用されないと判示する（Cass. 1re civ., 16 mars 2016, n°15-13.427 : Jean-Jacques LEMOULAND, Filiation et AMP sans tiers donneur : c'est le droit commun qui s'applique, Dict. perm. bioéth. biotech., Bull. n°270, mai 2016, p.4.）。311-19条は、提供者と生まれる子との間に親子関係が立証されないことについて、311-20条は、生殖補助医療を利用する者の同意について規定する。
　国務院は、申立人である妻（スペイン国籍）が人工授精を受けるために、死亡した夫の精子をスペインへ移送することを認めた（CE, 31 mai 2016, n°396848 : D. 2016, pp.1470-1472 ; Daniel VIGNEAU, L'insémination post mortem à l'espagnole, Dict. perm. bioéth. biotech., Bull. n°272, juillet 2016, pp.1-3.）。本件の事情全体に鑑み、移送の拒否は、人権条約8条により保障される私生活および家族生活を尊重される権利を明らかに過度に侵害するという。
　人権裁判所は、代理懐胎に関する破毀院による2013年9月13日の判決について、謄記の否認は、子の私生活を尊重される権利（人権条約8条）を侵害すると判示した（CEDH, 21 juillet 2016, n^{os}9063/14 et 10410/14, Foulon et Bouvet c. France. 全員一致）。家族生活を尊重される権利（同条）の侵害は認められておらず、人権裁判所による2014年の判決（Mennesson et Labassee事件）との類似が確認されている。

着床前診断を巡るドイツの10年と胚保護法新3a条

佐 藤 亨

I　はじめに

　もう十年以上も遡るが、筆者は以前、滝沢正先生が上智大学において組織されていた生命倫理に関する共同研究に参加させていただく幸運を得て、ドイツにおける着床前診断を巡る議論状況について小稿をまとめる機会をいただいた[1]。当時は、1991年から施行されていた胚保護法[2]の下、同法に明文の規定はなかったものの、その解釈から、ドイツにおいては着床前診断は禁止されているものと一般には理解されていた[3]。それを大前提とした上で、ドイツにおいては今後、着床前診断をきちんと明文で禁止するべきか、それとも、一定の制限の下で容認すべきか、について激しく争われていた。旧稿においては、当時の連邦医師会の動向[4]、連邦議会調査委員会の報告書[5]、国家倫理評議会の報告書[6]を取り上げて検討を加えた。そして、既に議論は尽くされた感もあり、賛成・反対のいずれか一方に対して決定的なコンセンサスが得られることはない

---

1) 拙稿「ドイツにおける着床前診断を巡る状況」上法49巻1号（2005年）100頁以下。
2) Embryonenschutzgesetz – ESchG v. 13.12.1990. 胚保護法は、1990年の制定以来、2001年に12条2項の過料の金額表記が「5000ドイツマルク」から「2500ユーロ」に変更されたことを除いて、内容的な改正は2011年まで一度もなかった。
3) 胚保護法の解釈として着床前診断は許されているとする説も、当時から存在してはいた：*Schreiber*, DÄBl. 2000, A-1135 f.; *Neidert*, DÄBl. 2000, A-3483 ff.; *Schneider*, MedR 2000, S. 360 ff.; *Hufen*, MedR 2001, S. 440 ff.; *Frommel*, JRE 2004, S. 104 ff. しかし、「2010年7月6日の連邦通常裁判所第5刑事部の判決までは、1990年12月13日の胚保護法は着床前診断を禁止しているというのが、政界、医学界、法学界における支配的な見解であった」。*Spieker*, ZfL 2011, S. 80 ff. (80).

であろうから、あとは立法者の判断に委ねるしかないが、その「結論は来年の連邦議会選挙後に持ち越されることになりそうである」という曖昧かつ楽観的な観測にて稿を閉じた。

　しかし、現実にはこの安易な予想はことごとくはずれることになる。まず、連邦議会は、任期満了を待たずに2005年7月に解散された。同年9月の総選挙の結果、連邦首相が、着床前診断を含めバイオ政策に積極的だったSPD（社会民主党）のシュレーダー（Gerhard Schröder）[7]から、着床前診断に反対するCDU（キリスト教民主同盟）のメルケル（Angela Merkel）[8]へと交代した。その後、着床前診断に関する法改正は確かに起こったが、それは、この2005年選挙による第16議会期においてではなく、2009年選挙による第17議会期である2011年にまで持ち越された（しかも後述するように、この法律自体は2011年12月に施行されたにもかかわらず、その適用に関する法的不安定性が解消されるには、更に2014年2月まで待たねばならなった）。最後に、これがまったく予測不能であったのだが、2005年12月に、ベルリンのある産婦人科医がドイツ初の着床前診

---

4) 連邦医師会は、2002年5月の第105回医師大会において、着床前診断の禁止に賛成する決議を行っていた（BÄK, DÄBl. 2002, A-1653）。その後、1998年の「生殖補助の実施のための（モデル）ガイドライン」が2006年に改定された際にも、ドイツにおいては胚を対象とした着床前診断は行われていないので、当該ガイドラインの対象とはならない、とされていた。BÄK, DÄBl. 2006, A-1392 ff. (A-1394).

5) Schlussbericht der Enquete-Kommission „Recht und Ethik der modernen Medizin": BT-Drs. 14/9020 v. 14.05.2002. 19名の委員のうち、3名が制限的な着床前診断の容認を、16名が着床前診断の禁止を提言した。

6) *Nationaler Ethikrat*, Stellungnahme: Genetische Diagnostik vor und während der Schwangerschaft, Januar 2003. こちらは、7名の委員が禁止に、15名の委員が容認に与した。なお、国家倫理評議会はシュレーダー政権時に2001年の命令によって設立されたものであったが、2005年選挙後の法律（Ethikratgesetz – EthRG v. 16.07.2007）によって、2008年4月から、ドイツ倫理評議会（*Deutscher Ethikrat*）へと改組された。

7) シュレーダー政権時の2001年と2003年に野党のFDP（自由民主党）の議員によって着床前診断に関する法案が提出されたが、いずれも成立には至らなかった。BT-Drs. 14/7415 v. 09.11.2001; BT-Drs. 15/1234 v. 25.06.2003.

8) CDUは、後述の連邦通常裁判所判決後の2010年11月に開催された党大会においても着床前診断に反対する決議を行っており、また2011年の法改正時、メルケルは着床前診断を禁止する法案（BT-Drs. 17/5450）(u. Fn. 23) に名を連ねている。ただし、CDUであれば全員が着床前診断に反対というわけではなく、例えば成立した法案（BT-Drs. 17/5451）(u. Fn. 24) の提案者の一人であるヒンツェ（*Peter Hintze*）議員はCDUである。採決時には、党議拘束なしで投票が行われた。Vgl. „Kanzlerin will Gentests an Embryonen verbieten," SPIEGEL ONLINE v. 16.10.2010.

断を断行するという事件が起こり、その4年半後の2010年7月に連邦通常裁判所が、この医師が行ったような着床前診断については現行胚保護法の解釈として許される、と判示するに至ったのであった。

以下、本稿においては、まず、この2005年の医師による着床前診断の実施から胚保護法改正までの10年に渡るドイツの長い道のりについて概観をした後、胚保護法に新設された第3a条の内容について、検討を試みることにしたい。

II 着床前診断の実施から胚保護法の改正まで[9]

体外受精は許されていながら（ただし、胚保護法の規定により、一周期あたり胚の作成は3個までに限られ、原則そのすべてを移植しなければならない）、（極体診断は別として）着床前診断は許されておらず、しかし、出生前診断後の妊娠中絶は事実上可能、という当時のドイツの状況においては、不妊治療にあたる医師が、遺伝上の問題を抱えながらも健康な子を望む患者に提示できる選択肢は、2つしかなかった。ひとつには、体外受精を実施後、多胎妊娠のおそれや後の出生前診断結果による中絶の可能性を説明した上で、何らかの異常があるかもしれない胚を複数、女性に移植するというもの。もうひとつには、着床前診断が許されている近隣国のクリニックを紹介する、というものであった[10]。

ベルリンで産婦人科医を営んでいるブレッヒレ（*Matthias Bloechle*）医師はこのような状況に矛盾を感じており、また、体外の胚が胚保護法によってアンバランスに手厚く保護されているのに対して、体内の胎児は（場合によっては出産直前の時期まで）中絶が可能であることにも強い抵抗を覚えていた[11]。ここ

---

9) 邦語文献として、三重野雄太郎「着床前診断と刑事規制」早院論143号（2012年）359頁以下、同「着床前診断の規制と運用」早院論148号（2013年）229頁以下、渡辺富久子「ドイツにおける着床前診断の法的規制」外法No.256（2013年）41頁以下、石川友佳子「着床前診断をめぐる法規制のあり方」福岡58巻4号（2014年）609頁以下。

10) ベルギー、デンマーク、英国、フランス、ギリシャ、アイスランド、オランダ、スウェーデン、ノルウェー、スペイン、チェコでは着床前診断が可能とのことである。*Dt. Ethikrat* (u. Fn. 29), S. 73. また、2007年のEUレポートによると、2006年には、着床前診断を求めて少なくとも129組のカップルがドイツから他国に赴いたと報告されている。*European Commission*, JRC Scientific and Technical Reports: Preimplantation Genetic Diagnosis in Europe, 2007, p. 41.

で彼は、胚保護法の規定内容並びに利用可能な胚の診断方法を精査することによって、ひとつの可能性に到達した。他国で実施されている着床前診断は、4～8細胞期の胚の割球を対象とするものが多いが、少なくとも4細胞期の割球は全能性を有しているので、胚保護法8条や6条の規定から、ドイツでは診断は不可能である（8細胞期の割球については、そのうちのいくつかは全能で、残りは全能性を失っていると考えられている）。そこで、既に全能性を失った胚盤胞期の胚の細胞の一部であって、しかも着床後には胎盤へと分化する細胞である栄養外胚葉（Trophektoderm[12]）の診断であれば、8条に反しないのではないか。更に、胚保護法4条2項では、卵子の由来する女性の同意なく胚を当人に移植することを禁じているので、診断結果が陽性である所見を本人に伝えて、当該胚の移植を女性自身が拒否するのであれば、異常のある胚の移植をせずに済むのではなかろうか。ブレッヒレ医師は、このアイデアをかねてより知己を得ていたキール大学のフロンメル（Monika Frommel）教授に相談したところ、彼が計画しているような診断であれば胚保護法には抵触しないとの回答を得、2005年8月25日付の鑑定書[13]を受け取った。これにより、ブレッヒレ医師は、胚盤胞期の胚の診断であれば胚保護法に違反しないとの確信を得た。時を同じくして、2005年8月以来彼のクリニックにはT夫妻が不妊治療に訪れていた。診

---

11) この部分の記述については、各種報道記事（Z.B.: „Der PID-Pionier und die Grenzen des Gesetzes," FAZ v. 21.12.2010; „Der Arzt, der den Streit implantierte," taz.die tageszeitung v. 12.03.2011; „Präimplantationsdiagnostik: Die Gewissensfrage," SPIEGEL ONLINE v. 07.07.2011) やブレッヒレ医師の手記（*Matthias Bloechle*, Vom Recht auf ein gesundes Kind, 2011）なども参照しているが、事実関係に関しては、主として、後出のベルリン高裁の決定（u. Fn. 17）と、ベルリン地裁の判決（u. Fn. 18）に依拠している。

12) 胚盤胞期の胚は、内部の胎芽胚葉（Embryoblast）と外側の栄養胚葉（Trophoblast）とから成る。これらは英語ではそれぞれ内部細胞塊（inner cell mass）と栄養外胚葉（trophectoderm）と称されており、ドイツ語でも対応する „Innere Zellmasse" と „Trophektoderm" という用語があり、強いて区別するならば、„Trophektoderm" が後に „Trophoblast" になると言えるようである。ブレッヒレ医師は „Trophektoderm" ないし „Trophectoderm" という語を用いており、判決文にも „Trophectodermbiopsie" とあるので、ここではひとまず Trophektoderm としておく。Vgl. *Geisthövel/Ochsner/Beier*, in: *Taupitz* et al. (u. Fn. 50), S. 43 ff., 45 (Abb. 2); *Taupitz/Hermes* (u. Fn. 51), S. 245.

13) 鑑定書の内容の概要は、後出のベルリン高裁の決定（u. Fn. 17）の記述から窺うことができる。そこでは、当該鑑定内容は、マンハイムで著名な法学者たちが行った討論にほぼ合致するものだとされている。決定では明示されていないが、時期及び内容からこの「討論」というのは *Geisthövel/Frommel/Neidert/Nieschlag*, JRE 2004, S. 299 ff. (insb. 304 f.) を指しているものと思われる。

断の結果、T氏の染色体にはロバートソン転座が見られ、自然な方法で健康な子を得るのは困難であることが判明していた。数回目の診断の際に、ブレッヒレ医師は、T夫妻に対して従来からの2つの選択肢に加えて、第3の選択肢を提案した。すなわち、ドイツにおいては着床前診断は禁じられているとされているが、自分にはそうではないと考える根拠があり、既に法律家による鑑定書も得ている。そして、着床前診断を実施した後には、それが法的に問題ないということを明らかにするために、自ら出頭をするつもりである、と。T夫妻には、再度遺伝専門医の診察を受けてもらった上で、最終的にどうしたいのかを決めてほしいと伝えた。約束の4週間後の診察時、T夫妻は、ブレッヒレ医師に、ドイツにおいて、彼による着床前診断を依頼したいとの決意を伝えた。以上のようなやりとりを経て、2005年12月、ブレッヒレ医師は、T夫妻の配偶子に体外受精を施術し、培養5日目の胚盤胞期の胚の栄養胚葉の着床前診断を行った上、診断結果を伝えたT夫人が移植を望んだ問題のない胚のみを、T夫人へと移植した。

翌2006年1月2日、ブレッヒレ医師はベルリン地検に出頭をし、彼が着床前診断を行った事実と、実施するに至った経緯を詳述した。それに対して地検からは、1月22日付で捜査中止の通知が届いた。曰く、ブレッヒレ医師は、当該施術の前に法的状況を明らかにするべく努めており、フロンメル教授からの回答を受領後は、当該施術方法が合法であると考えていたため、胚保護法に違反していると評価されるべき行為であっても、彼は回避不能の禁止の錯誤（Verbotsirrtum）にあったため、罪に問うことはできない、と[14]。法律家ではないブレッヒレ医師は、禁止の錯誤の意味が分からず、また、この通知によって、その後も着床前診断を行ってよいのかどうかが不明であったため、弁護士とフロンメル教授とに問い合わせた。3月7日付、3月9日付にて、いずれからも、今後は着床前診断を行っても法的に問題ないとの回答が寄せられた。それを承けてブレッヒレ医師は、2006年4月に第2例目、同年5月に第3例目の着床前診断を実施した[15]。ところが、その後、同年7月27日付の通知にて、ベルリン地検より、先の担当検事とは別の検事が職権により捜査を再開したことが告げられたため、以降ブレッヒレ医師は着床前診断の実施を控えた。9月29日に

---

14) この通知内容も、後出のベルリン高裁の決定（u. Fn. 17）から知ることができる。

令状を携えて彼のクリニックを訪れた2人の捜査員に、彼が実施した着床前診断に関する書類一式を任意提出したところ、それから9ヶ月後の2007年6月6日、ベルリン地検は、ブレッヒレ医師が行った3件の着床前診断を胚保護法違反として起訴した。しかし、それから更に9ヶ月を経た頃、ベルリン地裁が2008年3月14日付にて公判手続不開始の決定[16]を行ったとの通知が届いた。これで裁判にならずに済んだと安堵したのも束の間、ベルリン地検はこの決定に対してベルリン高裁への即時抗告をし、7ヶ月後の同年10月9日、高裁は、地裁決定を破棄の上、公判手続開始の決定を行った[17]。更に8ヶ月が過ぎた2009年5月14日、ベルリン地裁は、胚保護法1条1項2号、2条1項いずれについても違反はなかったとして、ブレッヒレ医師に対して無罪判決を下した[18]。これに対しても地検は上訴し、ついに裁判は連邦通常裁判所へと持ち込まれた。通常裁判所が判決を下したのは、14ヶ月後の、2010年7月6日[19]である。通常裁判所判決は、地裁判決をほぼ維持した内容であった。

---

15) 後出の地裁判決（u. Fn. 18）の事実認定によれば、ブレッヒレ医師が行った3件の着床前診断は、1例目のT夫妻の場合は、ロバートソン転座を理由とする染色体異数性のある胚を回避する処置、2例目のS夫妻と3例目のW夫妻は均衡型転座保因者であり、染色体に異数性を有する胚に起因する障害や習慣流産に対する処置であって、いずれも、単一遺伝子疾患を対象とするものではなかった。

16) *LG Berlin*, Beschl. v. 14.03.2008 – 1 Kap Js 1424/06.

17) *KG Berlin*, Beschl. v. 09.10.2008 – 1 AR 678/06 - 3 Ws 139/08. ZfL 2009, S. 25 ff.; MedR 2010, S. 36 ff. (Anm. *Spranger*).

18) *LG Berlin*, Urt. v. 14.05.2009 – (512) 1 Kap Ls 1424/06 Kls (26/08). ZfL 2009, S. 93 ff. 批判的な評釈として、*Beckmann*, ZfL 2009, S. 125 ff.。

19) *BGH*, Urt. v. 06.07.2010 – 5 StR 386/09. BGHSt 55, 206; ZfL 2010, S. 87 ff.; NStZ 2010, 579 ff.; NJW 2010, S. 2672 ff. (Anm. *Schroth*); MedR 2010, S. 844 ff. (Anm. *Schumann*). 立法論としては喜ばしいかもしれないが解釈論的には疑問があるとする評釈として、*Dederer*, MedR 2010, S. 819 ff. 邦語文献として、三重野雄太郎「判例評釈：着床前診断と胚保護法」早法87巻4号（2012年）155頁以下。
　　裁判所の判断については、コンメンタールの改訂の影響が見られるという指摘がある。例えば、*Bals-Pratsch/Dittrich/Frommel*, JRE 2010, S. 87 ff. (88 f.); *Schumann*, a.a.O., S. 848. 胚保護法のコンメンタールは、旧版（*Keller/Günther/Kaiser*）が1992年、新版（*Günther/Taupitz/Kaiser*）が2008年に出版されており、新旧の版の間では確かに一定の主張の変遷が見て取れる。しかし、ベルリン高裁は、その決定に際して新旧両方のコンメンタールを参照しており、また、賛成・反対双方の学説を子細に検討した上で、公判手続を開始すべきであるという結論に到達している。なお、同コンメンタールは現在、2011年の着床前診断法と2013年の着床前診断令に関する記述を盛り込んだ新版第2版が2014年に刊行されている（*Günther/Taupitz/Kaiser*, Embryonenschutzgesetz, 2. Aufl. 2014）。

この時点から、ドイツにおいては着床前診断の可否について法的にグレーなゾーンに突入することになる。それまでは、多くの人々が、着床前診断は胚保護法によって禁じられているとみなしていた[20]。しかし、この2010年の通常裁判所判決をもって、ドイツにおいて胚盤胞期の胚の着床前診断は一般に、または事実上、許されるものになったのだと一部で考えられるようになったのである[21]。また逆に、着床前診断に反対する人々は、法律の明文で禁止をしなければならないとの危機感を強くした。

2010年12月から翌年1月にかけて、3つの草案が出揃った[22]。ひとつは、着床前診断を禁止する案[23]、もうひとつは、着床前診断を規制する案[24]、そして三つ目は、着床前診断を極めて限定的に許容する案[25]である。また、世論の関心も高く[26]、2011年1月8日には、国立科学アカデミー・レオポ

---

[20] *Ruso/Thöni*, MedR 2010, S. 74 ff. (75 ff.).

[21] 「生命科学における倫理のためのドイツレファレンスセンター」のウェブページ（http://www.drze.de/）内にある „Präimplantationsdiagnostik (Stand: Dezember 2015)" という解説の部分には次のような記述が見られる。「PIDは2014年2月の実施命令の施行後に、規定された法的制約内で実施されねばならない。尤も、胚盤胞期のヒト胚の全能ではない栄養胚葉細胞に対するPIDの実施は、既に2010年7月にBGHにより不可罰であると宣言された。国内124のIVFセンターのうち72が加入している連邦生殖医療センター協会（BRZ）のアンケートによれば、BGH判決から9ヶ月の間に、この細胞分裂期におけるPIDが少なくとも40件実施されたとのことである」。また、連邦保険省による着床前診断に関する法規命令案（11.07.2012）(u. Fn. 36) 18頁及び、その閣議決定（14.11.2012）(u. Fn. 39) 21頁には、「ドイツで活動しているほぼ半数以上の生殖医療センターが関与している調査によれば、ドイツにおいて、2011年9月30日までに、10センターにおいて133件の栄養外胚葉生検が実施されたとのことである。」との記述がある。

実際、例えば、*Seifert* et al., JRE 2014, S. 12 ff. は、ミュンヒェン大学（LMU München）における29カップル40周期122件の栄養胚葉診断の臨床研究であるが、そのプロジェクト番号は „008-11 vom 28.2.2011" となっている。リューベック大学でも既にグレーゾーンの頃に診断が実施されており、その結果2012年1月27日に女児が生まれたことが報告されている（UKSH, PM v. 27.01.2012）。この事例では、診断対象は染色体の異数性ではなく、単一遺伝子疾患のデビュクオア症候群（Desbuquois-Syndrome）であり、しかも *Frommel* (u. Fn. 50), S. 489, Fn. 1 によれば、胚盤胞の栄養胚葉ではなくて、胎芽胚葉の診断を行っていたとのことである。

[22] *Scheffer*, ZfL 2011, S. 9 ff. (11 ff.); *Kreß*, Hess. ÄBl. 2011, S. 149 ff. (149 f.).

[23] Eckpunktenpapier von Abgeordneten aller im Deutschen Bundestag vertretenen Fraktionen (17. Dezember 2010) Gute Gründe für ein Verbot der Präimplantationsdiagnostik. 後のBT-Drs. 17/5450 v. 11.04.2011.

[24] Entwurf eines Gesetzes zur Regelung der Präimplantationsdiagnostik der Abgeordneten *Ulrike Flach, Peter Hintze, Dr. Carola Reimann* u.a., 20. Dezember 2010. 後のBT-Drs. 17/5451 v. 12.04.2011.

ディーナが着床前診断に関する意見表明[27]を公にした。政府機関でも医療関係団体でもない純粋な学術団体であるレオポルディーナによるこの態度決定は非常な驚きをもって迎えられた。さらに、2月17日には連邦医師会が着床前診断を容認する「覚書[28]」を、ドイツ倫理評議会は3月8日に意見表明[29]を、それぞれ公表した。その後3草案は連邦議会に提出され、2011年4月14日に第一読会、6月30日の保健委員会による修正勧告[30]を挟み、7月7日には修正案に対する第二読会と第三読会が行われ、同日の投票により、着床前診断を規制する案（の修正案）が可決された[31]。同法案は、9月23日に連邦参議院を通過し[32]、この「着床前診断を規制する法律」は11月24日に公布[33]、12月8に施行された。同法は、胚保護法に、新たに3a条「着床前診断；命令への委任」を挿入するものである（それに伴い、胚保護法9条と11条にも各1号ずつを挿入）。3a条は6項から成るが、1項では着床前診断の原則禁止を定め、2項において、1項の例外として着床前診断が違法ではなく行われる要件を規定し、3項では2項で定められた診断を行うための要件が掲げられ、かつ、それらに必要なPIDセンターや倫理委員会、記録の任にあたる中央機関の詳細については、連邦参議院の同意を必要とする法規命令にて定めるものとされた。これが問題であっ

---

[25] Entwurf eines Gesetzes zur begrenzten Zulassung der Präimplantationsdiagnostik der Abgeordneten *René Röspel, Priska Heinz, Patrick Meinhardt, Norbert Lammert* u.a., 28. Januar 2011. 後のBT-Drs. 17/5452 v. 12.04.2011.

[26] *Hübner/Pühler*, MedR 2011, 789 ff. (790 f.).

[27] *National Akademie der Wissenschaften Leopoldina*, Ad-hoc-Stellungnahme: Präimplantationsdiagnostik (PID) – Auswirkungen einer begrenzten Zulassung in Deutschland, Januar 2011. 副題にもある通り、着床前診断の限定的容認を提言している。

[28] *BÄK*, Memorandum zur Präimplantationsdiagnostik (PID), 17.02.2011. この覚書は、2011年6月1日の第114回ドイツ医師大会において承認された。これにより、連邦医師会は2002年以来の態度を変更したことになる。本覚書はその後同年8月に医師会雑誌に掲載された（*BÄK*, DÄBl. 2011, A-1701 ff.）。

[29] *Dt. Ethikrat*, Präimplantationsdiagnostik: Stellungnahme, 08.03.2011. 政府により連邦議会にも提出されている：BT-Drs. 17/5210 v. 03.03.2011.（本稿での参照頁はDrucksache版ではなく、Ethikrat版による）

[30] BT-Drs. 17/6400 v. 30.06.2011. 特にBT-Drs. 17/5451 (Fn. 24) については、新3a条3項に対して大きな修正が加えられている。

[31] この間の経緯については、*Spieker* (Fn. 3), S. 80 f. に詳しい。

[32] BR-Drs. 480/11 (B) v. 23.09.2011.

[33] Präimplantationsdiagnostikgesetz – PräimpG v. 21.11.2011. 立法直後の解説として、*Czerner*, MedR 2011, S. 783 ff.

た。着床前診断についての実質的要件が3a条2項により定められたとしても、その手続的要件たる3a条3項の詳細が法規命令によって定められない限りは、この着床前診断法は、施行されたにもかかわらず適用できないことになるからである[34]。当初、連邦保健省案の公表は2012年春を期していたとも伝えられているが[35]、しかし、実際に連邦保健省が命令案を発表したのは、着床前診断法が連邦議会を通過してから1年以上が経過した、2012年7月11日のことである[36]。同案に対しては早々に、8月17日に生殖医療関係7団体が合同で[37]、8月20日には連邦医師会が[38]、それぞれ批判的な意見表明を公にした。同案についてはその後11月14日に政府が閣議決定[39]を行ったが、それに対して、今度はドイツ倫理評議会が11月23日、意見表明[40]を公表するに至る。年が明けた2013年2月1日に連邦参議院が修正提案付きで同意[41]をした後、その修正案を政府が2月19日に同意[42]することにより、同命令はようやく成立した。「着床前診断を規制する命令」は2013年2月25日に公布され[43]、その施行は1年後の2014年2月1日とされた。

III　胚保護法新3a条の内容の検討

胚保護法3a条の条文は以下のようになっている（筆者による試訳）。

---

34) *Richter-Kuhlmann*, DÄBl. 2012, A-852.
35) *Frister/Lehmman* (u. Fn. 56), S. 666, Fn. 85 によると、連邦保健省政務次官のフラッハ（*Ulrike Flach*）議員が2012年1月13日にリューベックで開催された着床前診断に関するシンポジウムにおいてその旨の予告をしたとのことである。
36) *BMG*, Vorblatt zum Entwurf einer Verordnung über die rechtmäßige Durchführung einer Präimplantationsdiagnostik (Stand: 11.07.2012).
37) *DGGG, BRZ, DGRM, DVR mit AGRBM, DGA, DIR*, Gemeinsame Stellungnahme (Stand: 17.08.2012); JRE 2012, S. 281 ff.
38) *BÄK*, Stellungnahme der BÄK zum Entwurf des BMG (Stand: 20.08.2012).
39) BR-Drs. 717/12 v. 14.11.2012; *BMG*, PM Nr. 77 v. 14.11.2012.
40) *Dt. Ethikrat*, PM 13/2012 v. 23.11.2012: Ethikrat mahnt Verbesserung der PID-Verordnung an.
41) BR-Drs. 717/1/12 v. 18.01.2013, BR-Drs. 717/12 (B) v. 01.02.2013; *Richter-Kuhlmann*, DÄBl. 2013, A-210.
42) *BMG*, PM Nr. 11 v. 19.02.2013.
43) Präimplantationsdiagnostikverordnung – PIDV v. 21.02.2013.

「第3a条（着床前診断；命令への委任）
① 体外の胚の細胞について、それを子宮に移植する前に遺伝上の検査（着床前診断）を行った者は、一年以下の自由刑又は罰金に処する。
② 〔第一文〕卵子の由来する女性、精子の由来する男性、又はその双方の遺伝的素因を理由として、その子孫に重篤な遺伝性疾患の高度なリスクが存する場合には、妊娠をもたらすために、卵子の由来する女性の書面による同意を得て、医学的知識及び技術の一般に承認されている状況に基づき、体外の胚の細胞について、子宮に移植する前に、この疾患の危険性に関して遺伝上の検査を行った者は、違法ではなく行為した[44]ものとする。
〔第二文〕着床前診断を、卵子が由来する女性の書面による同意を得て、高度な蓋然性をもって死産又は流産に至るような胚の重篤な損傷を確認するために行った者も、違法ではなく行為したものとする。
③ 〔第一文〕第二項による着床前診断は、以下の条件で行われなければならない。
一 女性によって希望されている、胚の細胞の遺伝上の検査の、医学的・心理的・社会的帰結に関する説明と相談の後であり、その際、説明は同意を得る前になされていなければならず、
二 着床前診断を許可された諸センターの、学際的に構成された倫理委員会が、第二項の要件の遵守を審査し、同意する評価を行った後であり、
三 このための資格ある医師によって、着床前診断の処置の実施に必要な診断上・医学上・技術上の能力を備えた、着床前診断を許可されたセンターにおいて。
〔第二文〕着床前診断の枠内において実施された処置は、倫理委員会によって却下された事例も含めて、〔着床前診断を〕許可されたセンターによって、中央機関に匿名形式で報告され、そこで記録されるものとする。
〔第三文〕連邦政府は、連邦参議院の同意を必要とする法規命令によって、

44）原文は „handelt nicht rechtswidrig"。立法資料によれば、„handelt rechtmäßig" と規定することも可能であったが、刑法典218条と218a条2項の関係に、胚保護法新3a条1項と2項の関係の平仄を合わせたとのことである。BT-Drs. 17/5451 (Fn. 24), S. 8. 刑法典218条は妊娠中絶は処罰されるという規定で、218a条1項は、同項の各号の場合には218条の構成要件が成立しない（nicht verwirklicht）とし、同2項は、同項に定める条件を満たす場合には妊娠中絶は違法ではない（nicht rechtswidrig）、と規定されている。

以下の詳細を定めるものとする。
　一　着床前診断が実施されるセンターの数及び許可要件、並びに、そこに勤務する医師の資格及び許可の期間について
　二　着床前診断に係る倫理委員会の設置、構成、手続方法及び財政について
　三　着床前診断の枠内において実施された処置を記録する中央機関の設置及び形態について
　四　着床前診断の枠内において実施された処置の中央機関への報告に関する要件及び記録に関する要件について
④　第三項第一文に反して着床前診断を行った者は、秩序違反をなしたものとする。秩序違反は五万ユーロ以下の過料に処することができる。
⑤　医師は、第二項による処置を実施し又はこれに協力する義務を負わないものとする。この不協力から関係者に不利益が生じてはならない。
⑥　連邦政府は、四年ごとに着床前診断の実績に関する報告書を作成するものとする。報告書には、中央機関の記録及び匿名データに基づき、年間に実施された処置件数及び科学的分析を含めるものとする。」

　本来ならばこれら6項すべてについて吟味すべきところ、以下においては、特に1項と2項とを取り上げて、その内容について検討を試みることにする。

1　3a条1項について

　3a条1項は、着床前診断は原則として処罰するという規定であるが、しかし、胚についても[45]、遺伝子診断についても[46]、格別の定義を行っていない。一口に着床前診断と言っても、診断対象の卵子・胚の状態によっていくつかに分けられるので[47]、はじめにその点について確認しておく。(1) 極体生検（Polkörperbiopsie）：卵子が第一減数分裂時に囲卵腔に放出する第一極体や、精子が卵子に侵入後に卵子が放出する第二極体を診断対象とするもの。第二極体

---

45) 3a条が、胚の分裂期や全能性・多能性等について何らの限定も行っていないのは驚くべきことであると評されている。*Hübner/Pühler* (Fn. 26), S. 794.
46) 2009年の遺伝子診断法（Gendiagnostikgesetz – GenDG v. 31.07.2009）においては、その3条の1号で遺伝子検査（genetische Untersuchung）について、2号で遺伝子分析（genetische Analyse）について定義が置かれている。
47) *Bals-Pratsch/Dittrich/Frommel* (Fn. 19), S. 91 f.; *Dt. Ethikrat* (Fn. 29), S. 13 f.

が放出される時点の卵子は胚保護法上の胚ではなく[48]、極体診断は非侵襲的な方法でもあるため、ドイツにおいても従来から実施されている。(2)割球生検（Blastomerenbiopsie）：培養3日目頃の4〜8細胞期の胚の割球を診断するもの。ドイツ以外の国々における着床前診断では一般的に行われているが、少なくとも4細胞期の割球は全能性を有していると考えられているため、胚保護法上、ドイツにおける診断は不可能である。8細胞期の割球は、一部が全能で、残りは全能性を失っていると考えられているが、現在のところ、それを見分けることは出来ないとのことである[49]。(3)胚盤胞生検（Blastozystenbiopsie）：培養5日目頃の胚盤胞期の胚の細胞は、既に全能性を失っており、外側の栄養胚葉（Trophoblast）と内部の胎芽胚葉（Embryoblast）とから成るが、これらのいずれかを診断するもの。

　3a条にいう「胚」は、いま挙げた(2)(3)の胚のどちらをも指すものと考えるのが一般的理解と思われる。しかし、3a条の適用範囲を狭める説がフロンメル教授によって主張されている[50]。曰く、3a条が適用される「胚」は、(2)の胚のうち8細胞期の胚の割球と、(3)の胚盤胞のうちの胎芽胚葉であるとする。つまり、3a条1項で禁じられ、同2項で例外的に容認されており、同3項により倫理委員会の判断に服する着床前診断は、8細胞期の割球の診断と、胚盤胞の胎芽胚葉の診断のみを指しているとするのである。その理由としては、まず、胚盤胞の栄養胚葉は後に胎盤にしか分化し得ないので、3a条の有無にかかわらず、その診断は既に連邦通常裁判所の判決によって許されているとする。また、着床前診断令の2条3号において、同命令における細胞の定義が「a)体外受精胚から採取され、しかるべき環境において自ら細胞分裂によって増殖する能力を有し、b)自ら又はその娘細胞が適切な条件の下で種々に特化分化し得るが、個体には分化し得ない、幹細胞」と、多能性に着目していることから、全能性を有する割球は除外されるとする（逆に言えば、全能かどうかが曖昧な8細胞期の割球、ないしは既に多能でしかない8細胞期の割球は、3a条の対象となるとする）。最後に、連邦通常裁判所の判決においては、胎芽胚葉と栄養胚葉

---

48) *Taupitz*, in: *Günther/Taupitz/Kaiser* (2014) (Fn. 19), § 8 Rn. 27 ff.
49) *Frommel/Taupitz/Ochsner/Geisthövel*, JRE 2010, S. 96 ff. (S. 99, Tbl. 1).
50) *Frommel*, JZ 2013, S. 488 ff.; *Frommel* et al., JRE 2013, S. 6 ff. (10 ff.); *Frommel*, in: *Taupitz* et al., JRE 2015, 42 ff. (46 f.).

とが区別されており、栄養胚葉を一部取り出しても胎芽胚葉には問題がないと述べられている点（BGH, Fn. 19, Rn. 23）を指摘している。

しかし、この説に対しては、タウピッツ教授により、厳しい反論が寄せられている[51]。まず、胚盤胞を胎芽胚葉と栄養胚葉とに分けて、胎芽胚葉は3a条にいう胚の細胞であるが、栄養胚葉はそれには当たらない、と考えるのは正しくない。確かに、栄養胚葉は、着床後は胎盤へと分化する細胞ではあるが、胚盤胞生検の時点では、明らかに胚の一部である。次に、着床前診断令2条3号の定義は、2002年の幹細胞法[52] 3条1号の多能性細胞の定義を踏襲しているのであるが、立法資料によれば[53]、立法者の意図は「当命令の枠内における細胞の検査は、多能性細胞に対してのみ行われねばならず、全能性細胞に対して行われてはならない」ということであった。胚保護法8条との関係では、全能か全能でないか、が重要であるはずなのに、ここで幹細胞法の多能性の規定を持ち出したのは適切ではなかった。連邦通常裁判所が、「もはや全能ではない栄養胚葉細胞（Rn. 23）」という表現の他に、「もはや多能でしかない細胞（Rn. 23）」や「多能性のある栄養胚葉細胞（Rn. 32）」等々と「多能性」を前面に押し出してしまったのも、ミスリーディングであった。更に、法律が制定を委任した命令が、委任元の法律の適用範囲を制限可能と考えるのも正しくない。そして、胚の保護という観点からすれば、胎芽胚葉が毀損されるか否かが問題なのではなく、胎芽胚葉の診断であろうと栄養胚葉の診断であろうと、診断結果により、胚が移植されるか否かが問題なのだとされる。また、近時はそもそも胎芽胚葉の診断は避けられる傾向にある。以上から、割球、胎芽胚葉、栄養胚葉いずれを対象にする診断であっても、胚保護法3a条に規定されている諸条件を満たさずに検査を行った場合には、同条に抵触することになると警告している[54]。

2 3a条2項1文について

2項1文は、親の遺伝的素因により子に重篤な遺伝性疾患の危険性がある場

---

51) *Taupitz*, in: *Günther/Taupitz/Kaiser* (2014) (Fn. 19), § 3a Rn. 17; *Taupitz*, in: Taupitz et al., (Fn. 50), S. 47 f.; *Taupitz/Hermes*, MedR 2015, S. 244 ff.
52) Stammzellgesetz – StZG v. 28.06.2002.
53) *BMG* (Fn. 36), S. 13; BR-Drs. 717/12 (Fn. 39), S. 16.
54) *Taupitz/Hermes* (Fn. 51), S. 248.

合には、女性の書面による承諾を条件に、医学的に一般的に承認されている状況に基づいて行われる着床前診断は、例外的に許容されるという条文である。

　立法資料によれば、2項1文で想定されていた重篤な遺伝性疾患は、単一遺伝子疾患と染色体異常である[55]。現在の医学的知見においては、着床前診断によって多因子遺伝疾患を回避可能か否かは不明とのことであるが、2項1文の文言上は、多因子遺伝疾患も排除されない。また、「重篤な」という表現は、既に胚保護法3条2文において「重篤な伴性遺伝性疾患」として用いられているが、そこで例示されている疾患はデュシェンヌ型筋ジストロフィーのみである。親のどの「遺伝的素因」や子のどの「遺伝性疾患」が本条の対象となるかのカタログはなく、個々の事例ごとに、着床前診断を担う医師と倫理委員会の判断に委ねられている。また、遺伝子診断法15条2項では、出生前診断において18歳以上になってから発現する遺伝性疾患の診断を禁じているが、この3a条2項1文の遺伝性疾患に関しては、その種の限定は付けられていない[56]。連邦通常裁判所の判決においても遺伝子診断法15条2項への言及がなされているので（BGH, Fn. 19, Rn. 29）、立法者はこの問題を認識していたはずである[57]。学説では、胚保護法3a条の適用にあたっては遺伝子診断法15条2項を参照するのではなく、遺伝子診断法15条2項のほうが改正をされるべきだとされている[58]。その理由としては、18歳以上になって発現するとされている遺伝性疾患は、実際には18歳未満で発症することもあり[59]、また、子が将来発症する疾患を抱えている事実を「知らない義務」を親に課するべきではないということが指摘されている[60]。

　2項1文では着床前診断に関して書面による同意が必要とされているが、それは女性についてのみである。3項1文にも同意に関する規定が置かれているが、しかし、その規定に反して説明なしに同意が得られた場合には、4項の秩序違反に該当するのみで、2項1文自体は満たされることになる。男性の同意

---

55) BT-Drs. 17/5451 (Fn. 24), S. 8.
56) *Kreß* (Fn. 22), S. 152; *Frister/Lehmann*, JZ 2012, S. 659 ff. (660); *Olzen/Kubiak*, JZ 2013, 495 ff. (496).
57) *Spieker* (Fn. 3), S. 86 によると、実際議会の審議でも取り上げられている。
58) *Frister/Lehmann* (Fn. 56), S. 660 f.; *Kreß,* Bundesgesundheitsblatt 2012, S. 427 ff. (429).
59) *Leopoldina* (Fn. 27), S. 16; *BÄK* (Fn. 28), A-1704, A-1706.
60) *Kreß* (Fn. 22), S. 152; *Frister/Lehmann* (Fn. 56), S. 660.

は、4条1項1号で受精に対する同意が必要とされてはいるものの、同2号において、胚の移植については、女性の同意のみが必要とされている。また、着床前診断令の5条1項では、倫理委員会への着床前診断の申請者としては女性のみが規定されており、男性の同意については5条3項で、倫理委員会による個人データの取扱いに関して同意が求められているのみである。立法資料によれば、最初の保健省案では、着床前診断の申請は卵子の由来する女性と精子の由来する男性が共同で行うとされていたものが、既に閣議決定時の案では、特に理由は示されずに、申請者は女性のみとなっていた[61]。なお、着床前診断に関して男性の同意がなかった場合には、胚保護法には違反しなくとも、民事上の責任が発生する可能性はある[62]。

2項1文の規定によれば、着床前診断は、医学的知識及び技術の一般的に承認されている状況に基づかねばならないが、この条件と、1条1項3号及び5号のいわゆる「3個ルール(Dreier Regel)」との関係が問題になり得る[63]。すなわち、3号によれば、一周期に3を超える胚を女性に移植してはならず、5号によれば、一周期に女性に移植する予定の数を超える数の卵子を受精させてはならないことになっている。他方、諸外国の着床前診断に関する臨床経験によれば、最終的に移植可能な胚を2個得るには、まず7~9個の卵子を受精させる必要があり、診断には平均7個の胚が必要であるとされている[64]。この3個ルールに関しては、既に久しく議論が重ねられて来ているが[65]、着床前診断との関係では、3a条2項が1条1項に優先するという説が唱えられており、その根拠としては、3a条は、1条よりも後法であり、特別法に当たるから、ということが挙げられている[66]。

---

61) *BMG* (Fn. 36), S. 7, 25; BR-Drs. 717/12 (Fn. 39), S. 5, 28.
62) *Taupitz*, in: Günther/Taupitz/Kaiser (2014) (Fn. 19), §3a Rn. 37.
63) 成立には至らなかった着床前診断を限定的に容認する草案では、着床前診断の場合には3個ルールに反しても不可罰とすると規定されていた。BT-Drs. 17/5452 (Fn. 25), S. 3, 5. 3個ルールについては、議会の審議においても取り上げられていた(*Spieker* (Fn. 3), S. 86)。
64) BÄK (Fn. 28), A-1703, A-1706; Dt. Ethikrat (Fn. 29), S. 27, 91 f.
65) *Frommel* (Fn. 3), S. 104 ff.; *Frommel*, JRE 2007, S. 27 ff. バイエルンの医師が2004年に行った体外受精処置において3個ルールに反したとして起訴された事件では、区裁判所は2008年、この2007年のフロンメル論文を根拠のひとつとして、無罪の判決を下している。AG Wolfratshausen, Urt. v. 30.04.2008 – 6 C 677/06. ZfL 2008, S. 121 ff. (Anm. Beckmann).

3 3a条2項2文について

　2項2文は、1文とは異なり、親の遺伝的素因に関係なく、女性の書面による承諾を条件に、死産や流産に至る高度な蓋然性のある胚の重篤な損傷を確認するための着床前診断も例外的に許される、というものである。

　立法者の説明によれば、この規定の立法理由は、親が遺伝上の問題を抱えていなくとも発生する染色体異常が、死産や流産の大きな要因であるからだという[67]。親に遺伝的な問題がないとすると、2項2文適用の端緒となるものは何かが問われねばならないが、例としては、女性が既に流産を繰り返している場合や、複数回体外受精を行ったにもかかわらず妊娠に至らなかった場合などが挙げられている[68]。ここで意見が分かれているのは、女性の年齢の高さを考慮するか否かについてである。タウピッツ教授[69]やフリスター教授は[70]女性の高齢も理由となるとするのに対して、着床前診断令の保健省案・閣議決定の理由書[71]やフロンメル教授は[72]、女性の年齢が高いということだけでは不十分だとする。

　2項2文には、1文にある「妊娠をもたらすために」や「医学的知識及び技術の一般に承認されている状況に基づき」という文言が欠けている[73]。これらの趣旨を2文にも読み込むことが可能であるのかどうか。前者については、既に1条1項2号において、妊娠をもたらす以外の目的での人工受精が禁じられており、また、3a条1項の規定が、着床前診断について「胚を子宮に移植する前に」としていることから胚を子宮に移植することを前提にしていると解されるため、「妊娠をもたらすために」は2文にも読み込めるとされる[74]。それ

---

66) *Frister/Lehmann* (Fn. 56), S. 664.
67) BT-Drs. 17/5451 (Fn. 24), S. 8.
68) *Frister/Lehmann* (Fn. 56), S. 662.
69) *Taupitz*, in: *Günther/Taupitz/Kaiser* (2014) (Fn. 19), § 3a Rn. 45.
70) *Frister/Lehmann* (Fn. 56), S. 662.
71) BMG (Fn. 36), S. 26; BR-Drs. 717/12 (Fn. 39), S. 29.
72) *Frommel* (Fn. 50), S. 491.
73) *Frister/Lehmann* (Fn. 56), S. 662, Fn. 40 では、「嘆かわしいほどに首尾一貫的でない」と評されている。
74) *Frister/Lehmann* (Fn. 56), S. 662, 660; *Taupitz*, in: *Günther/Taupitz/Kaiser* (2014) (Fn. 19), § 3a Rn. 47.

に対して、後者については争いがある。フリスター教授は読み込めるとし[75]、タウピッツ教授は読み込めないとする[76]。この立場の違いは、胚の染色体の異数性スクリーニング（Aneuploidie-Screening）の実施[77]継続の可否に影響を及ぼす。フリスター教授もタウピッツ教授も、2項2文により、スクリーニングは可能であるとする。しかし、もしも、異数性スクリーニングが死産や流産の率を減らしたり妊娠率を上げることに寄与しないという科学的知見が明らかになった場合には、フリスター教授は、2項2文によるスクリーニングの正当化は出来なくなるとするが[78]、他方タウピッツ教授は、2項2文には医学的知識及び技術の一般に承認されている状況に基づくという条件がないので、その効果が科学的に証明されない場合でも、スクリーニングは継続可能であるとしている[79]。

2項2文を根拠に実施可能とされるスクリーニングの際に特に顕著となり得るが、アレイCGH法などを採用する場合には2項1文の重篤な遺伝性疾患の診断に際しても生じ得る問題として、「余剰情報（Überschussinformationen）[80]」の扱いがある。すなわち、当該診断が本来ターゲットとしていたものとは別の、必ずしも重篤ではない遺伝的疾患が発見されてしまった場合、その情報をいかに取り扱うべきか、という問題である。立法段階から既に指摘がなされていたにもかかわらず[81]、3a条や着床前診断令には、格別の規定は置かれていない。着床前診断時に期せずして見つかった胚の遺伝的な障害や疾病が、妊娠中絶の医学的適応の理由に相当するものである場合にのみ親に伝えるべきとの意見も

---

75) *Frister/Lehmann* (Fn. 56), S. 662 f., 665.
76) *Taupitz*, in: *Günther/Taupitz/Kaiser* (2014) (Fn. 19), §3a Rn. 48.
77) レオポルディーナやドイツ倫理評議会は、異数性スクリーニングの実施に反対していた。*Leopoldina* (Fn. 27), S. 27; *Dt. Ethikrat* (Fn. 29), S. 95 f.
78) *Frister/Lehmann* (Fn. 56), S. 663.
79) *Taupitz*, in: *Günther/Taupitz/Kaiser* (2014) (Fn. 19), §3a Rn. 48.
80) 他に、「付加情報（Zusatzinformationen）」「副次所見（Nebenbefunde）」「偶発所見（Zufallsbefunde）」とも称される。*Taupitz*, in: *Günther/Taupitz/Kaiser* (2014) (Fn. 19), §3a Rn. 57 ff.
81) *Spieker* (Fn. 3), S. 86 によると、議会の審議においても取り上げられている。また、着床前診断令制定時の指摘として、*DGGG* et al. (Fn. 37), S. 5 (JRE 2012, S. 283); *BÄK* (Fn. 38), S. 12. なお、*BMG* (Fn. 36), S. 21にあった「CGH法の適用においては、PIDの許可された適応領域に関係せず、それゆえ顧慮外にしておかねばならない副次所見が生じ得る」という記述が、BR-Drs. 717/12 (Fn. 39), S. 24では削除されている。

あるが[82]、刑法典218a条2項における胎児の中絶に関する女性の判断と胚保護法4条1項2号における胚の移植に対する女性の判断とを同列に論ずるのは誤りであるとの指摘もなされている[83]。女性が胚を移植するか否かを決断するには胚の遺伝的な情報は必須であることから（他方、重篤でない疾患を理由に胚の移植を控えるとなると本来の立法者意思には反するともいえるが）、余剰情報も伝えられるべきであるが、しかし、余剰情報については、どの情報を伝えて欲しいのか（あるいは伝えて欲しくないのか）について、着床前診断の実施前に、医師との間で予め明確にしておくことが必要[84]、というのが妥当と思われる。

Ⅳ　おわりに

　2014年から2015年にかけて、ドイツでは五つの倫理委員会が設立されたとのことである[85]。また、筆者が確認できた限りでは、着床前診断の実施を許可されたセンターは、2015年末現在、10施設前後であるが、現時点では必ずしもドイツ全土で足並みが揃っているとは言えないようである。

　着床前診断法・診断令の成立により積年の課題がみな解消されたわけではなく、本稿で尽くすことは叶わなかったが、その解釈には相当程度の争いがある。しかし新制度は既に走り出してしまった。今後は、解釈の積み重ねで問題を乗り越えるのか、それともより包括的な生殖医療法の立法へと向けて更に舵を切るのか[86]、着床前診断を巡るドイツの苦悩はまだこれからも続くことになる。

---

82) *Dt. Ethikrat* (Fn. 29), S. 83, 97 f.
83) *Frister/Lehmann* (Fn. 56), S. 664.
84) Ebenda.
85) バイエルン、ベルリン、ノルトライン・ヴェストファーレンの3ラントはそれぞれ独自の倫理委員会を設立し、北部のハンブルク、ブレーメン、ブランデンブルク、メクレンブルク・フォアポメルン、ニーダーザクセン、シュレスヴィヒ・ホルシュタインは6ラント合同でハンブルクに、そして、南部のバーデン・ヴュルテンベルク、ヘッセン、ラインラント・プファルツ、ザールラント、ザクセン、テューリンゲンの6ラントは合同でバーデン・ヴュルテンベルクに設立。ザクセン・アンハルトのみ未設置の模様。*Klinkhammer*, DÄBl. 2014, A-290.
86) *Schroth*, ZSTW 2013, S. 627 ff. (639 ff.); *Taupitz*, in: *Günther/Taupitz/Kaiser* (2014) (Fn. 19), B. Rn. 10.

遺言の撤回と被相続人の意思の探求
―― 破毀院判決を手がかりとして

門広乃里子

I　はじめに

　フランス民法895条は、「遺言は遺言者がもはや生存しない時のために、その財産又は権利の全部又は一部を処分する行為である。遺言者は、それを撤回することができる。」と定める（以下では、フランス民法を「仏民」と記す。条文につき「仏民」と特に断らない場合は日本民法を指す。）。仏民1035条によれば、「遺言は、後の遺言（testament postérieur）又は意思の変更（changement de volonté）の申述を内容とする公証人の面前での証書によるのでなければ、全部又は一部について撤回することができない。」[1]。このような要式に関する制限はあるものの、撤回の自由は遺言の本質であり、撤回により遺言は効力を奪われる[2]。ところが、2014年3月19日の破毀院第1民事部判決（以下では、「2014年破毀院判決」という。）[3]は、「（被相続人の生前に相続人の1人が受けた）居住利益及び賃貸利益を持ち戻させる」旨の遺言に、それが撤回されたにもかかわらず依拠し、「被相続人の無償処分意思（intention libérale）」は証明されたとして、持戻しを認めた。同判決は、無償処分意思の証明問題と遺言の撤回の効力とは無関係であるとするが、結果として撤回された遺言に効力を認めたことになり[4]、

1）フランス民法典は、遺言の撤回につき1035条から1038条までの規定を置く。1036条は抵触遺言による撤回を、1038条は目的物の譲渡による撤回を定める。
2）P.MALAURIE et C.BRENNER, LES SUCCESSIONS LES LIBÉRALITÉS, 6ᵉ éd., 2014, n°526.
3）Cass.civ.1ʳᵉ, 19 mars 2014, AJ fam. 2014. 325, obs. N.Levillain.
4）N.Levillain, cité supra, note 3.

撤回された遺言の効力と被相続人の意思の探求との関係が問題となる。

　2014年破毀院判決が下される前年、大阪高裁平成25年9月5日判決（以下では、「平成25年判決」という。）は、共同相続人の1人に財産を全て「まかせる」旨の遺言について、法定相続分による遺産分割手続を中心となって行うよう委ねる趣旨であると解した原審判決を変更し、包括遺贈と解したが[5]、そこでの論点のひとつに、被相続人の最終意思の探求に際して撤回された遺言を考慮することができるかという問題がある[6]。日本民法において、遺言の撤回の自由は保障され（1022条）、撤回権の放棄は認められない（1026条）。撤回とは、法律行為の効力がいまだ発生していないものにつき、行為者自身がそれを欲しないことを理由として、その法律行為がなかったものとする行為をいう[7]。そうであるとすると、遺言解釈において撤回された遺言を考慮すべきではない、あるいは考慮するとしても慎重を期したほうがよいと考えることもできるが、平成25年判決の原審は、撤回された遺言が生存配偶者に配慮していたこと、また、3人の子に平等に相続させる趣旨であったことを考慮して、当該「まかせる」旨の遺言を包括遺贈と解することなく法定相続に委ねた。平成25年判決がこの点につきどのように考えるかは必ずしも明らかではないが、少なくとも、遺言解釈において撤回された遺言（の内容）を考慮していない。

　2014年破毀院判決と平成25年判決は、撤回された遺言が被相続人の意思の探求に際してどのように位置づけられるかという問題を内包している点で共通する。遺言解釈にあたって、遺言書外の資料として撤回された遺言を考慮の対象に入れることができるかどうかについて、肯定的に解する見解もみられるところであり[8]、2014年破毀院判決を手がかりに、この点について改めて考えて

---

[5] 大阪高判平成25年9月5日判時2204号39頁。
[6] 拙稿「判批」判評667号（2014年）162頁。
[7] 平成16年の民法現代語化の改正の際、「取り消すことができる」という旧文言が「撤回することができる」に置き換えられた。取消しは、狭義には、法律行為の効力が既に発生しているものにつき、瑕疵があることを理由として、事後的にその効力を消滅させる行為をいい、撤回とは、法律行為の効力がいまだ発生していないものにつき、行為者自身がそれを欲しないことを理由として、その法律行為がなかったものとする行為をいう。改正前には、「取消し」の用語が狭義の取消しと撤回の意味で用いられていたところ、両者を内容に即して書き分けるという改正方針にそって改められたものである。吉田徹編著『改正民法ハンドブック』（ぎょうせい、2005年）53頁、池田真朗編『新しい民法　現代語化の経緯と解説』（有斐閣、2005年）105頁［本山敦］参照。
[8] 千藤洋三「判批」リマークス50号（2015年）77頁。

みたい。

　以下では、平成25年判決を紹介して問題点を確認したうえで、2014年破毀院判決を考察し、そこから得られた知見をもとに、遺言解釈における撤回された遺言の位置づけについて考える。

II　平成25年判決について
——遺言解釈と撤回された遺言

1　事実関係と判決要旨

　平成25年判決は、次のような事案に関するものである。被相続人A（明治45年3月14日生）は平成20年2月14日に死亡し、妻B、長女X、二女C、三女Z、亡長男Dの子E・F（代襲相続人）、前妻との間に生まれた子G・Hが相続人となった。G及びHは相続を放棄したため、法定相続分は、Bが2分の1、X・C・Zは各8分の1、E・Fは各16分の1である。A・B夫婦は長男Dの家族と同居していたが、平成7年にDが死亡し、平成14年3月に亡Dの妻子が退去したため、X、C及びZが相談のうえ、Zとその夫Iが同年4月よりA・Bと同居を始めた。Aは生前に4通の遺言書を作成しており、そのうち2通は、Z・I夫婦と同居中に作成されている。第1遺言は、「①所有する甲不動産を含む一切の財産につき、その3分の1ずつを長女X、二女C及び三女Zにそれぞれ相続させる、②遺言執行者にIを指定する、③X、C及びZは、Bを責任をもって看て上げてください（付言事項）」旨の平成14年6月11日付公正証書遺言である。同年6月下旬頃、B名義の定期預金の満期が来るものについて娘3人の名義にするか否かを巡り、AとZが言い争いになったことがあり、同年10月15日に「甲不動産をBに相続させ、B死亡後はZに相続させる」旨の自筆証書遺言（第2遺言）がなされた。同年11月、精神的に不安定な状態にあったBとZとの意思疎通が円滑にいかなくなり、Z・I夫婦が転居した（その後Aと疎遠な関係になった）ため、A・B夫婦はX及びCと今後の生活につき協議のうえ老人福祉施設に入所することにした。Aは、平成14年12月23日に「状況が変わったので第1遺言を撤回する」旨の自筆証書遺言（第3遺言）をし、平成15年3月に、Bと

共に老人福祉施設に入居、同年5月には甲不動産を代金2600万円で売却し、平成16年9月6日には「預金の解約に係る手続及び受領方をXに委任する」旨の委任状を作成した。Xは、たびたび施設を訪れてA・B夫婦の世話をし、通院する際には付添いをしていた。Aは、平成17年11月11日、「財産については私の世話をしてくれたXに全てまかせる」旨の自筆証書遺言（第4遺言）をした。翌年7月12日、XはA名義の預金口座から700万円を引き出し、Aはこれを日頃のお礼と今後の期待も込めてXに贈与した。

　第1遺言は、第2遺言により抵触する範囲で撤回されたとみなされ（1023条1項、抵触遺言）、さらに第3遺言によって明示的に撤回されている（1022条、抵触遺言）。また、第2遺言も、甲不動産の生前処分により撤回されたとみなされる（1023条2項）。この時点で、第1遺言、第2遺言はいずれも撤回されてその効力を失っており、遺言がない状態で、第4遺言がなされたことになる。

　A死亡後、XがY銀行に対し、第4遺言（本章において「本件遺言」とは「第4遺言」を指す。）による遺贈を第1次的請求原因としてA名義の預金残高合計1010万9771円の払戻しと遅延利息の支払いを請求したところ、Zが補助参加し、第4遺言はXに遺産分割手続を任せるものにすぎないと主張してこれを争った。

　原審（大阪地堺支判平成25年3月22日）はZの主張を容れて、本件遺言はXに遺産分割手続を中心となって行うよう委ねる趣旨であると解し、第3次請求原因とされていた法定相続分8分の1の範囲でXの払戻請求を認めた。

　X控訴。大阪高裁は、「本件遺言の解釈にあたっては、この文言を形式的に判断するだけでなく、遺言者であるAの真意を探求すべきであり、本件遺言書作成当時の事情及びAの置かれていた状況などを考慮して、本件遺言の趣旨を確定すべきである」と述べたうえ、本件遺言当時「AがA・B夫婦の世話やA死亡後のBの世話を頼めるのはXしかおらず、Aは、Xを信頼し、頼りにしていた。このことは……郵便貯金の解約等の手続をXに委任したり、本件遺言をした後……Xに対し、700万円を贈与したりしていることからも窺い知ることができる。このような本件遺言書作成当時の事情及びAの置かれていた状況にかんがみると……本件遺言は、Zが主張するような遺産分割手続を委せるという意味であるとは考え難く（……そもそもそのような遺言は無意味である。）、Aの遺産全部をXに包括遺贈する趣旨のものであると理解するのが相当であ

る。」とした。

2　遺言解釈と撤回された遺言

　平成25年判決では、「まかせる」旨の遺言の解釈が問題となっている。判例によれば、遺言解釈にあたっては、遺言書の記載に照らし遺言者の真意を合理的に探求すべきとされ、遺言書の記載自体から遺言者の意思が合理的に解釈し得る場合には遺言書に表れていない事情をもって遺言の意思解釈の根拠とすることはできない[9]。これは、遺言書の文言が遺言書外の事情に対して優先することを示したものと解せられているが[10]、遺言書の記載自体から遺言者の意思を合理的に解釈することが難しいときは、遺言書の文言を形式的に判断するだけではなく、「遺言書の全記載との関連、遺言書作成当時の事情及び遺言者の置かれていた状況などを考慮して遺言者の真意を探究し当該条項の趣旨を確定すべき」ことになる[11]。「まかせる」旨の遺言は多義的で文言上遺言者の意思を合理的に解釈することは難しく、「遺言書作成当時の事情及び遺言者の置かれていた状況」を考慮し、「まかせる」意味を明らかにすることになる。平成25年判決はその意味で事例判決であるが、原審と判断を異にする。原審は、撤回された遺言を参考に、遺言者が「相続させる」と「まかせる」を使い分けていること、第1遺言及び第2遺言にみられる生存配偶者への配慮が第4遺言にみられないことを考慮し、また、第1遺言及び第2遺言によれば3人の子に平等に相続させる意思を有していたと推認されるとして、第4遺言はXに遺産分割手続を中心となって行うよう委ねる趣旨であると解した。これに対し、平成25年判決は、第4遺言をXへの包括遺贈と解したが、遺言の撤回の効果について特に言及していない。平成25年判決と原審は、被相続人の意思を探求するにあたって撤回された遺言を考慮したか否か、その点で大きく異なる。

---

9) 最判平成13年3月13日家月53巻9号34頁。
10) 浦野由紀子「判批」民商125巻4＝5号（2002年）195頁。
11) 最判昭和58年3月18日民集36巻3号143頁。

III 2014年破毀院判決について
―― 果実の持戻しと被相続人の無償処分意思

1 事実関係と判決要旨

2014年破毀院判決の事案ないし判決に至る経緯は次のとおりである。

被相続人Aは、別産制のもと、パリ所在の甲アパートにつき、後婚配偶者との不分割で2分の1の所有権を有していた。1975年6月19日に後婚配偶者が死亡した際、Aは甲アパートを後婚子X・Yとの間で不分割所有することになったが、収益の不分割（indivision en jouissance）はなく、Aは当該財産の果実を単独で取得する権利を有していた。Yは、同年6月20日から1980年末まで甲アパートに無償で居住し、その後1996年まで甲アパートを賃貸し、賃料を受領した。Aは、1981年7月20日付自筆証書遺言（第1遺言）により、Yが得た居住利益及び賃貸利益を相続財産に持ち戻させる意思を表明したが、1997年10月20日付自筆証書遺言（第2遺言）により、すべての遺言を撤回し、Yを自由分（quotité disponible）の受遺者に指定した[12]。Aは1998年1月6日に後見裁判

---

[12] 1898年3月24日法律の919条1項によれば、「自由分は、あるいは生存者間の行為によってあるいは遺言によって、相続に臨む受贈者又は受遺者による持戻しに服することなく、贈与者の子又はそのほかの相続権者に、全部又は一部与えることができる。ただし、贈与に関しては、その処分が明示的に先取分として相続分外で行われたことを条件とする。」。同項は、2006年改正法により、「先取り分として相続分外で（à titre de préciput et hors part）」の文言が「相続分外（hors part successorale）」へと変更されている。2006年改正法により新設された912条は、「①遺留分（réserve héréditaire）は、一定の相続人である遺留分権者（réservataires）が、相続に呼び出され、かつ、相続を承認した場合に、その者に負担なく帰属することを法律が保証する相続財産及び権利の一部（part des biens et droits successoraux）である。②自由分は、法律によって遺留されていない相続財産及び権利の部分であり、死者が無償処分（libéralité）によって自由に処分することができる。」と規定する。1972年1月3日法律第3号の913条は「無償処分は、生存者間の行為によるのであれ、遺言によるのであれ、処分者がその死亡時に1人の子しか遺さない場合にはその者の財産の2分の1、その者が2人の子を遺す場合には3分の1、その者が3人又はそれ以上の数の子を遺す場合には4分の1を超えることができない。915条の場合を除いて、嫡出子と自然子との間で区別する必要はない。」と規定していた。同条の文言「915条の場合を除いて」は2001年12月3日法律第1135号によって削除され、「嫡出子と自然子との間で区別する必要はない」については2005年7月4日オルドナンス第759号によって削除され、現行仏民913条に至っている。

官（juge des tutelles）の命令により裁判所の保護（sauvegarde de justice）下に置かれ、同年9月29日に保佐（curatelle）が開始した[13]。同年7月7日には、生命保険契約の受取人（bénéficiaire）がYに変更されている。Aは2003年3月17日に死亡し、X、Y及び前婚子Bが相続人となった。

XはYに対し、1997年10月20日付自筆証書遺言（第2遺言）の無効などを主張して居住利益及び賃貸利益の相続財産への持戻しを求めたが、パリ控訴院は2010年10月6日、次のように述べてこれを退けた。1997年10月8日に行われた精神鑑定によれば、Aは意識があり、活発でニュースにも興味をもっていた。当該鑑定に基づき財産管理のために保佐が必要であると判断されたとしても、第2遺言作成時の精神障害（insanité d'esprit）が証明されたわけではない。また、甲アパートに無償で居住しまた賃貸に付して賃料を受領することによってYが得た間接利益（avantages indirects resultant de l'occupation gratuite de l'appartement, puis de la perception des loyers de ce bien）については、Aに対してなされた様々なサービスにその対価性（contrepartie）が認められ、あるいはまた、第2遺言によって（第1遺言は撤回され）持戻しは免除されている。さらに、Yは不分割財産に対して無償居住によって得た占有利得の返還義務及び賃料返還義務を負っているとしても、仏民815の10条2項に定める5年の期間の経過により消滅した[14]。

---

13) 現行のフランス成年後見制度は、2007年3月5日法律第308号（2009年1月1日施行）に基づく。当時は、1968年1月3日法律第5号が適用され、後見又は保佐の手続を受理した後見裁判官は、民事生活の行為について保護を必要とする者を、仮の決定によって審理の期間中裁判所の保護の下に置くことができ（改正前仏民491条、491条の1）、裁判所の保護は、後見又は保佐の開始によって新たな保護の制度が効果を生じる日に終了するとされていた（同491条の6）。旧制度の保佐に関する規定（改正前仏民508条から514条まで）については、法務大臣官房司法法制調査部編『フランス民法典－家族・相続関係－』（法曹会、1978年）203頁以下参照。なお、2015年10月15日オルドナンス第1288号は、新たな保護制度として、「意思を表明する状態にない者（hors d'état de manifester sa volonté）」を代理することを内容とする「家族授権（habilitation familiale）」を設けた。

14) 1976年12月31日法律第1286号の815の10条は、1項で「不分割財産（biensindivis）の果実及び収入は、仮の分割、又は収益の分割を定めるそのほかのすべての合意がない場合には、不分割［財産］（indivision）を増大させる。」と規定し、2項で、「ただし、果実及び収入に関するいかなる追求も、それらを受領し、又は受領することができたであろう日から5年を超えた後は、受理されない。」と規定していた。2006年改正法は、冒頭に新しい項を設け、「不分割財産に代わる債権及び損害賠償金、並びに不分割者の合意により不分割財産を用いて得た財産は、物上代位により、当然に不分割となる。」と定め、改正前1項、同2項をそれぞれ2項、3項へと繰り下げた。関連して、後掲注(24)の2012年1月18日破毀院判決③参照。

X上告。2012年1月18日の破毀院判決（以下では、「本件2012年破毀院判決」という。）[15]は、第2遺言の有効性を認めたうえ、共同相続人の1人に対する間接利益が持ち戻されるべき無償処分（libéralité）であると認められるためには、無償処分意思の証明を要し、控訴院はその点を究明する義務を負うとして、破毀差し戻した。2013年1月15日、差戻審のリヨン控訴院は、第1遺言において間接利益の持戻しが明記されており、Aの無償処分意思は証明されたとして、持戻しを命じた。これに対し、Yは、第1遺言は第2遺言によって撤回されて効力を失っているから、第1遺言に依拠することはできず、控訴院判決は仏民1035条に違反するなど主張して、上告した。

破毀院は、次のように判断して上告を棄却した。被相続人が無償処分意思に基づき共同相続人の1人に間接利益を与えたことを証明するためにあらゆる証明方法が許されている。控訴院が、無償居住利益を相続財産に持ち戻させる意思が明示されていた第1遺言に基づいて、本件利益のコーズ（cause）は無償処分意思であったと判断したことは、事実審の専権の行使として適法である。このことと、第1遺言が第2遺言によって撤回されたこととは無関係である。

2　果実の持戻しと無償処分意思

仏民843条1項は、「相続に臨むすべての相続人は、限定承認をした場合（ayant accepté à concurrence de l'actif）であっても、その者が死亡者から生存者間の贈与（par donations entre vifs）によって直接又は間接（indirectement）に受領したすべてのものを、その者の共同相続人に対して持ち戻さなければならない。その者は、死亡者がその者に対して行った贈与が明らかに相続分外（hors part successorale）で行われたのでなければ、それを保持することができない。」と定める[16]。このように、生前贈与は、「相続分外で」行われたのでなければ、持戻しの対象となるが、同条2項によれば、遺贈は、遺言者の反対の意思がな

15）Cass. civ. 1re, 18 janv. 2012, n°10-27. 325, Bull. civ. I, n°9.
16）現行仏民843条は、2006年改正法によって修正されたものである。「限定承認をした場合（ayant accepté a concurrence de l'actif）」は、改正前1898年3月24日法律によれば「限定承認相続人（bénéficiaire）」、また、「相続分外（hors part successorale）」は、改正前は「先取分として相続分外に、又は持戻しの免除を伴って（par préciput et hors part, ou avec dispense du rapport）」であった。

いかぎり「相続分外で」行われたとみなされる。同条は、無償処分の持戻しに関する原則規定であるが[17]、そのほかに以下のような規定がみられる。共同相続人の一人の自立のために、又はその者の負債の支払いのために用いられたものについては持戻しが義務づけられる（仏民851条1項）。果実（fruits）及び収入（revenus）の贈与は、明らかに「相続分外で」なされたのでなければ、持戻しの対象となる（同条2項）。食費、生計費、教育費、見習いの費用、軍装の通常の費用、結婚式の費用及び慣例の贈物は、贈与者の反対の意思がないかぎり、持ち戻す必要がない（仏民852条1項）。

本稿で問題となるのは、果実及び収入の贈与の持戻しに関する仏民851条2項である。同項は2006年6月23日法律第728号（以下では、「2006年改正法」という。）による相続法改正の際に新設された規定であるが、そこに至るまでに議論の変遷があった[18]。

仏民856条によれば、持戻しの対象とされた物の果実及び利息（intérêst）は相続開始後のものについて持戻しを義務づけられる。このことから、破毀院は当初、果実の贈与それ自体は持戻しを免れると解していた。父親が息子の1人

---

17) 現行仏民893条は、1項において「無償処分（libéralité）とは、ある人がその財産（biens）又は権利（droits）の全部又は一部を無償で（à titre gratuity）他人の利益のために処分する行為である。」と定め、2項では「その行為は、生存者間の贈与（donation entre vifs）又は遺言（testament）によってのみ無償処分とされる。」と定める。同条は、2006年改正法により全面的に書き直されたものである。改正前893条では、「以下に定める形式にしたがう生存者間の贈与又は遺言によるのでなければ、無償で財産を処分することはできない。」とされていた。2014年破毀院判決で問題となっているのは、生存者間の贈与であるが、仏民894条は、「生存者間の贈与は、贈与者が、贈与を承諾する受贈者のために贈与物（chose donnée）をその時点で不可撤回的に手放す行為である。」と定義づける。無償処分については、前掲注(12)も参照のこと。

フランス民法における無償処分の持戻し制度については、有地亨「特別受益者の持戻義務(1)(2)」民商40巻1号（1959年）18頁、2号（同年）27頁、千藤洋三『フランス相続法の研究－特別受益・遺贈－』（関西大学出版部、1983年）1頁、伊藤昌司「持戻し免除について」中川淳先生還暦祝賀論集『現代社会と家族法』（日本評論社、1987年）396頁など、先行業績の蓄積がある。最近の松川正毅「フランス法における遺留分」水野紀子編著『相続法の立法的課題』（有斐閣、2016年）237頁以下は、フランス相続法について、「自由分と遺留分」という考え方が遺留分について基礎的な法理論を形成しており、また、相続人に対する無償処分を相続と関連させる2つの法的テクニックとして「遺留分減殺」と「持戻し」があるとし、日本法との相違点に配慮しつつ基本的かつ総合的な理解を目指している。

18) P.MALAURIE et C.BRENNER, op. cit., n°868.

に乙不動産の所有権を贈与し、他の子に丙不動産から生じた利益を贈与した場合、前者が果実の持戻しを免れる一方で、後者が相続財産にその利益を戻さなければならないとすると、矛盾が生じるからである。加えて、果実の贈与は贈与者の資産を必ずしも減少させるものではなく、また、受贈者を必然的に富ませるものではないことが、その理由として挙げられていた[19]。ところが、1997年に判例が変更される。1997年1月14日の破毀院判決は、仏民843条が、死亡者が財産（bien）を贈与したか、財産の果実のみを贈与したかによって区別していないことを理由に、果実は持ち戻されるとした[20]。さらに、2005年11月8日の破毀院判決は一歩進めて、無償居住による間接利益は被相続人に無償処分意思がない場合でも持ち戻されなければならないとした[21]。2005年の破毀院判決が被相続人の意思に関わりなく持戻しを義務づけたことについては批判もあり[22]、2006年改正法は、果実及び収入の贈与を持戻しの対象としつつも、相続分外でなされたことの証明があれば持戻しを免れる趣旨の851条2項を置いて2005年判決の立場をとらないことを明確にし、立法的解決を図った[23]。

---

19) Cass. civ., 27 nov. 1917, S.1917.1.105. 事案と判決要旨は次のとおり。Aは子Yに、1879年から1897年までの17、8年間、複数の不動産の一括管理を委ねていた。Yは賃料を受領し、203,814フランの利益を得た。Aとその妻の死亡後、3人の子の間で、A夫婦の共通財産と相続財産の清算が行われ、公証人は、Yに対して、経費と報酬に相当する38,741フランを超える165,073フランを間接利益として相続財産に持戻すよう求めた。1908年12月10日、セーヌ裁判所は、公証人の判断を承認し、Yに持戻しを命じたが、パリ控訴院は、原審判決を取り消し、持戻しを免除した。AはYの利益のために賃料を放棄し、賃料の放棄は財産価値を減ずるものではなく、また負担を生じさせるものでもないことを理由とする。破毀院は次のように述べて子Xの上告を棄却した。仏民856条によれば、持戻しに服する物（choses）の果実及び利息（intérêts）は、相続開始時から算入する。この規定は、仏民843条が定める一般原則の例外であるが、贈与者の推定意思に基づく。すなわち、受贈者に贈与の目的物だけでなく、その物から生じた果実についてもすべて持戻しを義務づけると、無償処分は受贈者にとって損害を与えることになるからであり、このことは、用益権を設定することなく果実を放棄した場合についても同じである。
20) Cass.civ.1re, 14 janv.1997, Bull.civ. I, n°22. 一部の共同相続人が、被相続人の生前に14年間不動産を無償使用していた事案に関する判例である。
21) Cass.civ.1re, 8 nov.2005, Bull.civ. I, n°409.
22) Cass.civ.1re, 8 nov.2005, D.2006, Pan.2072, obs. M.Nicod.
23) P.MALAURIE et C.BRENNER,op.cit.,n°868; M.-C.FORGEARD,R.CRÔNE et B. GELOT, LE NOUVEAU DROIT DES SUCCESSIONS ET DES LIBÉRALITÉS,LOI DU 23 JUIN 2006 COMMENTAIRE & FORMULES, 2007, n°224.

このように議論が変遷する中で主に問題となったのは、不動産の長期にわたる無償居住による間接利益であった。本件2012年破毀院判決を含む2012年1月18日付の複数の破毀院判決は、このような利益の持戻しが認められるためには、被相続人の無償処分意思（無償処分の主観的要件）が証明されなければならないとした[24]。いずれも2006年改正前の法律が適用される事案であったが、この判例理論は、2006年改正法施行（2007年1月1日）後も維持されるものと解されている[25]。

2014年破毀院判決は、2012年1月18日付の一連の破毀院判決によって形成

---

[24] 前掲注(15)で引用した本件2012年破毀院判決のほか、①Cass.civ.1re,18 janv.2012,n° 09-72.542, Bull.civ. I, n° 8, ②Cass.civ.1re,18 janv.2012, n°11-12.863, Bull.civ. I, n° 8がある。

①の事案は次のとおり。農業経営者Aとその妻Bは、1979年3月1日付公証証書（acte notarié）により、子Yに事前分割として（à titre de partage anticipé）、彼らの財産（居住家屋を含む）の3分の1の虚有権（nue-propriété）を先取分として相続分外（par préciput et hors part）で贈与し、A・Bの世話（soins）と生計維持（entretien）を義務づけた。Yは1959年以来、無償の家族支援者として（en qualité d'aide familial non salarié）農業経営に参加していた。1999年にA、Bが相次いで死亡し、子XがYに対して両親の相続財産の清算と分割を求め、Yが1959年以降両親の居住家屋に同居することによって得た間接利益の持戻しを請求したが、控訴院はXの請求を退けた。Xは、これを不服として、相続人の平等の観点から間接利益はすべて持ち戻されるべきこと、両親の世話は虚有権の贈与の負担として行われたものであることなど主張して、上告。破毀院は、次のように述べて上告を棄却した。無償処分（libéralité）とは、処分者が、相続人に利益を与える意図（intention de giratifier son héritier）をもって自らの財産を減少させることであり、そのような無償処分が持ち戻されることになる。無償処分意思（intention libérale）が証明されなかったことを理由にXの訴えを退けた控訴院の判断は適法である。

②の事案は次のとおり。A・B夫婦は共通財産制の下で土地を取得し、そこに娘Yとその家族と共に居住する家屋を建築した。A・B夫婦は、1997年7月21日付公証証書により当該不動産の虚有権をYに贈与し、用益権を取得した。Aは2002年8月3日に死亡し、妻Bと3人の娘が相続人となり、A・B夫婦の共通財産及びAの相続財産の清算と分割が行われた。控訴院は、Aが1992年から2002年まで娘Yの家族を同居（hébergement）させたことにつき、無償処分と解して居住利益を持ち戻さなければならないとしたが、破毀院は次のように述べてこれを破毀した。YはAらに賃料を支払っていないが、同居中に様々な出費をしており、それら出費が対価となり、無償処分意思の証明を要する無償処分であることを否定することにならないかどうかを究明することなく、同居させたことを無償処分として居住利益を持戻しの対象としたことは違法である。

同日付の破毀院判決として、ほかに③Cass.civ.1re,18 janv. 2012, n°10-25.685,Bull.civ. I, n°7がある。③は、無償処分意思の存在を前提とする無償処分の持戻しについては不分割に関する仏民815の10条2項は適用されないとする。

[25] Cass.civ.1re, 25 juin 2014, JCP N 2014. 797, n. D.Faucher.

された判例理論を前提に、無償処分意思はあらゆる方法により証明されるとして判例理論を補充し、「持ち戻させる」旨の第1遺言に依拠して無償処分意思を認めたものであるが、第1遺言が第2遺言により撤回されていたことから、遺言の撤回の効力との関係が問題となった。撤回された遺言はもはや遺言ではないが、2014年破毀院判決は、撤回された第1遺言に依拠して無償居住利益の持戻しを認めたのであるから、結果として、撤回された遺言に効力を認めたことになる[26]。撤回された遺言の効力との関係で、2014年破毀院判決の意義が問題となる。

Ⅳ　考　察

　2014年破毀院判決と平成25年判決のいずれにおいても、被相続人の意思を探求するにあたって撤回された遺言を考慮することの適否が、遺言の撤回の効力と関連して問題点のひとつとなっており、その点に共通点を見出すことができる。日本相続法とフランス相続法では、持戻しのあり方や自由分と遺留分の関係など、制度や考え方に違いがあるが、2014年破毀院判決及びそれに至る過程において、撤回された遺言の効力と被相続人の意思の関係が自覚的に議論されていることに、ここでは着目したい。

　2014年破毀院判決は、不動産の居住利益の持戻しを認めるにあたって、無償処分意思の証明はあらゆる方法で行われ、「持ち戻させる」旨の遺言は、たとえその遺言が撤回されていたとしても被相続人の無償処分意思を証明するに十分であり、そのことと遺言が撤回されて効力を失ったこととは無関係であるとする。この点について、同判決においては生前の無償処分が問題となっているから、無償処分がなされたときの被相続人の意思を探求すればよく、第1遺言によれば、被相続人が当時、不動産の無償居住利益を享受する共同相続人にその利益を持ち戻させる意思を有していたことは明らかであるとして、同判決を支持する見解がある[27]。この見解は、どの時点の被相続人の意思が探求されているかに着眼し、生前の無償処分意思についてはその当時の被相続人の意

---

26) この点については、前掲注(4)参照。
27) Cass. civ. 1re, 19 mars 2014, Dr. famille, mai 2014, p.25, obs. M.Nicod.

思を探求すればよいとすることで、遺言の撤回の効果との整合性を図ろうとするものと理解することができる。

このような、どの時点での被相続人の意思が探求されているかという観点からすると、遺言解釈は最終意思の探求であるから、撤回されて効力を失った遺言（の内容）を考慮することには慎重を期したほうがよいということになるであろう。たとえば、「これまでの遺言はすべて撤回する」旨の撤回遺言がなされると、遺言はすべてなかったことになり、法定相続によるというのがその時点での被相続人の意思となる。その後の遺言の解釈にあたっては、法定相続によるという意思を基点とすべきであろう。平成25年判決が遺言解釈をする際に撤回された遺言に言及しなかったことが、そのような考え方に基づくものであるならば、妥当である。

V　むすびに

遺言解釈において撤回された遺言を考慮することについては慎重を期したほうがよいとするならば、平成25年判決の原審が本件「まかせる」旨の遺言解釈において撤回された遺言の内容を無防備に考慮したことにはいささか疑問が残る。しかし、そのことと、本件「まかせる」旨の遺言を包括遺贈と解してよいかどうかは別問題である[28]。「まかせる」旨の遺言は多義的であり、場合によっては包括遺贈と解せられるとしても[29]、本件のように、高齢者が日常生活を他者に依存し、その者の影響下にあって、矛盾・抵触する内容の遺言を行うなどして遺言の撤回を繰り返す場合、遺言者の真意を捕捉することは難しい。本件では現に、裁判所の判断が分かれている。そのような場合に、「まかせる」という多義的な文言を用いた遺言をあえて活かすことなく法定相続に委ねるというのも、遺言解釈のひとつのあり方であろう。平成25年判決は、「できるかぎり有効に」の解釈（以下では、「有効解釈」という。）準則の影響を受けて本件遺言を活かす解釈をしたとみられるが、有効解釈準則を示した昭和30

---

[28] 包括遺贈と解した平成25年判決を支持する学説として、千藤・前掲注(8)77頁がある。
[29] 東京高決平成9年8月6日家月50巻1号161頁。丸山昌一「判例紹介」NBL1023号（2014年）67頁、川口恭弘「預金・為替　概観」金法2001号（2014年）4頁。

年の最高裁判決は、「ゆずる」の文言を遺贈の趣旨と解したものであり[30]、文言上処分行為性にさほど問題なく、多少の不明確ないし矛盾する部分や誤記が含まれているとしても記載内容全体から合理的に遺言者の意思を推断できるならば、遺言は有効であるとしたものである。平成25年判決については、有効解釈のあり方が問題となるように思われる。

　仏民1157条は、「ある条項が2つの意味にとれるときは、なんらの効果も生じることができない意味においてよりもむしろ、何らかの効果を有することのできる意味において理解しなければならない。」と規定し[31]、同条は遺言に準用されている[32]。同じ解釈準則でも契約と遺言では異なる側面があると思われるが、その点も含め、遺言の有効解釈については、後日、検討することとしたい。

30）最判昭和30年5月10日民集9巻6号657頁。同判決は、「意思表示の内容は当事者の真意を合理的に探究し、できるかぎり適法有効なものとして解釈すべきを本旨とし、遺言についてもこれと異なる解釈をとるべき理由は認められない。」とし、Aの遺言につき「相続はBにさせるつもりなり」「一切の財産はBにゆずる」旨の文言をBに対する遺贈と解し、唯一の相続人である養女Cに「後を継す事は出来ないから離縁をしたい」旨の文言を相続人廃除の趣旨と解した原審を相当としたものである。

31）2016年2月10日オルドナンス第131号により債権法が改正され、同年10月1日より施行される。改正法によれば、現行仏民1157条は新1191条に移り、文言が修正され、「ある条項が2つの意味にとれるときは、効果を生じさせる意味が効果を生じさせない意味に優位する。」となっている。

32）P.MALAURIE et C.BRENNER, op. cit., n°536.

EU国際相続法における当事者自治の原則

福井清貴

I 序文

　わが国の国際私法学説においては、国際相続における当事者自治の原則の導入が有力に主張されてきた。諸外国においてもこれを採用する制度がみられる[1]。そこで、わが国でも法例から法の適用に関する通則法（以下、「通則法」という）への改正に際し、被相続人による法選択の導入が検討された。ところが、遺留分権利者の権利が害されうること、法選択の成否をめぐる争いが生じかねないこと等の理由から、その導入は見送られた[2]。

　このようなわが国の現状に対し、近時のEUの動向は興味深い。EUでは、2012年7月に、「相続における裁判管轄、準拠法、判決の承認および執行、公文書の受理および執行ならびに欧州相続証明の創設に関する欧州議会および理事会規則」（以下、「EU相続規則」という）が成立した[3]。本規則の内容は、その名の通り多岐に渡る。本稿との関係では、その22条が重要である。同条は、相続について被相続人による国籍国法の選択、すなわち量的制限を伴う当事者自治を認めるからである。

　EU相続規則における当事者自治の議論は、今後のわが国における立法論上の示唆を得るのに有用であると思われる。そこで本稿では、当該規則において当事者自治が導入された経緯ならびにその内容を紹介し検討することにしたい。

---

1) ただし、その様態は国により様々である。法例研究会『法例の見直しに関する諸問題（3）』（商事法務、2004年）124頁以下参照。
2) 小出邦男編『逐条解説 法の適用に関する通則法〈増補版〉』（商事法務、2014年）351頁。
3) ABl. 2012 L 201/107.

なお本稿では、「被相続人による法選択」のことを、必要な場合を除き、端的に「法選択」という。

II　EU相続規則の成立とその内容

1　沿　革

　欧州における国際相続規則の策定は、1998年12月の「ウィーン行動計画」に端を発する。この行動計画においては、2003年末までに、身分法関係の準拠法・裁判管轄・外国判決の承認執行ルールに関する共同体立法の可能性を検討すべきとされた[4]。さらに2000年11月には、欧州理事会と委員会による「実施計画」において、遺言と相続に関する裁判管轄および判決の承認・執行ルールの統一制度を作成することが目標に掲げられた[5]。これに従い、2001年末、これらの立法の可能性と必要性を検討するため、欧州委員会はドイツ公証人協会に対し、Dörner（ミュンスター大学）と Lagarde（パリ第1大学）と共同で相続に関する実質法および国際私法の比較法研究を行う旨の依頼をした。2002年11月に公表された当該研究（以下「DNotI報告書」という）では、共同体立法の策定の必要性が肯定され、立法の提言がなされる[6]。これを基盤として、2005年3月には、欧州委員会によりグリーンペーパーが作成され[7]、各界から多数の意見が寄せられた[8]。2006年2月には欧州経済社会評議会[9]、同年11月には欧州議会[10]も、国際相続に関する共同体立法を推奨する提言文書を公表した[11]。

　すでにDNotI報告書、グリーンペーパーに対する各界の意見、欧州経済社会

---

[4]　ABl. 1999 C19/1.
[5]　ABl. 2001 C12/1.
[6]　DNotI/Dörner/Lagarde, DNotI, Les Successions Internationales dans l'UE (2002), S. 169ff.
[7]　KOM (2005) 65 endg.
[8]　各界の意見の概観は、Lehmann, IPRax 2006, S. 204ff. 参照。
[9]　ABl. 2006 C28/1.
[10]　P6_TA (2006) 0496.
[11]　ここまでの経緯は、長田真里「相続の準拠法をめぐる立法論的課題」民商法雑誌135巻6号（2007年）86-95頁参照。

評議会および欧州議会の提言のいずれもが、相続における当事者自治の導入に積極的であった[12]。しかし、議論の細部が詰められていたとはいい難く、具体的な内容に関して見解の一致があったわけでもない。当事者自治も含め纏まった規定が示されるのは、2009年10月に公表された「相続における裁判管轄、準拠法、判決および公文書の承認および執行ならびに欧州相続証明の創設に関する欧州議会および理事会規則のための提案」（以下、「委員会提案」という）においてである[13]。

しかしこの提案に対しては、EU各加盟国や研究機関から多数の修正意見が提示された。そのため、委員会提案の公表から2012年1月まで、欧州議会と理事会とで幾度も修正内容が審議されることになる[14]。この間、欧州議会のLechnerによって、2011年2月に委員会提案に対する修正案（以下、「議会第一修正案」という）が作成される[15]。欧州理事会内部では同年12月、規則の文言につき大枠の合意に達し、翌年1月にその内容（以下、「理事会案」という）が示された[16]。2012年2月には、欧州委員会・理事会・議会による最後の三者交渉（Trilog）が開催され、ここでほぼ修正の検討は終了する[17]。以上の修正を経た草案（以下、「議会最終修正案」という）は、同年3月の第一読会において、大多数の賛成により議決され[18]、6月には欧州理事会にて採択された[19]。7月には全ての立法手続が終結し、同月末に公示がなされた[20]。かくして、同規則は、翌月の8月に発効し、3年間の経過措置期間を経た2015年8月17日以降、イギリス・アイルランド・デンマークを除くEU加盟国にて適用されることになる

---

[12] DNotI/Dörner/Lagarde (Fn 6), S. 265ff.; ABl. 2006 C28 /2 Rn 2.8.4; P6_TA (2006) 0496, Recommendation 3; Lehmann (Fn 8), S. 206.

[13] KOM (2009) 154 endg. 林貴美「EU家族法の動向―離婚、カップルの財産関係及び相続に関するEU規則を中心に」国際私法年報13号（2011年）63-65頁。
すでに2008年6月にも欧州委員会によって準備草案が作成されていた。Scheuba, in: Schauer/Scheuba, Europäische Erbrechtsverordnung (2012), S. 1(10ff.). この準備草案は国籍国法と常居所地法のいずれの選択も認めるものであったとされる。

[14] Scheuba (Fn 13), S. 17f.

[15] PE441.200v02-00.

[16] 18475/11 ADD REV 3.

[17] Lechner, in: Dutta/Herrler, Die Europäische Erbrechtsverordnung (2014), S. 5(10)によれば、三者交渉は、この最後のものを含め全13回行われた。

[18] A7-0045/2012.

[19] 10865/12 PRESSE 245.

[20] ABl. 2012 L201/107.

のである（EU相続規則84条）。

2 条　文

(1)　委員会提案（2009年10月）

> 第17条　自由な法選択
> 1. 人は、その者の遺産全てに係る権利承継を、その者が国籍を有する国の法によらしめることができる。
> 2. 権利承継に適用される法の選択は、死因処分の方式要件と同一の表示の手段において明示的になされなければならない。
> 3. 法選択の成立と実質的有効性は、選択された法による。
> 4. 法選択の作成者による変更または取消しは、死因処分の変更または取消しに関する方式規定と合致していなければならない。

(2)　議会第一修正案（2011年2月）

> 第17条
> 1. 人は、その者の遺産全てに係る権利承継を、その者が法選択の当時に有する国籍国の法によらしめることができる。法選択は、その者が死亡の当時に、その者が選択した法の国の国籍を有する場合にも有効となる。
> 2. 権利承継の準拠法の選択は、死因処分の方法においてなされなければならない。
> 3. 法選択の成立と実質的有効性は、選択された法による。
> 4. 法選択の変更または取消しのためには、2項および3項が同様に適用される。

(3)　理事会案（2012年1月）

> 第17条　法選択
> 1. 人は、死亡による権利承継のために、その者が法選択の当時において所属している国の法を選択することができる。複数の国籍を有する者は、その者が法選択の当時において所属している国のうち一つの法を選択することができる。

2. 法選択は、死因処分の方式において明示的に表示されるか、または当該処分から一義的に明らかにならなければならない。
3. 法選択がなされた法律行為の実質的有効性は、選択された法による。
4. 法選択の変更または取消しは、死因処分の変更または取消しに関する方式規定と合致しなければならない。

(4) EU相続規則[21]

第22条　法選択
(1) 人は、死亡による権利承継のために、その者が法選択の当時または死亡の当時において所属している国の法を選択することができる。複数の国籍を有する者は、その者が法選択の当時または死亡の当時において所属している国のうち一つの法を選択することができる。
(2) 法選択は、死因処分の方式において明示的に、または当該処分の規定から明らかにならなければならない。
(3) 法選択がなされた法律行為の実質的有効性は、選択された法による。
(4) 法選択の変更または取消しは、死因処分の変更または取消しに関する方式規定と合致しなければならない。

3　EU相続規則と草案の内容

(1) 当事者自治導入の意義

　被相続人による法選択の導入については、制定過程初期の段階ですでに積極的な意見が大半を占めた。もっとも、当事者自治導入の根拠については、詳細に議論されていたわけではないように窺れる。例えば、委員会提案における立法理由においては、準拠法に関する法的確実性を確保し相続計画を容易にする利点があることが簡潔に述べられていたにすぎない[22]。この根拠については、2002年のDNotI報告書がやや詳しく述べている。すなわち、被相続人に法選択が認められれば、本来死亡時に確定する相続準拠法を生前の段階で定めることができ、その法を前提に自身の遺産処理を計画できるようになる。そし

---

21) 議会最終修正案17条は、現行規則22条1項第2文に当たる部分に「または死亡の当時」という文言を欠いていた違いを除き同一である。

て、被相続人にとって望ましい相続法上の結論を実現することができるようになるとされる[23]。これによれば、当事者自治の導入は、被相続人が準拠法を予見できるという法的確実性[24]、相続準拠法の変動を阻止するという安定性[25]、被相続人の望む結果に合致させる具体的妥当性[26]といった法政策的な根拠に基づいていたといえる。

以下では、前述2で挙げた各草案の条文において共通する点と相違する点を検討し、いかなる理由で現在の規定となったのか明らかにしたい。

(2) 各草案の共通点

各条文から明らかなように、当事者自治の規定はすでに2009年の委員会提案において、凡その方針が定まっていた。各々には、相当な共通点が見られるからである。

---

22) KOM (2009) 154 endg., S. 7. 学説では、諸国実質法上認められる遺言自由の原則の国際私法の平面に対する反映（Mansel, in: Leible/Unberath, Brauchen wir eine Rom 0-Verordnung？(2013), S. 241(259)）や、自由な人格形成を認めるという近時の傾向ならびに基本的権利の実現（Dutta, in: Reichelt/Rechberger, Europäisches Erbrecht (2011), S. 57(66f.)）等も挙げられている。

23) DNotI/Dörner/Lagarde (Fn 6), S. 265ff.

24) これは客観的連結の欠点を補うという形でもしばしば言及される。すなわち、EU相続規則は法選択がない場合に死亡当時の常居所地法により（21条1項）、それより明らかに密接に関係する地があるときにはその地の法によるとの回避条項を定める（同条2項）。しかし、本規則において常居所地の具体的な定義がなされていない上、この常居所地は、回避条項における最密接関係地と同様に事情の全体を考慮しつつ決定されると解されている。以上から、客観的連結には準拠法の予見可能性に難がある。そこで、予見の容易な国籍国法の選択を認める意義があるとされる。Dutta (Fn 22), S. 61f.; Schauer in Hübner/Schauer, EuErbVO-Kommentar (2015), Art. 22 Rn 3; NK-BGB/Looschelder 2.Aufl.(2015), Art. 22 EuErbVO, Rn 1; Rudolf/Jud/Kogler, 3. Kollisionsrecht, Rn 54 in: Rechberger/Jud, Die EU-Erbrechtsverordnung in Österreich(2015).

25) 法選択がない場合、死亡当時の常居所地が適用される。就学や仕事の都合等でやむを得ず居所地を変更しそれに伴い常居所地が変われば、準拠法も変動しうる（Solomon, in: Dutta/Herrler, Die Europäische Erbrechtsverordnung (2014), S. 19(31)）。法選択は、この準拠法の不安定性を予め回避できるといわれる。Dutta (Fn 22), S. 63; Rudolf/Jud/Kogler (Fn 24), Rn 55; Süß, § 2 in: Süß, Erbrecht in Europa 3.Aufl.(2015) Rn 78.

26) 常居所地法が、被相続人にとって最も密接で適切な法とは限らない。被相続人が居住地よりも本国に帰属意識を持っていたり、望んだ相続制度を常居所地実質法が有していないかもしれないからである。そこで当事者自治を認めることで個別事案の正義（具体的妥当性）が実現されるといわれる。Dörner u.a., IPRax 2005, S. 1(5); Süß (Fn 25), Rn 78. しかし国籍国法だけの選択しか認められない以上、この意義は限定的である。Schauer (Fn 24), Rn 3.

第一に、法選択をなしうる者が被相続人に限定されたことが挙げられる[27]。すなわち、法選択は、相続人との合意ではなく、原則として被相続人の一方的意思表示によって成立する[28]。これはすでにDNotI報告書により提唱されており[29]、グリーンペーパーに寄せられた多数の意見や提言もこの立場であった[30]。委員会提案以降の草案もこれを前提とした。この定めは、実際的にも妥当と解される[31]。なぜなら、法選択に「合意」が要求されるならば、法選択をなしうる将来の相続人が誰かという問題を、法選択より先に判断しなければならない。しかし、その判断を準拠法の決定（法選択）前になすことは困難だからである。また、相続人による法選択合意が認められるとすると、法選択に関与しなかったその他の相続人や遺産債権者との関係で第三者保護の問題も発生しかねない。以上のことから、EU相続規則は、被相続人を法選択の中心に据えたのである[32]。

　第二に、選択可能な準拠法が国籍国法のみに限定されていることが挙げられる。これは、選択可能な法の範囲を広げることによって、利害関係人にとって極度に不利益となるような強行法規潜脱の可能性を高めるべきではないとの意見が根強かったためである（後述Ⅲ参照）。

　第三に、法選択の実質的有効性を当該選択された法によらしめる準拠法説が採用されていることである。これにつき、立法過程で争いはなかったようである。この規定は、本規則の制定時に参考とされた死亡による財産の相続の準拠法に関するハーグ条約[33]5条2項第2文、契約債務の準拠法に関するローマⅠ

---

27) いずれの案も、選択の主体を「人（Person）」とする。法選択をなしうる生前、「人」はまだ厳密には「被相続人」になっていないからだろう。
28) ただし、本規則は共同遺言や相続契約も規律対象とする。これらに関係し法選択がなされたときは、二以上の当事者が生じるため、「合意」による法選択が必要となりうる。Schauer (Fn 24), Rn 8; Mansel (Fn 22), S. 259.
29) DNotI/Dörner/Lagarde (Fn 6), S. 269.
30) 前掲注(12)の文献参照。
31) MüKo/Dutta 6.Aufl.(2015), vor Art. 20 EuErbVO, Rn 22; Dutta (Fn 22), S. 80f.
32) Schauer (Fn 24), Rn 9. Kern/Glücker, RabelsZ 78(2014), S. 294(303f.)は、相続人や利害関係人の負担となる結果が生じうるとしても、被相続人だけを準拠法決定の基点とすることは妥当であるとする。
33) この条約については、木棚照一『国際相続法の研究』（有斐閣、1995年）117-125頁とその注(1)に挙げられる文献、ドノヴァン・W・M・ウォーターズ著（道垣内・織田共訳）「財産の相続の準拠法に関するハーグ条約についての報告書」北海学園大学学園論集102号（1999年）95-200頁参照。

規則[34)]3条5項、離婚および法定別居の準拠法に関するローマⅢ規則[35)]6条1項でも同様に定められており、これに準じたものと考えられる。

第四に、法選択の成立・取消し・変更の方式が、実質法上の死因処分[36)]の方式規定に則らなければならないと定められていることである。遺言の方式については、EU加盟国の半数が、「遺言の方式に関する法律の抵触に関するハーグ条約」(以下、「遺言方式条約」という)に批准している[37)]。それらの国では当該条約がEU相続規則に優先的に適用される[38)]。したがって、実質法上の遺言の方式のみならず、法選択の方式も、同条約1条の選択的連結に基づき、遺言行為地、遺言成立当時か死亡当時の国籍国法、住所地法、常居所地法のうちいずれかの要件に従えばよい[39)]。これは法選択の成立を過度に容易にさせるようにみえる。そこで、国際私法独自に方式要件を定めるという手段[40)]や、実質的有効性と同様に選択された法によるとすることも考えうる[41)]。しかし、法選択の方式要件を実質法上の遺言よりも厳格にする必要はないとされ、同規則の規定は支持されている[42)]。

(3) 各草案の相違点

以上に対し、細部では異なる点も散見される。

第一に、法選択を明示のものに限るべきかという問題である。当初、委員会

---

34) ABl. EG 2008 L177/6.
35) ABl. EU 2010 L343/10.
36) これには遺言のみならず共同遺言や相続契約も含まれる。これらの方式によっても法選択はできる。NK-BGB/Looschelder (Fn 24), Rn 24.
37) 本条約については、村岡二郎「遺言の方式に関するヘーグ条約への加盟について」国際法外交雑誌36巻3号 (1964年) 55-63頁とそこで挙げられる文献参照。
38) 議会第一修正案以降の案には、遺言方式条約の連結政策とほぼ同様の規定が定められた。そのため、同条約未批准の国でも法選択の方式について本文とほぼ同様の選択的連結がなされる (EU相続規則27条)。さらに同条は、同条約の適用対象外である相続契約の方式を定めている。相続契約において法選択がなされたときは、その方式は27条によることになる。
39) Süß (Fn 25), Rn 103. 遺言方式条約は、不動産に関する遺言につきその所在地法の選択的連結も定める。この所在地法が法選択の方式に適用されるか否かは、否定説 (Rudolf/Jud/Kogler (Fn 24), Rn 209) と肯定説 (NK-BGB/Looschelder (Fn 24), Rn 24) で分かれる。
40) ローマⅢ規則7条1項やわが国の通則法26条2項。
41) Rudolf, NZ 2010, S. 353(360).
42) Wilke, RIW 2012, S. 601(606); Dutta (Fn 22), S. 76f.

提案は、明示の法選択だけを認めていた。この理由は、被相続人による黙示の意思を死後に認定する困難を回避するためであると解される[43]。しかしそれに対しては、「明示」と「黙示」の区別は困難であり、むしろ裁判所が被相続人の望んだ意思を柔軟に認定できるようにすべきとされ、黙示の法選択の導入が主張された[44]。同様の理由で、議会第一修正案と理事会案も黙示の法選択を認めるに至っている。そうするとさらに問題となるのが、黙示の法選択は「一義的に」明らかにならなければならないのか否かである。理事会案は、黙示の法選択の認定をめぐる紛争をできるだけ回避すべきとの理由で、一義性の要件を定めた[45]。

ところが、これにも批判があった[46]。すなわち、「一義的」という要件があるからといって、黙示の法選択の認定できる場面を明確にできるわけではなく、また国際契約と国際相続とで黙示の法選択の要件が同一である必要もないとされた[47]。とくに後者の批判が重要である。すなわち、相続では契約と異なり、遺言保護（favor testamenti）の原則が妥当する。この原則によれば、黙示の法選択は、できる限り被相続人（遺言者）の意思に添うように、すなわち被相続人が望んだ実質法的結論と合致する準拠法が適用されるように解釈されるべきとされる[48]。通常、被相続人は法律の素人であり、十分な国際私法の知識を有しているとは限らない。例えば、実際には客観的連結に基づき死亡当時の常居所地法が適用されるべきところ（EU相続規則21条1項）、本国法主義が妥当していると勘違いし国籍国法を前提に遺言書を作成することはありうる。もし常居所地法によって遺言の効力が当初想定したものと相違し、死後に、例えば無効になるとすれば、契約のように事後的法選択で修正する余地はもはやない。そこで、例えば遺言の中に国籍国に特有の法概念が用いられているといった事情から国籍国法の黙示の法選択を認め、被相続人の望んだ国籍国

---

43) Kroll-Ludwigs, Die Parteiautonomie im europäischen Kollisionsrecht (2013), S. 142f.
44) Dutta (Fn 22), S. 75; Max Plank Institute(MPI), RabelsZ 74(2010), S. 522(613); Rudolf (Fn 41), S. 360.
45) 18475/11 ADD REV 3, S. 21.
46) Hess/Jayme/Pfeiffer, Stellungnahme zum Vorschlag für eine Europäische Erbrechtsverordnung Version 2009/157 (COD) vom 16.1.2012, S. 25f.
47) 契約に関するローマⅠ規則3条1項第2文は、黙示の法選択が「一義的に」明らかにならなければならないと定める。
48) Lechner, ZErb 2014, S. 188(193); Süß (Fn 25), Rn 89.

法の選択を容易に認定できるようにすべきとされる[49]。この解釈のためには一義性の要件は、却って障害になると考えられた。欧州議会は、この立場であった[50]。最終的にこの考えが受け入れられ、議会最終修正案とEU相続規則は、黙示の法選択に一義性の要件を定めていない。この経緯から、EU相続規則における黙示の法選択は厳格な要件に服さないものと解される。しかし、学説では批判もあり解釈論上の議論を引き起こしている[51]。

　第二に、重国籍者の本国法決定の問題がある。委員会提案や議会第一修正案には、これに関する明文規定がなかった。そこで、重国籍者の国籍のうち本人と最も密接に関わる国の法の選択のみが認められるべきか、それともすべての国籍国法の選択が認められるべきかで解釈の分かれる余地があった[52]。この問題は、理事会案以降、後者の形で解決された。前者によれば、生前の被相続人や公証人が、複数の国籍のうちどの国が最も密接であるかを判断しなければならない。それは困難である。後者の立場を採用すれば、その困難を回避できる上に被相続人の当事者自治の範囲が拡大する利点があるからである[53]。

　第三に、選択対象とする国籍の基準時の問題がある。これについても委員会提案に定めはなかった。学説では、準拠法に関する予見可能性を尊重するため、法選択当時の国籍を基準とすべきとするものがあった[54]。被相続人が死亡当時の国籍国の法を事前に予測して選択することは稀だからである。理事会案も法選択当時を基準とした。しかし、法選択当時の国籍だけを基準とすると、ある国籍を選択当時に有していたが死亡当時にはそれを失っていた場合、

49）MüKo/Dutta 6.Aufl.(2015), Art. 22 EuErbVO, Rn 14参照。本文のような例は、ドイツでは「誤った法に基づく行為」とよばれ、当事者の望まない実質法的結果を国際私法上いかに修正すべきか議論される。Rauscher, IPR 4.Aufl. (2012), S. 119.
　　無効となった法選択は、常居所地実質法上の遺言自由の原則の枠内で、実質法的指定として考慮されうるとする類似した議論として、Frank, in Döbereiner u.a, Europäische Erbrechtsverordnung: Internationales Erbrechtsverfahrensgesetz (2016), Art. 22 Rn 32.
50）PE441.200v02-00, S. 32.
51）Mansel (Fn 22), S. 276; Solomon (Fn 25), S. 41f.; Rudolf/Jud/Kogler (Fn 24), Rn 73; Wandt, Rechtswahlregelungen im Europäischen Kollisionsrecht (2014), S. 130.
52）Kindler, IPRax 2010, S. 44(49).
53）NK-BGB/Looschelder (Fn 24), Rn 20; Solomon (Fn 25), S. 39; Greeske, Die Kollisionsnormen der neuen EU-Erbrechtsverordnung(2014), S. 135f.
54）Buschbaum/Kohler, GPR 2010, S. 106ff.(112).それに対し、法選択当時の国籍国法の選択に否定的な説として、Jud, GPR 2005, S. 133(139).

当該法選択が無効となるか否かという解釈論上の問題が生じる[55]。そのため、議会第一修正案および議会最終修正案では、法選択当時と死亡当時のいずれの国籍国の法も選択できるとした。これにより、先の事例において法選択の有効性が維持されることが明らかになった[56]。それと同時に、ある国籍を法選択当時に有さなかったが死亡までには取得する予定の国籍国の法の選択も認められるようになり、選択可能な法の範囲が広がった[57]。さらに範囲を広げるべく、被相続人が法選択前に有した国籍国の法の選択を認めるべきという見解もあった[58]。しかし、これはいずれの草案でも採用されていない[59]。

(4) 小 括

EU相続規則22条は、法選択の実質的有効性、方式ならびに国籍国法の選択の限定といったように、法選択の成立に係る重要な点を明文で規律している。これらは、すでに委員会提案の段階で定められていたのであり、法選択の成立に関する骨格部分はすでに固まっていた。その後も、選択可能な国籍国の範囲が修正されていった。すなわち重国籍者や、選択時と死亡時とで国籍の相違のある者について、それらのいずれの国籍国法も選択できるよう修正がなされた。これは被相続人の法的確実性の保障という観点から妥当な修正であったといえよう。

たしかに、黙示の法選択に一義性の要件が定められなかったことには批判があり、議論の余地はある。どのような場合に黙示の法選択が成立しうるのかを一層不明確にしかねないからである。それに対し、被相続人の意思を極力尊重するために、黙示の法選択の認定を寛容にすべきという考え方にも十分な説得力があり、この考えに同調する学説も多い[60]。

もっとも、黙示の法選択の成否が具体的事案に左右される以上、「一義的」

---

55) MPI (Fn 44), S. 610; Kindler (Fn 52), S. 49; Lange, ZVglRWiss 110(2011), S. 426(433).
56) Volmer, Rpfleger 2013, S. 421(423).
57) 死亡当時の国籍国の法選択は、帰化手続中に予め法選択をしておきたい場面に有用であるとか、法選択時と死亡時とが数十年以上離れ、かつ被相続人が同じ国籍を維持していたときに、裁判機関が遠い過去の外国国籍法を調査する負担から解放されることに意義があるとされる。Solomon (Fn 25), S. 38; Kroll-Ludwigs (Fn 43), S. 142.
58) MPI (Fn 44), S. 610.
59) 現行法の解釈論でも認められない。MüKo/Dutta (Fn 49), Rn 3.
60) 例えば、MüKo/Dutta (Fn 49), Rn 14; NK-BGB/Looschelder (Fn 24), Rn 27; Schauer (Fn 24), Rn 11.

の文言の有無にかかわらず、黙示の法選択の要件は今後の学説や判例による具体化に依存せざるを得ない[61]。また、仮に一義性の要件が定められたとしても、遺言保護という相続法に特有の事情から、契約等におけるよりも緩やかに黙示の法選択を認めるという解釈はなおありうる。そのため、この文言の存否が今後の議論に強い影響を与えるか否かには疑問が残る。

　以上から、当事者自治の規定は概ね順当に起草がなされていったことが看取できる[62]。しかし、その他に全く批判がないわけではなかった。とくに法選択の範囲を国籍国法だけに限ったことには異論が多い。次にこの議論をみてみたい。

III　量的制限をめぐる議論

1　国籍国法以外の法の選択

　選択可能な法に国籍国法を含めることには、ほぼ異論がない[63]。国籍国法の選択は、その他の家族法分野のEU国際私法で同様に認められており[64]、EU相続規則も当然のこととして定めたと解される[65]。むしろ主に議論されたのは、以下で挙げる三つの法である。

(1)　夫婦財産制の準拠法

　夫婦財産制の準拠法の選択については、これを認めることに積極的な見解もあった[66]。なぜなら、相続と夫婦財産制の準拠法が同一となることで、夫婦

---

61) この点は、「一義性」要件を定めるローマⅠ規則でも変わらない。Rauscher/von Hein, EuZPR/EuIPR 4. Aufl. (2016), Art 3 RomI-VO Rn 18f.
62) ただし、欧州議会の報告担当者であるLechnerは、当事者自治をめぐる審議は難儀だったと述懐する。Lechner (Fn 17), S. 14f.
63) ただし、EU相続規則と逆に、客観的連結の対象を国籍国とし、法選択の対象を常居所地法にすべきとの立法論はある。Kern/Glücker (Fn 32), 304ff.; Sonnentag, EWS 2012, S. 457(465f.).
64) Wandt (Fn 51), S. 44.
65) 国籍国法の選択の意義は、前掲注(24)(25)参照。
66) DNotI/Dörner/Lagarde (Fn 6), S. 269; MPI (Fn 44), S. 612f.; Wilke (Fn 42), S. 606; Dörner u.a. (Fn 26), S. 6f.

間の財産承継につき両制度の間で生じる性質決定問題や適応問題を回避でき、相続手続を簡易化できるからである[67]。しかし、委員会提案でこれは明確に否定された。なぜなら、夫婦財産制には相続よりも自由な法選択が認められうるため、同一の準拠法によるとすると、相続準拠法の選択範囲も広げられることになる。これでは、相続について法選択を限定する趣旨が損なわれうるからである[68]。また、これと関係するEUにおける夫婦財産制に関する規則[69]は、まだ立法手続の途上にあったため、そのような規定を導入するには困難を伴うといわれた[70]。夫婦財産制の準拠法が、EU加盟国内の国際私法に依存するため、相続準拠法の選択範囲が法廷地ごとに相違することになりかねないからである。

(2) 不動産所在地法

不動産に関する相続につきその所在地法の選択を認めるかが問題となる。これについては、物権準拠法と相続準拠法とを一致させることで不動産所在地の国家機関においてこの財産分与手続を簡便化できるといった利点から、被相続人が望むならその意思を尊重すべきとの見解があった[71]。しかし、これはどの案でも認められていない。EU相続規則は、起草初期から一貫して、相続の事実関係全体になるべく単一の準拠法を適用すべきという相続統一主義を採用している[72]。不動産相続にだけ所在地法を選択する分割指定を認めることは、この原則に反するからである[73]。

(3) 常居所地法

最も議論が多いのが、常居所地法の選択可能性である。まず、死亡当時の常

---

67) この問題は、わが国でも有名である。溜池良夫『国際私法講義〈第3版〉』(有斐閣、2005年) 235-237頁、455-456頁。
68) KOM (2009) 154 endg., S. 7.
69) KOM (2011) 126/2. 小池未来「夫婦財産制法における当事者自治の根拠に関する一考察」同志社法学67巻3号 (2015年) 85-91頁。この夫婦財産制に関するEU規則は、2016年6月に成立し、その翌月に公布された。ABl. 2016 L 183/1; ABl. 2016 L183/30. 2019年1月29日以降、本規則に参加したEU加盟国において適用される予定である。
70) Dutta (Fn 22), S. 73; Greeske (Fn 53), S. 142.
71) MPI (Fn 44), S. 612f.; Dutta (Fn 22), S. 74.
72) 現行規則前文37段第3文。委員会提案も相続財産ごとに異なる準拠法が適用されることを回避すべきとした。KOM (2009) 154 endg., S. 6. その上さらに、相続準拠法について分割指定が認められない点については、MüKo/Dutta (Fn 49), Rn 8; Frank (Fn 49), Rn 21.

居所地法の選択を認めるべきかが問題となる。これはそもそも不要であるとの考え方がありうる。なぜなら、被相続人が法選択をなさなければ、自動的に21条1項の客観的連結により死亡当時の常居所地法が適用されるからである[74]。しかし、21条2項の最密接関係地法により準拠法が決定される場合や、死亡の一定期間前に居所地国を移していたような場合には、被相続人の適用の予測した常居所地法が死後、実際に適用されるとは限らない。さらに、客観的連結によりEU域外の常居所地法が指定されるときには反致または転致が成立する余地がある（EU相続規則34条1項）。このときも、被相続人が望んだ常居所地の実質法が適用されるとは限らない。それに対し、法選択の場合には、反致なしに直接的に実質法が選択される（同条2項）。以上から、死亡当時の常居所地法の選択を認める意義があるといわれる[75]。

同様に、法選択当時の常居所地法の選択も認めるべきとされる[76]。これは、すでに常居所地を有している被相続人が新たに居所地を移転する場合に、予めその時点の常居所地法を選択したいときに意義がある。例えば、ある者がスペインにてスペイン人の子として生まれた後、直ちに家族と共にドイツに移住しドイツで教育を受け、成人後はイングランドにて単身働いているといった事例が想定される。この場合、この者がイングランドで死亡したとき、常居所地はイングランドと認定されるおそれがある。そこでイングランド法の適用を避けたい場合、法選択をする必要がある。しかし、選択ができるのは国籍国法たるスペイン法のみである。彼にとってスペインは関連性の希薄な国であるため、彼はむしろ常居所地であったドイツ法の選択を望みうる。それにもかかわらず、ドイツ法の選択ができないのは妥当ではないとされる[77]。このように、

---

73) DNotI/Dörner/Lagarde (Fn 6), S. 268; Lagarde, in: Bergquist u.a., EU-ErbVO (2015), Art. 22 Rn 6; Solomon (Fn 25), S. 38. Greeske (Fn 53), S. 130は海外の高額な不動産を生前に購入することによる法選択の濫用のおそれや不動産と動産の区別という困難な問題が生じるとする。

74) Schauer (Fn 24), Rn 4; Kindler (Fn 52), S. 49.

75) Dutta (Fn 22), S. 72; Wilke (Fn 42), S. 606; Wandt (Fn 51), S. 64f.; Sonnentag (Fn 63), S. 467.

76) Schauer (Fn 24), Rn 2; Kindler (Fn 52), S. 49; Sonnentag (Fn 63), S. 467 ; Solomon(Fn 25), S. 36f. これに対しJud (Fn 54), S. 137ff.は、法選択の範囲が無制限に広がりうることを理由に否定する。

77) Buschbaum/Kohler (Fn 54), S. 112. さらに、選択当時より前の常居所地法も選択可能とすべきとする説として、Dutta (Fn 22), S. 72; MPI (Fn 44), S. 613f.

国籍国に馴染みのない者も、自身の生活上密接に関わった法を選択する可能性が与えられるべきとされるのである。

　以上の主張に対し、起草者は常居所地法の選択を一貫して認めなかった。遺留分制度の回避を目的に被相続人が法選択を濫用する危険があると考えられたからである。すなわち、被相続人の自由意思を尊重することは、近親者等の利害関係人による遺留分の取得に係る正当な期待を害することに繋がりうる[78]。とくに法選択当時の常居所地法の選択が認められるとすると、被相続人が旧居所地国の制度を潜脱するためだけに自分の居所地を移転したうえで、その移転先の国家の法を選択し特定の者を相続人または遺留分権利者の対象から外し、旧居所地に戻るといった濫用がなされるおそれがあるとされる[79]。この問題に対応するために、遺留分制度についてのみ法選択の効力を排斥するか近親者と密接に関わる法を特別連結する特則を創設することも考えられる[80]。しかし、相続準拠法と遺留分制度に適用される法との相違が生じうることや、公序で対応できる等の反対論もあってか、そのような特則は置かれなかった[81]。

　しかし、この遺留分の特則が導入されないことを前提としつつもなお、常居所地法の選択を認めないことに批判がなされている。例えば、常居所地法の選択がなされたとしても、常居所地に認定される際の要件が高く設定されれば、近親者の保護に悖ることはないとされる[82]。被相続人だけでなく、近親者等の利害関係人とも密接である居所地だけを「常居所地」に認定する等すれば、彼らの保護に反するとは必ずしもいえない。

　量的制限により近親者を保護するという発想そのものに対しても批判がある。すなわち、被相続人の常居所地がいずれにせよ客観的連結点として採用されているのだから、法選択がなくとも遺留分制度の回避は生じるし、国籍国法の選択でも近親者の正当な期待は害されうる[83]。むしろ、被相続人の遺産処

---

78) EU相続規則前文38段第2文。
79) S.Lorenz, in Dutta/Herrler, Die Europäische Erbrechtsverordnung S. 113(120). しかし、稀な例だろうともいわれる。Dörner u.a. (Fn 26), S. 5.
80) P6_TA (2006) 0496, Recommendation 8; Lange (Fn 55), S. 440f.
81) Lehmann (Fn 8), S. 206; Pfundstein, Pflichtteil und ordre public (2010), Rn 566f., 570f.
82) Lehmann, FPR 2008, S. 203(204).
83) 例えば、同一常居所地に住む被相続人とその近親者とが異なる国籍を有する場合、前者による国籍国の法選択は後者にとって不意打ちとなりうる。

理を確実かつ予見可能に計画できるように常居所地法の選択を認めるべきであるとする。そして、遺留分制度による保護を切実に必要とする未成年子等の近親者が、選択された法により相続権を剥奪されるという極端な事例では、その法選択を無効とするか、公序[84]により不当な結果を排斥すれば足りるとされる[85]。

2 小 括

　立法手続の初期においては、当事者自治の導入に積極的な見解が多かった。しかし、量的制限の議論の中、前述1で挙げた種々の懸念に直面し、委員会提案の段階ですでに法選択の対象は国籍国法だけに限定された。

　常居所地法の選択を認めないことは、とりわけ注目を集めた。この限定の理由が、被相続人の自由な法選択と、相続人などの利害関係人の（とくに遺留分に関する）期待との調和である。被相続人による一方的表示による法選択は、近親者の利害や期待と一致するとは限らない。とくに被相続人の生前の常居所地法の選択は、近親者や利害関係者の意向と無関係にかつ比較的容易になしうるからである。これに対しては、「常居所地」概念の認定要件の厳格化や公序により対応できるとの主張がなされた。しかし最後まで常居所地法の選択が導入されることはなかった。

　結果的に、現行EU相続規則における当事者自治は、本国法主義と常居所地法主義との間の調和を図るという機能に留まっている[86]。EUには本国法主義

---

[84] 公序と遺留分制度の関係について、委員会提案27条2項は、外国「法規定の適用は、それが法廷地法と異なって遺留分請求権を規律しているという理由だけでは、法廷地の公の秩序と相容れないとみなされえない」と定めていた。この規定は、準拠実質法の遺留分制度が法廷地法と「異なって」いるに過ぎない場合には常に公序が発動されえず、遺留分制度の全くない法が指定された場合のみ公序の発動が認められるという趣旨に読める等、解釈論上の疑義があった。Schwarte in Hübner/Schauer, EuErbVO-Kommentar (2015) Art. 35, Rn 5. そのため、当該規定は各国から激しい批判に晒された（Scheuba (Fn 13), S. 17）、議会第一修正案で削除された。

[85] Kroll-Ludwigs (Fn 43), S. 141; Dutta (Fn 22), S. 68; Pfundstein (Fn 81), Rn 564f.; DNotI/Dörner/Lagarde (Fn 6), S. 270. 量的制限自体が不要であるとする立法論として、Kroll-Ludwigs (Fn 43), S. 590f. 近親者の保護は、選択された法と彼らの常居所地法との優遇比較により対応すべきという。

[86] Nordmeier, GPR 2013, S. 148(148). 中野俊一郎「国際親族・相続法における当事者自治の原則」神戸法学雑誌65巻2号（2015年）34-35頁。

を採用していた国も多い。そのような国にとっては、EU相続規則による常居所地の原則的連結は、本国法と比して認定要件が不明確でありかつ濫用も比較的容易という問題が際立っているように映る[87]。そこで、明確性と安定性に優れた国籍国法の選択を認めることで、それらの国との妥協が図られたといえるのである。

Ⅳ 結　語

　EU相続規則は極めて限定的な当事者自治を導入した。そうとしても当事者自治を導入していないわが国からすれば、立法論上参考になる点はある。

　第一に、EU相続規則が、常居所地の客観的連結と国籍国法の主観的連結の組み合わせにより、本国法主義と常居所地法主義（住所地法主義）の対立の調和を図っていることが挙げられる（Ⅲの2）。この調和は、わが国で当事者自治の導入が主張される際にしばしば言及される根拠である[88]。相続と密接に関わる法が本国法と常居所地法のいずれであるかは一概には決められず個別事例に依存する。そのため、いずれかの選択を被相続人に認めることで具体的妥当性も確保しようとするのである。本規則は、当事者自治の対象に国籍国と常居所地の両方を含めたり、客観的連結政策にその両方を組み込まなくとも、一方を客観的連結として利用し他方のみを選択対象とするだけでこの調和を実現できることを示している。このようなルールは、しばしば複雑と評されるハーグ相続準拠法条約の準拠法決定ルールと比し[89]、わかりやすさという点で優れ

---

[87] オーストリアのScheuba, ecolex 2014, S. 210ff. は、これらの問題を理由に国籍国法の明示的選択を実務に推奨する。Rudolf/Jud/Kogler (Fn 24), Rn 18は、常居所地法主義に多くの批判があったと指摘する。他方のドイツでは、これが多くの学説に歓迎された。Sonnentag (Fn 63), S. 458. Mankowski, IPRax 2015, S. 39(45) は、常居所地の移転により濫用が生じるという懸念に対して、国境を越えた居所地の移動に伴う経済的、社会的コストをあまりに過小評価しているのではないかと批判している。

[88] 例えば、松岡博『国際家族法の理論』（大阪大学出版会、2002年）129頁、木棚照一「法例26条、27条の改正に関する一考察」ジュリスト1143号（1998年）73頁、早川眞一郎「国際的な局面における相続」国際私法年報1号（1999年）89頁、青木清「相続」国際法学会『日本と国際法の100年　個人と家族』（三省堂、2001年）238頁、笠原俊宏『国際私法原論』（文眞堂、2015年）64-65頁。

ていると思われる。

　第二に、重国籍の扱いが挙げられる。EU相続規則においては、重国籍者は、自身の有する国籍所属国のうちすべての法を選択できる（Ⅱ3⑶）。それに対し、わが国では、重国籍者の相続準拠法は通則法38条1項を介して決められる。同項は、内国法が優先されない限りで、常居所地か最密接関係地を基準に個別具体的に本国法を特定する。これは、内国法が優遇されるというだけでなく、当事者の準拠法の予見可能性に問題を残す。そこで、当事者自治が導入される場合、EU相続規則のように被相続人の意思によりこれを直接特定させれば、被相続人にとって明確にかつ望ましい法を選択できるようになる[90]。これは、被相続人にとって法的確実性の保障に繋がると思われる。

　第三に、遺留分制度の扱いを挙げることができる。前述のように（Ⅲ1⑶）、EU相続規則は、遺留分制度のような強行法規の回避を阻止し近親者の期待を保護するため、常居所地を主観的連結の対象から外した。わが国では、国際相続に当事者自治を導入しない理由として、遺留分権利者等の権利が法選択により害されうることが挙げられた。わが国のこの反応は、EU相続規則の議論と比較するとやや過剰であるように映る。前述のように（Ⅲ1⑶）、常居所地の認定の厳格化や公序により不当な結果を回避または排斥することも十分に考えられえたからである[91]。

　もっとも、わが国においてEU相続規則のような規定を導入すべきか否かは、なお検討が必要と思われる。なぜなら、原則的連結点を本国法から常居所地法に変えるには、国際相続との関係で「常居所地」概念のさらなる精緻化が前提となるからである[92]。逆に本国法主義を維持しつつ、常居所地法の主観的連

---

89) 青木・前掲注(88)236頁、長田・前掲注(11)96頁参照。この条約については前掲注(33)の文献参照。
90) 木棚・前掲注(33)207頁参照。
91) 木棚・前掲注(33)216頁、長田・前掲注(11)102頁は、公序で対応できるとする。さらに、遺留分制度に焦点を絞った特別留保条項の導入を提案するものとして、木棚照一「国際家族法における本国法主義の変遷と当事者自治の原則の導入」棚村・小川編『家族法の理論と実務』（日本加除出版、2011年）23頁。
92) 常居所地連結が相続に導入されなかった理由の一つが、その定義の不明確性であった。小出編・前掲注(2)350頁。それに対し、長田・前掲注(11)101頁は、民事局長通達により対応できる旨指摘する。この不明確性はEU相続規則にもある。立法者が常居所地の具体的な定義を避けたからである。Lechner (Fn 17), S. 10f.

結を認めるという方法もありうる[93]。しかしこの場合も同様に、選択対象となる「常居所地」概念の定義が問われることになる。定義が不明確な状況で常居所地法の選択が導入されるならば、被相続人や公証人にとって、「常居所地」を裁判機関がどう認定するか予測することが困難となる[94]。被相続人が自身の「常居所地」と信じ、その法を選択したところ、死後に裁判機関によりこれが否定されるといったことはありうる。すなわち、相続に関する国際私法の立法論は、「常居所地」の定義に大きく掛かっている。これに関するさらなる議論の展開が望まれる[95]。

[93) そのような立法論として前掲注(63)の文献参照。また、やや類似した韓国の立法例として、林貴美「韓国国際私法改正の影響—被相続人による準拠法選択を中心に—」判例タイムズ1134号（2004年）80-82頁。
[94) ただし、頻繁に居所地が変更される複雑な事例でない限り問題は少ないともいえる。それに対し、Solomon (Fn 25), S. 37は、半年毎に保養地と本国とで交互に居所地を変えて生活する者が死亡したという常居所地認定の極めて困難な事例を、常居所地の法選択によって容易に解決できるようになると述べる。
[95) 数年の滞在だけで足りるといった形式的な定義であると被相続人による恣意的な準拠法操作を導くおそれがある。他方で、あまりに柔軟な定義であると法的明確性を害することになる。適切な調整が必要となる。

第2部
裁判と法

人道的な処刑と合衆国最高裁
―― 処刑失敗をめぐる論議からみえるもの

岩　田　　　太

I　はじめに ―― 近年の死刑をめぐる状況

　人の命を国家が奪う死刑制度はこれまで法的なものだけにとどまらず倫理的・社会的・政治的な議論の対象となってきた。死刑制度をめぐる様々な論点のうち、本稿では、死刑の執行方法をめぐる近年の合衆国における議論を手掛かりにその意味を考えていく[1]。2016年は、合衆国で現代的死刑制度が始まる契機となったGreggなど一連の判決[2]から40年目の節目の年である。合衆国では1999年には処刑数が98件に到達し活況ともいうべき状況であったものが、その後急激に揺り戻しが起こり、死刑をめぐる議論が再燃している。死刑に対する支持率、死刑判決数、処刑数いずれも大きく減少している（表1参照）。

表1[3]　合衆国の死刑に関する推移

	1990	1995	1999	2000	2005	2010	2015
処刑数	23	56	98	85	60	46	28
死刑判決数	252	310	279	223	140	104	49
存置州	36州	38州	37州	37州	36州	36州	31州

1) 2014年段階で、死刑を維持する32州のうち、薬殺刑が単独の処刑方法である州は21州、薬殺刑が他の処刑法との選択肢となっている州が11州で、代替処刑法は絞首刑が2州、銃殺刑が1州、電気処刑が6州、ガス処刑が2州である。Denno, *Lethal Injection Chaos Post-Baze*, 102 GEORGETOWN L.J. 1331-1382, 1343 (2014) (以下 "Denno 2014")。

その要因として、まず死刑の代替刑である「仮釈放のない終身刑（Life Without Parole）」の普及がある。またDNA証拠の分析技術の発展によって、多くの誤判が近年明らかになり、その中には死刑事件も含まれていた[4]。さらに本稿でも検討するGlossip判決（2015年）の薬殺刑（致死薬注射による処刑）の残酷性に関する議論があり、死刑廃止のEU諸国からの薬物の禁輸などの影響によって処刑に用いる薬物の入手が困難となったことを主因として、本来10分程度で終わるはずの薬殺刑において、窒息などでもがき苦しむ事例が近年複数発生している[5]。これらの結果世論の支持率も大きく低減し[6]、従来なかった死刑廃止やモラトリアムの動きが出てきた[7]。死刑が復活して40年が経過するが、依然として誤判や人種に基づく差別的運用が払拭できない状況において、改めて死刑の実体的側面に関心が回帰してきたとみることもできる[8]。

---

2) Gregg v. Georgia, 428 U.S. 153 (1976), Jurek v. Texas, 428 U.S. 262 (1976); Proffitt v. Florida, 428 U.S. 242 (1976); Woodson v. North Carolina, 428 U.S. 280 (1976).
3) The Bureau of Justice Statistics, Capital Punishment (http://www.bjs.gov/i) から計算。DEATH PENALTY INFORMATION CENTER, THE DEATH PENALTY IN 2015: YEAR END REPORT, http://deathpenaltyinfo.org/. 2015年段階で処刑を行ったのは6州にすぎず、存置州の8州が少なくとも過去10年間死刑判決を出しておらず、13州は過去9年間に処刑を行っていない。
4) BRANDON L. GARRETT, CONVICTING THE INNOCENT: WHERE CRIMINAL PROSECUTIONS GO WRONG (2011). 拙著「合衆国の刑事陪審と目撃証言」2014-1アメリカ法51-71頁。
5) 実は薬殺刑が本当に身体的な苦痛を排除した静穏な死なのか、利用薬物の効果に対する疑念は、本格的利用開始の相当前から指摘されていたものを、社会が完全に等閑視してきたという指摘がある。Denno 2014, *supra* n.1, at 1339-1340; Denno, *The Lethal Injection Quandary: How Medicine Has Dismantled the Death Penalty*, 76 FORDHAM L. REV. 49, 62 n.61, 64 n.80, 65 (2007) (以下"Denno 2007")。
6) 最近の調査によれば、仮釈放のない終身刑の支持（48％）が、死刑への支持（44％）を上回った。Joanna Piacenza, *Morning Buzz: Survey: 44% Support Death Penalty, 48% Prison with No Parole,* http://publicreligion.org/2015/04/morning-buzz-survey-44-support-death-penalty-48-prison-with-no-parole/ (last visited Dec. 18, 2015). 2015年10月のGallup調査では、死刑賛成61％、反対37％と過去40年間で最低レベルの差であった。Jeffrey M. Jones, U.S. Death Penalty Support Lowest in More Than 40 Years, http://www.gallup.com/poll/165626/death-penalty-support-lowest-years.aspx.
7) ネブラスカ（2015）、メアリーランド（2013）、コネティカット（2012）、イリノイ（2011）、ニュー・メキシコ（2009）、ニュー・ヨーク、ニュー・ジャージー（2007）などが最近加わり、廃止州は19州になった。その他モラトリアムに入った州としてペンシルバニア（2015）、ワシントン、オハイオ、ルイジアナ（2014）、コロラド（2013）、オレゴン（2011）がある。Tabak, *Capital Punishment, in* THE STATE OF CRIMINAL JUSTICE 2015, chap.19 (ABA).

日本は、先進国の中で最も犯罪率が低い国でありながら死刑制度を維持し、さらに犯罪頻度に対する死刑利用率は合衆国のそれをしのぐとも指摘される。そして処刑方法としても100年以上前とほぼ同様の絞首を用いるとされる[9]。「野蛮で残酷な」制度とされ多くの国で廃止されている絞首刑においては首の切断さえ起こりえるとされるが、日本では、本人に対しても直前まで告知せず、事後的にも2007年まで執行対象者の氏名すら発表しないという形で、絞首刑の実態について徹底的に情報をコントロールし不可視化を維持してきた[10]。処刑対象者・その家族や他の死刑囚への配慮もあるが、処刑や死刑制度の実態を社会として半ばタブー視化してきた[11]。しかし2009年から市民が重大な刑事裁判に参加する裁判員制度が導入された影響か[12]、日本においても死刑制度自体や絞首刑の残虐性などの問題が近年メディア報道をにぎわす場面もでてきた[13]。粗い推計だが、たとえば「死刑」の語を含む報道は、1990年代には年平均約400件程度であったものが、制度開始の2009年前後に増加した（表2参照）。日本においても処刑のあり方を含め死刑制度に対する社会的論議の兆しが出てきたとみることもできよう。このような中、死刑および処刑をめぐる

---

8) Steiker & Steiker, *Lessons for Law Reform From the American Experiment with Capital Punishment*, 87 S. Cal. L. Rev. 733 (2014). Furman・Gregg両判決以降の裁判所による過剰とも評すべき規制に対して、決定手続の合理化の様相を飾っただけで内実はないと論じてきたSteiker & Steikerは、それらの規制が、死刑弁護の専門家集団創設と処刑までの長期化を生み、それらが死刑運営のコストを大きく押し上げることによって、最終的には死刑廃止に向かわざるをえないと論じる。

9) 日本の死刑は、刑事施設内で絞首によって執行され（刑法11条1項）、検察官、検察事務官および刑事施設の長またはその代理者および検察官または刑事施設の長の許可を受けた者のみ刑場に入ることができる（同477条1項、2項）。絞首刑の方法は明治時代の太政官布告に基づいているとされる（明治6（1873）年2月20日太政官布告第65号）。

10) 死刑囚は日常において他の受刑者から遮断され外部交通も非常に制限されているなど執行前から不可視的な状況に置かれている。衆議院調査局法務調査局「死刑制度に関する資料」（2008）。合衆国のように被害者家族や報道関係者の処刑の立ち合いが認められることはなく、またSaratの研究を可能とするような形で処刑の成否の事実が開示されることがほぼまったくないことがひとつの特徴になっている。日本が人権状況に批判的な目を向ける中国でさえ、執行の予定を事前に伝え、かつ、執行対象者と家族の面談を許しているとされる。「日本人に死刑執行　中国」2014年07月25日朝日新聞夕刊21面。

11) たとえば、デイビッド・T・ジョンソン＆永田憲史「日本の絞首刑」世界〈上〉853号、233-246頁、〈下〉854号、213-223頁（2014年）；永田憲史『GHQ文書が語る日本の死刑執行』（現代人文社、2013年）；小倉孝保『ゆれる死刑』（岩波書店、2011年）を参照。

12) 「裁判員判決で死刑　初執行」2015年12月18日朝日新聞夕刊1面。

議論・運用状況の差はあるにせよ、合衆国における議論を検討することも一定の価値があろう。

表2[14)] 日本の死刑に関する推移

		2004 (H16)	2005 (H17)	2006 (H18)	2007 (H19)	2008 (H20)	2009 (H21)	2010 (H22)	2011 (H23)	2012 (H24)	2013 (H25)	2014 (H26)	2015 (H27)
死刑	確定	14	11	21	23	10	17	9	22	10	8	7	—
	執行	2	1	4	9	15	7	2	0	7	8	3	2
	求刑(裁判員事件)	—	—	—	—	—	—	5	10	6	6	2	4
殺人件数		1419	1392	1309	1199	1301	1096	1067	1052	1032	938	1054	933
報道	死刑	677	607	878	786	860	1099	1079	706	871	677	614	620
	死刑&裁判員	35	23	46	47	150	344	370	212	262	148	132	156

※網掛け部分は当該期間の最大数。

II 合衆国における処刑のあり方と裁判所による規制

1 死刑に対する合衆国最高裁の規制概説

合衆国最高裁による死刑の規制は、合衆国法第8修正を根拠に大別して2つの方向からなされてきた。第一類型は処刑方法のそれも含め死刑という刑罰の

---

13) 「此花区パチンコ店放火殺人事件(大阪地裁平成23(2011)年10月31日判決(控訴棄却(2013年7月31日大阪高裁判決)、上告))」判例タイムズNo.1397(2014年4月)104-114頁。日本における死刑をめぐる裁判例の稀少さについて、ジョンソン&永田・前掲注[11]〈下〉214頁。裁判員制度導入によって、絞首刑の合憲性を争う機会を得たとする。また日本における処刑実態について、永田・前掲注[11];小倉・前掲注[11];デイビッド・T・ジョンソン他『孤立する日本の死刑』(現代人文社、2012年)などを参照。日本では、死刑に関する裁判が非常に少ないと指摘する(最大判昭和23年3月12日刑集2巻3号191頁・最判平成5年9月21日裁判集刑262号421頁、死刑について残虐な刑罰を禁止する憲法36条に反しないとした;最大判昭和36年7月19日刑集15巻7号1106頁、絞首刑は残虐な刑罰ではないとした)。
14) 表2は犯罪白書および検察統計年報、および、朝日新聞『聞蔵』(キーワード「死刑」「死刑&裁判員」などで検索)から集計した。裁判員制度は平成21(2009)年5月21日に開始し、初めての死刑求刑事件は、2010年11月1日判決の「耳かき店員」ストーカー殺人事件(東京地裁)とされる。

残酷性・異常性という実体面からの規制、第二類型は死刑の決定過程という手続面の規制である。1972年のFurman判決は、主として後者の問題である恣意性を理由として当時存在した死刑制度を歴史上初めて合衆国憲法第8修正[15]に反し違憲とした。判決後、各州は死刑運用の恣意性の排除をなしうる制度を迅速に成立させ、その合憲性が1976年のGreggなど一連の判決で確定する。その後"Super Due Process"（超手続保護）と評されるほど詳細かつ複雑な手続規制を州と合衆国最高裁の協同作業によって築きあげ[16]、手続規制が主流となってきた。死刑をめぐる実体的な論点としては、死刑という刑罰全般ないし特定の犯罪者類型や犯罪類型に対するものだけではなく[17]、本稿でみる特定の処刑方法も問題となり、どこまでの苦痛が許容されるかなどが論点となる。

2 処刑の残酷性と合衆国最高裁の規制

現代的死刑制度が始まる1970年代初頭までに、第8修正条項をめぐって争われた最高裁の判例は、①犯罪に対応する（死刑以外の）刑罰の均衡[18]、②死刑の処刑方法、そして、③死刑自体の当否、の類型に分けられる。しかし合衆国最高裁は、第8修正を用いて死刑の当否を判断することに一貫して消極的であった[19]。死刑自体の合憲性を否定したことは歴史上一度もなく、この条項を用いて合憲性を検討する場合でも、刑の執行方法を問題とすることのほうが多かった。そもそも第8修正は、イングランドのBill of Rights（1689年）に起源を持つとされ、第8修正成立当時においても、鞭打ち、耳削ぎなどの現代の

---

15) 第8修正は、「過大な額の保釈金を要求し、または過重な罰金を科してはならない。また残酷で異常な刑罰（cruel and unusual punishment）を科してはならない」と規定する。
16) 拙著『陪審と死刑』（信山社、2009年）参照。西欧先進国で例外的に死刑を重視する合衆国もその歴史においては、死刑の限定化を他国に先駆けて行ってきた。建国初期から、①謀殺罪の等級化、②死刑犯罪の謀殺罪への限定化、③裁量的死刑制度の導入、④公開処刑の廃止、⑤処刑方法の人道化、⑥処刑場所の集約化、によって死刑運用を限定化してきたとされる。See also DAVID GARLAND, PECULIAR INSTITUTION (2010).
17) 少年、精神遅滞者、精神障碍者に対する死刑の許容性や、強姦罪など非謀殺事件に対する死刑の許容性が該当する。
18) Weems v. United States, 217 U.S. 349 (1910); Robinson v. California, 370 U.S. 660 (1962); Powell v. Texas, 392 U.S. 531 (1968); Solem v. Helm, 463 U.S. 277 (1983).
19) THE DEATH PENALTY IN AMERICA—CURRENT CONTROVERSIES 183-184 (Bedau ed., 1997).

基準からは許容できない刑罰が存在した。そのような事情の下、死刑を違憲と判断することはほぼ不可能であった[20]。

執行方法をめぐって判断する場合でも合憲性が否定されることはなかった。合衆国憲法の成立当時には死刑は刑罰として広く受容され、そして絞首刑が一般的な処刑方法であったが、19世紀末より公開刑が廃止され、かつ処刑方法の「人道化・合理化」の努力が重ねられてきた。ニュー・ヨーク州で1888年に電気処刑が導入され、他州に広がった。その後1921年にはネバダ州ではガス処刑が導入された。そして、現代的死刑制度が始まる1977年からは薬殺刑が急速に広がり、現在最も広範に用いられている。

そしてWilkerson（銃殺刑）、In re Kemmler（電気処刑）、Louisiana ex rel. Francis（電気処刑失敗後の再度の処刑）の諸判決は、いずれも死刑の執行方法にかかわるが、問題となる手法の歴史、または、人道的方法の模索という採用動機などを検討し、合憲と判断した[21]。第8修正が禁止する残酷性の基準に関して、Wilkerson判決では、「拷問やそれに類する不必要に残酷な刑罰」であり、あくまでも苦痛を与えることを目的とした意図的な苦痛の惹起が許容されないとした。同様にIn re Kemmler判決では、禁じられるのは「刑罰が死の到来をわざわざ長引かせるような拷問を伴う場合」であるとされ、電気処刑は新たな処刑方法ゆえに「異常な刑罰」に当たるおそれがあることを肯定しながらも、人道的な方法を模索する過程で生まれたことを理由に許容されるとした。また、Louisiana ex rel. Francis判決では、技術上の問題で一旦失敗後の電気処刑による再度の処刑について、最初の失敗はあくまでも予測不可能な事故であり、それ自体によって、残酷性が増すとはいえないと判断し、被告人の訴えを斥けた。このような流れは一貫しており、第8修正違反には、「深刻な害や不必要な苦痛を与える危険性が確実、ないし、かなり高い可能性があるものであること、

---

20) Hoffmann, *The Cruel and Unusual Punishment Clause—A Limit on the Power to Punish or Constitutional Rhetoric?*, in THE BILL OF RIGHTS IN MODERN AMERICA 139-154 (Bodenhamer et al. eds., 1983). 第8修正の判断基準として重要な判決のTrop判決では、第8修正の背後にある理念を「人間の尊厳」にあるとし、傍論だが死刑は残酷な刑罰に当たらないとの実体的判断を示しつつ、その意味は「社会の成熟度を示す品性という発展し変化する基準（the evolving standards of decency that mark the progress of a maturing society）」から導き出さなければならないとした。Trop v. Dulles, 356 U.S. 86 (1958).
21) Wilkerson v. Utah, 99 U.S. 130 (1879); In re Kemmler, 136 U.S. 446 (1890); Louisiana ex rel. Francis v. Resweber, 329 U.S. 459 (1947).

そして切迫した危険性があるもの」、「客観的な耐え難い危険性 (objectively intolerable risk of harm)」がある場合などが必要とされてきた[22]。

3　近年の最高裁と薬殺刑 —— Baze判決からGlossip判決へ

　ここからは、現代において最も一般的な処刑方法である薬殺刑の合憲性についての最近の2つの合衆国最高裁判例を検討する。そもそも薬殺刑が導入されたのは、現代的な死刑制度が始まるGregg判決直後の1977年のオクラホマ州においてである[23]。しかし導入過程は十分な科学的な分析に基づくものではなかった[24]。Gregg判決によって死刑の再開が現実的な課題となる中、問題の多い電気処刑の代替手段の開発が急がれた。だが医療界からの十分な協力は得られず、一人の州監察医（法医）を中心に3種類の薬物を段階的に投与（three-drug protocol）して行う薬殺刑の手法が考案されるが、関係する麻酔学などの専門的な検討は十分とはいえなかった。しかし電気処刑やガス処刑の失敗が制度自体に対する批判となることを懸念し、「より無難な代替手段」にみえるものとして導入が急がれた。それが他州にも急速に広がり、2008年には死刑存置州の36州のうち30州において薬殺刑が用いられている。薬殺刑では、一般的に第1薬剤で深い昏睡および無意識状態を創出し、第2薬剤で麻痺を起こし呼吸停止、第3薬剤で心停止を起こすという流れとなる。

(1)　**Baze v. Rees判決**[25]

　2008年に合衆国最高裁で下されたBaze判決では、7対2でKentucky州の3剤投与法（3つの薬物を順番に投与する薬殺刑）[26]の合憲性が認められた。Bazeは複数人の殺害で有罪となり死刑が宣告された。そこで同州の3薬剤による薬殺刑の合憲性を争った。州矯正局は手順書を定めていたが、薬剤調合や静脈確保のミスなどにより薬物が適正に注入されないと相当の苦痛を伴う危険性があ

---

22) Helling v. McKinney, 509 U.S. 25 (1993); Farmer v. Brennan, 511 U.S. 825 (1994).
23) 1977 Okla. Sess. Laws p.89.
24) Austin Sarat, Gruesome Spectacles: Botched Executions and America's Death Penalty 118 (2014)（以下"Sarat 2014"）. 最初に薬殺刑導入を検討したのは1888年のニュー・ヨーク州であるとされる。Denno, *When Legislatures Delegate Death: The Troubling Paradox Behind State Uses of Electrocution and Lethal Injection and What It Says about Us*, 63 Ohio St. L.J. 63, 90-91 n. 173 (2002)（以下"Denno 2002"）.

り、それを避ける代替的な手法もある中それを用いないのは、第8修正の残酷で異常な刑罰の禁止に反するとし、42 U.S.C §1983に基づく差止命令などを求めた。州最高裁判決に対するBazeらの裁量上訴を認めたのが本件だが、合衆国最高裁は7対2で原審の判断を維持し、第8修正違反の主張を否定した。Roberts首席裁判官が相対多数意見を執筆し、Kennedy、Alitoが加わる。Souterが加わるGinsburg裁判官の反対意見などもある。

Kentucky州は1998年に薬殺刑を導入したが、州法では詳細は矯正局の裁量となっているため、当局は薬殺刑のガイドラインを定めており、実施は、公認静脈穿刺士（Certified Phlebotomist）、救急医療技師（Emergency Medical Technician）が行うとされていた。医師の関与は禁止されている。Roberts首席裁判官は、死刑を合憲としたGregg判決を前提とした上で、これまでの判例から、どんなに人道的な手法をとっても処刑には一定の苦痛が伴うため、憲法上の要件としてはすべての苦痛の除去を要求せず、あくまでも利用可能な代替的な処刑方法と比べた場合の、「深刻な害の実質的危険性（substantial risk of serious harm）」基準によるとした州側の主張に沿った判断を行った。より厳しい基準である「不必要な危険性（unnecessary risk）」の基準を否定し、単に偶発的や死に不可避な苦痛だけでは不十分とした。そして、Robertsは、薬殺刑の手順が適正になされないことによって生まれる害の危険性、および代替手段の不採用についての立証が不十分であるとして、原審の結論を支持した。

Robertsは、前述のWilkerson判決などの判例を分析した上で、処刑方法に対する違憲判断はこれまで一度もなされてこなかったことを確認する。そしてBazeらの主張を、本来立法府に適する判断であり、処刑の最善のプラクティ

---

25) Baze v. Rees, 553 U.S. 90 (2008). Baze判決については以下のような紹介が既になされている。横大道聡「『残虐で異常な刑罰の禁止』と薬殺刑執行プロトコル」ジュリストNo.1384（2009年9月1日号）130頁；榎透「アメリカ合衆国連邦最高裁判所における死刑をめぐる憲法判断―裁判例の展開」専修法学論集120巻（2014年）165-203頁；太田達也「被害者支援と死刑」井田・太田編著『いま死刑制度を考える』（慶應大出版、2014年）163-171頁；小早川義則「米国における処刑方法の変遷―絞首刑から致死薬物注射へ」名城法学60巻（2010年）197-228頁。
26) 3薬剤は、チオペンタール・ナトリウム(sodium thiopental)、臭化パンクロニウム (pancuronium bromide)、塩化カリウム（potassium chloride）である。第1薬剤の鎮静効果が機能しないと、その後投与される第2薬剤によって筋弛緩が起こり、呼吸停止による窒息状態に陥りながらもその苦痛を訴えることもできない状態に置かれる。さらに塩化カリウムによって灼熱痛を感ずるという。Denno 2014, supra n. 1, at 1334.

スに関する政策判断を裁判所に求めるものだと位置づける。客観的に許容不能な危険性という基準を本件事実に適用し、客観的に許容しがたい危険とはいえないと結論づける。まず36州および連邦政府で薬殺刑が採用されており、広範囲のコンセンサスが成立している。逆に被告人が主張する1つの薬剤による処刑という代替手段については実際に採用する州はひとつもない。単にわずかに安全度が上回る代替策を証明することだけでは不十分であり、既知でかつすぐに利用可能で、深刻な害の実質的な危険性を大きく低減するものである必要がある。当該薬殺刑の手法における第1薬剤の不適切な投与による窒息などの危険性が、憲法上許容できない、客観的に許容不能とはいえないとした。

Stevensの結果同意意見は、処刑方法、および、死刑という刑罰の目的に対する疑念、誤判の問題、さらに薬殺刑の成り立ちや運用実態への疑念などから死刑の合憲性に疑問を呈しつつも、死刑自体の合憲性や処刑方法に対する従来の謙抑的な判例から合憲とせざるをえないとする。Ginsbergの反対意見は、他州で用いられている鎮静効果の確認手順が欠落していることを問題視し、それが重大かつ不必要な害を惹起する「不都合だが容易に回避可能な危険性」に当たるかどうかを判断するために差し戻すべきとする。

(2) Glossip v. Gross判決[27]

入手困難を理由として近年オクラホマ州では薬殺刑の鎮静薬をチオペンタールからミダゾラム（Midazolam）500 mgに変更した。新規薬物の鎮静効能に対する疑問ゆえ、処刑が残酷で異常な刑罰を禁止する合衆国憲法第8修正に反するかというのが、本件の最大の論点である。わずか7年前にBaze判決で問われた同種の問題である3薬剤の逐次投与による処刑の合憲性が、薬物の入手困難化という実際的理由により再度取り上げられることとなった[28]。具体的には、死刑囚が42 U.S.C.1983に基づく執行停止などを求めたが、代替的な処刑法、その処刑法が害の危険性を実質的に軽減すること、さらに、ミダゾラムの利用

---

27) Glossip v. Gross, 135 S.Ct. 2726 (2015)(以下 "Glossip (2015)"). See also The Supreme Court—Leading Cases, 129 HARV. L. REV. 271 (2015).
28) 多数意見は高い立証基準を設けることによって執行停止などの訴訟をより困難とし迅速な処刑を目指したのではないかと考えられているが、本判決によって実質的に訴訟の封じ込めに成功するかなどその影響は、今後の運用をみなければわからない。僅差であったこと、さらに賛成に投じたScaliaの急逝もあり、2016年秋の大統領選挙の結果がより重要性を増すのかもしれない。

が深刻な害を生じる危険性、などについて証明が不十分であることを理由として、連邦地裁は請求を否定した。そして連邦控訴審第11巡回区も地裁判断を支持したものにつき、合衆国最高裁が裁量上訴を受理した。

結論を先取りすれば、合衆国最高裁は5対4の僅差で薬殺刑という執行方法の残酷性を理由とする主張を退けた。新規薬剤であるミダゾラム剤の利用が第8修正違反であるという主張が本案で認められる可能性を証明できていないことが理由であった。法廷意見はAlito裁判官が執筆し、Roberts首席裁判官、Scalia、Kennedy、Thomasが賛成している。その他、ScaliaとThomasが補足意見を執筆し、またBreyerの反対意見にGinsburgが、Sotomayorの反対意見には、Ginsburg、Breyer、Kaganが参加している[29]。

本件の背景には、Baze判決後に発生した実際的な問題がある。死刑反対論者による製薬企業への働きかけ、そして死刑廃止のEU諸国政府による禁輸方針であり、それによって薬殺刑に用いる薬品が入手困難となった。そこでフロリダ州に続き、オクラホマ州も本件で問題となるミダゾラムに2014年に変更した。法廷意見を書いたAlitoは、これを死刑制度に対する「ゲリラ戦」と評し、嫌悪感を露わにする[30]。

2014年4月に同州でなされたミダゾラム100mgによる初めての処刑では、静脈内の薬物投与経路確保がうまくいかず、鎮静が十分なされない状態で執行さ

---

[29] Baze判決で結論としては多数意見に入ったStevensとBreyerは死刑制度に批判的な意見を書いていたので、Baze判決の7対2とGlossip判決の5対4の投票結果は、判決の内実をみればさほど大きくないともいえる。

[30] Oral Argument of J. Alito on April 29, 2015, Glossip v. Gross, 135 S.Ct. 2726 (2015) (No. 14-7955), https://www.oyez.org/cases/2014/14-7955. 死刑反対派の行動を非難するAlitoの説明には異論がある。薬剤の唯一の国内製薬企業に対し、米国内およびイタリアでの製造販売について製薬企業およびイタリア政府に死刑反対派が圧力をかけたのが成功し同社が撤退したのは事実である。これらの背景には死刑反対派の活動があったとはいえ、禁輸などはオランダ、イタリアなどの政府の政策判断が最大の要因であった。また従来薬殺刑に利用されてきたチオペンタール・ナトリウムは、Propofolという新たな薬品の開発によって市場を奪われ製薬企業の撤退につながった。こう考えると死刑反対派が主因といえるかは疑問とするものである。Denno, *Symposium: "Groundhog Day" indeed*, SCOTUSblog (Jun. 30, 2015, 2:31 PM), http://www.scotusblog.com/2015/06/symposium-groundhog-day-indeed/ (last visited Dec. 22, 2015). 製薬大手のファイザーも自社製品の死刑利用禁止の方針を2016年5月に明確にした. *Pharmaceutical Companies Reiterate Opposition to Participating in Executions as States Scramble for Execution Drugs,* http://www.deathpenaltyinfo.org/node/6522 (last visited Aug. 1, 2016).

れたため死刑囚が苦しみ動き出した。また他州では同剤750mg利用でも失敗事例があった。そのためミダゾラムの500mgへの増量、3薬剤から4薬剤への変更、その他代替的な薬物経路の確保、麻酔薬の効果の確認などの手続的な変更を同年9月から行った。このような変更に対して争われたのが本事例である。

　Alitoによる法廷意見は、死刑自体が憲法成立当時から違憲とされたことが一度もないこと、さらに処刑方法についてもその変遷にもかかわらず同様であることを確認し、したがって当然合憲の執行方法が存在しなければならないという前提から議論を始める。執行停止を得るためには、本案での勝訴可能性を立証しなければならず、本件ではそれは第8修正に基づく処刑方法の違憲性の立証となり、そのためにはBaze判決で示された基準を満たす必要がある。つまり問題の処刑方法が「重大な疾患や不必要な害」を与える危険が確実、ないし、かなりの割合で起こりうることを提示しており、十分急迫性のある危険といいうるものであることを立証しなければならない。そのためには、当該処刑方法に「客観的に許容不能な危害の危険性」があること、しかも代替的な処刑方法と比べた場合の深刻な害を受ける危険性が十分立証されることが必要となる。Alitoは2つの根拠をあげ、Glossipらの主張を否定する。第1は、第8修正に基づく処刑方法に対する違反を主張するために必要な、利用可能な代替的な処刑方法が従来の方法よりも苦痛を与える危険性が低いことの立証を満たしていないことである。第2は、ミダゾラム剤の利用が「深刻な害の実質的な危険性（a substantial risk of severe pain and suffering）」に当たることの立証が不十分だとする地裁の判断が明白な誤りとはいえないとするものである。

　第1点目につき、死刑囚側はチオペンタール・ナトリウム1剤による処刑を代替策として提案するが、オクラホマ州矯正局はその薬剤を入手できておらず、利用可能な代替策の立証として不十分とする。確かにHill判決[31]では、1983条訴訟でそのような代替処刑法の立証という特別な要件を課すことを否定したが、同判決の争点が処刑方法の合憲性を人身保護令状手続、1983条に基づく訴訟のいずれで争われるべきかに関するものであったためであった。Baze判決では、それに加え第8修正に基づく処刑方法の残酷性を争う場合の実体的な要件として、代替的な手段の存在の立証を求めたとする。

31）Hill v. McDonough, 547 U.S. 573 (2006). Hill判決および42 U.S.C. §1983に基づく訴訟の意義について、横大道・前掲注(25)133-135頁を参照。

第2点目について、当該処刑法が深刻な害を生む実質的な危険性の立証（すなわち、ミダゾラム剤が天井効果を考慮に入れた上で第2・第3薬剤への鎮静効果がないことの確定的立証）を上訴人が負うとする。その上で、ミダゾラム剤の鎮静効果継続の不十分さ、および、同剤の天井効果による鎮静効果の限界という上訴人の2つの主張について反駁していく。地裁によれば、ミダゾラム剤は他の薬剤による侵害性刺激に対しても無意識状態を維持するに十分な効果があると認定しており、その判断を支える専門家証言もある。上訴人側の専門家証言もそれを覆すような科学的検証はないことを認めている。上訴人側の証人は効果の存在を立証する責任が相手方にあるとするが、未承認薬の審査の基準との混同としかいえない。また手術の際ミダゾラム剤単独で麻酔薬として用いることが勧奨されていない点について、同州の薬剤量が診療の際の何十倍もの量であること、また治療目的の最善プラクティスと処刑利用に対する憲法上の許容性は同一ではないことを理由に一蹴する。さらに、同州の手順には予備の薬剤投与経路の確保およびその確認、投与後の意識レベルのモニタリングなど厳しい安全対策が採用されており違憲とはなりえない。ミダゾラム剤の失敗事例では投与方法や薬剤投与量などの違いがあり、結論に影響しないとする。

　少数の反対意見ながら注目に値するのはBreyerの意見である。Breyerは死刑自体が違憲である可能性が高いと論じる。現代的死刑制度が始まるGregg判決（1976）とその後40年間の判例において、手続的な対応によって恣意性を排除できる前提で議論されてきたが、それは失敗だったとする。第1に、近年DNA証拠などにより死刑事件で多くの冤罪が明らかになり、死刑運用に必須の信頼性の欠如が明らかになっている。第2に、最新の研究によれば、人種、性別、地域差、公的な弁護制度の充実度など、死刑を科すべきかどうかに本来関連すべきでない要因が影響し、恣意性の排除に失敗したとする[32]。第3は、判決後処刑まで平均で18年という長期の遅延により死刑囚は特有の過酷な拘禁状況におかれ、残酷な刑となっている。さらに死刑の刑罰の正当化根拠である抑止力と応報についても、未だに抑止力が確定的に証明できておらず[33]、

---

32) Glossip (2015), *supra* n.27, at 2760.
33) 米国学術研究評議会は、抑止力を死刑論議の根拠とすべきではないとしている。NATIONAL RESEARCH COUNCIL, DETERRENCE AND THE DEATH PENALTY (Nagin & Pepper, eds. 2012). Breyerは、上訴での破棄や恩赦によって、実際に処刑されたのは死刑確定者の16-21%と非常に確率は低く、処刑は稀な現象であると抑止力に疑問を呈す。

仮釈放のない終身刑の存在や長期の遅延によって応報も存在意義が薄れているとする。つまり刑罰の正当化根拠が失われている。最後にBreyerは通常州法に焦点を当てるのが一般的である中、以下の分析手法により死刑制度の異常性を見出す。死刑が実質的に廃止されているのは、廃止州19州およびワシントン特別区に留まらず、過去10年近く処刑を行っていない実際的停止州11を加えて30州とする。さらに詳細な分析を加え、たとえば人口比で6%にすぎない3州だけで処刑の8割を占めるなど、死刑判決数・処刑数を実際の死刑を利用した郡・州単位の人口比などで分析することによって、また廃止方向のみという変化の一貫性を考慮して、国レベルでの死刑の異常性を示す。以上から死刑自体の合憲性について再度取り上げるべきとBreyerは論じる。

　Sotomayor裁判官の反対意見は、①オクラホマ州の処刑プロトコルが深刻な害を生む客観的に容認しえない危険性があることの立証が十分になされているにもかかわらず、それを否定した地裁判断に明白な誤りがあり、さらに②代替的な処刑方法の立証を要求することの判例法上の問題点もあるとする。つまり、事実認定でも判例法解釈の点でも法廷意見は誤りだとする。争点は、結局ミダゾラム剤が第2・第3剤に対して十分な鎮静効果を継続可能かどうかである。立証基準は、あくまでも害の「許容できない危険性」であり、害が確実に起こることではない。同剤に一定程度の無意識状態の発生効果があること、しかし軽微な手術以外は単一薬剤の手術麻酔薬としてはFDA（連邦食品医薬品局）の承認を受けていないこと、そして天井効果の存在、などについては両当事者の専門家証人は一致する。問題は、天井効果を含め第2・第3薬剤投与時に発生する刺激に対し無意識状態を十分維持できるかである。結論としてミダゾラム剤の鎮静効果を不十分であるとするが、地裁が依拠した州側証人には薬剤の効能についての誤解を含め多くの問題があり、地裁判断は明白な誤りだと論じる。しかも本件は本案審査前の暫定的差止命令申立ての手続であり、前述の上訴人側の立証は勝訴の「可能性」の立証としては十分である。また法廷意見は、「既知かつ利用可能な代替手段（known and available alternative）」の立証を要件とする点について、これまで一貫して違憲とされた「本来的に野蛮な刑罰」などでも代替法が立証されない限り禁止されないことになり、判例に反するとする。

III 処刑失敗をめぐるナラティブ ── SaratとDennoの議論から

　ここまで合衆国最高裁で近年問題となった処刑方法をめぐる議論をみてきたが、ここからは、処刑をめぐる議論のうち、処刑失敗をめぐるナラティブの分析を行ったSaratの批判[34]と、薬殺刑の導入を処刑方法の医療化と捉えるDennoの議論[35]を手掛かりに検討する。

　Saratは以下のように論じる。死刑制度の正当性を維持するためにはもともと国家による暴力と法外の暴力の差別化、つまり死刑は殺人ではないという形で区別することが意図されており、そのために処刑を「静穏に、不可視的に、形式的に」行うことに多大な注意が払われてきた。ではなぜ苦痛が伴わない、静穏な死刑執行に注力するのか。苦痛を伴うむごたらしい処刑の方が抑止および応報の観点からも正義に適う可能性もあるが、現代的な倫理観からいえば、合衆国最高裁が述べるように、「単なる生命の消失（mere extinguishments of life）」が刑罰としての死刑の理想となってきた。つまり、処刑方法の静穏さ、人道性に死刑自体の正当性が大きく依拠しているのであり、だからこそ処刑方法に焦点が当たるのであると。

　そのためSaratは、過去100年余社会の意識の変化により「人道的（humane）」で、「静穏な（quiet）」処刑方法が模索されてきた中で、実態がいかに非人道的で静穏ならざる（unquiet）ものであったかを論じる。絞首刑、銃殺刑、電気処刑、ガス処刑、薬殺刑へと処刑方法が変遷してきた1890年から2010年までの期間に行われた約9000件の処刑について、報道その他の調査に基づき、失敗事例を掘り起こし、失敗率とその意味づけについて検討する。処刑方法の変遷にもかかわらず失敗率は3.1％（276/8776）（1980年代以降は、1219件の処刑のうち失敗率は、薬殺刑7.1％、全体で8.5％）と一貫して失敗例が存在してきた。その失敗にもかかわらず社会が死刑を依然として許容しているのは、それらを単なる偶発的ミスとして理解し、また死刑にはある程度の苦痛は不可避であると

---

[34] S<small>ARAT</small> 2014, *supra* n.24. 拙著「書評：人道的処刑はありうるのか？」2015-2 アメリカ法243-249頁。
[35] Denno 2007, *supra* n.5; Denno 2014, *supra* n.1.

し、処刑対象者の行った犯罪の凶悪性を強調し失敗も含め当然の報いであると強調してきたためである[36]。

Saratは結論として、本来であれば、処刑の失敗は、慎重に覆い隠された死刑制度にまつわる苦痛、暴力性、非人道性などを表面化させ、制度そのもののあり方を問う契機になりうるものであるが、一貫して死刑の本質的な問題点が議論されることはなく、むしろ処刑の暴力性、死刑自体の残酷性をみえにくくしてきた態度が20世紀全体を占めていたとする。

Dennoは薬殺刑への変更を処刑の「医療化（medicalized）」[37]と捉え、それが処刑にまつわる残酷性を不可視化する機能を担ったと論じる。まず処刑方法の変遷をみると、絞首刑、電気処刑、ガス処刑、銃殺刑などが、特に執行者や見ている者にとってあまりにも野蛮に映ったために、最終的には現代の薬殺刑に到達するが、その過程は死刑の野蛮さを排除するために医療に依拠したものだとする[38]。しかし、鎮静剤の入手が困難となっている現代の状況は、むしろ逆説的ながらその疑似医療化（mimicry of medicine）が、死刑制度を崩壊させる結果に繋がっているのではないかと分析する[39]。すなわち、BazeおよびGlossip両判決で明らかになったのは、その合憲判断にもかかわらず、当初の手順に規定された薬物が入手困難になってくる中、なりふりかまわず予定どおりの処刑に固執し頻繁な利用薬物の変更、さらに、正規の製薬企業からの入手ではなく、小規模の調剤薬局[40]への依拠という正当性が大いに危ぶまれる事

---

36) 絞首刑の合憲判断を行った大阪地裁の判決も同様の論理を用いる。前掲注(13)参照。
37) Dennoによれば、専門家集団は倫理規定レベルでは死刑の関与を反対しているが、死刑関与を理由に懲戒手続が発動されることは皆無であるし、州法により懲戒が禁止される場合もある。そして実際にはほとんど医療関係者の協力を確保できているという。N.J. Stat. Ann. ss.2C:49-2, 2C:49-3 (West 2007), cited in Denno 2007, supra n.5 at 83-91, 89 n.266. Dennoは、現代の薬殺刑には医療者の関与が必須であるとする。従来の医療専門家による不干渉方針は成功しておらず、むしろ積極的関与こそ医学的な観点からの建設的な批判にもつながりうるし、何よりも死刑囚が残酷な方法で処刑される危険性を低減させるのではないかと主張し、全米レベルの検証を提唱する。
38) Denno 2007, supra n.5, at 63. 死刑囚の苦痛の観点からは、銃殺が最も確実かつ迅速に死を迎えるとする主張もある。Dolan, *Executions should be by firing squad, federal appeals court judge says*, http://www.latimes.com/local/lanow/la-na-nn-arizona-execution-kozinski-20140723-story.html.
39) Denno 2014, supra n.1, at 1331-1332.
40) その多くが、医師の求めに応じて個々の患者に合わせた薬品の調合を小規模に行う。

態を生み出している。しかし、利用薬物などの変更は、当初の導入過程同様、十分な専門的な知見を利用した形では行われておらず、さらに薬物を提供する調剤薬局はFDAの規制を受けないものでその品質には疑念も大きい[41]。その結果失敗を頻発させている。

　また、薬殺刑をめぐる近年の訴訟に神経質になっているためか、州は処刑方法の詳細をできうる限り秘匿しようとしている。Dennoは2001年と2005年に36州の薬殺刑手順の詳細な比較を行い、そこから情報の秘匿化が進んでいるとする[42]。薬物の種類・分類などの基本情報すら入手困難な場合も多く、判明したとしても漠然としていて内容が判然としないものが圧倒的に多いこと、内容が明確なものについては驚くほど誤りが多いこと、などが明らかになっている。情報を開示するだけ誤りを指摘される可能性が高まるため、従来から開示に消極的だった傾向に拍車がかかっている。検討に耐えうる形で開示しているのは、2001年調査では19州あったものが、2005年時点では36州のうち6州にすぎず、3分の1以下になっている[43]。反対に完全に秘匿していたのは2001年では4州にすぎなかったものが、2005年には15州と4倍近い数字となっている。そのほかにも手順書がない州や内容的に不明確な州も含めると36州の半数以上では、実際上ほとんど検証不能な状態であると論じる。

　両者の議論は死刑反対の立場からのものではあるが、透明性の確保の重要性などの指摘については一定の説得力がある。SaratとDennoの議論からは、処刑方法の改革は処刑対象者に人道的な配慮という側面だけではなく、それを取り巻く処刑の執行者および潜在的な観察者側がいかに受け止めるかという視点も重要であったことがわかる。そのような観点からなされてきた人道的な処刑方法の模索の過程では、苦痛を与えることではなく、むしろ死自体に死刑の意味合いを限定化し、静かで迅速な処刑を推進していったが、そこには死刑制度維持のための側面も重視されていたように考えられることである。しかし同時

---

41) compounding pharmaciesの薬物の品質の問題に対する懸念が近年大きくなっている。Denno 2014, supra n.1, at 1337-1338, 1366-1376, http://www.fda.gov/Drugs/GuidanceComplianceRegulatoryInformation/PharmacyCompounding/ucm339764.htm.
42) Denno 2002, supra n.24. 拙著・前掲注(16) 349-350頁参照。
43) Denno 2007, supra n.5, at 53-55, 95, 121.

に、諸々の改革にもかかわらず、数としては少数であるかもしれないが、依然として相当数の失敗例が継続していることは動かしがたい事実であり、死刑への賛否にかかわらず、処刑失敗ないし許容しえない苦痛が存在するという厳然とした事実に、社会は必ずしも正面から向き合おうとしてこなかったということがうかがえる。

IV　結びに代えて

本稿では合衆国における処刑の合憲性をめぐる最近の議論を検討したが、そこからは、従来十分効果を上げてきたとはいいがたい、死刑廃止を求める条約や欧州先進国などでの議論が合衆国における死刑論議にいかに影響を与えうるかという、きわめて抽象的な議論のレベルを超える状況が生まれていることが明らかになった[44]。合衆国で一般的な処刑方法である薬殺刑のための薬物が、死刑廃止を方針とするEUからの禁輸や製薬企業の消極姿勢によって、処刑が実施不能となるほど大きな影響が出ていて、急速なグローバル化の中で死刑ももはや一国内だけで完結しえなくなっていることが明瞭に現れている。そこで、合衆国の薬殺刑の合憲性をめぐる議論の特徴として、①合衆国での死刑をめぐる公の場での議論の活発さ、運用をめぐる透明性確保・密室性の問題、②死刑をめぐる運用の困難さ・特殊性という2点について述べ本稿を閉じたい。

1　合衆国における死刑をめぐる公けの議論の活発さ

合衆国においては、死刑の合憲性をめぐる多くの裁判例だけではなく、処刑を含めた死刑の運用実態についても数多くの研究が存在する。それらの判例や研究から見出せるのは、何よりも研究および裁判という公的な場面での議論の活発さである。またその当否はおくとしても、死刑廃止派による死刑をめぐる実態面の掘り起こしを含めた議論の深化発展であった。この点について従来から裁判官と死刑廃止に向けた人権団体などとのいわば協働関係が注目されてき

---

44) Gibson & Lain, *Death Penalty Drugs and the International Moral Marketplace,* 103 Geo. L.J. 1215 (2015).

た⁴⁵⁾。このような関係は薬殺刑の合憲性をめぐる最近の裁判例の中でも見出しうる。たとえば、受刑者側に重い立証基準を課したBaze判決ににもかかわらず、薬殺刑の合憲性を争う訴訟をすべての法域で展開し、わずか7年で再度最高裁をこの問題に直面させることに成功した。また結果は敗訴であったが、Glossip判決のBreyerの議論は、死刑反対派の調査報告書[46]に呼応し、死刑存否の州の数のみを比較するという従来の単純な議論から、利用実態を郡単位人口などで詳細に比較する新規の手法によって、合憲判断において重要な死刑利用の異常性という結論を導いた。その背景には、死刑弁護の専門家ネットワークの創設とその充実があり、それはGregg判決以降の裁判所による規制強化による副産物だとされている[47]。

他方、日本では一部の研究者やマスメディアを除き、従来死刑についてほとんど社会的な議論が行われてこなかった。日本においても死刑は刑事法関係者を中心に重要な論点となってきたのも事実だが[48]、処刑の実態については法務当局の徹底した情報不開示の方針もあり、裁判で争われることもほとんどなく、また実証研究については不十分な状況といえよう[49]。わかりやすくいえ

---

45) Evan J. Mandery, A Wild Justice: The Death and Resurrection of Capital Punishment in America 28-29 (2013). 死刑の違憲性を問う議論がまだ現実的になりえていなかった時代に、合衆国最高裁のゴールドバーグ裁判官が、死刑事件の裁量上訴否定の判断に反対意見を付した行動に、人権団体の若手弁護士たちが呼応し、すべての死刑執行に対するモラトリアム戦術、さらに研究者との協同による人種差別についての研究を生み出すなどの訴訟戦略を展開していった。

46) Glossip (2015) (Breyer dissenting, at 2761 *citing e.g.*, Death Penalty Information Center, *The 2% Death Penalty: How a Minority of Counties Produce Most Death Cases at Enormous Costs to All* (2013). このような論理展開は、精神遅滞者（Atkins v. Virginia, 536 U.S. 304 (2002)）や少年（Roper v. Simmons, 543 U.S. 551 (2005)）に対する死刑を違憲とした議論にもみられた。またDennoは合衆国最高裁が手続的な問題など限定的に特定の争点に関心を示したことが、その後の訴訟を誘発するという例としてHill判決を上げる。

47) 前掲注(8)。

48) 著名なものとして、団藤重光『死刑廃止論〈第6版〉』（有斐閣、2000年）がある。最近の研究としては、井田・太田編著・前掲注(25)を参照。

49) ジョンソン＆永田・前掲注(11)〈上〉240頁、ジョンソン・前掲注(13) 14、38-42頁。占領期の絞首刑実態から処刑実態に迫る永田教授の意欲的な研究はその例外といえよう。研究内容もさることながら、注目すべきは、法務省からの直接的な情報開示ではなく、占領期のGHQ作成文書に依拠していることである。そのこと自体日本における処刑をめぐる情報開示のあり方を如実に示している。永田・前掲注(11)およびジョンソン＆永田・前掲注(11)参照。

ば、実態が明らかでないため、その適否にかかわらず、裁判を含め議論も検証も公の形で行われがたい状況である。本稿の焦点ではないが、合衆国との比較では、日本の死刑決定過程は、罪責と量刑が分離されていないことを含め死刑事件特有の手続保障が欠如していること、死刑の求刑の有無が事前には告知されないことなどの問題点が指摘されるが[50]、そのことは公の検証に寄与した死刑の専門家のネットワークの欠如という問題に連なる。

　合衆国においても、近年の薬殺刑における利用薬物の入手困難化という実際的な問題に直面し、合衆国の死刑運用が、薬物の製造者、利用薬物の名称などを秘匿するという形で、日本同様透明性確保の否定の方向へ向かっていることは、大変興味深い現象である[51]。死刑制度を持つ社会が社会規範に合致する形で運用できないと感じるとき、情報を閉じる方向に向かっているようにみえるのは、後述の死刑の困難さと同時に制度維持のためには秘密主義をとる日本の制度運用が合理的ともみえるほどである。ただし依然として合衆国の死刑運用においては、外国人である日本人報道関係者にすら死刑囚へのインタビューだけではなく、処刑への立ち合いを認める状況もあり、情報開示の程度は日本とは比較にならない状況であることは再確認が必要である[52]。そんな日本においても、裁判員制度導入が影響してか、近年絞首刑の合憲性が裁判上で争われ、裁判員判決による死刑判決で初めて死刑が執行されたことなどがマスメディアで大きく報道されてきたことは、死刑運用と透明性の関係で意義深い。つまり、市民が刑事裁判に参加し、死刑運用の重要な一場面である死刑判決に関与する制度が導入されたことを受け、裁判所や担当部局である法務省に多少の積極性がみえることは、裁判員制度が生み出した間接的効果といえるかもしれない。その意味では、死刑という刑罰はその究極性、運用の適性さの維持の困難さゆえに社会から閉ざし、その運用実態を秘匿する傾向を常に持つが、だからこそいかに運用実態の情報を開示し社会に開かれた形で検証を確保するか

---

50) 被害者の証言が過度に重視され、かつ、裁判員の負担を重視する傾向から十分な審理期間を取らないことは、被告人の公正な審理の観点からの疑問があるとされる。ジョンソン・前掲注(13) 124頁。

51) See, e.g., Lethal Injection Secrecy Act, H.B. 122, 152nd Gen. Assemb., Reg. Sess. (Ga. 2013), cited in Denno 2014, supra n.1, at 1338, 1377 n. 318. 実は合衆国においての訴訟などで強制されない限り薬殺刑の詳細を公開することは基本的にはなかったという。

52) 小倉・前掲注(11)を参照。

が求められるように感じられる。

2　死刑をめぐる運用の困難さ・死刑の特殊性

本稿で紹介したBaze、Glossip両判決を含め、現代的な処刑方法である薬殺刑の失敗事例だけではなく外見上「成功」にみえる事例においても処刑対象者は大きな苦痛を感じている可能性があるという意味においての不確かさ[53]を考えると、死刑制度を適正に運用していくことの困難さを改めて感じる[54]。そのような視点からみると、公開処刑の廃止と処刑の密室化を含め処刑方法の人道化をめぐる20世紀の歴史自体も、常に新たな処刑方法を開発し「人道化」しない限り、現代の価値観にかなう形での制度維持が困難であることの証左とみることもできる。薬殺刑の導入がそうであったように、Furman判決によって一旦廃止された死刑制度が再開される1970年代後半に、失敗が頻発していた電気処刑の代替的な処刑方法が模索される中、半ば付け焼刃的な導入が決められ、それが現代まで利用され続けてきた。

かつてWeisbergは、死刑という刑罰を人の命を奪う以上法の規制が大きく要請されつつも、適正な規制が困難という意味で、「最良かつ最悪の法の規制対象（the best and worst subject for legal rules）」と表した[55]。また死刑に対する裁判所の規制に反対する立場からであるが、Harlan裁判官もMcGautha判決で死刑制度を合理的に運用することは、人知を超えたものと捉えていた[56]。これらの議論は、死刑決定に対する手続的な規制場面のものであるが、処刑場面についても同様のことがいえる。本稿で検討した処刑方法をめぐる判例や研究がつきつけるのは、周囲の人間がどう感じるかを別にすれば、処刑対象者に対

---

53) 前掲注(5)参照。See also Koniaris et al., *Inadequate anaesthesia in lethal injection for execution*, 365 LANCET 1412 (2005); Annas, *Toxic Tinkering—Legal-Injection Execution and the Constitution*, 359 NEW ENG. J. MED. 1512 (2008).

54) 日本では、絞首刑は延髄圧迫に伴う椎骨骨折などによる即死状態が起こることを根拠に正当化されてきたが、そのような状況が発生するのはむしろまれであり、少なくともそのような状況を意図的かつ確実に作り出すことは不可能であるとされる。さらに、頭部離断や窒息死なども実際には起こりうる。中川智正弁護団&ヴァルテル・ラブル『絞首刑は残虐な刑罰ではないのか？』（現代人文社、2011年）83-87頁。

55) Robert Weisberg, *Deregulating Death*, 1983 SUP. CT. REV. 305.

56) McGautha v. California, 402 U.S. 183, 204, 208 (1971).

してそもそも処刑を人道的に行うということが可能であるのかという根本的な疑問である。医学界の積極的協力を得られていないことも、死刑という制度の特殊性であった。仮に協力が得られていたとしても人を死に至らしめるのにどのような方法が最も効果的かつ適正かを医学的に検討することは、政治的な観点からだけではなく倫理的な観点からも簡単ではない。合衆国において常に人道的処刑法の模索がなされてきたのも、日本の死刑運用において神経質といえるほど徹底した密室性を維持するのも、やはりその死刑の特殊性ゆえで、死刑制度を現代的な価値観に何とか一致させるための継続的な努力であったようにみえる。合衆国では社会の成り立ちもあり、社会全般において政府による権力行使の運用実態を含めた情報の開示、透明性の確保が重要視されてきた。死刑においても上記のような合理化の努力が、死刑反対派の動きに呼応する裁判所の機能もあり、完全に不可視化を維持できない状態で進められてきたために、公の議論および検証が一定程度担保されてきたのだといえよう。

フランス法における「結社の自由」の制約原理
―― 「特殊性の原理」の意義と射程

髙 作 正 博

I 序 ―― 結社の自由の制約原理としての「目的」

　結社の自由[1]には、個人的自由と団体的自由とが含まれる。前者としては、団体結成の積極的・消極的自由、団体加入の積極的・消極的自由、団体脱退の積極的・消極的自由が挙げられ、後者としては、団体として活動する自由や団体の自律性（自律的運営）の保障が挙げられる[2]。後者の結社の自由は、「人」の「権利」ではないため、自然権思想に基づいて定められた憲法上の基本的人権の諸規定のなかに、本来的に人権ではないものが含まれていることになる[3]。結社の自由が2つの側面を有することは、反結社主義の歴史的背景を有するフランスにおいても共有されており、団体的自由としての結社の自由として、結社の名称・略称の選択の自由、出廷する（ester en justice）権利（「結社契約に関する1901年7月1日法律（Loi du 1er juillet 1901 relative au contrat d'association）」第6条参照）、規約制定権・懲戒権等が含まれると解されている[4]。
　結社の自由に2つの側面が含まれることから、その限界ないし制約について

---

1) フランス法で"association"は、通常は"société"と対比させて「非営利社団」と訳されるが、本稿では、「結社の自由」との関連で検討の対象とするため「結社」と記す。
2) 芦部信喜（高橋和之補訂）『憲法〈第6版〉』（岩波書店、2015年）219頁、同『憲法学 III人権各論(1)〈増補版〉』（有斐閣、2000年）533頁、市川正人『基本講義憲法』（新世社、2014年）165頁、佐藤幸治『日本国憲法論』（成文堂、2011年）292頁、野中俊彦・中村睦男・高橋和之・高見勝利『憲法 I〈第5版〉』（有斐閣、2012年）373頁等参照。
3) 樋口陽一『もういちど憲法を読む』（岩波書店、1992年）78頁以下、同『転換期の憲法？』（敬文堂、1996年）65頁以下、79頁以下、長谷部恭男『テレビの憲法理論』（弘文堂、1992年）35頁、44頁等参照。

は特別な考慮が必要となる。ドイツ基本法第9条第2項やイタリア共和国憲法第18条にみられるように、結社の存在や活動がその目的によって限界を設定されていることに注目する必要があろう。日本国憲法の解釈でもこの趣旨を及ぼし、結社の自由の限界を目的の観点から主張する見解が有力である[5]。フランスでも、法律論のレベルではあるが事情は同様である。ロベール・ブリシェは、結社の法的能力を論じるなかで[6]、法律による制限を受けることに加え[7]、目的上の制限を受けることをも指摘する。自然人の法的能力は、通常は目的によって制限を受けることはないが、結社についてはその目的の範囲に含まれる行為に限って認められることとなる。このように、結社の権利行使が規約等で定義される目的の範囲内に限られることを「特殊性の原理（principe de la spécialité）」という。これは、宗教施設法人への贈与・遺贈をめぐって19世紀に確立してきたものとされる[8]。

　以上のうち、本稿では、特殊性の原理を取り上げ、その意義や射程等を明らかにすることを通じて、結社の自由の限界論における目的の意義を検討するものである[9]。そもそも、信教の自由や表現の自由等のような人権では、目的上

---

4) Jean Morange, La liberté d'association en droit public français, P.U.F., 1977, p.141 et s. ; Jean Morange, Droit de l'homme et libertés publiques, 4e éd., revue et augmentée, P.U.F., 1997, p.247 et s. ; Alain-Serge Mescheriakoff, Marc Frangi et Moncef Kdhir, Droit des associations, P.U.F., 1996, p.152 et s.
5) 芦部・前掲(2)［憲法Ⅲ］535頁等参照。また、目的による制限の危険性を指摘するものとして、佐藤・前掲(2)295頁参照。
6) Rober Brichet, Associations et Syndicats, 5e éd., Litec, 1986, p.121.
7)「無届出」結社（association non déclarée）、「届出」結社（association déclarée）、「公益認定」結社（association reconnue d'utilité publique）のそれぞれの権利能力については、Rober Brichet, op.cit., p.122 et s.
8) 特殊性の原理は、私法上の財団（fondation）や同業組合（corporation）、公法上の法人、公施設法人（établissement public）にも妥当するものである。公施設法人については、Léon Michoud, La théorie de la personnalité morale et son application au droit français, 2e éd., tome 1, L.G.D.J., 1924, p.350 et s. 神谷昭「フランス行政法における L'établissement public の制度について」同『フランス行政法の研究』（有斐閣、1965年）281頁以下、P・ウェール、D・プイヨー（兼子仁・滝沢正訳）『フランス行政法』（三省堂、2007年）33頁以下、山口俊夫『概説フランス法・上』（東京大学出版会、1978年）237頁以下等参照。
9) なお、日本の民法第34条の解釈をめぐっては、森泉章『新・法人法入門』（有斐閣、2004年）88頁以下等参照。判例では、八幡製鉄判決（最高裁昭和45年6月24日大法廷判決・民集24巻6号625頁）、南九州税理士会判決（最高裁平成8年3月19日判決・民集50巻3号615頁）等参照。

の制約を承認する議論はみられないにもかかわらず、結社の自由について目的の観点から限界が設定されるのは何故なのか。団体的自由が個人的利益に解消されないとすればこの違いは当然であり、団体的自由の限界を検討する場合には、個人的自由の場合とは異なる考慮が必要となるとも解されうる。ただ、だからといって、団体の利益を構成員個々人の意思や利益から完全に分離し、構成員総体を有機体として捉えることもまた避けなければならない。原子論的理解にも有機体論的理解にも陥らない考察が重要であるように思われる[10]。そのため、本稿は、フランス法の実証的研究を通じて以上の課題を明らかにするものである。以下では、特殊性の原理の概念を明らかにし(Ⅱ)、その上で、特殊性の原理の適用を検討する(Ⅲ)。

Ⅱ 「特殊性の原理」の概念

1 原理の概念・基礎・性質

特殊性の原理について、比較的早い段階で検討を加えた業績に、アンリ・リペールの学位論文、『行政法上の法人における特殊性の原理』がある[11]。また、公法・私法を貫く団体理論を体系的に論じたものとして、レオン・ミシューによる『法人論とフランス法へのその適用』がある[12]。リペールの研究は、公的機関の行為による承認を必要とする行政法上の法人に限定するものではあ

---

10) この点で法人の本質を論じる法人学説が興味深いが、本稿では必要な範囲で触れるだけにとどめたい。石川健治『自由と特権の距離〈増補版〉』(日本評論社、2007年) 90頁以下、井上武史『結社の自由の法理』(信山社、2014年) 85頁以下、海老原明夫「法人の本質論(その一)～(その三)」ジュリ950号(1990年) 12頁以下、952号10頁以下、954号12頁以下、大村敦志『20世紀フランス民法学から』(東京大学出版会、2009年) 81頁以下、小島慎司『制度と自由』(岩波書店、2013年)、高村学人『アソシアシオンへの自由』(勁草書房、2007年) 215頁以下、時本義昭『国民主権と法人理論』(成文堂、2011年)、橋本基弘『近代憲法における団体と個人』(不磨書房、2004年) 57頁以下、後藤元伸「法人学説の再定位」関西大学法学論集65巻5号(2016年) 136頁以下等参照。

11) Henri Ripert, Le principe de la spécialité chez les personnes morales du droit administratif, son application en matière de dons et legs, Thèse, Paris, 1906.

12) Léon Michoud, La théorie de la personnalité morale et son application au droit français, 2e éd., tome 1 et 2, L.G.D.J., 1924.

が、ミシューは、リペールが考察の対象から除外した私法上の団体にも適用されうる原理として特殊性の原理を検討しており、両者をともに取り上げることで原理の実相に迫ることができるものと考える。以下では、リペールとミシューの研究を中心に、特殊性の原理の意義や性質について整理することとする。なお、フランス法において、〈personnalité morale〉の語は法人格を有していない団体をも含む概念として用いられる場合もあり[13]、これを「法人（personnalité juridique）」とのみ表記するのは正確性に欠ける。そこで、便宜上、主として法人格を有する対象を指す場合には「法人」、法人格を有しない対象を指す場合や両者を含む場合を「団体」と表記することがある。

　まずは、ミシューに従い、原理の概念と基礎を整理する。ミシューは、「1つ又は複数の決められた目的のためにしか、財産を利用することはできない」と述べ、特殊性の原理を説明する。この考え方は、特殊性の原理の基礎にあると同時に、多くの法人の法体系の基礎にもあるとする[14]。イギリス法では「ultra vires」の理論、ブリンツとベッカーによる「目的財産（Zweckvermögen）」説が直接に関連する議論であり、また、フランスでは、射程のより制限された概念として「割当財産（patrimoines d'affectation）」がある。割当財産は、法人が解散・廃止された後の資産処理について遵守すべき規範である。営利目的の会社とは異なり、非営利目的の結社や公施設法人ないし公益施設法人の場合、その財産は、構成員に割り当てられるのではなく、利害関係人が特定されないその事業や目的に割り当てられている。そのため、法人の解散・廃止に伴う資産処理に際しては、構成員には配分されず、その目的に適うよう国家がその帰属を定めることとされているのである[15]。

　特殊性の原理の基礎について、ミシューは次のように述べている。「自然人

---

[13] 歴史的には、団体結成の問題と法人格取得の問題とは別のこととされてきた。1901年7月1日法律が制定されることで団体の自由な結成（結社の自由）が認められ、法人格の取得についても幅広く認められるようになった。ここに至り、2つの問題の分離が「克服」（井上・前掲(10)134頁）されたといいうる。以上につき、小西美典「フランス法人論序説」大阪市立大学法学雑誌6巻4号（1960年）116頁以下、井上・前掲(10)90頁以下、123頁以下、130頁以下、後藤・前掲(10)168頁以下等参照。

[14] Léon Michoud, op.cit., tome 2, p.144.

[15] Léon Michoud, op.cit., tome 2, p.416. また、小泉洋一『政教分離と宗教的自由』（法律文化社、1998年）129頁以下、ルネ・レモン（工藤庸子・伊達聖伸訳）『政教分離を問いなおす』（青土社、2010年）85頁以下等参照。

において、およそ権利は、主体の意思が志向するすべての目的を達成することに役立つ。確かに、その究極の目的は、主体の人格の保持と発展である。しかし、この高次の目的を達成するために採るべき手段は、法律行為の直接の目的を構成するものであり、その手段は、主体自身の意思に委ねられている。主体にとっては、法律によって明確に禁止されているものを除いて、あらゆる目的が許されているのである」。他方、「法人においては、権利は、同様に完全なやり方でその機関が自由に行使する、ということはできない。その権利は、実際には、人的団体の集合利益の管理を唯一の目的とする。ここで重要なことは、このように管理される集合利益が、団体構成員の利益のすべてではなく、より容易に又はより完全に実現するために集合的に求められる、1つの又は多くとも特定の数の利益でしかないということである。国家も含めてどの団体であっても、構成員の個人的活動の全部を吸収することはない」。ここでいう集合利益について、国家にとっては安全、正義、文化等であり、公施設法人や私法上の結社・財団にとっては結成の際に規約で定められた構成員の要求が挙げられる。個人の場合とは異なり、法人の権利は、目的において限定されている点に重要な特徴が存するのである。法人にとって、特定の集合利益の実現という目的を超えて、他の目的を追求する行為は、「権利の逸脱行為（trahison）」を構成する[16]。

　目的による法人の権利の制約というのは、何を意味するのか。リペールは、「法人が設定する目的は、行動原理であると同時に、制限原理でもある。それは、法人の活動領域を決定すると同時に制限するのである」と指摘するが[17]、この制限の存在理由は何であろうか。リペールは、特殊性の原理の性質について、それが行政上の能力を制限する法規範なのか、法的権利能力を制限する私法上の法規範であるのかどうかと問う。法人の設立には政府の許可が必要となる法制度の下で、設立を認められ法人格を取得した団体の行為が、なお無効ないし取消しの対象となるのかどうかが問題とされる。私法上の法規範とする見解に従い、「特殊性の原理が民事上の権利無能力を前提とするならば、裁判所は、無償譲与（libéralité）を取り消す権限を有することとなる。政府の許可は、有効性の問題を判断するものではないからである」。他方で、公法・行政法上

---

16) Léon Michoud, op.cit., tome 2, pp.145-146.
17) Henri Ripert, op.cit., p.2.

の法規範とする見解に従い、「原理が、公法ないし行政法上の規範にすぎないとすれば、問題は、許可行為によって確定的に解決されることとなり、裁判所は、純粋に行政上の問題を解決する必要はない」[18]。

2　リペールの公法規範説

　リペールは、この問題を明らかにするには法人学説との関連で検討すべきとする。法人擬制説によれば、法人の人格は、国家が与えた属性であり、国家は、擬制的存在による任務の遂行を可能にするために必要な限りでその属性を配分したものとされる。それゆえ、法人の特殊性は、その人格の能力（mesure）となるのであり、法人は、特殊性に含まれる権利しか有しない。このように、特殊性の原理と法人の権利能力とを結びつけ、私法上の法規範と捉える見解は、法人擬制説によって主張されるものとされる[19]。他方、法人実在説によれば、法人は1つの人格として同様の権利を有することとなる。権利を意思説に基づいて理解するのか利益説に基づいて理解するのかによって説明の仕方は異なるものの、法人実在説に依拠する以上は、法的には1つの権利主体として現れることとなる。その場合でも、精神的存在の創設を認めるかどうかは国家に委ねられているのであり、国家が、警察目的を考慮して危険とみなす法人の創設を認めないことは、ありうるところである。こうして、「特殊性の原理は、行政警察の良き規範となり得る」のであって、「法人の制限に関する私法上の原理ではない」[20]。

　以上の整理をした上で、リペールは破毀院の判決に着目する。国務院が、厳格に特殊性の原理を適用してきた一方で、破毀院の判例は多くはなかった。第1に、1852年5月18日審理部判決である[21]。オスマン婦人が、学校を維持するためにパリ改革派教会の長老会議（consistoire）へ行った遺贈について、破毀

---

18) Henri Ripert, op.cit., p.8.
19) Henri Ripert, op.cit., p.9. 私法規範説を支持するものとして、Théodore Tissier, Traité théorique et pratique des dons et legs aux établissements publics ou d'utilité publique, Tome 1, Paris, 1896, p.693 et s.
20) Henri Ripert, op.cit., p.14.
21) Cass. Req., 18 mai 1852, Ville de Paris c. le Consistoire de la confession d'Augsbourg, S., 1852, 1, 524.

院は、無償譲与が無効かどうかの判断を行わなかった。特殊性の原理の適用を認めるのであれば為すべき判断だったにもかかわらず、である。審理部は、無償譲与が法律に反していないことの確認をするにとどめたのである。結局、学校の設立や維持を長老会議にも他の宗教施設法人にも禁止する規定が存在していなかったため、当該遺贈を適法と判断した。

　第2に、1893年1月31日民事部判決である[22]。ガルニエ婦人が、宗教教育のためにグルノーブルの司教財産（la mense épiscopale）へ学校施設を遺贈したところ、婦人の相続人が遺贈の無効を主張して訴えた事案である。グルノーブル司教は、1874年6月9日のデクレにより遺贈を受け取ることを許可されていたものの、特殊性の原理を理由にその能力を有しないはずだと主張されたのである。ブルゴワン裁判所による1888年11月14日判決は、遺贈を違法な条件の下でなされていたとして無効と判断した。司教による控訴に対し、グルノーブル控訴院の1889年4月18日判決は、原判決の判決理由を維持し控訴棄却とした。破毀院は次のように述べて原判決を破毀した。民事裁判所は、行政の許可を得た贈与や遺贈について、「法律に違反していない条件を違法と判断することはできない。本件では、1874年6月9日のデクレが、……ガルニエ婦人による遺贈を受け取ることをグルノーブル司教に許可していた。それにもかかわらず、控訴院は、その目的が財産の権限範囲を超え、その能力を逸脱しているということを唯一の理由に、前述の条件を違法と判断した。以上の理由から、控訴院は、遺贈を無効と判断したのである。したがって、原判決は民法典第900条を誤って適用し、その結果、同条に違反した」。

　第3に、1894年5月26日民事部判決である[23]。カンブルナック婦人が、学校の設立と維持のためにオビニーの救済院に遺贈したところ、その受領は、1881年3月28日の県のアレテにより許可された。しかし、受遺者は、当該法人が特殊性の原理の適用により遺贈を受け取ることができないことを理由に、民事裁判所に提訴した。ブルジュ控訴院及び破毀院は、以下の理由により遺贈の有効性を認めた。第1に、「救済院に対してなされた遺贈の受領に関する民法典第910条は、……政府による監督と統制を条件に、無償譲与を受領する権利を認めている」こと、第2に、「その受領にもかかわらず、裁判所が、さら

---

22) Cass. Civ., 31 janvier 1893, Evêque de Grenoble c. Faidides, S., 1893, 1, 345.
23) Cass. Civ., 26 mai 1894, Époux Brucy c. Hospices d'Aubigny, D.P., 1895, 1, 217.

に遺贈の瑕疵を判断しうるとしても、法律に反しているわけではない条件を無効とみなすことはできない」ことである。

　以上のように、判例は、目的が公施設法人のそれを逸脱したことのみを理由に、無償譲与を違法であるとは判断していない。民事裁判所、とりわけ破毀院は、特殊性の原理の適用を拒否してきたのであり、自らの管轄に属さない問題であると考えているのである。リペールは次のように結論づける。「したがって、特殊性の原理が、純粋に行政上の射程しか有しておらず、それしか有することができないということ、また、民事裁判所は、判断する権限を有していないこと、さらに、施設法人の特殊性を排他的にかつ終局的に判断するのは、行政であるということを結論とすべきである」[24]。

3　ミシューの公法・私法規範説

　ミシューは、法人学説との関連について興味深い考察を行っている。第1に、特殊性の原理を、公法規範としてだけでなく私法規範としても理解する点である。第2に、特殊性の原理を法人の権利能力の問題として捉える見解を採用しない点である。以下、これらの点について、ミシューの見解をみてみることとする。第1に、特殊性の原理を、国家、地方公共団体、コミューン、公施設法人等の公法上の法人、結社や同業組合等の私法上の法人に共通して適用される原理として理解する[25]。従来、私法規範としての特殊性の原理は、法人擬制説の論者によって主張されてきたが、ミシューは、法人擬制説と同様、法人実在説とも結びつきうると指摘している。法人の「実在性は、特定の利益を集合的に求める人的団体の存在にある」という理由から、この原理を認めるべきと主張する[26]。また、この観点から、特殊性の原理を行政上の許可の問題ではなく、「内部事項（affaire d'ordre intérieur）」の問題として、私法上の内部秩序にかかわる原理であると解釈する[27]。

　もっとも、法人学説の立場の違いがまったく無関係というわけではない。法

---

24) Henri Ripert, op.cit., p.30.
25) Léon Michoud, op.cit., tome 2, p.153 et s.
26) Léon Michoud, op.cit., tome 2, p.147.
27) Léon Michoud, op.cit., tome 2, p.168.

人擬制説は、法人の財産権、また、より広くは法人の権利主体性自体の否定として、特殊性の原理を理解する。しかし、ミシューはそのように理解すべきではないとする。すなわち、財産は、自然人にとっては権利であり、それを利用することも濫用することも認められるものであるが、法人にとっては責務であり、法律が定める条件の下でのみ享受・使用・収益・管理することが認められるものである、とするローランの見解を引用しつつ、この見解は、自然人と法人との違いを過度に誇張していると指摘する。「権利は、その人格の必要性に仕えるために認められる、ということは、双方にとって真実なのである」[28]。

この最後の点は、特殊性の原理が法人による権利の享有自体を否定する原理ではないことを意味する。そうすると、ミシューは、特殊性の原理と権利能力との関係をどのように考えるのであろうか。これが第2の点である。ミシューは、権利の享有と行使を区別して、特殊性の原理が権利の享有範囲を制限するものではなく、権利の行使を制限する原理とするのではないか。実際にミシューは次のように述べている。法人は、目的を達成するために認められた権利を、その目的から逸脱させることはできない。「しかし、法人が、事後的に、他の目的に常に充てられた他の権利を享有しうるということは、完全に禁じられてはいない。法人が、最初の任務とは別の任務に充てられる無償譲与を受領するとしても、それを受領することが法人の逸脱行為となるわけではない。法人は、それにより、自らの任務に用いるべき金銭その他の資産を、濫用しているわけではないからである」[29]。

財産を受領する能力自体は否定されず、その行使が制約されうるというのはどのような理由によるのであろうか。ミシューによれば、原初的目的とは異なる目的で無償譲与を受領することには、次の点で問題があるとされる。第1に、法人自体にとって望ましいものではないという点である。分業の経済準則に反するからであり、また、法人の管理者に対し、付随的任務のために主たる任務を怠ったり、主たる利益を害するように2つの任務を混同したりさせるからである。第2に、国家にとって危険なものとみなされるという点である。法人に対する国家の統制（寄付の受領に際しての許可権）が困難になるからであり、また、その権限によって遂行しようとする政策を妨げるからである。第3に、実

---

28) Léon Michoud, op.cit., tome 2, p.148.
29) Léon Michoud, op.cit., tome 2, p.150.

定法規範に反することがあるという点である。一定の目的が、特定の条件で結成された法人によってのみ追求されうるということを法律が明記する場合、また、法律が、一定の目的を遂行することを法人に禁止する場合に、そうである[30]。

　最後の場合のみが、法人の特殊性に含まれない無償譲与の受領を違法とする場合である。前二者は、合目的性と実益性の考慮事由にすぎず、それゆえ、法律の特別の規定の外で、許可を拒否するために行政監督を行使させうるものではあるが、しかし、無効をもたらすことはない。この点、法人擬制説の論者は、固有の目的以外の目的で、法人が無償譲与を受領する能力を持たないと主張する傾向がある。その任務を遂行するために必要な範囲でのみ、法律によって擬制的存在に認められるものとして人格を考えているからである。法人擬制説は、特殊性の問題を権利能力の問題として理解し、それゆえ、無能力から帰結する無効を、法人に対する無償譲与に適用してしまうのである。しかし、そこにあるのは権利能力の問題ではない。法人擬制説が特殊性の原理を誇張した、とするミシューの指摘は、非常に興味深いものである。特殊性の原理を、権利の享有主体性を認めた上で、特定の場合にその保有や行使を制限しうる原理として捉えるならば、目的に着目した制約、すなわち、自然人の場合には認められない権利制限の論理を示すものとなるからである。

III　「特殊性の原理」の適用

1　原理違反の場合の制裁内容

　特殊性の原理の概念及び性質に関する議論を踏まえ、原理の適用の側面について検討を進める。以下では、原理に反する場合の制裁、国務院及び司法裁判所による原理の解釈を取り上げることとする。特殊性の原理に違反する場合、いかなる制裁が認められ得るのであろうか。ミシューは、次の3つを挙げている。第1に、国家の「監督（tutelle）」に服する法人については、この監督が最も多く利用される制裁となる。「法人がその特殊性を超えて行おうとする行為

---

30) Léon Michoud, op.cit., tome 2, pp.151-152.

については、国家は、行政行為により承認を拒否したり、当該行為を取り消すこととなる」[31]。この制裁が適用されるのは、①原理に直接的に違反する行為（法人の任務に含まれない目的のための役務を遂行する行為等）、また、②原理に直接的に違反しない場合でも、法人を違法な行為へと至らしめてしまう行為（禁止されている役務を遂行するために、不動産を取得する行為等）である。

第2に、刑事上の制裁である。具体的には、法人の管理・運営上の責任を負う者に対して宣告されうる刑事法上の刑罰、また、法人自体を対象として宣告されうる解散である。これらの制裁は、特に、第1の制裁が存在しないか、不十分にしか存在しない私法上の法人についてみられるものである[32]。具体的には、特殊なカテゴリーの結社を規律する法律の中に見い出すことができる。1884年3月21日の「職業組合の創設に関する法律（Loi relative à la création des syndicats professionnels）」[33]では、次の規定が注目される。「使用者又は労働者の職業組合は、その集会、図書室、職業教育の講座に必要なもの以外の不動産を譲り受けることができない」（第6条第3項）、「第6条の諸規定に違反して財産を譲り受けた場合には、検事正又は利害関係人は、受領又は無償譲与の無効を求めることができる」（第8条）、「本法律の第2条、第3条、第4条、第5条、第6条の諸規定に違反する行為を行った組合の理事又は監事は、訴追され16フラン以上200フラン以下の罰金に処せられる。さらに、裁判所は、検事正の申立てにより（à la diligence）、組合の解散と、第6条の諸規定に違反してなされた不動産の受領の無効とを宣告することができる」（第9条）とする各規定である。また、「教会と国家の分離に関する1905年12月9日法律（Loi du 9 décembre 1905 concernant la séparation des Eglises et de l'Etat）」は、宗教団体の目的に関する第18条、第19条等に「違反した結社または連合の理事または監事は、16フラン以上200フラン以下の罰金に処し、再犯の場合には2倍の罰金に処する」（第23条第1項。ただし、罰金の金額について、現行法は、「刑事法典第131－13条第5項で定める第5級犯罪についての罰金」とされ、「1500ユーロ以下」と定められ

---

31) Léon Michoud, op.cit., tome 2, p.174.
32) Léon Michoud, op.cit., tome 2, p.177.
33) J. B. Duvergier, Collection complète des lois, décrets, ordonnances, réglements, et avis du Conseil d'Etat, t. 88, p.174 et s（以下、Duvergierとする）。大和田敢太『フランス労働法の研究』（文理閣、1995年）113頁以下、北川善英「1884年法と『組合の自由』」横浜国立大学人文紀要第1類27集（1981年）93頁以下、高村・前掲⑽175頁以下等参照。

ている)、「さらに、裁判所は、本条第1項で定める全ての場合において、結社または社団の解散を宣告することができる」(同条第2項) と規定する[34]。

第3に、特殊性を超えて遂行される行為を違法とし、無効とする制裁である。「法人が特殊性の原理に直接違反する行為は、無効とされる」[35]。1898年4月1日の「共済組合に関する法律 (Loi relative aux sociétés secours mutuels)」[36]は、共済組合を3つのカテゴリーに区別しており、そのうち、「自由組合 (sociétés libres)」について、第15条第5項では次のように定めていた。「自由組合は、専ら自らの役務に割り当てられる不動産を除いては、いかなる形式であれ不動産を譲り受けることはできず、違反すれば無効とする。自由組合は、不動産の贈与または遺贈について、それを譲渡する義務を負い、また、前第3項で定める許可を得る場合にしか、受領することができず、違反すれば無効とする。無効は、利害関係人の請求または職権で検察官の請求に基づき、裁判所で宣告される」。

2 国務院による特殊性の原理の厳格な適用

特殊性の原理の適用における国務院及び破毀院の立場はどのようなものであろうか。国務院の意見 (avis) や司法裁判所の判例を取り上げて検討する。まず、リペールは、特殊性の原理を次の2つの定式として提示する。第1に、「指定施設法人 (établissement institué)」(遺贈者が遺贈の受取人として指定する法人)を職分上の特殊性から逸脱させる無償譲与については、許可しないとする否定的側面である。第2に、「受益施設法人 (établissement bénéficiaire)」(無償譲与の条件である役務を執行する権限を有する法人) への無償譲与と考えられる場合には許可すべきという肯定的側面である[37]。前者については、国務院の1881年4月13日意見がある。宗教上の施設法人に対して、慈善及び教育目的の無償譲

---

34) これらとは別に、手段や目的の違法性ないし危険性を理由とする解散制度がある (「結社契約に関する1901年7月1日法律」第3条、第7条等)。この司法解散及び行政解散については、大石眞『権利保障の諸相』(三省堂、2014年) 第3部、井上・前掲(10)189頁以下等参照。
35) Léon Michoud, op.cit., tome 2, p.178.
36) Duvergier, t. 98, p.111 et s. 高村・前掲(10)182頁以下参照。
37) Henri Ripert, op.cit., p.64.

与の受領を許可することができるかどうかについて検討するよう求められ、国務院は次のように述べて、特殊性の原理を厳格に適用する立場を明らかにしている。「教会財産管理委員会（fabriques）は、他の公施設法人と同様、自らに与えられた特殊な任務のためにのみ、私法上の人格を付与されたものである」。「専ら宗教儀式の遂行と寄進財産の管理のために設立された教会財産管理委員会は、その権限の範囲内でしか、受領し保有する資格を有しない」。それゆえ、学校のための無償譲与は、許可されるべきではない[38]。

また、後者の肯定的側面については、指定施設法人から受益施設法人への「継伝処分（substitution）」[39]をめぐって議論がなされてきた。問題となるのは、遺言者が誤って、無償譲与を受領する能力を有しない施設法人を指定した場合（指定施設法人）でも、当該無償譲与は、例えば貧困者救済の目的であれば、その適法な代表者である貧困者救済院（bureaux de bienfaisance）や社会福祉施設（assistance publique）等（受益施設法人）によって受領されうるかどうかという点である。これを認めようとする考え方が、指定施設法人から受益施設法人への継伝処分である。

まず、慈善の無償譲与について、国務院は1881年12月1日意見で、無償譲与が社会福祉施設によって受領されうることを認めた[40]。これは、ボノメ・ド・ヴェドルイユ氏が、パリ公証人会（chamble des notaires de Paris）へ行った慈善目的での遺贈に関するデクレ案について、国務院が述べた意見である。デクレ案は、「1、パリ公証人会が、ボノメ・ド・ヴェドルイユ氏による包括遺贈（legs universel）を受領すること」の許可、「2、ボノメ・ド・ヴェドルイユ氏が、貧困者のために、包括受遺者としてパリ公証人会を指定した措置から、パリ社会福祉施設の総合事務所の理事が、利益を受け取ること」の許可を内容とするものであった。国務院は、「公施設法人は、自らに与えられた特殊な任務のためにのみ、また、そこから生じる権限の範囲内でのみ、私法上の人格を付与されたものである。受領し、貧困者に対して援助を提供する権利は、共和暦11

---

38) Avis de Consei d'Etat, 13 avril 1881 ; Avis de Consei d'Etat, 13 juillet 1881. Henri Ripert, op.cit., p.65 ; Théodore Tissier, op.cit., pp.575-582.

39) この概念については、大島俊之「信託的継伝処分（後継遺贈）(1)」大阪府立大学経済研究36巻1号（1990年）69頁以下、山口・前掲(8)539頁以下等参照。

40) Avis Conseil d'Etat, 1er décembre 1881, aff.Bonnomet de Védreuil ; Théodore Tissier, op.cit., p.589, note 1.

年風月25日法律及び1843年1月25日オルドナンスによって設立され組織された公証人会の法的権限には、含まれていない」と指摘した上で、「パリの社会福祉施設の事務所は、現行の法律及び規則により、貧困者のために付与された贈与と遺贈を受領し、その配分を行うことを唯一の任務とする」と述べた。これは、公証人会は、法的権限に属していない目的では、遺贈を受領する資格を有していないこと、しかし、問題の無償譲与が、実際には公証人会の責任の下でパリの貧困者に付与されたものであるため、社会福祉施設の総合事務所がそれを受領することは正当であるということを述べるものである。

　以上の判断は、指定施設法人から受益施設法人への継伝処分の適用を認めたものであり、貧困者を適法に代表する者のみが、無償譲与の受領とその執行を行うものとされた。国務院は、特殊性の原理の厳格な適用により、指定施設法人が無償譲与の執行から排除されるべきであり、その受領も許可されるべきでないと考えている[41]。他方、慈善の無償譲与以外の無償譲与についても事情は同様であり、指定施設法人から受益施設法人への継伝処分が適用されていた。遺言者が受遺者である施設法人を指定した場合で、この法人が特殊性の原理の適用により無償譲与を受領する能力を有しない場合、また、無償譲与を受領する能力を有し、遺言の文言により真の受益者と見なされうる他の施設法人が無償譲与を求めた場合には、遺贈の目的に鑑み、また、遺言者の意思を尊重して、指定施設法人を「単なる仲介者」とみなすべき、とする立場である。

　国務院の立場は、一見すると合理的なもののように考えられる。しかし、遺言者が指定したのではない施設法人に無償譲与が許可される点で、問題があるのではないか。国務院による特殊性の原理の厳格な適用（指定施設法人に対する不許可）、また、指定施設法人から受益施設法人への継伝処分は、どのように評価されていたのか。この点で、国務院の調査官（maître des requêtes）であるレオン・ベケの考え方が注目される。ベケは、国務院を支持する立場から、次のように述べている。「政府は、公施設法人に対する財産の遺贈を遺言者に許可するとしても、公施設法人に与えることを認めているのではない。なぜならば、施設法人は、それ自体として存在しているのではなく、それが充たすべき公役務が存在しているからである。以上から、貧困者のために、教会財産管

---

41) Henri Ripert, op.cit., p.70 et s.

理委員会、主任司祭に財産を提供する慈善家は、貧困者に責任を負う役務に対して行っていると考えられるべき、という結論となる」[42]。ベケの主張では、無償譲与が付与されたのは公役務自体に対してであって施設法人にではなく、それゆえ、無償譲与を受領したのが指定施設法人であるのか受益施設法人であるのかは、重要ではない。

　ベケの考え方は、法人の存在を否定する立場に立つものであり、法人の実在性を認める立場からは容認されざるものである。実際、ミシューはこれを批判しており[43]、リペールもまた、「この説は、まったく批判されるべきもの」と指摘する。「厳密にいえば、遺言者が、受益者を指名しないまま、無償譲与の利用を述べるにとどめていた場合には、無償譲与は、実際には能力を有する公施設法人に与えられたものということができ、その法人に許可を与えることができる、と考えうる。しかし、遺言者が、無償譲与をある私法上の法人に与え、それが他の私法上の法人に与えられた場合には、現実には受遺者は変更され、遺言はやり直しとなっている。そこから帰結される無効を免れるため、遺贈が施設法人にではなく公役務に与えられたと述べることは、意味のないことである。なぜならば、この考え方は、人格の概念を破壊するものだからである。ベケが何といおうとも、法人は、意味のない外観でも、現実の前に消失する影でもない。反対に、それは、極めて確実な現実と一致している。法人が個々の施設法人の特殊性に基づいて判断されると認める者にとっても、法人は、特殊性の範囲内で存在するのである」。結局、「指定施設法人から受益施設法人への継伝処分に関する国務院の判例は、慈善の無償譲与が問題となる場合にしか正当化されないように思われる。なぜならば、その場合には、我々は、無償譲与の真の有資格者である貧困者の集団と直面しているからである。貧困者の集団は、任命された代表者の無能力によっても、固有の能力を失うものではない。しかし、他のすべての事例においては、その判例は、遺言者が任命した施設法人の代わりに、国務院が任命する他の施設法人を置くまでに至る。これは、私法の観点では、特別の問題を生じさせる」[44]。

---

42) Léon Béquet, Des dons et legs charitables : Capacité des bureaux de bienfaisance et des divers établissements publics, Revue générale d'administration, 1882, t.1, pp.138-139.
43) Léon Michoud, op.cit., tome 2, p.188.
44) Henri Ripert, op.cit., pp.78-79.

リペールが指摘するように、無償譲与に関する施設法人の継伝処分を容易に認める場合には、私法上の問題が生じることとなる。遺言者の意思、無償譲与の意義等を考慮に入れた上で、慈善の無償譲与の場合とそれ以外の無償譲与の場合とで区別しようとするリペールの立場は、説得力を有するように思われる。

3 破毀院による特殊性の原理の柔軟な適用

　司法裁判所は、国務院の判断をどのように受けとめたのであろうか。実は、この点に関する司法判例は少ない。国務院は、指定されなかった施設法人による無償譲与の受領を許可する前に、遺言者の相続人と受益施設法人との間の合意が得られるように留意するからであり、また、一般的に、その合意が実現された後でのみ無償譲与を許可するからである。それでも、法的能力のない指定施設法人から受益施設法人への継伝処分を認めなかった控訴院の判決がみられる[45]。

　さらに、破毀院も、1898年4月21日判決で国務院とは異なる判断を示した。これは、リヨン控訴院による1896年4月28日判決に対して破毀申立てがなされた事件に関する判断であった。リヨン控訴院の判決は、第1に、司法裁判所は、遺言の有効性についての専権的評価権を有するとした。特に、遺言者が、遺贈された資金を直ちに配分すること、また、主任司祭の仲介によってその配分を行うことという2つの条件の下で遺贈を行ったこと、また、その2つの条件は、それがなければ無償譲与がなされなかったという意味で、決定的原因であったこと、以上の判断権が、事実審裁判官に属するとした。第2に、司法裁判所は、自らの管轄において主権的であり、デクレにより許可がなされていようとも、遺言者の意思が遵守されなかったと判断した場合には、当該遺贈を認めないことがありうると述べた。①遺贈を受ける者が特定されておらず、貧困者救済院に対する遺贈とはみなされない場合には、無効となる。②貧困者救済院が受領した場合には、遺言者が述べていた執行の方法（主任司祭の仲介によっ

---

45) Cour d'appel de Grenoble, 5 juillet 1869, Comm. de Saint-Siméon c. Évêque de Grenoble, D.P, 1873, 2, 226 ; Cour d'appel d'Angers, 23 mars 1871, De Langottière c. Commune et Fablique du Vieil-Baugé, D.P, 1873, 2, 227.

てその配分を直ちに行うこと）に従わなければならない。結局、破毀院は、貧困者救済院のみが貧困者のための遺贈を受領する資格を有すると判断し、その上で、遺言者の意思を尊重して、遺贈の資産は主任司祭に譲渡されると述べた。

　破毀院は、次の点を指摘して原判決を正当とした。第1に、「司法機関が遺言を解釈する前に行政の監督行為がなされているが、司法機関のみが遺言の意味を確定する権限を有している」。これは、司法裁判所が、遺贈の有効性についての専権的評価権を有することを意味する。第2に、貧困者のために、主任司祭または教会財産管理委員会になされた慈善の無償譲与については、原則として、貧困者救済院が受領すべきである。ただし、第3に、教会財産管理委員会または主任司祭が、遺言に基づき資産の配分を行う[46]。この破毀院判決の重要な点は、特殊性の原理を厳格に適用して、教会財産管理委員会や主任司祭を無償譲与の受領や資産の配分から排除する判断を示した国務院の立場とは異なり、デクレが指定施設法人による資産の配分を妨げることができない、と述べた点である。

　国務院にとっては、このような解決は特殊性の原理と相容れないものであり、多くの事例において、破毀院の説を死文化させるに至るラディカルな立場をとるに至る。すなわち、受益施設法人による無償譲与の受領を許可するのは、①相続人が受益施設法人による無償譲与の執行に同意した場合、②指定施設法人の関与が、無償譲与の「強度のかつ決定的な原因（cause impulsive et déterminante）」ではない場合、に限られるとしたのである。「強度のかつ決定的な原因」の条件は、無償譲与の受領の許可を認めない理由として援用されるものとなり、1898年4月21日判決以来、国務院は、ほぼすべての事例において「強度のかつ決定的な原因」があると宣言した[47]。これは、特殊性の原理の厳格な適用及び継伝処分の限定的適用により、無償譲与の利益を無にすることとなる。一般利益のためには、国務院と破毀院が一致点を見い出すしかない。結局は、特殊性の原理における目的の認定においては、ある程度の柔軟性が求められるということとなろう。ミシューも、目的の認定について、「すべてのカテゴリーの法人について、この原理を一定の幅を持つものとして理解することが必要で

---

46) Cass. Civ., 21 avril 1898, Bureau de bienfaisance de Lyon c. Delaroch, Bergeon et Paul, S., 1898, 1, 233.
47) Henri Ripert, op.cit., p.74.

ある。とりわけ、自らではその目的を変更することができない法人、特に、公施設法人及び私的財団については、それは必要である」と指摘する[48]。

その理由について、第1に、規約の厳格な解釈が、法人を完全に分離された狭い領域に閉じ込めることで、「社会環境への適応を法人に禁止し、また、新しい、予見できない必要性を法人が充たすことを妨げる」ことが挙げられている。「多かれ少なかれその主要な任務に直接に結びつくもので、他の公施設法人の権限に含まれていない付随的目的を、原初的目的に追加すること」を公施設法人に妨げることが望ましいとは思われない。また、第2に、贈与と遺贈に関しては、国務院のみならず、立法者や行政監督者（tuteur administratif）が目的の拡大を認めてきたことである。立法者の対応につき、ミシューは具体例として、1873年5月21日の「慈善施設法人の管理委員会に関する法律（Loi relative aux commissions administratives des établissements de bienfaisaince）」[49]（第7条は、「病院の管理委員会及び救済院は、貧困者救済院と協力して、貧困状態の患者を在宅で看病することができる」と定め、在宅医療に自らの資源の一部を利用することを認めた）、1893年7月25日の「教師の分類と待遇に関する1889年7月19日法律を改正する法律（Loi modifiant le texte de la loi du 19 juillet 1889 relative au classement et au traitement des instituteurs）」[50]（救済院が、施設内の児童に学校教育を行うことを認めている）等を挙げている。

目的の拡大が特に有益であるのは、「救済団体（assistance）」のケースである。その理由について、ミシューは、「あらかじめすべての必要性を予見することが不可能であり、すべての善意が活かされるべきである」ことを指摘する[51]。他方、行政判例は、宗教施設法人には慈善事業を認めず、狭隘な精神を示してきたのであり、そこには、ライシテ原理の確立へ向けた闘いが優先的な考慮事由だったことが分かる。しかし、ミシューは、「宗教施設法人に慈善の実践を認めるには、それを文化事業の付随的なものと考えるだけで十分であった」と述べている。

---

48) Léon Michoud, op.cit., tome 2, p.171.
49) Duvergier, t. 73, p.164 et s.
50) Duvergier, t. 93, p.282 et s.
51) Léon Michoud, op.cit., tome 2, p.173.

VI 結 —— 内在的制約としての「目的」

 特殊性の原理をめぐる議論から、どのような示唆を得ることができるのか。本稿で紹介した議論は、「結社契約に関する1901年7月1日法律」制定前後までの学説及び判例である。歴史的には、公施設法人に対する無償譲与をめぐる議論が、特殊性の原理を形成したことが明らかとなったが、この原理は、結社の自律性を制約する原理としても取り上げられるものとなる[52]。ここに至り、特殊性の原理を結社の自律性や団体的自由とのかかわりで適切に位置づける必要性が生じるものと思われる。ここでは、以下2点を指摘する。

 第1に、結社の自由の制約原理としての可能性である。結社の自由ないし自律性の保障として、一旦は憲法上の保護が認められる利益であっても、目的を逸脱して行われた行為については、目的の観点からの制約が許容されうることとなる。このように整理することができて初めて、法律上の「目的の範囲」規定の合憲性が語られうるように思われる。また、この限界は、結社の自由ないし自律性に内在する制約として捉えられうるものであり、個人的自由に対する制約の場合とは異なる内在的制約に位置づけられるべきであろう。

 第2に、団体・法人の人権の制約原理としての可能性である。特殊性の原理が団体の性質に由来する制約原理であることからすれば、結社の自由を超えて、団体・法人の人権享有主体性を肯定した上で問題となる人権の限界論を考察しうるように思われる。これは、団体が個人と同様に人権を享有しうるとする立場（「会社は、自然人たる国民と同様、国や政党の特定の政策を支持、推進または反対するなどの政治的行為をなす自由を有する」[53]）や団体の人権享有主体性を否定する立場とも異なり、独自の内在的制約としての規範理論を提示しうる。今日における特殊性の原理の適用ないし運用を探ることで、規範理論としての可能性を探ることが必要であると思われる。

---

52) Alfred Légal et Jean Brèthe de La Gressaye, Le pouvoir disciplinaire dans les institutions privées, Sirey, 1938, p.135 et 136.
53) 前掲注(9)最高裁昭和45年6月24日大法廷判決。

フランスにおける合憲性統制の新段階

矢 島 基 美

I　はじめに

　フランスでは久しく、「法律は、一般意思の表明である」（人及び市民の権利宣言第6条）とする「フランス革命期以来のイデオロギー」[1]が支配してきた。このイデオロギーはおのずと、「議会中心主義」なるフランス固有の観念をもたらし、行政府に対してはもちろん、裁判所に対する関係でも、議会の優位が揺るぎないものとなる[2]。

　かかる議会中心主義は第3共和制期に確立したとされているが、そのような状況にあっては、「法律の優位」なる原理が説かれるだけで、法律に対する憲法の優位が受け容れられるはずもない。それゆえ、フランスにおいては、最高法規としての憲法、それゆえの法令の合憲性審査といった、立憲主義において当然のこととされる観念ないし制度がもち込まれることにはならなかった。とりわけ、アンシャン・レジーム期以来の、司法権に対する根強い不信（「裁判官政治（gouvernement des juges）」の忌避）も作用して、裁判所による合憲性審査なるものは生まれるべくもなかった[3]。

　このような事情は、現行フランス第5共和制憲法の制定時においても同様であった。議会制定法に対する合憲性統制のため、憲法院なる国家機関が設けられたが、その主眼は議会と行政府の間の権限分配を差配し、立法権を掣肘する

---

1) 樋口陽一『現代民主主義の憲法思想』（創文社、1977年）11頁。
2) 樋口・前掲注(1)8-11頁。ここからさらに、「国民自身に対する議会の優位」、「憲法そのものに対する議会の優位」が指摘されている（樋口・前掲注(1)11-15頁）。
3) このあたりについては、さしあたり、滝沢正「フランスにおける憲法の最高法規性に関する一考察」上法41巻3号（1998年）7頁以下、樋口・前掲注(1)11頁等参照。

ことにあって、人権保障に向けられていたわけではなかった[4]。

しかるに、2008年の憲法改正によって、いわゆる抗弁方法による事後的な合憲性統制（un contrôle de constitutionnalité a posteriori et par voie d'exception）[5]が導入されるに至る[6]。この合憲性審査は、一般に、「合憲性の優先問題（question prioritaire de constitutionnalité）」と呼ばれている（以下では、「QPC」ないし「QPC制度」という）が、「優先」なる趣旨は、当該事件の訴訟当事者が違憲の抗弁とともに法律の条約違反を主張した場合には、法律の合憲性審査が条約適合性審査よりも優先されるという点にある[7]。

もともと上述のごとき憲法院が人権保障機関としての性格を強めてきたことは、すでによく知られている[8]。そして、その動きを憲法院の憲法裁判機関化に向けた歩みとして理解することも十分に可能であった[9]。その一方で、抗弁

---

4) 滝沢正『フランス法〈第4版〉』（三省堂、2010年）210頁参照。いうなれば、憲法院の創設は「議会を監視する」ことにあった（Rousseau, D., La question préjudicielle de constitutionnalité, *R.D.P.*, n° 3, 2009, p.636）。

5) Cohedet, M.-A., *Droit Constitutionnel*, 4ᵉ éd., 2008, p.7.

6) 2008年憲法改正の全容については、曽我部真裕「フランスの2008年憲法改正の経緯」法教338号（2008年）4頁以下、同「2008年7月の憲法改正」日仏25号（2009年）181頁以下、三輪和宏「フランスの統治機構改革」レファレンス700号（2009年）59頁以下、南野森「フランス―2008年7月の憲法改正について」法時81巻4号（2009年）92頁、辻村みよ子『フランス憲法と現代立憲主義の挑戦』（有信堂、2010年）第Ⅱ章、事後的な合憲性審査の導入については、今関源成「フランス憲法院への事後審査制導入」早法85巻3号（2010年）21頁以下、池田晴奈「フランス憲法院の事後審査に関する憲法61条の1の創設」同法62巻3号（2010年）207頁以下、辻村・前掲書第Ⅴ章第3節・第4節、フランス憲法判例研究会編『フランスの憲法判例Ⅱ』（信山社、2013年）第Ⅶ章等を参照されたい。

7) Rousseau, D., Bonnet, J., *L'essentiel de la QPC, Mécanisme et mode d'emploi, Commentaires des principales décisions*, Gualino, 2011, pp.29 et suiv.. もともと政府提出の憲法第61条の1の適用に関する組織法律案では、「合憲性の問題question de constitutionnalité」と表記されていたが、国民議会の審議のなかで「優先的prioritaire」が加えられ、「合憲性の優先問題」なる概念がもち込まれた。

8) 中村睦男「フランス憲法院の憲法裁判機関への進展」北法27巻3・4号（1977年）261頁以下、矢口俊昭「フランスの憲法裁判」芦部信喜編『講座憲法訴訟（第1巻）』（有斐閣、1987年）145頁以下等参照。なお、憲法院の創設およびその展開については、さしあたり、植野妙実子編『フランス憲法と統治構造』（中央大学出版部、2011年）161頁以下［植野執筆］、池田晴奈「フランス憲法院の人権保障機能の再検討（上）」同法60巻4号（2008年）47頁以下等参照。

9) このような議論状況については、たとえば、Luchaire, F., *Le Conseil constitutionnel*, Economica, 1980, pp.30-56等のほか、池田・前掲注(8)65-70頁を参照されたい。

方法による合憲性審査制度の導入は、1990年以降、二度にわたって試みられたものの、実現には至らなかった。そうしたなかで、いよいよQPC制度が導入されたのである。それは「憲法院の基本的性格の転換を意味」し[10]、フランスにおける合憲性統制のあり方を大きく変容させるとともに[11]、法律の優位を正面から否定することになった[12]。それゆえ、QPC制度の導入がフランスの憲法生活、ひいては、フランス憲法学のあり方においてどのような意味をもち、また、どのような影響をもたらすことになるのか、大いに興味を引く[13]。

そこで本稿では、2008年憲法改正までの憲法院付託権拡大の試みを辿り(Ⅱ)、QPC制度の導入の経緯と概要を述べたうえで(Ⅲ)、事後の合憲性審査制度の運用とこれにともなう問題ないし影響について瞥見することにしたい(Ⅳ)。

Ⅱ　憲法院付託権拡大の試み

1　1974年憲法改正

第5共和制憲法の当初の規定によれば、憲法院は、①組織法律（loi organique）については大統領による審署前に、②議院規則についてはその施行前に、いずれも義務的に（第61条第1項）、また、③通常法律および④国際取極については、共和国大統領、首相または両議院議長の付託により、③は大統領による審署前に（第61条第2項）、④は批准ないしは承認前に（第54条）、それぞれの合憲性を審査するものとされ、その結果、違憲が宣言された場合には、①、②および③については審署・施行することができず、④の批准ないしは承認については憲法改正することが必要となる（第62条第1項、第54条）。

ここに明らかなように、憲法院による合憲性審査は、そのすべてが事前審査に限られ、国民の権利・自由の保障と密接にかかわりうる通常法律についてはあく

---

10) 今関・前掲注(6)30頁。
11) 今関・前掲注(6)22頁は、これに加えて、「延いてはヨーロッパ人権裁判所との関係」をも「大きく変える契機を内包している」、と指摘する。
12) 今関・前掲注(6)27頁等参照。
13) 議会中心主義からの転換がフランス憲法学に「法律学化」の影響を及ぼしたことについては、樋口陽一『権力・個人・憲法学』（学陽書房、1989年）第Ⅴ章参照。

までも任意でなされるにすぎない。しかも、憲法院に付託できる者は極めて限定的であって——ときに、政権を担当する政治勢力に独占されさえする——、これらの者が付託しようとしない限り憲法院の合憲性審査を受けることはなく[14]、ひとたび審署・施行された通常法律の合憲性についてはもはや争えなくなるのである[15]。

　他方、法律の合憲性審査をしないはずの通常裁判所が、たとえば行政権による人権侵害については、行政行為の適法性統制として審査していることを指摘しておくべきであろう[16]。これによれば、人権保障について、三元的な裁判制度と法秩序——憲法院、コンセイユ・デタを頂点とする行政裁判所および破毀院を頂点とする司法裁判所とそれぞれによる法秩序——が併存することになる。にもかかわらず、憲法院判決に認められた既判力によってこれらの判例の統一が図り難いことからすれば、その統一をもたらしうるような合憲性審査制度そのものの形成が必要不可欠とならざるをえない。

　法律の合憲性審査におけるこのような不備に鑑みつつも、当初の制度の根幹に影響を及ぼさないような対応を図るとすれば、まずは憲法院への付託権者の拡大という方途が考えつく。ジスカール・デスタン大統領（フランス民主連合：UDF）のもとでなされた1974年憲法改正（1974年10月29日憲法的法律第74-904号）はまさにそのような企図によるものであって、それぞれ60名の国民議会議員または元老院議員が新たに加えられた（第61条第2項）。これによって野党陣営からも憲法院に付託する途が開かれることになり、1970年代以降の左右（保革）政党のブロック化、1981年の政権交代といった政治状況のもとで、憲法院における法律の合憲性審査件数は著しく増大した[17]。

---

14) 現に憲法院への付託は、憲法制定（1958年）の翌年10月から1974年憲法改正までの間は9件にとどまり、そのほとんどが法律所管事項の拡大に異議を唱える首相によるものであった。
15) 特異な事例ともいいうるが、大統領によって審署された法律の合憲性審査が憲法院でなされることもないわけではない。その可能性を初めて示したDécision n° 85-187 DC du 25 janvier 1985、初めて違憲と判断したDécision n° 99-410 DC du 15 mars 1999。併せて、池田・前掲注(8)62-64頁参照。
16) 司法裁判所でも、暴力行為の理論（voie de fait）をもち込むなどして、人権保障にあたっている。
17) 1974年の憲法改正後の10年間で93件（1980年代では129件）に上るが、その多くは、拡大された付託権者としての国会議員によるものであった。

しかも、この間に示された憲法院判決の政治的不偏性[18]は憲法院に対する好意的な評価をもたらし[19]、合憲性審査の定着を促した。人権侵害的な法律を排除することの必要性と重要性が認識される一方で、政府与党と議会少数派との対立を調整するうえで、憲法院による合憲性統制の意義が経験的に理解され、また、そのような機能に期待が寄せられことになっていたのである[20]。

2　1990年憲法改正案

憲法院への付託権者の拡大という点で、1990年憲法改正案には1974年憲法改正と共通する面がある[21]。ただし、前者には、後者の方向性に潜む限界を克服する趣旨が含まれていた。すなわち、一定数の国会議員を付託権者に加えても、与野党間で対立するような法律案でなければ憲法院に付託されないまま成立してしまう[22]。とすれば、憲法院が権限分配機関として機能していた時期とは異なり、「人権の保護が憲法院の本質的なレゾン・デートルになった」[23]以上、国民の側にも何らかのイニシアティブを付与することが必要になる。

その契機は、憲法院発足30周年となる1989年3月、バダンデール憲法院院長が、憲法院に付託されなかった法律が違憲状態のまま放置される危険性を解消するため、訴訟手続のなかで市民による違憲の抗弁を認めるべきであること

---

18) これを象徴するものとして、国有化法制定をめぐる判決（Décision nº 81-132 DC du 16 janvier 1982（違憲）およびDécision nº 82-139 DC du 11 février 1982（合憲））、新聞法をめぐる判決（Décision nº 84-181 DC des 10 et 11 octobre 1984およびDécision nº 86-210 DC du 29 juillet 1986（いずれも一部違憲））が挙げられよう。
19) SOFRESによる1983年9月世論調査では、国民の80％が憲法院に対する好意を示していた（Opinion publique 1984, Galimard, 1984）。
20) 今関源成「フランスにおける"違憲審査制"の問題点」法時57巻6号（1985年）64頁参照。
21) 1990年憲法改正案にかかる一連の動向および概要については、今関源成「挫折した憲法院改革」高柳信一先生古稀記念『現代憲法の諸相』（専修大学出版局、1992年）363頁以下、拙稿「フランスにおける違憲審査の現在」比較法研究54号（1992年）119頁以下、辻村みよ子「ミッテラン時代の憲法構想」日仏19号（1995年）24頁以下、池田晴奈「フランス憲法院の人権保障機能の再検討（下）」同法60巻5号（2008年）105頁以下等参照。
22) 井上武史「憲法院への事後審査制の導入とその統治機構への影響」日仏28号（2015年）1頁は、その例として、いわゆるスカーフ禁止法を挙げている。
23) 1990年憲法改正案の国民議会の憲法・立法・一般行政委員会報告におけるヴデルの陳述の一節（*J.O., Documents parlementaire*, A.N., nº 1288）。

に言及し、フランス革命200周年を迎える同年7月14日、ミッテラン大統領（社会党）がこれを支持する意向を示したことにある。そして、それは、翌年3月末、ロカール政府（社会党）のもと、ふたつの政府提出法律案――「憲法第61条、第62条及び第63条を改正し、抗弁の方法による法律の合憲性統制を設けるための憲法的法律案」および「憲法院に関する組織法律を定める1958年11月7日オルドナンス第58‐1067号を改正する組織法律案」として具体化された[24]。

まず、憲法的法律案は、次のような内容であった。

「　憲法によってすべての人に認められた基本的権利に関する法律の規定は、裁判所に係属中の訴訟において、抗弁の方法によって憲法院に付託することができる。」（第61条に追加される第5項）

「　第61条第5項に基づいて違憲を宣言された規定は失効し、破毀裁判官の下における場合を含め、係属中の訴訟手続にもはや適用することはできない。」（第62条第1項に置き換えられるうちの第2項）。

「　この組織法律は、同様に、第61条第5項及び第62条第2項の施行規則、並びに、特に憲法院が、コンセイユ・デタ、破毀院又はそのいずれの系統にも属さないその他すべてのフランスの裁判所の移送に基づいて提訴される場合の要件を定める。」（第63条に追加される第2項）

この憲法的法律案によれば、訴訟当事者は、裁判の種類や審級の段階にかかわらず、違憲の抗弁（exception d'inconstitutionnalité）をいつでも提起できるようになる。とはいえ、これを提起された裁判所がそれにかかる憲法問題を判断することはフランスの法的な伝統に反する。かといって、違憲の抗弁がなされる都度そのまま憲法院に移送されれば、明らかに憲法院の負担が加重になる。

そこで用意されたのが、上記組織法律案に定められた、二重の濾過（filtrage）方式である。すなわち、同法律案によれば、第一次的には、訴訟係属中の司法または行政系統の裁判所は、(イ)違憲の抗弁の対象となっている法律規定がその訴訟の結論を左右し、(ロ)当該規定の合憲性について憲法院が明示的に判断しておらず、かつ、(ハ)当該憲法問題が明らかに理由を欠くものではないと認められる場合に限り、各系統の最高裁判所たる破毀院またはコンセイユ・デタへ送致する（第23条の1、第23条の2）。次いで、破毀院およびコンセイユ・デタは、3ヶ

---

[24]　両法律案の邦訳として、拙訳「1990年フランス憲法院提訴権改革法案」徳山大学論叢37号（1992年）329頁以下がある。

月の審理期間内に、下級審から送致された、あるいは、みずからのもとで提起された抗弁に「憂慮すべき性質」が認められる場合には、憲法院へ移送する（第23条の3、第23条の4）、ということになる。

このように、法律の合憲性審査のための新たな制度としては、それなりによく練られた案であり、両法律案はセットで用意されていた[25]。しかるに、国民議会第一読会では、憲法的法律案のみ、一部修正のうえ可決されたものの、組織法律案は審議未了のままで採択に至らなかった。これを受けた元老院は、審議そのものを大幅に延期したばかりか、第一読会では新たな憲法的法律案と呼ぶほどの大修正を加えて採択し[26]、第二読会でもみずからの修正案に固執したため、憲法的法律案も成立することなく終わった。

3　1993年憲法改正案

1993年の憲法改正の試みは、1992年11月、ミッテラン大統領が、憲法全体を見直す旨の憲法構想を明らかにしたことに端を発する[27]。すなわち、ミッテランは、現行憲法の問題点と解決策を検討させるべく、憲法院構成員でもあったヴデルを委員長とする「憲法改正のための諮問委員会（Comité consultatif pour la révision de la Constitution）」を設置した（以下では、「ヴデル委員会」という）が[28]、同委員会は、翌年2月、「共和国大統領に対する憲法改正のための諸提案」と題する報告書[29]をミッテラン大統領に提出した。この報告書は、ミッテランの意向を踏まえつつ現行憲法前文と48ヶ条に上る改正を提言しており、

---

[25] この点で、この憲法改正案不成立の大きな要因のひとつに、憲法院の加重負担に対する危惧が挙げられているが（辻村・前掲注(6)37-38頁等）、必ずしもそうとはいえない。

[26] 元老院第一読会における修正案は、①公の自由に関する法律を組織法律化する、②組織法律の表決において国民議会の優越を認めない、③1974年憲法改正前の法律については違憲の抗弁を認めないなどを内容としていた。

[27] その経緯や内容については、勝山教子「フランソワ・ミッテランの改憲構想と1993年7月27日憲法改正（一）」同法45巻3号（1993年）62頁以下、同（二完）同巻4号（同年）1頁以下、辻村・前掲注(21)37頁以下等参照。

[28] 委員には、裁判官4名、有識者3名のほか、ファヴォルー、ルシェール、モース、コリアードといった著名な学者7名が任命され、政治的色彩が排除されている。

[29] Comité consultatif pour la révision de la Constitution, *Propositions pour une révision de la Constitution rapport remis au Président de la République le 15 février 1993*, La Documentation française, 1993, pp.107-137.

そのなかに憲法院付託権の市民への拡大が盛り込まれていたのである。

この報告書を受けて、ミッテランは、憲法改正案に対するコンセイユ・デタの意見を容れる形で憲法改正案を取りまとめる方針を固め、1993年3月、ベレゴヴォワ政府（社会党）のもとで憲法改正案が確定した。このうち、憲法院付託権の市民への拡大にかかる事項は1990年憲法改正案の内容と実質的には異ならないものであったが、憲法院の権限拡大につながる点を考慮して、憲法院構成員から元共和国大統領を外すこと、憲法院構成員と一定の公職との兼職を禁止すること（組織法律による）が盛り込まれていた。

そして、この憲法改正案は、3月下旬に国民議会総選挙が予定されていたことから、先に元老院に送付された。元老院は、総選挙後の5月、憲法院付託権の市民への拡大を含む憲法改正案に限って本会議審議を開始したが、第一読会の段階で憲法院付託権の市民への拡大は否決された。これを踏まえて、国民議会総選挙後にミッテランによって首相に任命されたバラデュール[30]は、憲法院付託権の市民への拡大を撤回するよう司法大臣に指示した。この結果、この改革は審議対象とされることなく終わった。

III　2008年憲法改正による成功

1　QPC制度導入の経緯

2008年憲法改正は統治機構改革を内容とする第5共和制憲法の大幅な改正であり、QPC制度の導入はそのひとつとして目論まれた。すなわち、2007年5月に就任したばかりのサルコジ大統領（国民運動連合：UMP）は、選挙公約として掲げた「憲法の現代化（modernisation）」を実現すべく、同年7月、バラデュール元首相を委員長とする「第5共和制の諸制度の現代化及び均衡回復に関する検討と提案のための委員会（Comité de réflexion et de proposition sur la modernisation et le rééquilibrage des institutions de la Vᵉ République）」を設置した（以下では、「バラデュール委員会」という）が[31]、ほぼ3ヶ月後、サルコジ大統領に

---

30) この総選挙で保守連合が圧勝したため、ミッテランは、第一党となった共和国連合（RPR）から首相を任命し、第二次コアビタシオンが発足した。

提出されたバラデュール委員会報告書に、抗弁方法による合憲性審査制度の導入が盛り込まれていたのである。

「より民主的な第5共和制」と題するその報告書によれば、上記審査制度の導入は、第三部「市民のための新たな諸権利」のなかの、基本権保護を強化するためのひとつとして提示され、その制度導入の目的については、①国法秩序から違憲的な規定を排除する、②憲法に根拠をもつ権利を裁判で主張することを市民に認める、③国法秩序における憲法の優位性を確保する、といったことが掲げられていた（提案74～75）[32]。

そして、この報告書の内容が基礎となって、2008年4月、フィヨン首相（UMP）のもとで「第5共和制の諸制度の現代化に関する憲法的法律案」が閣議決定されたが、QPC制度に関する箇所は次のような内容であった[33]。

「　裁判所に係属中の事件の審理において、現行憲法の発効後に審署された法律の規定が憲法で保障される権利及び自由を侵害していると主張された場合には、憲法院は、組織法律によって定められた要件及び留保の下で、コンセイユ・デタ又は破毀院からの移送によって、この問題に関する付託を受けることができる。

　　組織法律は、その要件を定め、本条の適用について規定する。」（第61条の次に置かれる第61条の1）

「　第61条の1に基づいて違憲と判断された規定は、憲法院判決が公示されたのち、又は、憲法院判決によって定められた日よりのち、廃止される。憲法院は、この規定により生じた効力を再検討するための要件及び範囲を決定する。」（第62条に追加される第2項）

この政府提出法律案をバラデュール委員会報告書案と比べると、違憲の抗弁の対象について、後者は「法律」とするだけで、前者にみられるような限定を加えていない。なるほど1990年の憲法的法律案でも、1974年憲法改正以降の

---

31) 13名の委員で構成され、委員としては憲法学者（6名）、経済学者・政治哲学者（各1名）、欧州議会議員、コンセイユ・デタ評定官らが任命されており、ヴェデル委員会と同様に政治色が排されている。

32) Comité de réflexion et de proposition sur la modernisation et le rééquilibrage des institutions de la Ve République, *Une Ve République plus démocratique, 30 octobre 2007*, La Documentation française, 2008, pp.87-91, p.125. この報告書は三部構成で、その部構成や内容の点で、ヴェデル委員会報告書に極めて類似することはよく知られている。

33) 議会審議経過の詳細については、さしあたり、池田・前掲注(6)216頁以下参照。

法律は合憲性審査の対象外とする旨の修正が元老院審議の段階で加えられた（脚注(26)参照）が、もともとそのような限定はなされていなかった。結局、上記限定は、QPC 制度導入の意義を大きく減じさせることから、議会審議を経て修正されるに至る。

　また、上記政府提出法律案の「憲法で保障される権利及び自由」も議論の余地を残している。バラデュール委員会報告書では「憲法によって確認された基本的自由及び権利」とされ、1990 年の憲法的法律案もこれに類するものになっていた。これが「憲法で保障される権利及び自由」に改められているが、憲法典にはいわゆる明文の人権規定がほとんどなく、憲法院判例によって示されてきた「憲法ブロック」の解釈いかんとなる[34]。そうであれば、具体的な内容ないし範囲は QPC 制度の運用に委ねられざるをえない[35]。

　さらに、憲法院への移送の主体については、バラデュール委員会報告書では、1990 年の憲法的法律案と同様に、破毀院およびコンセイユ・デタのみならず、その下級裁判所やその他の系統の裁判所にも認めていた。しかしながら、政府提出法律案にあっては、大統領の指示に従って、破毀院およびコンセイユ・デタに限定されることになった[36]。

　ともあれ、上記政府提出法律案は、国民議会第一読会の修正によって次のように改められ[37]、元老院の審議を経たのち、両院合同会議（Cogrès du Parlement）で可決され[38]、第 5 共和制の諸制度の現代化に関する 2008 年 7 月 23 日憲法的法律第 2008-724 号として公布された。

「　裁判所に係属中の事件の審理において、法律の規定が憲法で保障され

---

34) たとえば、辻村・前掲注(6)38 頁参照。
35) さしあたり、フランス憲法判例研究会編・前掲注(6)310 頁［井上武史執筆］、辻村みよ子「フランス型違憲審査制の諸課題」高橋和之先生古稀記念『現代立憲主義の諸相（上）』（有斐閣、2013 年）408 頁、詳しくは、Mathieu, B., Question prioritaire de constitutionnalité, LexisNexis, 2013, pp.79 et suiv.（植野妙実子＝兼頭ゆみ子訳『フランスの事後的違憲審査制』（日本評論社、2015 年）第 4 章）を参照されたい。
36) この指示は、フィヨン首相に宛てた 2007 年 11 月 12 日付の親書によってなされた（三輪・前掲注(6)65-66 頁参照）。
37) この憲法改正案には、一定の要件に基づく国民投票制度が新設され（第 11 条第 3 項以下）、国民投票に付す前に憲法院に付託することが義務づけられた（第 61 条第 1 項に対する修正）が、本稿の趣旨からして格別に言及しない。
38) 可決に要するのは総投票数の 5 分の 3、538 票であったが、賛成 539 票、反対 357 票、棄権 9 票で、まさに「薄氷の結果」（曽我部・前掲注(6)法教 5 頁）というほかない。

る権利及び自由を侵害していると主張された場合には、憲法院は、定められた期間内に見解を表明するコンセイユ・デタ又は破毀院からの移送によって、この問題に関する付託を受けることができる。

　本条を適用する要件は、組織法律により定める。」(第61条の次に置かれる第61条の1)

「　第61条の1に基づいて違憲と宣言された規定は、憲法院の裁定が公表されたとき、又は、この裁定によって定められた期日から廃止される。憲法院は、この規定により生じた効力を再検討するための要件及び範囲を決定する。」(第62条第1項の次に置かれる第62条第2項)

2　QPC制度の手続

　こうして憲法改正は果たせたが、憲法61条の1を適用するための組織法律を制定する必要がある。それが、2009年4月、憲法院に関する組織法律を定める1958年11月7日オルドナンス第58‐1067号の改正を内容とする組織法律案として国民議会に提出され、同年11月、両院の合意を得て成立した (以下では、「1958年改正オルドナンス」という)[39]。ここにようやく、1990年の組織法律案にみられた二重の濾過方式に類するQPC手続が具体化されたのである。

　まず、下級裁判所からの移送手続は、訴訟当事者が法律の規定による憲法上の権利・自由の侵害について個別かつ理由の付された文書で申し立てることから始まる (第23条の1)。この申立てを受けた裁判所は遅滞なくその問題の移送の可否を判断するが、(イ)当該規定が訴訟もしくは訴訟手続に適用される、または、提訴理由を構成している、(ロ)事情の変更 (changement des circonstances) がある場合を除き、当該規定がこれまでに憲法院判決の理由および主文において合憲と宣言されていない、かつ、(ハ)その問題が重大な性質を欠いていないとい

---

39) 同法は組織法律であるため憲法院に義務的に付託され、その合憲性審査を受けたが、憲法院は、一部を解釈留保し、合憲と判断した (Décision n° 2009-595 DC du 3 décembre 2009)。なお、留保されていた箇所は適宜修正のうえ、憲法61条の1の適用に関する2009年12月10日組織法律第2009-1523号として制定され、同法第5条に基づき、2010年3月1日に施行された。同法律を紹介するものとして、辻村・前掲注(6)第Ⅴ章第4節、池田晴奈「立法紹介／合憲性の優先問題」日仏26号 (2011年) 132-136頁、フランス憲法判例研究会編・前掲注(6)305-306頁 [池田晴奈執筆] 等参照。

う3要件をすべて満たした場合に限り、可とされる（第23条の2第1項）[40]。移送を可とする判断は8日以内に関係書類とともに破毀院またはコンセイユ・デタに送達され、移送を否とする判断に対してはいかなる上訴も認められない（第23条の2第3項）。また、移送されたのち、この問題に関する最高裁判所の判決——憲法院への移送を認めない場合にはその判決、これを認めた場合には憲法院の裁定を得るまで、当該訴訟は中断される（第23条の3第1項）。

次に、破毀院およびコンセイユ・デタは、下級裁判所からの移送を受けたときのみならず、みずからに係属中の訴訟において上記申立てが提起されたときには、それが上記要件(イ)および(ロ)を満たすとともに、その憲法問題が(a)新たな、または、(b)重大な性質のいずれかを示す場合に限り、憲法院への移送を認めることができる（第23条の4第1項、第23条の5第3項）。そのための審理期間は3ヶ月以内であり（同条項）、何ら決定しないままこの期間が徒過した場合には、自動的に憲法院に移送される（第23条の7第1項）。

憲法問題の審査を付託された憲法院は、対審および公開による審査をおこない、3ヶ月以内に裁定しなければならない（第23条の10）。その結果、違憲と判断された場合、その効果は第62条第2項に示されているとおりであるが、合憲と判断された場合には、当該規定の効力は失われず、事情の変更がないかぎり新たなQPCの対象とはならない。いずれであれ、憲法院判決に対しては、いかなる上訴も認められていない。なお、共和国大統領、首相、上下両院議長は、憲法院から付託があった旨の通知を受けたのち、この問題に関する所見（observations）を憲法院に送達することができる（第23条の8）。

3 成功の要因

QPC制度が「1990年憲法改正案にきわめて近い制度であ」る[41]ことからすれば、その骨格は初発からほとんど変わっていないことになる。それなのになぜ、その時点では実現できなかったのか。裏返していえば、2008年が「三度目の正直」[42]となった要因はどこにあったのか。

---

40) 3要件を満たさない場合には移送は認められないが、訴訟の全部または一部を解決する上訴に限り、上級審への異議申立てができる（第23条の2第3項）。
41) 辻村・前掲注(6)36頁。

1990年に実現できなかった要因については、すでに多くの論評がみられるが[43]、そのうちの法律の優位の原理の存在については、憲法院判決[44]や法治国家論[45]に依拠すれば「法律の優位」なる神話の終焉を語りうる以上、真の要因になりうるとは思えない。これに対して、裁判官政治の忌避が要因になったことは否めない。国会議員は立法におけるみずからの優勢な支配が揺らぐことを危惧していたが、それは、憲法院のみならず、移送の可否を判断する通常裁判所に対しても向けられていたのである[46]。

その一方で、法律の合憲性統制に関する国民の、何よりも国会議員の認識を一層深めさせるうえでも、二度の挫折が大きな意味をもっていたことは確かである。1990年憲法改正案の不成立に際して、「われわれの憲法裁判制度に関して、また、そこにもたらしうる進歩に関して、極めて興味深く、かつ、内容豊かな省察の機会であった」旨、論評されているが[47]、それはその後の憲法改正の試みについても相当しよう。

しかも、その年数は、憲法改正を可能にするだけの下地を用意した[48]。それは、上述のごとき機会を与えただけではなく、現行の合憲性統制の不備を実感させることにも役立ったのである。というのも、ヨーロッパ人権裁判所の発展にともない、フランスがヨーロッパ人権裁判所に数多く訴えられるようになっていただけに[49]、バタンデールは、1990年と同様、2008年憲法改正案の

---

42) 南野・前掲注(6)98頁。
43) 今関・前掲注(21)378頁以下、辻村・前掲注(21)35頁以下、池田・前掲注(21)116頁以下、拙稿・前掲注(21)122頁等参照。
44) Décision n° 85-54 DC du 23 août 1985は、「法律は、憲法典の尊重の下においてのみ、一般意思を表明する」、と判示していた
45) たとえば、Rivero, J., Fin d'un absolutisme, *Pouvoirs*, n° 13, 1980, pp.5 et suiv..「法治国家」は1980年代以降フランスの憲法学説を主導した観念であるが、法律の合憲性統制が確立し、真の法治国家が成立すれば、法律の優位という観念は崩壊せざるをえない。参照、今関・前掲注(21)385頁以下。
46) Maus, D., Les forces politiques fase à l'exception in Conac, G. et Maus, D. (sous la dir. de), *L'exception d'inconstitutionnalité*, Editions STH, 1990, p.94, Favoreu, L., L' élargissement de la saisine du Conseil constitutionnel aux juridictions administratives et judiciares, *R.D.C.*, n° 4, 1990, p.612.
47) Favoreu, *supra note 46*, p.612.
48) 辻村・前掲注(35)403頁参照。
49) 戸波江二ほか編『ヨーロッパ人権裁判所の判例』(信山社、2008年) 523頁によれば、1991年に400件であったものが、2006年には1,832件にまで達している。

元老院審議においても（当時は元老院議員）、「フランスの市民が、憲法院に付託できないために、ヨーロッパ人権裁判所に提訴する」ようなことは容認し難い旨の発言をせざるをえなかった[50]。

　さらにいえば、1990年代以降、通常裁判所による法律の条約適合性統制（contrôle du conventionnalité）が本格化したことによる影響も指摘しうる。現行憲法は法律に対する条約の優位を明記している（第55条）が、憲法院は1975年に至って、これにかかる案件を判断する権限を有しないとする判決を下した[51]。しかるに、破毀院およびコンセイユ・デタは条約が国内法に優位する旨の初めての判決を下し[52]、法律の条約適合性審査を一般化するようになった。その結果、同じ法律について、憲法院が合憲性を、破毀院ないしコンセイユ・デタが条約適合性を審査するという事態が生じ[53]、何らかの形で両者を調整する必要に迫られることになったのである[54]。

　最後に、現実の政治力学を取り上げておくべきであろう。まず、大統領の取り組む姿勢の違いが論評されている。1990年のミッテランの場合、憲法院付託権の市民への拡大はいわば思いつきであって、その実現にはさほど意欲的ではなく[55]、むしろジスカール・デスタン、シラク（共和国連合：RPR）との間の政治的リーダーシップをめぐる確執が大きく影響した[56]。しかるに、2008年のサルコジにとっては、第5共和制の統治機構改革——事後的な合憲性審査

50) Sénat, *Compte rendu intégral, Séance du mardi 24 juin 2008, J.O.*, 25 juin 2008, p.3356.
51) Décision nº 74-54 DC du 15 janvier 1975.
52) C.Cass. ch. mixte, Société Jacques Vabre, 24 mai 1975, C.E. Ass., 20 octbre 1989, Nicolo.
53) その好例として、いわゆる人工妊娠中絶法を挙げることができる。憲法院はこれを合憲と判断し（前掲注(51)の判決）、のちにコンセイユ・デタはヨーロッパ人権条約に違反しないと判断した（C.E., 6 ss., 22 septembre 1997, nº 155883）。
54) もっとも、法律の条約適合性審査が一般化すれば、通常裁判所で条約違反を主張した方が簡便であることから、法律の合憲性審査制度導入の意義を説い直したり、QPC制度に懐疑的であったりする議論もみられる。Bernaud, V. et Stéfanini, M. F.-R., La réforme du contrôle de constitutionnalité une nouvelle fois en question ?, *R.D.C.*, nº hors-série, 2008, p.178、曽我部・前掲注(6)日仏191頁、南野・前掲注(6)98頁、今関・前掲注(6)27-28頁等参照。さらに、今関・前掲注(6)31-32頁は、このような議論状況の延長線上でなされた、条約適合性審査権限をも憲法院に付与する旨の主張について論評している。
55) 今関・前掲注(6)379頁、Mathieu, *supra note* 35, p.3等参照。ただし、違憲の抗弁による合憲性審査制度はミッテラン社会党にとって1972年から構想されていたものであり、人気取りのための「思いつき」ともいい難い（拙稿・前掲注(21)120-121頁）。
56) さしあたり、今関・前掲注(21)378-385頁参照。

制度の導入はその一環──こそ、世に問い、みずからに課してもいただけに、与党のみでは憲法改正に必要な両院合同会議の特別多数を得られない状況のなか[57]、国会審議への過剰とも評される介入を行なったのである[58]。

また、議会の反応も看過しえない。1990年当時は、両議院の対立──憲法改正の機会を利してみずからの地位および権限を復権・強化しようとする元老院の存在がほぼ決定的な要因として作用した[59]。もちろん、2008年においても、多数の修正案が提出されるなど、両議院の審議は大いに難航した[60]。とりわけ社会党は反サルコジの立場から憲法改正案に反対する姿勢を崩さず、その主たる要因をなしていた[61]。とはいえ、その不満ないし反対は、事後的な合憲性審査制度の導入よりも、政治部門にかかる改革に向けられていたが、議会としても、その機能・権能の強化が今次改革の柱に組み入れられている以上、憲法改正案そのものに正面から反対する事情にはなかった。

IV 事後的な合憲性審査制度の運用とその影響

1 QPC制度運用の実際

QPC制度の施行後、堰を切ったかのように数多くの申立てがなされた。憲法院が公表しているところによれば[62]、その総数は、2015年3月の時点で2,360件を数えるが、その内訳は、破毀院のもとでの申立てが1,504件（全体の約63.7%）、コンセイユ・デタのそれが856件（全体の約36.3%）となっている。

そして、これらの申立てのうち、最終的に憲法院に付託されたのは465件である。その内訳は、破毀院からのものが258件、コンセイユ・デタからのもの

---

57) 曽我部・前掲注(6)法教5頁によれば、与党の懐柔、小さな野党の取込み、社会党の説得という「困難な三面作戦」を強いられていた。
58) 三輪・前掲注(6)69頁、80頁参照。
59) Castano, C., L'exception d'inconstitutionnalité, R.D.C. n° 4, 1990, pp.643 et suiv., Mathieu, *supra note 35*, p.3. 併せて、今関・前掲注(21)383頁参照。
60) 曽我部・前掲注(6)法教5頁参照。
61) 三輪・前掲注(6)80頁参照。
62) http://www.conseil-constitutionnel.fr/conseil-constitutionnel/francais/a-la-une/avril-2015-les-5-ans-de-la-qpc-au-conseil-constitutionnel-quelques-chiffres.143503.html.

が207件で、憲法院への付託率は、破毀院の場合は約17.2％、コンセイユ・デタの場合は約24.2％、全体で約19.7％になる。

　さらに、憲法院で下されたQPC判決は、総計395件に及んでいるが、このうち、合憲とされたもの（décision de conformité）が56.2％、留保つきで合憲とされたもの（décision de conformité avec réserve）が14.1％、全部違憲とされたもの（décision de non-conformité totale）が14.6％、一部違憲とされたもの（décision de non-conformité partielle）が9.3％となっている。

　その年別の件数比率からすると（次表参照。数字はすべて％）、特に有意な差異はみられないが[63]、請求棄却の少なさが目を引く。もともと憲法院の加重負担が懸念されていたが[64]、この比率からすれば二重の濾過が実効的なのかもしれない。もちろん、後述のとおり、破毀院およびコンセイユ・デタによって必要以上に厳しい濾過がなされている可能性も否めないが、それでも、同時期の事前審査判決（DC）数（122件）からしても、QPC判決数の著しさがよくわかる。しかも、違憲判決の比率が比較的高く（全部違憲と一部違憲を合わせると、平均で全体の4分の1弱になる）[65]、これまでの事前審査で漏れたケースを補うものとして、QPC制度の導入には大きな意味があったといえそうである[66]。

	2010	2011	2012	2013	2014	2015	総計
合　憲	50	56	52	63.6	48	67	56.2
留保つき合憲	13	15	13.3	6	14	19	14.1
全部違憲	16	15	18.6	18	19	6	14.6
一部違憲	7.4	11.6	10.7	4.6	10	6	9.3
請求棄却	13	1.8	2.7	4.5	4	-	4.5
その他	-	-	2.7	3	1.5	-	1.3

63）2010年から2013年までの3ヶ年では、合憲が53.8％、留保つき合憲が13.7％、全部違憲が16.4％、一部違憲が10％で（http://www.conseil-constitutionnel.fr/conseil-constitutionnel/francais/a-la-une/mars-2013-3-ans-de-la-qpc-au-conseil-constitutionnel-quelques-chiffres）、これと比較しても大きな差異はない。
64）たとえば、辻村・前掲注(6)37-38頁参照。
65）だからといって、「違憲判断積極主義」とか「裁判官統治」とか評するのは早計である旨の指摘がある（フランス憲法判例研究会編・前掲注(6)307頁［井上武史執筆］）。
66）Mathieu, *supra* note 35, p.4. 併せて、辻村・前掲注(35)403頁、曽我部真裕＝田近肇編『憲法裁判所の比較研究』（信山社、2016年）125頁以下［曽我部執筆］参照。

2 QPC制度の導入にともなう問題ないし影響

　QPC制度の導入にともなって生じる問題ないし影響については、すでにかなりの論評がみられる[67]。ここでは、本稿なりの関心を踏まえて論及する。

　まず、フランスに固有の三元的な裁判系統にあって、憲法院、破毀院およびコンセイユ・デタはどのような関係になるのか、という問題がある。この点で、QPC制度の導入によって、憲法院が破毀院およびコンセイユ・デタよりも「上位の（唯一の）最高裁判所になる」という指摘がみられる[68]。なるほど、通常裁判所で憲法問題が申し立てられても、その移送を受けた憲法院が「最後の口」になるとすれば、憲法院は少なくとも法律の合憲性統制の領域で「最高裁判所」たりうる。そればかりか、事後的な合憲性審査は、憲法院をして「法律の適用に際して生じた具体的紛争の解決の場である裁判過程に関与」せしめ[69]、通常裁判所に認められてきた法律解釈権に介入させることを意味する[70]。そうであれば、憲法院の上級裁判所としての位置づけは、単に法律の合憲性統制の領域にとどまらない可能性を潜ませている。

　もっとも、憲法問題は、憲法院のみによって取り扱われるわけではない。憲法院への移送の要件が法定されているとはいえ、それを満たしているか否かの判断は通常裁判所に委ねられ、かつ、その判断限りとなっている[71]。現に、破毀院は、QPC制度ないし憲法院に対する敵対的態度によるものではあったが、QPCの対象となるべき典型例も、破毀院の判例、つまりはその法律解釈を問題とする案件も、憲法院に移送しようとはしなかった[72]。もちろん、破毀院のこのような態度はおのずと押し戻されていくことになろうが、「通常裁判所が憲法判断過程に深く組み込まれることは確かであ」って[73]、憲法院が法律の合憲性統制を通じて三元的な裁判所系統の頂点に位置することになると

---

67) たとえば、辻村・前掲注(35)396頁以下、井上・前掲注(22)1頁、曽我部＝田近編・前掲注(66)第5章［曽我部執筆］・第6章［井上武史執筆］等。
68) 辻村・前掲注(6)37頁。併せて、辻村・前掲注(35)406頁参照。
69) 今関・前掲注(6)38頁。
70) 井上・前掲注(22)5頁参照。
71) 今関・前掲注(6)27頁は、二重の濾過作用を通じて、「憲法院の憲法判断の独占は事実上掘り崩され」る、と説く。
72) 井上・前掲注(22)4頁以下参照。
73) 今関・前掲注(6)36頁。

は直ちにいい難い。

　これと密接にかかわって、憲法院構成員が問題となる。憲法院が合憲性審査を任務として裁判機関化していくならば、その公正性を確保するためにも、憲法院構成員の人数、任命方式、経歴等に手を加えなければならなくなろう[74]。実際、2008年憲法改正では、憲法院構成員の任命にかかわって両議院の常任委員会の意見を徴するなど、憲法院構成員の政治的バランスを確保し、信頼性を担保しようとしている[75]。このことは、トロペール流の立法権理解[76]をもち出すまでもなく、憲法院構成員の任命にかかる議会の関与を深めることで、裁判官政治という批判を和らげることにもつながってこよう。

　同様にまた、法上当然の構成員たる大統領経験者（第56条第2項）が問題となる。大統領職にあった者を法上当然の構成員とすることについては、かねてより懐疑されてきたところ[77]、バラデュール委員会報告書でも上記規定の削除が提案されたが、2008年憲法改正案には盛り込まれなかった[78]。この問題は、大統領が憲法尊重の監視者かつ仲裁者とされている（第5条第1項）こととの整合性と併せて検討されるべきであろう。

　これらとは別に、事前審査と事後審査が併存することにともなって、事前審査で合憲とされた法律であってもQPCの対象となるのか、問題となる[79]。憲法院の判決はすべての公権力を拘束するものとされている以上（第62条第3項）、法律の合憲性にかかわって憲法院が下した判決にもそのような拘束力が認められることになる。この点で、QPC制度においては、憲法院で合憲と判

---

74) 比較的に早い段階にこれを論じるものとして、Favoreu, L., La légitimité du juge constitutionnel, *R.I.D.C.*, n° 2, 1994, p.575、憲法問題が純然たる法律問題にはとどまらないことを理由に、法律家ではない構成員を肯認する見解として、Rivero, J., *Le Conseil constitutionnel et les libertés*, Economica, 1984, pp.120-121。

75) 憲法第13条、第56条第1項にかかる改正部分を参照されたい。

76) トロペールによれば、立法権は憲法院を含む複数の国家機関によって行使され、それゆえ、憲法院構成員は一般意思の表明に参与している（Troper, M., *Pour une théorie juridique de l'Etat*, P.U.F., 1994, pp.339-340)。

77) 「元大統領の老人ホーム」化と批判されるが（Carcassonne, G., *La Constitution*, 9ᵉ éd, Seuil, 2009, p. 275)、大統領経験者が憲法院構成員として活動する例はあまりない。

78) その後、2013年3月に同規定の削除を含む憲法改正案が議会に提出されたが、成立しなかった。

79) フランス憲法判例研究会編・前掲注(6)308-309頁［井上執筆］、辻村・前掲注㉟410-411頁等参照。

断された法律であっても、「事情の変更」が認められる場合には、憲法院に付託しうるものとされている（1958年改正オルドナンス第23条の2第1項第2号）。したがって、「事情の変更」の有無に関する判断が大きな意味をもつことになるが、すでに憲法院は、「法的および事実的な変化」があればこれを認める姿勢を明らかにしている[80]。

そして、事後審査がそれ相応に機能するようになれば、ドイツと同様に[81]、フランスでも、事後審査によって圧倒されるようになるのか、関心を呼ぼう。もちろん、合憲性統制全体の仕組みや事後審査にかかる要件等の相違がある以上、一概に論じられるものでもなく、今後の推移をみるほかない[82]。

V　むすびに代えて

QPCという事後的な合憲性審査制度の導入は、すでにみてきたように、フランスの合憲性統制を一変させるほどのインパクトをもち、いわゆる違憲審査制度において実に興味深い素材を提供している。本稿を締めくくるにあたり、ふたつだけ指摘しておきたい。

ひとつは、民主主義の観点から――さらにいえば、フランス固有の裁判官政治に対する危惧の念から、憲法院を頂点とする合憲性審査権限がどのように正当化されるのか、ということである。この点で、ファヴォルー流の「転轍機の理論（théorie de l'aiguilleur）」や前出の1985年憲法院判決を引き合いに出してする論評[83]が興味深いが、後者との関係で、サルコジ大統領が、QPC制度導入の目的について、「憲法典を起草し、それを諸規範の頂点に置く者は人民もしくは国民代表であるがゆえに、わが国の憲法において法律に対する異議申立

---

80) Décision n° 2010-14/22 QPC du 30 juillet 2010. 詳しくは、Mathieu, *supra note 35*, pp. 39 et suiv. 参照。
81) 事後審査たる憲法異議制度導入後に事前審査が激減し、憲法異議が連邦憲法裁判所の審査の大半を占めていることは周知のとおりである（参照、工藤達朗編『ドイツの憲法裁判』（中央大学出版部、2002年）236頁［工藤執筆］）。
82) QPC制度の導入という「革新的な出来事は、事前審査を消滅させるものではない」（Mathieu, *supra note 35*, p.8）。
83) 井上武史「憲法裁判の正当性と民主主義の観念」大石眞先生還暦記念『憲法改革の理念と展開（下巻）』（信山社、2012年）135頁以下。

てを認めることは人民と国民代表の主権を強化することである」[84]と演説していたことが想起される。まさに「サルコジにおいては、国民主権と結びついた憲法の最高法規性が、違憲の抗弁を基礎づけるのである」[85]。

　もうひとつは、QPC制度導入後のフランスの合憲性審査制度について、いわゆる違憲審査制度のいずれの類型にあたるのか、関心をもって論及されているが[86]、QPC制度が事後審査にあたることから、いわゆる付随的審査制として位置づけられるのか、という問題である。この点で、憲法院への移送の契機となった通常裁判所における訴訟手続が消滅しても、当該憲法問題にかかる憲法院の審理は継続するものとされている（1958年改正オルドナンス第23条の9）ことからすれば、QPC制度は「個人の権利救済よりも憲法秩序の保障に重点を置く制度」であり、「憲法院の抽象的違憲審査権発動の機会の拡大を意味するに過ぎない」[87]。一般に事前（憲法保障）・事後（私権保障）に類型化される違憲審査制度において、すでに合一化傾向こそ語られているものの、フランスの現行の合憲性審査制度はそのいずれ（あるいは、その亜種）なのか、それとも「第三の道」をいくものなのか[88]、今後の検討を期したい。

---

84) Sarkozy, N., « *Ouverture* » de Actes du colloque du Cinquantenaire du 3 novembre 2008, Les Cahiers du CC, hors série-2009, p.8.
85) 今関・前掲注(6)32頁。
86) たとえば、辻村・前掲注(6)134頁、フランス憲法判例研究会編・前掲注(6)300頁［南野森執筆］等参照。
87) 今関・前掲注(6)23-24頁。池田・前掲注(39)135頁も、私権保障より憲法保障に主眼があるという。なお、今関・前掲注(21)376頁は、1990年憲法改正案について、「主観的権利保障に名を借りた客観的な秩序保障の制度である」と指摘していた。
88) Millet, F.-X., L'exception d'inconstitutionnalité en France ou l'impossibilité du souhaitable ?, *R.D.P.*, nº 5, 2008, p.1327.

ナチス期および戦後期におけるドイツの弁護士政策

荒井　真

I　はじめに

　1878年ドイツには自由な弁護士が誕生した。自由とは、国家への従属から解放され、一定の能力・条件を満たせば信仰・政治的態度に関係なく、誰でもその職に就けるということである。これは当時のドイツにおいてきわめて革新的な制度であった。

　高い理想のもとに形成された弁護士職は、ドイツ帝政期およびヴァイマール期に隆盛を極める。しかしながら、弁護士が増加し、弁護士の経済的状況が悪化すると、既得権を守ろうとする弁護士の声が強くなっていく。そして、この既得権擁護の要求はナチスの政権奪取と時を同じくして実現していくのである。ナチス政権崩壊後においても、この傾向は変わることはなかった。既得権を守ろうとする弁護士たちは、ナチス時代に移住を余儀なくされたユダヤ人弁護士および戦後国境線の変更により居住地から追い出された弁護士、ソビエト占領地区から逃げてきた弁護士、少数者である女性弁護士などをできるだけ弁護士職から排除しようとしたのである。

　本稿では、国家や弁護士団体による「よそ者」排除のプロセスを追いつつ、ドイツにおけるナチス期および戦後期の弁護士政策を明らかにしていきたい。

II　自由職としての弁護士の誕生

　1878年に「弁護士法」(Rechtsanwaltsordnung：RAO、1878年7月1日成立、1879年10月1日施行) が制定されるまで、弁護士は自由職ではなかった。すなわち、諸領邦における違いはあるものの、ドイツの弁護士は概して国家の官吏であり、裁判所の懲戒権に服していたのである。たとえば、プロイセンでは、フリードリヒ2世が1780年に弁護士職を完全に廃止し、その代わりに官吏である司法補助官（Assistenzräte）と司法委員（Justizkommisare）（両者は後に司法委員に統一される）を置いている[1]。また、弁護士の形態も名称も地域によって多種多様であった。ほぼすべての領邦では、法廷に立ち、弁論を行うプロクラトール（Prokurator）と訴訟書面を作成し、訴訟前手続における助言を行うアドヴォカート（Advokat）との区別があった。名称の多様性については、1848年のフランクフルト国民議会に出席した弁護士たちが、Advokat、Advokatanwalt、Prokurator、Justizkommissar、Rechtskonsulent、Justizrat、Rechtsanwaltと自らの身分を称していたことからも明らかである[2]。さらに、弁護士職には「定員」があった。すなわち、国家が弁護士数を決定し、操作することができたのである[3]。

　このような状況を根本的に変えたのが1878年の「弁護士法」である。当該法律により、帝政ドイツ全土において弁護士は官吏ではなく自由職となり、プロクラトールとアドヴォカートという弁護士職の2分法は廃止され、Rechtsanwalt（弁護士）に統一された。

　特に注目したいのは、当該「弁護士法」が信仰や政治的理由によって、弁護士職の認可を拒否する規定を有しておらず、また、弁護士数の過剰を理由とした認可制限も行っていないことである[4]。この法律が理想としたのは、思想信

1）Tillmann Krach, Eine kleine Geschichte der deutschen Anwaltschaft - Erster Abschnitt: Von den Anfängen bis 1945, in: Michael Streck u.a., Historische und gesellschaftliche Grundlagen des Anwaltsberufs, Berlin 2005, S.29-32; Eva Douma, Deutsche Anwälte zwischen Demokratie und Diktatur 1930-1955, Frankfurt a.M. 1998, S.11.
2）Fritz Ostler, Die deutschen Rechtsanwälte 1871-1971, Essen 1971, S.11-12.
3）Thomas Mayen, Die Freiheit der Advokatur im Spiegel des Verfassungsrechts- zugleich ein Appell an die Anwaltschaft, sich treu zu bleiben im Wandel, in Anwaltsblatt 6/2011, S.405.
4）「弁護士法」5条および6条（RGBl.1878 I S.177-198.）。

条において自由であり、能力さえあれば誰でも就くことができ、官吏の桎梏から解放された弁護士であった。

III 弁護士認可制限の導入

「弁護士法」が1879年に施行されると大学法学部への進学者が急激に増えていった。ところが、法律家の資格取得者の行政官庁や司法官庁への就職はいまだ限られていたため、数多くの法律家が弁護士職へとなだれ込んだ。なぜなら、政治的理由および弁護士の数を理由とした認可制限は認められなかったからである。

1890年の時点でドイツには約4,000人の弁護士が存在し、それはおおよそ人口1万人に1人の割合であった。1905年にはこの数は約2倍の7,800人となる。1928年にはこの数がさらに2倍となり、15,500人へと増加したのである。これは人口1万人に約2.5人の割合である。このような弁護士数の増加に不安を抱いたドイツの弁護士たちは弁護士職への加入への道を狭めようと画策し始めた[5]。

しかしながら、弁護士過剰に危機感を抱いたのは、弁護士のみではなく、プロイセン司法省も同様であった。当局は早くも1885年および1887年に弁護士超過に対する危惧を表明し、定員制（numerus clausus）を提案している。1894年にもプロイセン司法省は弁護士定員制の導入を提案した。それに伴い同年9月にシュトゥットガルトで開催された弁護士大会では、「自由な弁護士職への制限は許されるか」との問題提起がなされたのである。これに対して大半の弁護士会[6]は認可制限に反対の立場をとり、弁護士定員案は、圧倒的多数により否決された。同時に、第2次国家試験合格後に2年間の弁護士試補期間（Assessorenzeit）を導入するとの提案も斥けられたのである[7]。

---

5) Douma, a.a.O., S.52-53.
6) 弁護士会（Anwaltskammer）は、「弁護士法」41条に基づいて、各上級地方裁判所管轄地域に1つずつ設けられた強制加入団体である。弁護士認可を受けた者はすべて自動的に弁護士会の会員となる。それに対して、1871年8月25日にバンベルクにおいて設立されたドイツ弁護士協会（Deutscher Amwaltverein: DAV）は、強制加入ではなく、任意加入であり、会員のボランティア活動により支えられていた。(Krach, a.a.O., S.34; Douma, a.a.O., S.23-24.)

その論拠としては、次のことが挙げられた。弁護士過剰という概念は、事実に即したものではなく、個人的な価値判断にすぎない。弁護士の絶対数や弁護士の対人口比は、実際には測定不能である法的助言への需要について明らかにすることはできない。問題となるのは弁護士職への申請者数ではなく、その質である[8]。しかし、この弁護士超過の問題は、19世紀末以降、繰り返し議論されることになる。

認可制限に賛成する意見は主として次のようなものであった。弁護士数の増加は、弁護士の経済的基盤を危険にさらし、結果として弁護士層の没落をもたらす。なぜならば、弁護士が依頼者に経済的に依存すれば、独立して職務を遂行することができなくなるからである。これはすなわち、経済的に自立できないと弁護士の独立は保てないという立場である。

それとは逆に、認可制限に反対する意見は、国家の介入を許すことは、依頼者個人の権利・利益を擁護すべき弁護士の義務に反するというものである。すなわち、弁護士には依頼者個人の権利と利益を守る義務がある。そのためには、弁護士が第三者からの、とりわけ国家からの介入に左右されないことが不可欠である。現在の弁護士の経済的困窮は、弁護士数が過剰であるからではない。急激に発展する社会においては、弁護士の法的助言に対する計り知れない需要が生まれるに違いない。したがって、新人弁護士が弁護士職に殺到することが必要であり、それにより弁護士職の質の向上が図られるとの見解である。そして、弁護士の経済的困窮に対処するため、弁護士の活動範囲を拡大し、法的助言を業とする非弁護士との競合をさらに斥け、専門弁護士の称号を導入することを求めたのである[9]。

第一次世界大戦中ドイツでは、数多くの戦争犠牲者により弁護士数は減少した。しかし、戦後の1921年以降、再び急速に増えていくことになる。1925年には13,000人を超え、1928年には15,000人を上回り、そして1930年には16,000人を超えた。

それと同時に弁護士の平均収入は著しく減少した。当然、地域による違いは

---

7) Georg Erler, Rechtsnot durch Anwaltsnot - Denkschrift zum Numerus Clausus vorgelegt von der Vereinigung der Rechtsanwaltskammer der britische Zone, ohne Jahr[um 1949], S.19-22; Krach, a.a.O., S.39.
8) Ebenda, S.39; Ostler, a.a.O., S.62-64.
9) Douma, a.a.O., S.53-54; Erler, a.a.O., S.26-27, 34; Ostler, a.a.O., S.62-68.

あるものの、大半の弁護士が不況時に収入が悪化したのは明らかである。訴訟数は減少し、報酬額は低下した。さらに、裁判所構成法や訴訟法の領域において、弁護士実務に不利に働く数多くの措置が立法者によって講じられた。とりわけ、弁護士の活動領域を狭める、また少なくとも拡げないことを目的にした諸規程が深刻な影響を与えた[10]。

このような状況の中、弁護士には動揺が拡がっていったが、定員制の導入には至らなかった。1927年の弁護士大会において、後にドイツ弁護士協会会長となるルドルフ・ディックス（Rudolf Dix）は、定員制は観念的に「自由な弁護士」と両立しえないのみならず、弁護士の自由が自由認可の終焉によって維持されるような事態さえもたらしかねないと述べている。また、1年後の大会では、認可制限は全般的には否定されなかったものの、そのための具体的な措置は決定されなかった。

しかし、1930年の大会では、代議員たちが弁護士の定員制導入の要求まではしなかったが、弁護士職への流入を減らすために、試補見習い（Referendar）の定員制導入を要請し、さらには、弁護士認可をなす前に、3年間の待機期間を置くことを求めるまでに至ったのである。これに対して、弁護士職の閉鎖化に反対する弁護士たちは、「定員制を導入した場合に、それが恣意的に、また不当に運用される危険が確実に避けられると言える者などいまだ誰一人としていない」、また、「定員制は問題の解決ではなく、その先延ばしにすぎない」などと批判している[11]。

しかしながら、1932年12月に開催されたドイツ弁護士協会の第29回大会においてついに定員制賛成論者が勝利をおさめることになる。陰鬱な弁護士の経済的現状を聞かされて、即時的な弁護士認可停止および将来的な弁護士定員の導入を求められた出席者たちは、ほとんど反論もせずに賛成票を投じたのである。ヒトラー内閣が成立した（1933年1月30日）直後の2月8日に、弁護士協会の代表たちは当時の司法大臣に「弁護士認可停止法」の草案を手交した。そこには次のような文言が示されていた。「第1条　弁護士認可は1936年6月1日まで停止される。」[12]

---

10) Krach, a.a.O., S.42.
11) Ebenda, S.44.
12) Ebenda, S.44.

ところが、当初ナチス政権は一般的な認可制限を導入する気はなかった。なぜなら、若者や有能な後継者の躍進を妨害し、困難とすることは、ナチスの諸原則に反すると考えられたからである。ナチス政権がまず狙ったのは、年齢層が比較的高く、自由思想をもった法律家を弁護士職から排除することであり、そのために、弁護士の65歳定年制を導入しようとした[13]。しかし、これは後に中止される。

　もちろんナチスは、1933年3月24日のいわゆる「授権法」による権力掌握直後から、ユダヤ人・反体制法律家を排除する立法を推し進めていた。1933年4月7日の「職業官吏制度再建法」はその3条において「アーリア人血統を有しない官吏」を退職させ、4条において反体制的官吏、すなわち「従来の政治活動に照らし、常にかつ無条件に民族国家を支持する保証のない官吏」を罷免できるとしている[14]。

　「再建法」がユダヤ人・反体制派の裁判官、検察官および行政官などを標的にしたのに対し、当該法律と同日に公布された「弁護士業認可法」は、ユダヤ人・反体制派弁護士の排除を目的としていた。これについては後述する。

　ユダヤ人・反体制法律家ではない、一般のドイツ人弁護士に対して認可制限が導入されたのは1935年12月になってからであった。1935年12月13日の「弁護士法改正第2法律」の15条は、「各裁判所には、秩序だった司法に有益である以上の弁護士が認可されてはならない」と規定し、いわゆる「弁護士需要」の考え方を持ち込んだのである。しかし、この弁護士需要条項は、将来の弁護士を「秩序だった司法に有益」か否かではなく、政治的基準に基づいて選抜するための道具となっていった。これ以降、弁護士職への参入を自由に阻止することが可能になったのである。参入拒否の理由は、曖昧模糊なものでも問題ないとされ、司法行政および最終的には帝国司法大臣の自由裁量に委ねられた[15]。

　弁護士志願者は、いついかなるときも無条件に国民社会主義的国家を擁護することを保証しなければならなくなった。政治活動や民族および国家のための貢献（とりわけ、前線で戦った経験）が、選抜の際に考慮されることになった。

---

13) Douma, a.a.O., S.55.
14) RGBl.1933 I S.175-177.
15) Douma, a.a.O., S.55.

さらに、社会的観点から、勤労学生としての活動、扶養義務の有無、婚姻や子どもの数などが判断の際に引き合いに出されることがあった[16]。

弁護士の認可制限と同時に、1年の弁護士試用勤務（anwaltlicher Probedienst）および3年の弁護士試補勤務（Anwaltsassessordienst）が導入された。弁護士職の認可獲得を目指す試補は、まずは1年の試用勤務を果たさねばならなくなり、その期間中は、弁護士会ではなく帝国司法省の管轄下に置かれることとなった。特別の資格・才能が試補にあれば、この期間は短縮または免除されることもありえた。それに引き続いて、試補は、3年間の弁護士試補を義務づけられた。その際にも試補に特別な適性があれば、この期間は短縮されえたのである。ただし、1938年には、これらの4年間の養成期間は2年間に短縮されることになった。

ナチス政権が崩壊した後も、この制度はすぐに廃止されることはなく、たとえばイギリス占領地域では、1年間の弁護士試補勤務が維持された。1959年に「連邦弁護士法」（Bundesrechtsanwaltsordnung: BRAO）が施行されて初めて、弁護士試補勤務は完全に廃止されたのである[17]。

弁護士認可制限の導入により、認可を受けられない志願者が増加する問題が生じたが、その解決は、弁護士試用期間や弁護士試補期間の導入によりひとまず先送りにされた。そして、この問題は第二次世界大戦勃発により解消されたのである。なぜなら、軍務に耐えうる弁護士が戦争に召集され、弁護士数が急激に減少したからである[18]。

しかし、戦後、再び弁護士希望者が増加し、弁護士ポストが足りなくなると、またもや19世紀末と同じ認可制限についての議論が新たになされるようになった。戦後、各占領地域では、原則として1878年の「弁護士法」へと戻ったが、ナチス期に可決された弁護士関係の諸法律は、単に弁護士の要請を満たしただけであり、ナチス的法律ではないとされたため、弁護士の認可制限は占領された多くの地域および後に設立される多くの州において、形態は違えども、基本的に維持された。これらの認可制限は、1956年に連邦憲法裁判所が、弁護士需要に基づく認可制限を「基本法」12条の職業選択の自由に反して違

16）Ebenda, S.55-56.
17）Ebenda, S.55-56.
18）Ebenda, S.56-57.

憲であると判示するまで存続したのである[19]。

Ⅳ　ユダヤ人弁護士の排除

　ユダヤ人弁護士は、19世紀末よりドイツの弁護士職に多大なる貢献をしてきた。彼らは法律学や法政策の分野で指導的な役割を果たし、ヴァイマール共和国・民主主義・自由主義を積極的に擁護したのである[20]。しかしながら、ユダヤ人が法曹界で活躍することができたのも1878年の「弁護士法」が成立したお陰である。この法律が制定されなかったならば、ユダヤ人の社会的解放は画餅に帰していたであろう。弁護士という自由職に就くことができるという機会こそが社会的成功への道を切り開いたのである。

　たとえば、ユダヤ系ドイツ人の大半が居住していたプロイセンにおいては、1850年以降、あらゆる宗教信者の同権が憲法原則として謳われたにもかかわらず、司法行政当局は、多かれ少なかれ巧妙な方法を用いて、司法キャリアを目指すユダヤ人を冷遇し、彼らの昇進を阻止することが可能であった。ゆえに、ユダヤ人にとっては弁護士職の自由化こそが、業績のみによって成功を収め、すべての社会からの賞賛を獲得することを可能にしたのである[21]。

　それゆえ、ユダヤ人弁護士は急激に増加した。たとえば、プロイセンでは1872年に75人、1880年には146人、1893年には885人、1904年には1,287人のユダヤ人弁護士が存在し、1872年には全弁護士数の3％にすぎなかったユダヤ人弁護士が、1904年には27％以上へと激増している。ヴァイマール共和国時代にもこの割合が続き、1933年にはプロイセンにおいて3,300人以上、それ以外の諸州全体では約1,200人のユダヤ人弁護士が活動していたのである。ベルリン、フランクフルト・アム・マイン、ブレスラウでは、全弁護士の約半数がユダヤ人であるという状況になっていた。このようにユダヤ人の割合がきわめて高い職種は、弁護士職のみであり、それゆえ、弁護士が反ユダヤ主義運動

---

19) Ebenda, S.57-58.
20) Konrad Redeker, Vorwort, in: Tillmann Krach, Jüdische Rechtsanwälte in Preußen. Bedeutung und Zerstörung der freien Advokatur, München 1991, S. Ⅶ.
21) Krach, a.a.O., S.49.

の標的とされることは避けられないことであった[22]。

　すでに以前から、弁護士政策を重視していたナチス政権は、権力掌握の後、組織的にユダヤ人弁護士を弁護士職から排除し始める。国会議事堂放火事件（1933年2月27日）の際には、多くの弁護士が「保護拘禁」され、各地の「初期収容所（私設収容所）」に送られたり、突撃隊により殺害されたりした。1933年4月1日にはドイツ全土においてユダヤ人に対するボイコットが行われたが、当然ながらユダヤ人弁護士もその対象であった[23]。

　これらのユダヤ人弁護士排除を完成するために制定されたのが、上述した「弁護士業認可法」（1933年4月7日）である。この法律は次のように規定している。「職業官吏制度再建法に定めるところのアーリア人血統を有しない弁護士の認可は1933年9月30日までにこれを取り消しうるものとする（1条1項）」。「弁護士の認可は、たとえ弁護士法に定める理由が存在しない場合であれ、アーリア人血統を有しない者についてはこれを行わないことができる（2条）」。「共産主義的意図をもって活動した者は、弁護士認可から排除される。すでに与えられた認可は取り消されなければならない（3条）」[24]。

　しかし、「職業官吏制度再建法」についても「弁護士業認可法」についても、ヒンデンブルク大統領がヒトラーに対し、これらの法律を非アーリア人官吏・弁護士に対して無条件に適用することに懸念を示したことを受けて、「1914年8月1日以前から官吏であった者」、「（第一次）世界大戦においてドイツまたはその同盟国のために前線で戦った者」、「（第一次）世界大戦においてその者の父または息子が戦死した者」を適用除外とする措置が取られた[25]。この措置のため、多くのユダヤ人官吏（裁判官・検察官）や弁護士が職場から追放されずに残ったのである。

　ナチス時代の法律家であるエルヴィン・ノアック（Erwin Noack）は次のよう

---

22) Ebenda, S.49-50.
　　1933年4月の段階で、ハンブルク上級地方裁判所管区においては31.4％がユダヤ人であった。ユダヤ人弁護士比率の高い地域は順番に、ベルリン、ブレスラウ、フランクフルト・アム・マイン、そしてハンブルクであった。(Heiko Morisse, Jüdische Rechtsanwälte in Hamburg - Ausgrenzung und Verfolgung im NS-Staat, Hamburg 2003, S.12.)
23) Krach, a.a.O., S.48.
24) RGBl.1933 I S.188.
25) Morisse, a.a.O., S.18.

に述べている。1933年にはドイツにおける弁護士総数約19,200人の内、4,500人がユダヤ人であった。すなわち、全弁護士の4分の1がユダヤ人であった。ユダヤ人弁護士排除を目的とした「弁護士業認可法」により、1933年の終わりまでに1,500人の非アーリア人弁護士が排除されたが、いまだ2,900人のユダヤ人が弁護士職に残っている。そして、1938年1月1日の段階でさえなお、全弁護士数17,360人の内、1,753人がユダヤ人である。現在（1938年）のドイツ弁護士職の10%がユダヤ人なのである[26]。

いまだ多数残存するユダヤ人弁護士を排除するために、ユダヤ人弁護士に対する様々な経済的・社会的な締め付けが行われた。その結果、多くの依頼人は、当時世間を覆っていた政治的な雰囲気や法廷で不利益を被るのではないかというおそれから、ドイツ人弁護士を選んだ。ゆえに、ユダヤ人弁護士の仕事数および収入は激減していった[27]。ハンブルクではユダヤ人弁護士の収入が、1932年と比べて1933年と1934年にはおおよそ3分の1減少し、1935年および1936年には1932年比で2分の1から5分の1までになってしまった[28]。

1936年にはベルリンオリンピックが開催されたため、外国の目を気にしてユダヤ人に対する迫害は一時緩やかになったが、1937年末にナチス政権は再び、経済領域におけるユダヤ人問題の最終的解決の準備を開始する。

その結果が、1938年9月27日の「帝国市民法に関する第5命令」[29]である。その1条は、「ユダヤ人は、弁護士職に就くことはできない。いまだ弁護士職に就いているユダヤ人は以下の規定に則り、弁護士職から排除される」と規定している。この命令により、残りのユダヤ人弁護士の認可も1938年11月30日をもって取り消されることになり、弁護士職からのユダヤ人除去が完成した。1938年11月9日・10日の夜に起こった迫害（水晶の夜）もユダヤ人弁護士に追い打ちをかけた[30]。

このようにユダヤ人弁護士はいなくなったが、ユダヤ人に対する法的助言や彼らの代理人は必要だったので「ユダヤ人法的助言者（Konsulent）」という準

---

26) Erwin Noack, Die Entjudung der deutschen Anwaltschaft, JW (Juristische Wochenschrift), 1938, S.2796-2797.
27) Morisse, a.a.O., S.39.
28) Ebenda, S.43.
29) RGBl.1938 I S.1403.
30) Morisse, a.a.O., S.52.

弁護士職が設けられ、ごく一部のユダヤ人元弁護士がその職に就いた。ユダヤ人法的助言者は、帝国全土で約200人が認可され、主として移住を希望するユダヤ人に対する法的助言や代理を行った。彼らはドイツ人弁護士と同様の役割を果たしたが、事務所の看板には「ユダヤ人の法的助言および代理についてのみ認可」という文言を書き込まねばならず、法廷では法服を着ることも禁止され、1941年からは「ユダヤの星」のマークを付けねばならなかった。そして、外国に移住するチャンスを逸したユダヤ人法的助言者の大半は、強制収容所や絶滅収容所で殺害されるか自殺したのであった[31]。

　さて、迫害を受けたユダヤ人弁護士たちの一部は外国に移住し、そこで終戦を迎えた。彼らは戦後、違法に取り上げられた弁護士資格の再認可を求めたが、ドイツの弁護士会は彼らに冷たかった。

　戦後、イギリス占領地域においては、ナチス的規定を除いた「帝国弁護士法」(Reichs-Rechtsanwaltsordnung: RRAO、1936年2月21日制定) が引き続き用いられ、1949年4月10日以降は1878年の「弁護士法」が適用されることになった[32]。そして当該「弁護士法」20条1項[33]は弁護士に対して業務を行っている地に居住することを義務づけている。これを居住義務とよんでいる。この規定が置かれたのは、現地の状況について熟知することが弁護士にとって不可欠であると考えられたからである。もちろんこの義務は、弁護士が認可を受けた土地に住むことが不可能な場合やその他の個人的な理由により認可を受けた地の近隣に居住する際には免除されえた。しかし、当該規定は、外国に住む弁護士がドイツの裁判所に認可を求めるケースまでは想定していなかったのである。そこで、移住した弁護士の要求にどこまで応えるかという問題が生じた[34]。

　各地の弁護士会は、この要求に対してかなりの抵抗を行った。たとえば、1951年にシュレスヴィッヒ=ホルシュタイン弁護士会の理事会は、「外国に居住していて認可を求める弁護士は、外国にとどまり、ドイツの弁護士の称号を

---

[31] Ebenda, S.59-61; Krach, a.a.O., S.52; Noack, a.a.O., S.2797.（ハンブルクにおけるユダヤ人法的助言者に関する詳細はMorisse, a.a.O., S.57-65を参照。）

[32] Ostler, a.a.O., S.317.

[33] Rechtsanwaltsordnung für die britische Zone §20 Abs.1.（Verordnungsblatt für die britische Zone, S.79-80.）「帝国弁護士法」20条1項も同様な規定を置いている。（RGBl.1936 I S.109.）

[34] Douma, a.a.O., S.78.

諦めるか、または、ドイツに戻り、そこで居住義務を果たし、弁護士業を再び行うかを決断しなければならない」と述べている。

また、「弁護士法」には、「申請者が、弁護士の職務または品位と相容れない官職・職業に就いている場合には、認可を拒否できる」[35]との文言が存在するが、弁護士会はこの文言を何度も引き合いに出して移住した弁護士の再認可を拒否している。たとえば、デュッセルドルフ弁護士会は、イスラエルに移住した元弁護士が、現在は織物商店を経営しているとの理由で再認可を拒否した。別のケースで同弁護士会は、教師職も弁護士の品位と相容れないと判断している[36]。

しかしながら、ノルトライン＝ヴェストファーレン州の各弁護士会は移住者の再認可に最後まで反対し続けることはできなかった。当該問題への解決を探っていた同州の各弁護士会・各上級地方裁判所・司法省の代表者たちは、1951年に、民族的または政治的理由により移住を余儀なくされた元弁護士が再認可申請者の場合は、今後、寛大に扱う旨の合意をし、同州司法大臣は、この種のケースの際には、通常、例外的な認可を付与したのである。1953年9月以降は、移住したユダヤ人弁護士の認可に関して、原則として居住義務が免除されることになった。この規定は、1959年の「連邦弁護士法」に採用され[37]、ナチス政権下で民族的・政治的・宗教的な理由により移住を余儀なくされたすべての弁護士の助けとなったのである[38]。このようにみていくと、ユダヤ人移住者の利益を守ったのは、同州の司法省であり、連邦弁護士法を制定した連邦議会であり、基本的に弁護士会ではなかった。

ではなぜ、量的には微々たる移住者に対する認可を弁護士会はこれほどまでに渋ったのであろうか。理由のひとつとして考えられるのは、1950年代初頭から始まる補償・賠償訴訟である。賠償を求める依頼者はたいてい外国に住んでいたが、もし、外国に住んでいる弁護士がドイツの裁判所における認可を付与されるとなると、依頼者はドイツの弁護士に依頼する必要性がなくなるから

---

35) Rechtsanwaltsordnung für die britische Zone §15 Ziff.5.「帝国弁護士法」23条1項も同様な規定を置いている。（RGBl.1936 I S.109.）
36) Douma, a.a.O., S.78-79.
37) 連邦弁護士法213条1項に移住を余儀なくされた者の居住義務免除が規定されている。居住義務は27条。
38) Douma, a.a.O., S.80.

である。損害賠償事件は、急激に増加し、デュッセルドルフ弁護士会によると1956年にはすでに120万件にも及んでおり、その原告の約80％は、外国に居住していた。よって、ドイツの弁護士会が、もはやドイツに住んでいない移住した弁護士の認可に対して反対の意を表明したのは、潜在的な収入の可能性をも考慮した上のことであったと考えるのが自然である[39]。

V　他分野からの参入者の排除

　1933年の「職業官吏制度再建法」および1935年の「帝国市民法に関する第1命令」により、公務員の「政治的浄化」が行われた結果、それにより解雇された裁判官・検察官・行政官等の法律家は弁護士職に就こうとした。確かに、弁護士に対する政治的要求は公務員より少なかったが、それでもこの鞍替えは困難であった。なぜならば、経済的理由から各弁護士会がこれらの「（職業的）よそ者（Berufsfremd）」の法律家の受け入れに反対したからである。

　解雇された元公務員は、年金を手にすることができたが、弁護士会は、弁護士の経済状況が悪化することを防ぐため、年金受給資格により生計を立てる可能性のある法律家に弁護士認可を与えることに抵抗した。確かに、司法省は1935年に、解雇された公務員の弁護士認可請求を申請者が年金受給者という理由のみにより拒否してはならないと命じている[40]。しかし、解雇された公務員は実際のところ、ユダヤ人か反体制派であったため、その他の理由により弁護士に認可されなかったことは想像に難くない。

　公職から追放された法律家の活動をさらに狭めたのが、1935年12月13日に制定された「法的助言分野における濫用防止法」（後の「法的助言法」）[41]である。それ以前、法的助言活動は営業のひとつとして誰でも自由に行うことができたのであるが、この法律により法的助言活動は弁護士の独占となり、非弁護士は当該活動から排除されることになった。公職を追放された裁判官等は法律家としての十分な素養を疑いなく持ち合わせていたため、法的助言活動を自由業と

39）Ebenda, S.80-82.
40）Ebenda, S.61.
41）RGBl.1935 I S.1478.

して行うことが確実に予想された。ところが、当該法律により非弁護士は原則として法的助言活動から排除されたため、自由業として法的助言活動を行おうとしていたユダヤ人・反体制派法律家は生計の道を閉ざされたのである。もちろん、当局の許可があれば、助言活動は認められたが、同日公布された「法的助言分野における濫用防止法第1施行令」[42]の5条は簡潔に「ユダヤ人には許可は与えられない」と規定している[43]。

第三帝国崩壊後、今度は逆にナチス的活動により公職を追放された法律家が、弁護士認可を受けようと努力したが、弁護士会は、これらの「よそ者」への認可授与を一番後回しにした。たとえば、デュッセルドルフ弁護士会は、弁護士職は政治的またはその他の理由により公職に再雇用される可能性のない連中のたまり場となってはならないので、彼らを弁護士職に受け入れてはならないと述べている[44]。

1949年に再び1878年の「弁護士法」が適用されるまで、「よそ者」というメルクマールは、認可を拒否する理由のひとつであった。そして、1950年末以降になってようやく、以前他の職に就いていた法律家も妨げられることなく弁護士として働くことが可能となった[45]。

Ⅵ 追放者(Vertriebene)および避難民(Flüchtlinge)の排除

「地域所属性（Ortszugehörigkeit）」の基準、すなわち、弁護士志願者が裁判所所在地と地域的な関係をもつことは、すでに第二次世界大戦中から弁護士認可を判断する際にプラスに働いていたが、1945年以降、「地域所属性」は、敗戦によって居住地域を追われたドイツ人弁護士が西側地域において弁護士認可を受けようとする際に、より重要な判断基準となった。

ドイツの西側占領地域に流れ込む旧ドイツ帝国版図からの追放者の数は膨大で、1945年以降、追放者の3分の2が西側地域に到来した。それと並行して、

---

42) RGBl.1935 I S.1481.
43) Michael Kleine-Cosack, Rechtsberatungsgesetz-Kommentar, Heidelberg 2004, S.38-39.
44) Douma, a.a.O., S.61-62.
45) Ebenda, S.62.

ソビエト占領地域および後のドイツ民主共和国地域の人口の6分の1が西側地域に避難してきた。

　弁護士として活躍していた避難民は、避難先で弁護士活動を行おうとしたが、認可を得るのはきわめて困難であった。なぜなら、地元の弁護士の利益を守ることが優先されたからである。確かに、西側地域の弁護士たちは避難民が開業する可能性を認めはしたが、戦後、地元に帰ってくる現地の同僚の職を犠牲にしてまで彼らを助ける気はなかった。そこで、イギリス占領地域においては1945年の夏に、すべての「（地域的）よそ者（Ortsfremd）」の認可申請は当分中止されることとなった。デュッセルドルフ弁護士会の暫定理事会は1945年8月に、地元のすべての弁護士が戦争から戻り再び職に就くまで、「よそ者」志願者の認可申請は見合わせたいとしている[46]。

　1945年8月2日のポツダム協定により、米英仏ソによる4つの占領地域が設立され、東部地域はポーランドとソ連の統治下に置かれることになったため、その地域から追放された弁護士たちは戻るべき場所を失った。そこで、イギリス占領地域の軍政府は1945年8月14日に、ソビエト占領地域からの避難民およびオーデル・ナイセ線以東地域からの追放者には、著しい弁護士不足が存在する場合、取消し可能なかたちの弁護士認可が与えられるべきであるとの命令を発した。ここでいう追放者とは、1937年12月31日の時点で旧ドイツ東部領土に居住しており、追放された者のことを指す。その結果、1946年2月にイギリス占領地域における弁護士会の連合体は、各地方上級裁判所管轄地域において認可されている弁護士の10%を追放者に割り当てることを決定した[47]。

　しかし、現地の認可管轄部署はこの措置に必ずしも賛同したわけではなかった。たとえば、アルンスベルク地方裁判所長官は、次の趣旨のことを述べている。原則的には、東部からやって来た政治的前科のない弁護士を、地元の政治的前科のある弁護士よりも優先すべきではある。しかしながら、個々別々の検討が不可欠なのだ。迷った際には、東部出身の政治的前科はないが、未婚である弁護士より、1937年以降ナチス党員ではあったが、地元出身で結婚しており、ゆえに扶養義務のある弁護士を優先すべきこともある。なぜなら、追放者はやる気さえ出せば、裁判官や検察官または企業内弁護士などとして、どこか

---

46) Ebenda, S.63-64.
47) Ebenda, S.64-65.

別の所で生計を立てる道を見つけることができるからである。そうだとすれば、地元の弁護士の認可を拒否するという反社会的で、今日の困窮時においては、不当な決定を避けることができる[48]」。

　1946年12月になってもデュッセルドルフ弁護士会は、次のように述べて、東部からの「よそ者」の排除を正当化している。本来ならば、専門的な条件を満たした者には誰にでも認可が与えられるべきではある。しかしながらそれは、今日の特別な戦後状況においては、弁護士の超過につながりかねない。当弁護士会は1932年すでに認可制限を行っているが、この措置は単に必要であったというだけではなく、正当なことであったのである[49]」。

　ところで、1948年6月にノルトライン＝ヴェストファーレン州は、「難民法」を制定し、難民の完全な同権化を推進した。その結果、弁護士職内部における難民弁護士の割合が、各裁判所管轄地域に住んでいる全住民に対する難民の割合に等しくなるまで、難民には3、地元民には1の割合で難民に対して優先して弁護士認可が与えられることになった。しかしながら、ここでの難民とは、オーデル・ナイセ線以東地域からの追放者を意味し、ソビエト占領地域・東ドイツおよびベルリンからの避難民は含まれなかった。なぜなら、彼らは自分の意思で西側に来たと考えられたからである。

　1951年11月になってようやくイギリス占領地域では、ソビエト占領地域等からの避難民と追放者についての差別的取扱いが廃止された。しかしながら、当時すでにイギリス占領地域では弁護士認可が自由化されていたので、ソビエト占領地域等から逃げてきた弁護士には特段の影響をもたらすことはなかった[50]。

　このような追放者・避難民弁護士の排除は、イギリス占領地域のみにおいて特徴的であったわけではなく、全国的なものであった。将来の経済的展望が見えない中で、「よそ者」は西ドイツ社会全般において排除されたのである。「よそ者」は、その地域の社会を潜在的に脅かす存在であり、地元民の経済を脅かす余計者であったのである。追放者および避難民の排除は、1950年代半ばになってようやく終息する。それは、1950年代半ばには経済状況が安定し、それにより職業的競争が地元民を脅かすものでなくなったからである[51]。

---

48) Ebenda, S.65.
49) Ebenda, S.65.
50) Ebenda, S.66.

Ⅶ　女性弁護士の排除

　1900年から1908年にかけて、ドイツ諸大学の法学部は女性に対して次々に門戸を開いていくが、その結果、大学で法学を学ぶ女性は増加していった。1927年の夏学期の段階でフランクフルト大学において法学を学ぶ学生の内、少なくとも5％が女性であったが、1932年の夏学期にはそれがほぼ12％にまで増加している。

　そして、1922年7月11日の「司法官および司法職への女性の認可に関する法律」により、女性が法律職に就くことが完全に認められた。その10年後の1932年1月には、少なくとも79人の女性がドイツにおいて弁護士としての認可を受けていた[52]。

　ところが、ナチスが権力を掌握すると、法律は男性のみの仕事であるとの考えが再び支配的となる。しかし、女性弁護士が占める比率は微々たるものであったため、ユダヤ人弁護士や共産主義者弁護士とは違い、すぐに排除されることはなかった。それどころか、すでに認可を受けていた女性弁護士は、ナチス期を通して職務を遂行することができた。また、女性の弁護士認可、とくに既婚女性の認可は1933年以降ますます厳しくなっていったが、1936年8月の「総統命令」が、既婚・未婚を問わず、新たな女性の弁護士認可を禁止するまで行われていた[53]。

　しかし、男性弁護士の女性弁護士に対する態度は厳しく、できれば彼女たちを排除しようとした。たとえば、ハム弁護士会は次のように述べている。「弁護士は依頼人に対していついかなる時も対応しなければならない。このことは既婚の女性弁護士には不可能である。なぜなら、彼女たちは家事のために労力を裂かれるからである。さらに、民法1358条を用いて、夫が妻の職務を禁ずることも可能であり、よって彼女たちの弁護士活動を制限することも可能である。このような第三者による弁護士活動への介入が可能であることは、自由業としての弁護士の性格と相容れない。」[54]

---

51) Ebenda, S.69.
52) Ebenda, S.69-70.
53) Ebenda, S.70.

ナチス政権崩壊後、女性法律家たちは再び弁護士認可を求めたが、認可審査の際に女性は不利に扱われた。たとえば、夫による扶養を受けているとみなされた女性は、しばしば認可を拒まれた。小さい子ども2人を抱え、空襲で焼け出された上に夫は戦争捕虜となっているある女性法律家は、弁護士試補になるための申請を提出したが拒まれた。その理由は、捕虜になっている夫が戦地から戻ってくれば、再び扶養してもらえるからというものであった。独身で、扶養されていないというのが認可を受けるためには必要であったといえよう。反対に、男性が女性に扶養されている場合、たとえば、ある男性の弁護士志願者の妻が裁判官として働き、十分な収入を得ている場合に、ハム弁護士会は男性が扶養されていることを理由に弁護士認可を付与しないことはなかった。つまり、男性に対してであれば扶養原理は適用されなかったのである[55]。

　女性弁護士は、量的にみてきわめて小さなグループでしかなかった。1929年にはベルリンにおける弁護士3,000人の内、女性弁護士は8人のみであり、ミュンヘンにおける弁護士700人の内、女性は4人のみであった。それにもかかわらず、女性弁護士は長い間男性弁護士からの激しい抵抗に遭った。たとえ女性が認可に必要な条件をすべて備えていたとしても、認可官庁および弁護士会は女性を弁護士職から排除しようとしたのである[56]。

VIII　元ナチス関係者の再認可

　1945年5月8日にドイツは降伏するが、ドイツの法システムに不信感を抱いていた連合国は、「連合国軍政府法律2号」[57]により、すべての裁判所を閉鎖させた（1条）。また、同法は、何人たりとも軍政府の許可がなければ裁判官、検察官、公証人、弁護士として活動することは認められない（5条）と命じている。弁護士としての認可を欲するすべての者は、新たな認可または再認可に関係な

---

54) Ebenda, S.70.
55) Ebenda, S.71-72.
56) Ebenda, S.73.
57) Laws and Orders of Military Government / Gesetze und Verordnungen der Militärregierung: Complete Collection up to June 30th 1945 / Vollständige Sammlung bis zum 30. Juni 1945, S.5ff.（Springer Book Archivesによるファクシミリ版参照）

く、まずは非ナチ化手続を経なければならなかった[58]。

　非ナチ化手続を進める委員会には政治的前科のない法律家が求められたが、裁判官・検察官・行政官等は、ナチス期にほぼすべてがナチス党員であったため、政治的前科のない弁護士を充てざるをえなかった。また、政治的前科のない裁判官も必要であったため、多くの政治的前科のない弁護士がその職に就いた。その結果、弁護士は不足し、多くの脛に疵もつ法律家が弁護士認可を得ようと殺到したのである[59]。

　非ナチ化手続により認可が拒まれた再認可申請者は、当初、認可拒否決定に対して何らの異議申立てもできなかった。しかし、それらの申請者たちは弁護士活動をなすことが認められなかっただけで、弁護士職から追放されたわけではなかった。ゆえに、政治的理由により業務を禁じられた弁護士が、弁護士会の会員であり続けるという奇妙な事態が生じた。その結果、政治的前科のない弁護士が認可を求めても、需要の欠如という理由により認可が拒否されることも起こったのである。なぜなら、非ナチ化手続中の弁護士やそれにより業務を禁止された弁護士の数も需要の計算に際しては算入されたからである。ここにおいても弁護士会は「よそ者」の排除を行っているといえよう[60]。

　さて、軍政府は当初、政治的前科のない弁護士、すなわちナチス党やその各種支部の構成員ではない弁護士のみに認可を与えていたが、司法再建のための法律家需要が急激に高まったため、個々の占領地区により違いはあるものの、認可基準はすぐに緩和されていった。非ナチ化に際して、弁護士および公証人に対して適用された基準は、裁判官・検察官・行政官に対する基準より甘かったため、1948年には軍政府から「再ナチ化」の傾向ありと指摘されるほどであった。とりわけ、弁護士会は認可に際し、申請者の政治的過去に注目するのではなく、何よりもその者の専門的能力を見るよう強調したのである[61]。

　その結果、当初は厳しい非ナチ化措置が執られていたデュッセルドルフ上級地方裁判所管区においても、1948年3月には認可された弁護士の過半数が元ナ

---

58) Andreas Hagenkötter, Eine kleine Geschichte der deutschen Anwaltschaft - Zweiter Abschnitt: Von 1945 bis heute, in: Michael Streck u.a., Historische und gesellschaftliche Grundlagen des Anwaltsberufs, Berlin 2005, S.61.
59) Douma, a.a.O., S.85-86; Hagenkötter, a.a.O., S.62.
60) Douma, a.a.O., S.87.
61) Hagenkötter, a.a.O., S.61; Douma, a.a.O., S.88.

チス構成員という事態となった[62]。

その後も政治的前科のある法律家の復権は進み、1951年4月1日施行の「基本法131条に該当する者の法律関係を規制する法律」[63]により、一部の例外を除き非ナチ化手続は実質的に終わりを迎えた。ノルトライン＝ヴェストファーレン州において公式に非ナチ化手続の終焉が宣言されたのは、1952年2月5日の「ノルトライン＝ヴェストファーレン州における非ナチ化終了に関する法律」[64]によってであった。

IX　おわりに

　1878年の「弁護士法」により弁護士は自由化され、誰でも能力さえあればその職に就くことができるようになった。その結果、弁護士の数は増大し、ドイツ帝政期およびヴァイマール期を通じて、社会的に大きな影響力をもつようになっていった。

　しかしながら、「弁護士法」の高い理想にもかかわらず、弁護士の数が多くなると、すでに職に就いている弁護士が既得権を守るために認可制限の導入を画策し始めた。ドイツの弁護士会・弁護士協会は当初、そのような試みに対して粘り強く反対し続けたのであるが、ヴァイマール時代末期、弁護士の経済的状況が悪化すると制限賛成に舵を切るのである。ナチス政権は、はじめ認可制限には否定的であったが、「弁護士業認可法」や「弁護士法改正第2法律」により、認可制限および定員制を導入していくことになる。

　このような変化が生じた背景には、ナチス政権と弁護士団体との利害の一致があったのではないだろうか。弁護士職の中の一大勢力であるユダヤ人弁護士を排除することによって自分たちの利益や地位を守ろうとするドイツ人弁護士が存在したことは想像に難くない。

　法的助言を弁護士に限ることを目的とした「法的助言分野における濫用防止

---

62) Ebenda, S.88.
63) BGBl.1951 I S.307ff.
64) Gesetz- und Verordnungsblatt für das Land Nordrhein-Westfalen(GVBl. NRW) 1952, Ausgabe A, S.15ff.

法」(後の「法的助言法」)も公職を追われた優秀なユダヤ人・反体制派の裁判官・検察官・行政官たちを法律コンサルタント業から追い出し、ドイツ人弁護士の利益を保護するためのものであった。ドイツ人弁護士に対する懐柔策であるこの法律は戦後も維持され、2008年に至るまで命脈を保ったのである。

　ナチス政権が崩壊した後も、弁護士職は閉鎖的であり続けた。エーファ・ドウマ(Eva Douma)は、「1933年から1955年にかけて認可を受けた弁護士の特徴は、男性であり、非ユダヤ人であり、その土地に住んでいて、弁護士になる以前には他の職に就いたことのない者たちというものであった。多様で、革新的で、柔軟な弁護士職の発展は、この採用人事によって1930年代、1940年代以降も妨げられたのである」[65]と述べている。

　弁護士の新たな認可および再認可の際に決定的な役割を果たしたのは、個々の申請者と地域との繋がりであった。地元弁護士の利益を守るため、追放者・避難民、各種「よそ者」、女性などは、弁護士認可に際して差別され続けた。その反対に、ナチス関係者であり、当初は弁護士職から排除された者でも、地元の者であれば優先的に受け入れられた。そして、既得権の擁護や差別の正当化の際には、いわゆる「正論」が詭弁的に用いられているのである。

　弁護士団体や弁護士の関心が自らの利益追求のみとなってしまったとき、弁護士職が政治権力に対する批判的精神を失ってしまう危険は常に存在するのである。

---

65) Douma, a.a.O., S.96.

比較法におけるミクロ史の視点
―― 19世紀末日独の調停を題材に

松 本 尚 子

I はじめに

1 テーマと問題関心

　本稿は、19世紀末の日独両国における代表的調停制度である、勧解人 Schiedsmann（独）および勧解（日）を題材に、比較法史のなかにミクロ史の視点をとり入れる試みである。ドイツでは、1871年の統一後に民事・刑事の両訴訟法および裁判所構成法（1877年）が制定され、司法の国家独占が一応の完結をみた。しかしその一方で、この近代的裁判制度の枠組みにおさまらない、主として地域単位の、調停機能を中心においた個別紛争解決制度も同時に発達した。社会法（労働法・社会保険法）の生成に伴い設置された営業裁判所や商人裁判所、各種保険仲裁委員会がその例である。なかでも本稿で扱う勧解人制度は、全国展開されなかったこともあり研究史上永らく忘れ去られてきたが、帝政期を通じて恒常的に高い申立件数を維持した調停制度であった。一方、同時期の日本では勧解制度が設置され、近代日本司法史上まれにみる高い利用率を得ている。
　近年、民事訴訟法学や法社会学の分野では、官民各種の「代替的紛争解決制度（ADR・裁判外紛争解決制度ともいう）」の急速な発展により、国内外のADRに関する研究が盛んになされてきている。こうした動きは、比較法文化論の視点からは、裁判と調停（等のADR）の補強的関係や役割配分について再考し、紛争解決文化比較の可能性を広げるものとして期待されよう。本稿は、こうし

たADR研究をさらに歴史研究として掘り下げ、日独比較法史の一助となることをねらいとするものである。

2 方法論上の特徴

本稿のような比較方法は、比較法学上、機能的比較と呼ばれる。滝沢正『比較法』によると、静態的に法制度を比較する制度的比較に対して、機能的比較は、動態的にこの制度の実際の動きを加味して比較するものであり、法文化的比較においては、必然的に機能的比較の面が重視されるという[1]。この機能的方法にたいしては、従来架橋できないとされてきた英米法と大陸法との比較にさいし威力を発揮したという積極的な評価がある一方で[2]、機能重視をつきつめていくと、結局はどの法も同一のことを目指しているといった普遍主義の結論になる危険があるとも指摘されている[3]。

ところで、比較法学者の五十嵐清は、比較法は法社会学と結びつかなければ有用な成果をあげえないことが、今日では広く承認されているという[4]。その法社会学の主要な研究対象の一つは、いうまでもなく裁判所、ひいては紛争である[5]。なかでも、本稿との関連で注目される近年のアプローチが、利用者の側から見た紛争分析をテーマとする研究（紛争の動態分析）である[6]。立法政策レベルでは、先の司法改革審議会の活動として、民事訴訟利用者への大規模アンケートが行われ、その分析に多くの法社会学者が携わったことも記憶に新しい[7]。そこで本稿では、「利用者の側から見た紛争解決」に学びつつ、普遍主義に陥ることなく、紛争解決制度の機能的比較を歴史的に行う方法を考えて

---

1) 滝沢正『比較法』（三省堂、2009年）38頁。
2) 五十嵐清「比較法の四〇年」北大法学論集40巻3号（1990年）1-15頁、引用は9頁。
3) 滝沢・前掲注(1)38頁。
4) 五十嵐・前掲注(2)10頁。
5) 参照、和田仁孝「紛争研究パラダイムの再構成へ向けて」法政研究61巻3・4号（1995年）1095-1123頁、とりわけ1096頁。
6) 西田英一「日常的実践としての紛争・処理」和田仁孝編『法社会学』（法律文化社、2006年）105-122頁。
7) 司法制度改革審議会による民事訴訟利用者調査。その結果と分析をまとめたものとして、菅原郁夫・山本和彦・佐藤岩夫編『利用者が求める民事訴訟の実践―民事訴訟はどのように評価されているか』（日本評論社、2010年）。佐藤岩夫「利用者調査から見た労働審判制度の機能と課題」季刊労働法248号（2015年）74-81頁も参照。

みたい。具体的には、ドイツで1980年以降急速に浸透し、歴史学において定着した感のあるミクロ史・日常史と比較法との接続を試みる。

II 比較の視点をどこにおくか

1 「日本人の法意識」論からみた調停

　日本の紛争解決文化を論ずるにあたって、川島武宜『日本人の法意識』(1967年) を避けて通ることはできない。日本における裁判利用の低さを「訴訟嫌い」という「法意識」で説明する川島の主張をめぐって、戦後日本の比較法学および法社会学の分野で永らく議論が繰り広げられてきたからである[8]。議論の中心には、日本人にとって訴訟提起の弊害となるものは何か、という問題関心が常に存在していた。そのさいの比較対象は第一に——川島自身が行ったように——アメリカであり、次にヨーロッパの大国である英仏独であった。これは、明治期以降、西洋法を国策として継受した日本における比較法学の伝統的特徴であり、つねに「模範となりうる立法」を摂取しようとする実学志向がその背景にあるといわれる。そのため、アジア諸国との体系的比較研究はかなり遅れた[9]。とりわけ20世紀末の一時期、アジア諸国との比較が欠けたまま、日本の特殊性を強調する議論状況が生まれたのは、このような背景が作用したためと思われる。

　ここで重要なのは、これらの「法意識」論（そしてその一つのバージョンとし

---

8) J. O. Haley, The Myth of the reluctant Litigant, in: Journal of Japanese Studies, vol. 4 (1978), pp. 359-390. 大木雅夫『日本人の法観念—西洋的法観念との比較』（東京大学出版会、1983年）、マーク・ラムザイヤー『法と経済学—日本法の経済分析』（弘文堂、1990年）、ダニエル・H・フット（溜箭将之訳）『裁判と社会—司法の「常識」再考』（NTT出版、2006年）等。

9) たとえば五十嵐は戦後日本の比較法の特徴の一つとして、「法の解釈と立法のためにそれが行われた」ことを挙げ、このため日本では、比較の対象国として「もっぱら欧米の法学先進諸国だけが選ばれた」という（五十嵐・前掲注(2)13頁）。このような意味で、大木・前掲注(8)が中国法史を比較的考察の対照に含めたことは画期的であった。なお、アジア諸国との比較を含めた比較法社会学的研究の一里塚として、広渡清吾編『法曹の比較社会学』（東京大学出版会、2003年）。

ての国民性説明モデル）の土台は何かを考えることであろう。そこで以下では、川島武宜の「日本人の法意識」論の核となる「近代化論」を、比較法における有効な歴史分析方法の探求という本稿の問題関心に沿って、再構成する。

戦後知識人論客の中で「近代派」と称される川島武宜であるが、その知的関心の中心には、日本にもたらされた西洋近代法体系と伝統的日本社会とのあいだに横たわる溝の存在への注目を喚起させることがあり、さらにはこの溝を克服することがあったという[10]。川島が理解する「近代的」な社会関係の特徴は、権利義務関係によって行為の交換基準が確定されることである。そこから川島は、日本人にはこのような意味での権利意識が欠けると主張した。そして日本には、社会の近代化を通じ、「近代的な権利意識」がはぐくまれ、これによって人々は彼らの権利実現のための機関として裁判所をもっと使うようになるはずだ、と主張する。

こうした基本的前提にたつ川島にとって、調停の歴史的意味は彼の近代化論とつよく結び付けられたものとなった。川島の目に映る調停は前近代・江戸時代の内済制度との連続線上にあり、しかもそれはネガティヴな意味における連続性を示していた。彼は調停を、「確定的な規範関係」を否定し、規範関係を不確定なものとして「丸く収める」ことを追求した制度として理解した。川島がとりわけ問題視したのが、戦前の小作調停制度であり、とりわけ小作調停委員会の67.5％（1924年）が地主・自作農によって占められていたことであった。川島は同委員会を、小作人に「天皇ノ名ニ於イテ」和解に応じることを強制する威圧手段であったと断罪したのである[11]。

1970年代末に、ジョン・O・ヘイリー[12]が日本の低い裁判利用状況を制度不備（とりわけ法曹人口不足と裁判コスト高）により説明し、川島の近代化論に対峙して以来、日本人の裁判利用をめぐる議論は、多くのバリエーションを生み出しながらも、二つの方向に収斂されてきた。すなわち一方で制度不備要因

10）高橋裕「ADRの生成」和田仁孝編『法社会学』（法律文化社、2006年）261-287頁、引用267-268頁、棚瀬孝雄『司法制度の深層―専門性と主権性の葛藤』（商事法務、2010年）（第4章）、川口由彦「調停制度分析における法史学的視点」同編『調停の近代』（勁草書房、2011年）2頁。

11）この段落の記述は、川口・前掲注(10)2-7頁に全面的に依拠している。

12）ジョン・O・ヘイリー（加藤新太郎訳）「裁判嫌いの神話」〈上〉判例時報902号（1978年）14-22頁・〈下〉907号（1979年）13-20頁。

説(裁判機能不全説)、もう一方で(近代化論を含む)文化的要因説が、議論の柱となっている[13]。その後研究は、棚瀬孝雄やヴォルシュレーガーの統計分析により精密度を高め[14]、とりわけ訴訟内容に対する分析や、督促のような訴訟外の権利／利害の実現手段に対する分析が進んだ。

さらに、今日の法社会学では、紛争研究のアプローチを大きく2つの問題関心に分類し、一方を「紛争処理機関研究」、もう一方を「紛争過程研究」と呼ぶ区分が生まれている。和田仁孝はこの区分を説明するに当たり、前者に「紛争処理という活動を通じて社会をより適切・有効に制御していこうとする政策的関心」と「伝統的な法律学プロパーの理念枠組みの強烈な支配の痕跡」を、後者に社会過程の経験的・認知的関心をみとめる[15]。つまりこの区分自体が、前者の法律学プロパーの思考枠組みを相対化するものである。さらに西田英一は、「裁判であれ調停であれ、現行の処理制度・手続を範型として紛争を切り取る方法では、生きた紛争の動態に十分な光を当てることができなくなる」とし、紛争当事者がどのように問題を解決しようとしているのか、そこにどんな期待をもち、どんな使い方をし、諸処理制度をどう評価しているのか、といった紛争の動態理解を素通りしてしまっては、真の意味での処理制度の吟味も不可能になってしまうという。そして川島の研究は、この紛争処理機関研究の代表例として捉えられている[16]。

今日、川島の近代化論は、(法)思想史の文脈からも留保をつけられている。久保秀雄は、川島(を含む戦後啓蒙知識人)がマックス・ヴェーバーの近代化

---

13) 日本の訴訟文化をめぐる論点は多岐にわたるので、ここでそれを網羅することはできない。さしあたり、フット・前掲注(8)、越智啓三「日本人の法意識(法観念)、とくに契約意識」太田勝造ほか編『法社会学の新世代』(有斐閣、2009年)第9章・高橋裕「訴訟利用行動にかかわる諸要因」同10章を参照されたい。

14) 棚瀬孝雄「訴訟利用と近代化仮説」青山善充ほか編『民事訴訟法理論の新たな構築〈上〉——新堂幸司先生古稀祝賀』(有斐閣、2001年)。Takao Tanase, Japanese modernity revisited: A Critique of the Theory and Practice of Kawashima's Sociology of Law, in: Tanase, Community and the Law, Cheltenham, 2010, pp. 139-154; Christian Wollschläger, Die Arbeit der europäischen Zivilgerichte im historischen und internationalen Vergleich. Zeitreihen der europäischen Zivilprozeßstatistik sei dem 19. Jahrhundert, in: Erhard Blankenburg (Hg.), Prozeßflut? Köln 1989, S. 21-114;佐藤岩夫訳『民事訴訟の比較歴史分析——司法統計からみた日本の法文化』(一)法学雑誌48巻2号(2001年)62-100頁・(二・完)3号(2001年)25-70頁。

15) 和田・前掲注(5)1097頁。

16) 西田・前掲注(6)105-107頁。

論の枠組みに多くを負っていた一方で、ヴェーバーによる近代批判の契機を決定的に欠落させていた、と指摘する[17]。すなわち、ヴェーバー自身は西欧近代が「自由の解放」のみならずその抑圧の原因ともなるパラドクスを論じ、近代合理主義の万能感・独断性を問題にして科学的理性の限界（と道徳的理性の復権）を強調したカントの批判哲学に由来する方法論的立場に立っていたが、日本におけるかつてのヴェーバー受容はこうした考察を十分に生かしたものではなかったという。

以上のように、川島の法意識論の根底にある近代化論には、今日、複数の観点から修正が求められている。ただし、調停を扱う本稿の関心においては、今なお残された課題がある。すなわち、川島が憂慮した、調停のパターナリスティックな側面については、今日なお実証研究による検討の余地が大いに残されていると思われる。

2　ミクロ史・日常史の視点 ── 「司法利用」と比較司法史

川島の近代化論が今日そのままのかたちでは維持しがたいとしても、比較という作業に何らかの内容的な基準が必要なこともまた事実である。日独比較法史を試みる本稿では、ドイツのミクロ史・日常史の方法論にヒントを得た。ミクロ史・日常史は、ドイツでは1980年代以降興隆し、とりわけ近世司法史において、裁判記録や行政資料が庶民の生活観や人生観を映し出す貴重な史料として用いられ始めた。ミクロ史・日常史のコンセプトは犯罪史や魔女裁判研究にも応用され、今日に至るまでその裾野を広げ続けている。

近年では、このような研究動向が近代史にも浸透してきている。地域の裁判記録を史料として本格的に利用する研究が、現れてきたのである。パイオニア的研究は、モニカ・ヴィーンフォルトの『プロイセンにおける領主裁判所』（2001年）である[18]。同書はドイツ再統一を期に、旧東独・ポーランドに埋もれていた資料を発掘し、この私有裁判所の廃止前夜の多彩な機能を鮮やかに描

---

17) 久保秀雄「法と文化」和田仁孝編『法社会学』（法律文化社、2006年）第11章、229-259頁。See also Tanase 2010 (Fn. 14), pp. 139-143.
18) Monika Wienfort, Patrimonialgerichte in Preußen. Ländliche Gesellschaft und bürgerliches Recht, 1770-1848/49, Göttingen 2001.

き出した。もうひとつだけ例を挙げると、レベッカ・ハーバーマス『裁判所の前の盗人』(2008年)は、オーバーヘッセンの裁判記録を2000件以上用い、19世紀ドイツにおける日常的な刑事訴追の対象が侮辱から財産犯（窃盗）へと量的に推移したことを明らかにした[19]。これらの先行研究は、国家による裁判と国家外の紛争解決手段との境界がけっして一義的でも固定したものでもなかったことを多数の訴訟記録を基に実証し、紛争解決に対する住民側のニーズやその移り変わりを明らかにした点で、新しい知見をもたらした。もっとも、彼らは国際比較にはむしろ消極的で、比較を試みる本稿とはこの点で異なるスタンスをとっている。

　上のような状況下で、マルティン・ディンゲスの研究作業概念「司法利用 Justiznutzung」[20]は、さらなるヒントになると思われる。1990年代初頭に提唱されたこのコンセプトは、上述のミクロ史・日常史の文脈から生まれた。ディンゲスのねらいは、ドイツ国制史および刑事史を長らく支配してきた「国家主義」から距離をとり、司法の利用者としての住民の「下から」の視点を歴史にとりいれることである[21]。「国家主義」とは、ここでは、強力に規範的かつ制度的な関心から、国家を中心において歴史を叙述することを指す。ディンゲスは、こうした歴史叙述は「近代化信仰により描かれる、国家のサクセスストーリー」を描くものだと批判する。彼の憂慮するのは、このような物語が「過去の状況を実際の姿より悪く」描くことであり、とりわけ、「司法と社会のあいだの本来スリリングな境界面が、これによって視界から抜け落ち」ることである。

　ディンゲスが司法利用と呼ぶのは、日常における住民の「司法との関わり全

---

19) Rebekka Habermas, Diebe vor Gericht, Die Entstehung der modernen Rechtsordnung im 19. Jahrhundert, Frankfurt/New York 2008.
20) 司法利用Justiznutzungのうち、Nutzungの動詞形nutzenは、単に何かしらの道具を「使う」「使用する」のではなく、明確な目的があって、その手段として何かを用いるというときに使う。少し近い言葉に"ausnutzen"があるが、こちらは「酷使する」「便乗する」「虐使する」と、ネガティブなコノテーション（語感）をもつのに対して、"nutzen"はニュートラルな意味合いが強い。が、さらにニュートラルもしくは実用的な"benutzen"に比べると限定的な文脈で用いられる。
21) Martin Dinges, Frühneuzeitliche Frühneuzeitliche Justiz. Justizphantasien als Justiznutzung am Beispiel von Klagen bei der Pariser Polizei im 18. Jahrhundert, in: H. Mohnhaupt / D. Simon (Hg.): Vorträge zur Justizforschung. Geschichte und Theorie, Bd. 1, Frankfurt a. M. 1992, S. 269-292.

般」である。その例として、彼は18世紀のパリ警察へ寄せられたもろもろの苦情を分析する。それらの苦情は、ディンゲス曰く、例外なく侮辱事件であった。地域の巡査を尋ねて来るのは、非礼な息子を叱り飛ばしてもらいたい両親や、反抗的な職人や徒弟に対してまともに仕事するよう促すことを望む親方、酩いどれて家に帰らない夫を正気に戻したい妻など、さまざまな関係性と紛争内容におかれた人々である。そこでディンゲスが強調するのは、裁判所という機関が住民にとって決して唯一の紛争解決手段ではなく、むしろいくつもの可能性のうちのひとつにすぎなかったことである。住民は、どの手段が自分にとって最も有利かを戦略的に考え、使える手段をその都度選んでいたのであり、彼らにとって裁判所や警察は、まずは紛争相手に対する威嚇手段にすぎないという。住民にとってそれらは、自らの利害を貫くための強力な装置であり、それ以上でもそれ以下でもなかったのである。

「司法利用」コンセプトは、長年近世史学を支配した社会的紀律化コンセプト（ゲルハルト・エストライヒ）への批判的取り組みから出発しており、そのかぎりで、近世への評価をめぐる議論を前提とする[22]。しかしこの構想は、近世の文脈を超えて19世紀にも応用できるし[23]、さらに、少なくとも二つの点からみて有意義である。第一に、住民側の視点を採ることで、制度比較それ自体を目的とするのではなく、その制度を利用する住民のニーズを探ることが研究の目的となる。視点の移動により、本質的に異なる機関相互の比較を無理に正当化する必要がなくなり、その分、個々の制度利用者の分析に集中できるようになる。第二に、この構想は比較調査の対象（のどちらか）が美化される危険性から研究を防御するために役立つ。司法利用構想は、法史叙述において住民の存在を可視化するだけではなく、彼らを法システムのアクターとして分析するのである。ディンゲスは、パリ住民を被統治者・被抑圧者として扱うのではなく、自らの利益を貫くために主体的に行動する個人、それもときに自己中心的な人間として描く。そのさい、権利意識という考え方が彼らにあったかどうかは、ディンゲスの主要な問題関心ではない。

---

22) Martin Dinges, Frühneuzeitliche Armenfürsorge als Sozialdisziplinierung? Probleme mit einem Konzept, in: Geschichte und Gesellschaft 17 (1991), S. 5-29.
23) ディンゲスの司法利用構想を19世紀に応用する研究には、すでにHabermas(Anm. 19), S. 214, S. 329がある。

III 比較の基盤となるファクター —— 規範的枠組みと統計データ

1 プロイセン勧解人制度

　ドイツ語圏における「勧解人Schiedsmann」とは、おおよそ二千人規模の住民人口を一単位として導入された名誉職（無給）官吏による・地域レベルの公的調停制度である。全国一律に設けられた制度ではなく、いくつかの州が独自の立法により整備した。代表的な例は1879年の「プロイセン勧解人令」であるが[24]、他にも同制度を設置した州はあり、当時のドイツ住民の過半数はこの勧解人制度の下にあった[25]。1880年頃のプロイセンには、住民の選挙により選出された約18,000人の勧解人が存在し、財産法上の紛争（上記の勧解人令12-32条）および軽微の刑事犯（侮辱と傷害・同33-39条）に関する住民申立ての調停を任務とした。勧解人への申立ては無料で手続き実費のみ負担（同40-44条）、調停の場は通例勧解人の自宅で行われ、勧解人が申立てに応じて相手方を召喚し、勧解を開催、両当事者に和解案を提示した。部分的調停前置をとる1877年ドイツ刑事訴訟法の定め（旧420条・現380条）[26]により、勧解人は設置当初から、私訴Privatklageが必要な侮辱や傷害事件における個人の刑事告発（裁判所に訴えること）の必須前提制度として設計されている。

　では、当時の住民はどれだけ勧解人制度を利用したのだろうか。勧解はつま

---

24) Schiedsmannsordnung vom 29. März 1879（以下、PrSchOという）, in: Gesetz-Sammlung für die Kgl. Preussischen Staaten（以下、PrGSという）1879, S. 321. なお、プロイセンではすでに19世紀半ばから、いくつかの県で本制度が設けられている。詳細は松本尚子「交渉の場としての調停—19世紀プロイセンの勧解人Schiedsmann制度を題材に」林康史編『ネゴシエイション—交渉の法文化』（国際書院、2009年）177-220頁。Vgl. Andreas Koch, Die historische Entwicklung des Schiedsmannswesens in Preußen von 1808 bis 1900, Berlin 2003.

25) 松本・前掲注(24)184-187頁参照。1880年のドイツ総人口は約4.5千万人であり、プロイセンだけでドイツの過半数の人口を占める。なお、他の導入州の人口合計（80万人余）はプロイセン人口の33分の1に満たない。本稿で後述するブラウンシュヴァイク州における導入は1896年。

26) §35 PrSchO. 刑事訴訟法典420条の当時の文言は以下のとおり。「侮辱については、州司法行政により定められた和解局Vergleichsbehördeで試みられた和解Sühneが不調に終わったときにはじめて、訴えの提起が可能となる。原告Klägerはこれに関する証明書を起訴状とともに届け出ること。」

り制度として「成功」したのだろうか。アンドレアス・コッホの勧解人制度導入史研究は、当時の司法統計を用い[27]、1880－1900年のプロイセンにおける申立件数等をグラフにまとめている。コッホの作成したグラフからは、勧解人統計調査の開始された1880年の申立件数28万件が、その後の20年で20万件にまで減少していることが確認できる。おそらくこの8万件の減少ゆえに、また、今日なお多くの地域で存続する勧解局（Schiedsamt）の利用度の低さから[28]、19世紀末の勧解人は失敗制度とみなされることが少なくない。しかし実際は、勧解人制度は1920年代半ばまでほぼ毎年20万件規模を維持している。減少した8万件のほとんどは民事事件である。つまり、勧解人制度は財産法分野では明らかに衰退した一方で、刑事事件（侮辱・身体傷害）では40年以上変わらず利用されたのである[29]。

　裁判所の処理件数との比較では、区裁判所の通常民事事件（受理数）が勧解人事件数の倍以上の数を示している。しかしこれは勧解人の権限が財産法上の紛争および一部の刑事事件に限定されていたことから、相対的に考えるべきであろう。一方で裁判上の和解や裁判上の調停は勧解人より低い。和解優先の手続き制度をもつ（労働事件専門の）営業裁判所の利用度も、勧解人に比べれば明らかに低い[30]。

　なお、19世紀末プロイセンにおける私訴Privatklage件数は5万件（1883年）[31]である。勧解事件のうち刑事事件ではおおよそ60％が不調に終わっていることから、勧解人に申し立てられた例年おおよそ20万件の刑事事件のうち、理論的には12万件が私訴に進むことができるはずである。しかしじっさいは、その半分以下の数しか提訴されていないことになる。この数を多いと見るか少

---

27) Buereau des Justizministeriums (Hg.), Justiz-Ministerial-Blatt für die Preußische Gesetzgebung und Rechtspflege, Berlin 1880-1900.
28) 今日ドイツ刑訴法は、ドイツ刑法123条、185-189条、202条、223条、229条、241条および303条にかかる犯罪を、提訴前に和解所での和解の試みVersuch der Sühneを必須前提とする（§380 StPO）。この調停前置主義のためにドイツでは私訴提起が非常に珍しく、私訴廃止が何度も議論されてきたという。
29) 和解率は民事事件で40～60％、刑事事件で30～40％に達している。Koch (Anm. 24), S. 259-261.
30) Dennis Vogt, Das Gewerbegericht Worms und die Lösung individueller Arbeitskonflikte (1895-1914), in: Der Wormsgau 31, 2014/15, S. 157-174.
31) Jahrbuch für die amtliche Statistik des preußischen Staates, 5. Jg., Berlin 1883. S. 691. (Zahlen für das Jahr 1880, 1881, 1882.)

ないと見るかは、今後の課題である。

2　日本の勧解制度

　明治期日本の勧解制度は、裁判所に付属した民事調停制度である[32]。1875年にフランスの「治安裁判官 juge de paix」をモデルとして導入され、ドイツ法の影響が強い民事訴訟法が施行された1890年まで存続した。1875年当時の日本は西洋法継受初期にあり、司法制度整備の途上にあって、幕府とも交流があった法典編纂先進国フランスの諸制度を参考にしたのである[33]。勧解制度の担い手は職業裁判官である。全国各地に新設された200所弱の治安裁判所（のちの地方裁判所）に、おおよそ700名の判事補が配置された[34]。法史家の林真貴子によると、明治初期からすでに、日本は官吏以外の者を裁判官として用いることはほとんどなかった。が、勧解については、短期間だが例外規定をおいたことがある。1884年の「勧解略則（司法庁達丁第23号）」第4条、勧解のための「人員に不足あるときは他の判事補又は出仕を以てこれを補う」である（傍点は筆者）。しかしすでに1886年の「裁判官制（勅令40号）」が、治安裁判所の職員として新しく「勧解吏」なる職を創設（第2条）、勧解要員として民間人を「出仕」させることはなくなった。なお、勧解が廃止される1890年の段階での勧解吏総数は90名であった[35]。

　勧解の記録的な利用率の高さは、日本近代法史ではよく知られた事実である[36]。15年という短い運用期間のあいだに、同制度は年間おおよそ60万から80万件、最多の1883年では100万件超の申立を受理した。勧解件数は、民事の通

---

32) 勧解制度の全国展開にあたって1875年12月28日付「司法太丞より各府県裁判所へ通牒」された「勧解手続概略」は、勧解の定義を行っていない。が、第10条で、「勧解中財産分配ヲ以済方致度旨申出ル時ハ各債主ヘ示談ノ上分配スヘキ旨原被連印ノ紙面ヲ徴シテ一件落着トス」とし、財産権に関する紛争を扱う制度であることを示している。参照、藤田正・吉井蒼生夫・小澤隆司・林真貴子編著『日本近現代法史（資料・年表）〈第2版〉』（信山社、2015年）31頁。
33) 滝沢正『比較法』（三省堂、2009年）第2編第4章第3節「西欧法継受の時代」も参照。
34) 勝田有恒「紛争処理法制継受の一断面——勧解制度が意味するもの」国際比較法制研究1（1990年）6-69頁。
35) 林真貴子「明治期日本・勧解制度にあらわれた紛争解決の特徴」川口編・前掲注(10) 149-197頁、とくに162頁。
36) 勝田・前掲注(34)等。

常訴訟件数を大きく上回っている。プロイセン勧解人のそれと比べても、明治期勧解の人口千人当たり事件受理件数（勧解申立率）は、約2倍と多い（1883年）。

　もっとも、紛争解決過程研究という視覚から日独（普）のこの両調停制度を比べるならば、両者の間の最も顕著な相違点は量的な利用数ではなく、利用のされ方にあると思われる。具体的には、プロイセン勧解人では侮辱と傷害事件が最多であるのに対して、明治期勧解は金銭債務事件が圧倒的に多い。司法省第六民事統計年報は1879年に処理された勧解事件を8大項目および239小項目の勧解種類ごとに集計しているが、最も多くの事件が扱われた大項目は「金銭」（全処理件数の84％）、小項目は「金銭貸借」（同60％）であった[37]。

　ではプロイセンでは金銭債務事件は訴訟で解決されたかというと、そういうわけでもない。1879年の時点でプロイセン全県に導入されていた督促制度（日本では1890年導入）が、最も多用される制度であった。督促制度自体は単に裁判官の支払い命令にすぎず、両当事者の合意を目指す制度ではないが、手続きの簡便性と迅速性から、債権者側が好んで利用するようになったという。すなわちこの支払い命令は、債権者側の一方的な申立てにより裁判所から発せられ、債務者の異議申立てをしないままに一定期日が過ぎると、裁判所の執行命令として通用したのである[38]。

3　小　括

　帝政期ドイツ（プロイセン）の勧解人および明治期日本の勧解は、ともに利用率の高い調停制度であったが、その内容には大きな隔たりがあった。制度的にみたプロイセン勧解人は、平均二千人という極小規模の地域単位、（法学訓練を受けていない）「素人」調停、公選制、名誉職（無給）制、最小限の手続費用をその特徴とする。また事物管轄は財産法および一定の軽犯罪であり、後者については私訴を前提とする勧解人前置主義をとっていた。機能上の特徴は、紛争内容のほとんどがこの軽犯罪（侮辱・傷害）であることといえる。これに

---

37) 司法省編『司法省第六民事統計年報明治十三年』（司法省、1883年）55-62頁。
38) Koch (Anm. 24), S. 244. 勝田・前掲注(34)。プロイセンにおける督促制度の導入開始年は、県により異なる。詳細はWollschläger 1989 (Anm. 14), S. 61 f.

対して、明治期の勧解はおよそ200所の治安裁判所に設置され、その管轄区は人口比でプロイセン勧解人管轄区の百倍超の規模であった。担い手は職業裁判官（具体的には判事補）、すなわち法律知識を有する有給の専門資格職である。勧解における最多の事件カテゴリーは、金銭債務であった。

さて、両制度の相違点は以上のように多岐にわたるが、利用者目線でみた調停比較というアプローチからは、紛争内容の相違がもっとも注目される。それも統計処理上設けられた紛争種類名だけではなく、じっさいの紛争、誰が誰に対して、具体的にどのようなときに申し立てをしたのか、そして勧解人は解決に向けてどれだけ貢献したかが問題となる。

IV　ミクロ史の視点 ── 利用者の視点からみた調停比較

以上の前提を踏まえて、本節では、実際の調停記録等に残されたそれぞれの制度の利用実態に焦点をあてた比較を試みる。これは、統計というマクロ視点だけでは見えてこない、ミクロの視点の有用性を探る試みでもある。

1　勧解人記録から読み取れること

プロイセン勧解人令は、各勧解人に和解交渉記録を残すことを課していた。したがって理論的には、残された勧解人記録を見れば、誰が誰を相手に、どのような紛争内容を原因として申立てをなし、またこの申立てがどのように決着したのかが分かるしくみとなっている。

さて、上記に記した川島武宜の調停制度批判からみれば、勧解人記録の重要性は以下の事情から自明である。調停は裁判とは異なり、法律を適用せずに紛争解決のための和解を目指す。そこでは法律解釈という論理は必要とされず、道徳や習俗そして調停役（この場合は勧解人）の一般常識や経験が大きな役割を果たす。しかし同時に、法律という一律の基準がないことから、勧解人の恣意やパターナリズムが働き、和解への同意が目に見えない形で半ば強制される危険性もある。和解交渉の成功が個々の勧解人の能力に左右されるだけでなく、その能力が論理指向性や説得能力という意味ではなく、社会的なポジショ

ンと同義である可能性も否定できない。統計資料はこうした事情を語ってはくれないから、勧解人記録帳がここで助けとなることが期待される。

　残念ながら、勧解人記録のほとんどは消滅ないし散逸してしまっているのだが[39]、幸いなことに、1896年に勧解人制度を導入したブラウンシュヴァイク州（大公領）のうち、9つの勧解人地区10年分の勧解人記録帳が残されている。記帳された調停記録は約670件である[40]。筆者は過去にこの調停記録を検討し、おおよそ以下の傾向を確認したことがある[41]。すなわち、①勧解人への申立てはさまざまな職業・身分の住民によりなされており、貧富の差や男女差による利用者の際立った偏りは見られない。②紛争内容の大半は侮辱と傷害である（この点はプロイセンの統計記録と同じ）。③各事件の両当事者は、隣人関係か職場で日常的に関わりをもつ関係にあることが多く、また同じ社会層に属していることが多い。④和解率の高さは勧解人により大きく異なる。ひとつの傾向として、勧解人が大地主である場合のほうが和解率が高い。

　しかし、勧解人記録帳の真価は、言うまでもなく、各事件の具体的な事件内容がうかがえることにある。個々の記録は簡潔ではあるが、それでも法社会史的・日常史的・ジェンダー史的にみて多くの貴重な情報が含まれている。本稿では、具体的なケースから確認できたふたつの傾向を紹介したい。

　まず、各事件の紛争内容について。前述②のとおり、勧解人記録帳に記された全670事件の90%弱は侮辱（身体への「侮辱」としての傷害を含む広義の侮辱）と記されている。しかし、記録された具体的な内容は、かならずしも「侮辱」といえないようなものも少なくないのである。たとえば、フェッヒェルデ在住の「労働者・未亡人ハーン」（38歳）が、同在住の「未亡人ミュラー」（47歳）を「告発Beschuldigung」した事件がある。記録帳によれば、ミュラーは「ハーンの自宅に勝手に上がりこみ、原告Klägerinに予め知らせることなく、原告の

---

39) 2015年度の研究滞在中に、新たに勧解人記録帳の存在が判明した。その分析は今後の課題である。貴重な史料情報を提供されたヴッパータール大学のMonika Wienfort氏とベルリン高等研究所のThomas Reimer氏に、心より感謝申し上げたい。

40) ヴォルフェンビュッテル国立史料館蔵。Staatsarchiv Wolfenbüttel［以下StAWOと略］、40 neu 21. 同館所蔵のその他の少量の記録帳は割愛する。もちろんこれらの記録の件数は当時のプロイセン州内で処理されていた年間およそ20万件の勧解人事件と比べて非常に小さい数である。

41) 松本尚子「ドイツ・プロイセン勧解人制度とフェッヒェルデの運用例」川口編・前掲注(10)93-148頁。

所有物であるスプーンを探しまわることによって、侮辱した」という（傍点は筆者）[42]。他の事件では、ある女中が労働者アルベルト・キールホルンに対し、彼が「ダンス上からの帰り道、彼女が最初から拒否しているにもかかわらずしつこく追いかけたことによって侮辱した」[43]旨、告発している。さらには「商人ブランデス33歳」が「独身のお針子Schneiderinヘンリエッテ・メーレ、自称39歳」に対し、彼女が「見るに堪えない年賀状を送りつけたことによって侮辱した」旨申し立てた事例もある[44]。これらの例が示すように、フェッヒェルデ区裁管轄区の勧解人たちは、ドイツ刑法典上の侮辱条項（185-187条）[45]には必ずしも当てはまらない様々な行為を「侮辱」と呼んで処理したが、これらの事件は、必ずしも刑事事件として告発できる類の事件ではない。たとえば、醜悪な年賀状の送付をもって刑事告発することは考えにくいだろう。仮に、年賀カードに侮辱の文言が並べ立てられていたとすれば、勧解人はそのように記録すべきである。勧解人記録調書の記載内容だけから判断するならば、当事者もしくは勧解人は問題を飽くまで「侮辱」と表現し、勧解人の下での調停を可能にしようとしたのではないか。

　次に、当事者の社会的属性が調停結果に及ぼした影響について。勧解人による調停が両当事者の社会的地位の壁を超えて機能したか否かは、労働関係をめぐる紛争に如実に表れる。ベアラックスホフ出身のゴットフリート・ゾーナウはブロイツェム村長であるベルンハルト・ベーレンスを相手取って調停を申立てた。ゾーナウはベーレンスの下男であったが、ベーレンスが彼の顔を鼻血が流れるまで拳で殴ったため、ベーレンスの下での奉公を辞することにした。ところがベーレンスが（次の求職活動に必要な勤務評定表の類としての）書類の引渡と給与の支払いに応じなかったため、元主人を相手に調停を申し立てたのである[46]。勧解人ヴァックスムートは調停期日を定めて両者を召喚したが、期

---

42) StAWO, 40 neu 21-6637 (Vechelde, Fall Hahn - Müller 1897/8/21). 他の例では、ある女性工場労働者が、原告である別の女性工場労働者の恋人と自分が深い関係にあったと述べたことで、「原告に対する侮辱」をなしたと「涙ながらに」認め、かの発言を撤回した例がある (Vechelde, O11/1897)。また、同じくダンス場で「不愉快な態度で言い寄られた」既婚女性(Bettmar, H45/1900)がこれを「侮辱」と申し立てた例もある。
43) StAWO, 40 neu 21-6618 (Bettmar und Siersse, Fall Heuer - Kielhorn 1900/5/7).
44) StAWO, 40 neu 21-6626 (Broitzem, Fall Brandes - Möhle 1900/1/18).
45) ドイツ刑法典における「侮辱」については、松本・前掲注(41)125頁を参照されたい。
46) StAWO, 40 neu 21-6626 (Broitzem, Fall Sohnau - Behrens 1900/6/29).

日に現れたのは申立人のみであった。ベーレンスは過去にも下男をこづき、キセルで殴ると脅した件で勧解人から召喚を受けたことがあるが、これを無視し、期日に出頭していない[47]。ここでは明らかに、勧解人の権威は、村長であり大農であるベーレンスにまで及んでいない。

　この事件は、当事者間の社会的関係という点では典型的な事例ではない。上記③のとおり、勧解人記録帳上の申立人の多くは、自分と同じ社会層の住民と争ったからである。けれども、ゾーナウ事件は労働紛争事件としては、ひとつの典型例であった。すなわち、このタイプの事件は当事者が奉公人と主人であることが圧倒的に多く、しかも一件を除いて和解が成立しないまま終了しているのである[48]。

2　明治期勧解研究から読み取れること

　勧解規則は判事補に勧解記録を残すことを義務付けなかったため、残念ながら、明治期の勧解事件を記した記録帳の類は残されていない[49]。過去20年で画期的に進んだ勧解研究は、こうした史料上のハンディを補うべく、さまざまな種類の史料から勧解事件の趨勢を再構成する試みを重ねてきた。

　興味深いことに、勧解研究によるこの再構成の試みは、勧解制度の社会的機能について、二つの相異なる解釈を生みだしている。すなわち一方で、勧解制度が一種の金銭債権回収機関としての役割を果たしていたという理解がある。法史家の勝田有恒は当時の司法省による勧解統計記録をはじめて体系的に分析し、勧解事件のほとんどが金銭貸借事件として司法統計処理されていることに注目した。また、当時の娯楽作品（河竹黙阿弥の歌舞伎作品）を史料として用い、勧解が借金の取り立てのさいに威嚇手段として言及されている例を示した[50]。さらに、勧解受理件数が頂点に達する1883年がちょうど松方デフレと重なる

---

[47]　StAWO, 40 neu 21-6626 (Broitzem, Fall Nowatski - Behrens 1899/6/23).
[48]　StAWO, 40 neu 21-6620 (Bodenstadt, 1897)；40 neu 21-6637 (Vechelde, 1898)；40 neu 21-6620 (Bodenstadt, 1898). u. a.
[49]　林真貴子「勧解制度選好の要因」近畿大学法学51巻1号（2003年）1-23頁。
[50]　河竹黙阿弥『水天宮利生深川』(1885/明治18年初演）。高利貸が「幾ら知らねえとおめえが言っても、印紙を張った証書があれば、勧解へ出ようが裁判所へ出ようが、お前の言い分は立ちはしねえ」と債務者を脅す場面がある。

ことを指摘し、勧解利用率が（国民の権利意識の上昇を示すのではなくて）景気の波によって左右されることを強調した。なお、勧解制度利用に見られる係争事件と景気のこうした連動傾向は、19世紀における日本、アリゾナ、スウェーデンおよびドイツにおける民事訴訟率の国際比較を行ったヴォルシュレーガーも指摘したところである[51]。それによると、長期的な周期的変動は、各国に認められる共通の明確な傾向である。

　他方で、この金銭回収機構機能とは対照的な理解として、経済史家の丹羽邦男の研究がある。丹羽は、勧解当事者が作成した私的な記録をもとに勧解事件の再構成を試み、同制度には金銭貸借の紛議発生を極力抑える側面があったと指摘する。本件の前提には、被告所有の田畑を担保として原告が被告に金銭を貸したものの、被告が返済できず、原告に10年以内の買い戻し特約付きで土地を売却したという事情があった。ところがそのさい、原告が買い戻し証文を被告に渡さなかったため、被告は小作米・小作証書ともに治めなかった。そこで原告は勧解に訴え、買い戻し特約の存在を否定し、この田畑の被告からの引き揚げと滞納小作料の完済を求めた。勧解での裁判官の説諭は、買い戻し契約のあるなしにかかわらず、買値で売り戻すべしというもので、原告もこれに同意したという。丹羽によれば、同時代の民事訴訟における身体限（しんたいかぎり）（全財産に対する包括的な強制執行）の負債回収率は20％程度にすぎなかった。したがって、債権者が勧解による長期返済の道を受け入れる理由はあったし、債務者も分割弁済を続けながらその地域に住み続ける道を選ぶであろうという[52]。

　法史家の林真貴子は、丹羽説を踏まえて独自の実証研究を行い、勧解制度が金銭債権回収機構の緩衝剤的役割を担っていたという説を呈示した[53]。林は、わずかに残された勧解不調時の記録内容を分析し、勧解におけるじっさいの紛争解決方法の解明を試みている。それによると、勧解手続きにおいては、二つの異なる紛争タイプが混在していた。一方で勧解は個々の債務者の弁済を、債務名義の確認によって促進する役割を担っていた。他方、勧解は村落においては、江戸時代における内済（地域レベルの調停）制度を受けつぐものと考えら

---

51) Wollschläger (Anm. 14). p. 90.
52) 丹羽邦男「明治政府勧解制度の経済史上の役割」商経論叢（神奈川大学経済学会）30巻1号（1994年）31-83頁、とりわけ60-73頁。
53) 林・前掲注(49)2頁。

れてもいた。この役割はとりわけ、かつて個々の村落が制御していた紛争種類において、受け継がれたのだという[54]。

そのさいに林が注目するのが、勧解における手続終了実務の特異性である。すなわち、勧解が目指したのは和解の締結だけではなく、紛争の本当の解決であったという。紛争の本当の解決とは、勧解においては、勧解を担う機関が債務の完全な弁済まで面倒を見ることを意味する。1870～80年代の日本は、経済的・社会的に極めて不安定な状況下にあった。そのなかで1868年に成立したばかりの明治政府が住民間の紛争解決に利用したのが、かつての切金手続き（分割払い）や内済（村落地域における和解）証明強制というノウハウだった。政府はこれにより、江戸幕府の政策とは対照的に、住民間の紛争解決に積極的にかかわったという[55]。江戸幕府は、地方の和解機能である内済にまず頼り、裁判に訴えるより前に、住民の和解をめざすように指示していたのである。

林はまた、新聞記事や判決文などからさまざまな勧解事件を再構成している。本稿ではそのうち、判事の言動が報道された日報社名誉棄損事件（1881年）をとりあげる[56]。横浜組合代言人3名が日報社の中林仮編輯長に対して起こした勧解事件である。新聞には、当日の主任判事中里為福が原被告を審庭へ呼び入れ、「今日は勧解裁判所の地位を離れ仲裁人の姿となりて和解を試みん」と告げたうえで、問題の社説で「原告は迷惑なるべし」「然し健訟の弊風は我も人も憎むところ代言人とても決して社会の為に喜ぶ訳では有るまいから彼の社説中免許代言人にとって迷惑な廉だけを取消させ夫で和解しては如何か」と述べた、とある。これに対し原告は、全文削除が本来の要求ではあるが「被告が彼の法蘭西（ふらんす）に行はれる仲裁人の法に拠り一切貴官の仲裁に任せ後日異議を起こさぬとの事なれば貴官の仰せに従ひ正誤の方法も一切お任せ申す（後略）」と述べたという。

紙幅の関係上詳細は割愛するが、このように新聞の耳目を引いた名誉棄損事件で勧解が利用されていたこと自体、興味深い事実である。金銭債務以外でも勧解事件が報道され、人々の目に触れていた事実がわかるからである。勧解

---

54) 林・前掲注(49)16頁。
55) 林・前掲注(35)182頁。
56) 林・前掲注(35)157頁。同年に、東京代言人組合総代代人星亨・高橋一勝が日々新聞社福地源一郎を訴えた名誉棄損事件があり、これも勧解を経て訴訟となったという。林・前掲注(35)187頁注22。

は、統計上では圧倒的に債務回収機関として機能したように見えるが、直接財産的価値にかぎらない、名誉といった価値にも拘る紛争を処理していた。さらに言えば、労働者も勧解を利用していた。勧解導入初期には、1万件を超える個別労働紛争が勧解に申し立てられ、その大多数を占める労働者からの「雇賃」勧解申立は、8割が解決（「調」および「願い下げ」）したという（1882年）[57]。この数は金銭債務事件に比べればもちろん少ないが、一方で、現在の個別労働紛争訴訟（労働審判を含む）の規模を上回っている[58]。これもまた、利用者視点からみた具体的紛争の検討によって、はじめて明らかとなる知見である。

V　むすびにかえて

　ミクロの視点により得られる知見は、従来の制度的・（マクロ）機能的比較の手法を補う重要な視点を提供してくれる。プロイセンの例からいえば、勧解人規則で定められた勧解人の事物管轄は、財産法関連事件、および本人告発を前提とする刑事事件（侮辱・傷害事件）の二種類であった（制度面）。ところがじっさい勧解人に申し立てられた事件は、統計上の数値からみるならば、ほぼ侮辱・身体傷害を内容とする個人間紛争で占められていた（マクロ的視点から見た機能検証）。さらにこれに対して、調停役自身（勧解人）による記録帳をみると、実際の事件内容は、刑法典の侮辱条項の規定内容には必ずしも当てはまらないものが少なくない。そして、調停という制度に構造的・潜在的に潜むひとつの弱点、すなわち実社会における力関係を克服しがたいという性質を、勧解人記録帳は垣間見せている（ミクロ的視点から見た機能検証）。

　明治期勧解についても、具体的な事件の検討は、統計上の数値からは測ることのできない利用者のニーズや、これに応えようとする勧解機関の実態を明らかにしてくれる。本稿ではその一端しか検討することができなかったが、ミク

---

[57] 林真貴子「個別労働紛争と裁判所」中京法学49巻3・4号（2015年）199-221頁、とりわけ206頁。
[58] 裁判所の個別労働紛争処理件数は、2006年の労働審判制度導入で増加したものの、現在まで労働関係民事事件・同仮処分事件・労働審判すべて合わせても1万件には届いていない。最高裁判所事務総局行政局「労働関係民事・行政事件の概況」法曹時報毎年掲載。

ロ視点・利用者視点からの比較法史という手法の有効性を少しでも示すことができたならば、幸いである。とりわけ、明治期勧解制度が事件の記録を調停役に義務づけなかったことから、記録が体系的には作成されなかったこと、そのため、日独両制度の利用者視点からの比較が単純にはできないことが、今回の検討で確認することができた。今後の課題は、このような史料上の制約をふまえたうえでの比較の可能性を探っていくことである。

【付記】
　筆者は、滝沢正氏が上智大学で主宰されている比較法外国法研究会で、報告の機会をいただいたことが何度かある。本稿は、氏の研究テーマ「公正な裁判」に関連する報告のその後の展開を記述することで、氏の学恩に僅かでも報いることを望むものである。なお、本稿は2015年度の在外研究中に滞在したベルリン高等研究所 Wissenschaftskolleg zu Berlin における研究成果の一部でもある。

EU先決裁定制度における先決問題付託義務違反と公正な裁判を受ける権利
—— 欧州人権条約6条の観点から

西 連 寺 隆 行

I 序

　本稿は、EU構成国の国内裁判所が先決裁定制度を通じた欧州司法裁判所への先決問題の付託を怠った場合、公正な裁判を受ける権利を保障する欧州人権条約6条の観点からはいかに評価されるかについて考察するものである。

　EUの先決裁定制度は、国内裁判所が係属中の事案において生じたEU法の解釈または効力の問題を欧州司法裁判所に付託し、欧州司法裁判所がそれに対する判断を示すことでEU構成各国におけるEU法の統一的適用を実現することを目的としたものである。この制度においてEU法の論点を付託するのは国内裁判所であることから、制度の実効性は国内裁判所の付託に対する姿勢に大きく左右される。しかしながら、国内裁判所は必ずしも常に付託を積極的に行っているわけではなく、一定の場合には先決問題の付託を義務づけられているにもかかわらず付託しないこともある。そうした場合には、欧州司法裁判所の判断が示されないまま国内裁判所での裁判が終結することになるため、各国におけるEU法の統一的適用や当事者の権利の保障が十分に確保されないおそれが生じる。

　そこで重要な問題となるのが、国内裁判所が先決問題を付託しない場合、いかなる措置を講じることができるかである。この点に関しては、EU法・欧州人権条約・国内法の各平面で様々な手段を取りうることが指摘されているが[1]、本稿では、これを公正な裁判を受ける権利を定める欧州人権条約6条との関係

で考察する。欧州人権裁判所の判例によると、法律問題が国内裁判所から別の裁判所に付託される権利は欧州人権条約上絶対的なものとして保障されているわけではないが、一定の場合には、付託の拒否が手続の公正性を侵害し、欧州人権条約6条違反を構成することが確認されている。そこで本稿では、欧州人権裁判所の判例を分析し、国内裁判所による先決問題の付託拒否が同条違反を構成するのはいかなる場合かについて探ることとする。

　本稿では次の順序で考察を進める。まず、欧州人権裁判所の判例の分析に先立ち、EUの先決裁定制度に関する基本事項を確認する（Ⅱ）。そのうえで、判例が採用する欧州人権条約6条適合性審査の枠組みを明らかにするとともに、そうした審査方式が採用された理由について考察する（Ⅲ）。

Ⅱ　EUの先決裁定制度

　ここでは、Ⅲでの考察において前提となるEU先決裁定制度の基本事項を確認する。欧州人権裁判所による欧州人権条約6条適合性審査においては、国内裁判所はいかなる場合に先決問題の付託義務を負うかについて、EU法上の関連規定および関連判例を前提にした審査が行われていることから、EU法上国内裁判所に付託義務が生じる場面をまず整理する (1)。また、国内裁判所による先決問題付託拒否が公正な裁判を受ける権利との関連で問題となる背景には、訴訟当事者自らが先決問題を欧州司法裁判所に付託する権利が認められていないとの事情がある。そこで、先決裁定手続における訴訟当事者の地位もあわせて確認する (2)。

1　先決問題付託義務

　EUの先決裁定制度を定めるEU運営条約267条によると、国内裁判所は、同条1段に定める論点に関する判断が事案の解決に必要な場合、その論点を先決

---

1) Morten Broberg and Niels Fenger, *Preliminary References to the European Court of Justice*, 2nd ed. (2014), pp. 266–273 ; Laurent COUTRON (dir.), *L'obligation de renvoi préjudiciel à la Cour de justice : une obligation sanctionnée?*, 2014.

問題として欧州司法裁判所に付託して判断を求めることができ、また一定の場合には求める義務を負う。先決問題の付託がEU法上義務的とされるのは、次の二つの場面においてである。

第一に、EU法上の効力または解釈の問題が国内最終審（「判決が国内法上司法的救済の対象とならない国内裁判所」〔EU運営条約267条3段〕）において生じる場合である。最終審の場合に付託が義務とされている理由について判例は、EU法と両立しない国内判例の確立防止[2]および私人に付与されたEU法上の権利の侵害の回避[3]を挙げている。

ただし、こうした最終審の付託義務には例外がある。

まず、EU法上の解釈問題が関連性をもたない場合、すなわち、EU法の論点を明らかにすることが事案の解決に影響を与えない場合である[4]。下級審による付託を定めるEU運営条約267条2段は、下級審は、「［EU法上の］論点に関する判断が判決を下すために必要」と考える場合に先決問題を付託できると規定しているのに対し、最終審の付託を定める同条3段には類似の文言は見当たらない。そのため、一見したところでは、最終審の場合はそうした必要性を判断するまでもなく常に付託を義務づけられるようにもみえる。しかし、判例は、両条項の関係からして、最終審も判決を下すためにEU法上の論点に関する判断が必要であるか評価する際に、その他の国内裁判所と同様の裁量を有するとしている[5]。つまり、最終審であっても、事案の解決にとってその論点に関する判断を行う必要はないと考えるときには、付託義務は生じない。

次に、EU法の規定がすでに欧州司法裁判所による解釈の対象となっている場合である[6]（いわゆる「明確化された行為（acte éclairé）」）。つまり、欧州司法裁判所の関連判例が先例としてすでに存在する場合には、それに従う限りにおいて最終審は付託義務を負わない[7]。

最後に、合理的な疑いの余地のないほどの明白さで、EU法の正しい適用が

---

2) Arrêt Hoffmann-La Roche, 107/76, ECLI:EU:C:1977:89, point 5.
3) Arrêt Köbler, C-224/01, ECLI:EU:C:2003:513, point 35.
4) Arrêt CILFIT, 283/81, ECLI:EU:C:1982:335, points 10 et 21.
5) *Ibid.*, point 10.
6) *Ibid.*, points 13, 14 et 21.
7) Arrêt Da Costa, 28 à 30/62, ECLI:EU:C:1963:6 ; Arrêt International Chemical Corporation, 66/80, ECLI:EU:C:1981:102 ; Arrêt CILFIT, ECLI:EU:C:1982:335, point 14.

要請されている場合である[8]（いわゆる「明白な行為（acte clair）」）。この場合には「明確化された行為」と異なり、関連判例がなくともEU法の解釈が明らかであれば付託義務は生じないことになる。

また、EU法上の先決問題付託義務が生じる第二の場面は、EU派生法の効力に疑義が生じている場合である。この義務は基本条約には明記されていないが、Foto Frost事件先決裁定[9]（1987年）で確認された。国内裁判所が自らの判断でEU派生法の違法性を認定できるとなると、各国におけるEU法の統一性が損なわれる。そのため、EU派生法を無効であると判断できるのは欧州司法裁判所のみとされ、国内裁判所は、EU派生法が違法であるとの疑いを抱く場合は付託を義務づけられている。この義務は国内裁判所の種類を問わず生じるため、下級審であっても付託を要する。

2　訴訟当事者の地位

EUの先決裁定制度は、欧州司法裁判所と国内裁判所との直接的な協力関係を確立することを意図したものであり[10]、欧州司法裁判所に先決問題を付託する権限を認められているのは国内裁判所のみである。反対に、同制度は訴訟当事者に開かれた訴訟手段であるとは考えられておらず[11]、当事者が直接に欧州司法裁判所に付託することは許されていない[12]。

よって、EU法の論点に関して欧州司法裁判所による判断を期待する当事者としては、国内裁判所に働きかけて欧州司法裁判所への付託を促す必要があるが、当事者からの請求があっても国内裁判所は付託をEU法上義務づけられるわけではなく、付託の必要性を最終的に判断するのはあくまでも国内裁判所である[13]。反対に、当事者からの請求がなくとも、国内裁判所は職権で欧州司法裁判所に付託することもできる[14]。

8）Arrêt CILFIT, ECLI:EU:C:1982:335, point 16.
9）Arrêt Foto-Frost, 314/85, ECLI:EU:C:1987:452.
10）Arrêt Hessische Knappschaft, 44/65, ECLI:EU:C:1965:122, Rec. p. 1191, pp. 1198–1199.
11）Arrêt CILFIT, ECLI:EU:C:1982:335, point 9.
12）Arrêt Wöhrmann c. Commission, ECLI:EU:C:1962:49, Rec. p. 965, p. 980 ; Arrêt CILFIT, ECLI:EU:C:1982:335, point 9.
13）Arrêt CILFIT, ECLI:EU:C:1982:335, point 9.
14）*Ibid.*

3 小 括

EUの先決裁定制度では、当事者自らが欧州司法裁判所に先決問題を付託することは認められておらず、付託する権限を有するのは国内裁判所のみである。また、国内最終審は原則として付託を義務づけられるものの、付託義務には例外があるため、そうした例外に該当するとの判断により最終審が付託を控えた場合には、欧州司法裁判所がEU法の論点について判断する機会をもたないまま国内での裁判が終結することになる。そこで、このような場合において当事者がとりうる手段が問題となるが、以下、この点を欧州人権条約6条の観点から検討する。

Ⅲ　欧州人権条約6条適合性審査

EUは現時点では欧州人権条約に加盟しておらず、よって、EUの法制度が直接に欧州人権裁判所の審査に服することはない。しかし、EUの全ての構成国は欧州人権条約の締約国であり、EU構成国の国内裁判所に対しては欧州人権条約の規律が及ぶ。そしてまた、以下でみるように、欧州人権裁判所は、国内裁判所が先決問題を欧州司法裁判所に付託しない場合には、欧州人権条約6条が保障する公正な裁判を受ける権利を侵害しうることを認めており、実際に違反を認定した例もみられる。そこで以下では、欧州人権条約6条適合性審査の枠組みを判例の展開に沿ってまず確認し (1)、そのうえで判例が採用した先決問題付託拒否の理由付け審査の内容を明らかにする (2)。さらに、違反認定時に認められる救済について確認した後 (3)、判例の審査方式が採用された理由について考察する (4)。

1　欧州人権条約6条適合性審査の枠組み

(1)　一般原則の確立 —— 付託拒否の恣意性の審査

先決問題付託拒否の欧州人権条約6条適合性審査に関する一般論が最初に示されたのはDivagsa対スペイン事件決定[15] (1993年) においてである。この事

件は、水道業者である原告が、従来活動していた地域での給水事業が州政府の政令によって地方自治体の独占事業とされ、あわせて原告会社の資産の収用手続が開始されたことから、行政訴訟を提起したという事案である。この事件において原告は、新たな独占事業は当時のEEC条約37条と両立するかという論点について欧州司法裁判所に先決問題を付託するようにスペイン最高裁判所に求めたが、最高裁判所は、役務供給に関する独占は同条の禁止の対象から除外される趣旨で関連判例は十分に明確であるとして付託請求を退けた。そこで原告は、先決問題の付託請求が拒否され、公正な裁判を受けられなかったとして、欧州人権条約6条違反を主張して欧州人権委員会に申し立てた。欧州人権委員会は、結論としては原告の請求を退けたが、一般論としては次のように述べて、先決問題の付託拒否が同条違反を構成しうることを認めた。

「当委員会がまず確認するのは、[欧州人権]条約の規定からは欧州司法裁判所に対して先決問題として事案が付託されるという絶対的な権利を導くことはできないという点である。とはいえ、一定の状況では、最終審として裁判することを求められている国内裁判所による拒否が本条約6条1項に定めるような手続の公正性の原則を侵害しうることは直ちに排除されないのであって、とくにそうした拒否が恣意性を帯びる場合にはそのような場合に該当する」[16]。

こうして欧州人権委員会は、先決問題が付託される権利は欧州人権条約上絶対的な権利として保障されているわけではないが、付託拒否が恣意的と評価される場合には欧州人権条約6条違反を構成することを認めた。この基準はその後も繰り返し確認され、確立した判例法となっている[17]。
　また、この一般論は、その後の判例において、EUの先決裁定制度との関係だけではなく、国内法上の同様の制度が問題となっている事案にも適用されている。すなわち、欧州人権条約締約国の中には、例えば憲法裁判所への憲法問

---

15) *Société Divagsa c. Espagne* (déc.), n° 20631/92, 12 mai 1993.
16) *Ibid.*
17) 欧州人権条約第11議定書（1998年発効）による欧州人権委員会と欧州人権裁判所の機能統合後の欧州人権裁判所もこの定式を踏襲している。*Desmots c. France* (déc.), n° 41358/98, CEDH 2001-XI (extraits).

題の移送のように、国内裁判所が一定の法律問題を別の裁判所に付託する制度をもつ国があるが、こうした場合における付託の拒否もまた、それが恣意的と評価される場合には欧州人権条約6条が保障する手続の公正性を侵害しうることが確認されている。Coëme対ベルギー事件判決（2000年）では、被告人が、公訴時効の延長はベルギー憲法10条・11条に反するかといった憲法問題を仲裁院（現在の憲法裁判所）に付託するように破毀院に請求したが拒否されたという事案であり、ここではベルギー国内法制度上の付託が問題となったが、欧州人権裁判所は、EUの制度に関する先例に言及しながら、恣意性を基準とする上記の一般論を適用している[18]。その後の判例も、付託拒否がEU法と国内法のいずれの制度との関連で行われたのかは特に区別しておらず[19]、両者を含む形で判例法が形成されている。

(2) 恣意性の評価 —— 付託拒否の理由の審査

このように判例によれば、EU法上・国内法上のいずれの制度であれ、先決問題の付託拒否の審査においては恣意性が基準となっている。そうなると次に問題となるのが、付託拒否が恣意的と評価されるのはいかなる場合かである。この点に関する判例の特徴を挙げると、次の二点を指摘できる。

第一に、判例は、付託拒否の理由に着目した審査を行っている。すなわち、国内裁判所が先決問題の付託を拒否するにあたり、その理由を示しているかという観点から恣意性を審査する方式を採用している。

第二に、その基準として、「判決理由付記義務」に関する判例上の基準をとり入れている。すなわち、欧州人権条約6条に関する判例によると、健全な司法行政の原則の反映として[20]国内裁判所は判決に理由を付することが同条に

---

18) *Coëme et autres c. Belgique*, n°s 32492/96, 32547/96, 32548/96, 33209/96 et 33210/96, § 114, CEDH 2000-VII.
19) 例えば、Ullens de Schooten対ベルギー事件判決（2011年）は次のように述べる。「先決問題付託制度が存在する場合、国内裁判官による先決問題付託拒否は、一定の状況では、……先決問題について判断する権限をもつ裁判所が国内裁判所であれ共同体の裁判所であれ、手続の公正性に影響しうることを当裁判所は排除していない」（傍点は筆者。なお、判決文中で引用されている関連判決名は省略した〔以下同じ〕）。*Ullens de Schooten et Rezabek c. Belgique*, n°s 3989/07 et 38353/07, § 59, 20 septembre 2011.
20) *García Ruiz c. Espagne* [GC], n° 30544/96, § 26, CEDH 1999-I. この義務の根拠につき、玉田大「欧州人権条約における判決理由記載義務の根拠と射程」岡山大学法学会雑誌55巻2号（2006年）387頁を参照。

よって義務づけられており、先決問題の付託拒否の場面に限らずその他の裁判手続との関係でも、判決理由の同条適合性審査が行われている。判例は当初、恣意性審査に際して依拠すべき基準を一般論として示すことはなかったが[21]、次第に判決理由付記義務に関する判例を先決問題付託拒否の事案でも関連判例として引用するようになり[22]、そこで確認されている一般論を出発点にした審査を行うようになっている（その具体的な内容については下記2参照）。

(3) 恣意性が認定される別の場面

こうして判例は、欧州人権条約6条に照らした先決問題の付託拒否に関して、付託拒否の理由付けに注目した審査を行っている。しかし、判例によれば、付託拒否の恣意性は、拒否の理由が示されていない場合だけでなく、その他の場合にも認められる可能性がある。具体的には、Ullens de Schooten対ベルギー事件判決（2011年）において欧州人権裁判所は、付託拒否が恣意的であると評価される場面として三つの類型を示した。

> 「……先決問題付託制度が存在する場合、国内裁判官による先決問題付託拒否は、一定の状況では、……先決問題について判断する権限をもつ裁判所が国内裁判所であれ共同体の裁判所であれ、手続の公正性に影響しうることを当裁判所は排除していない。そうした場合にあたるのは、拒否が恣意的である場合、すなわち、[1] 適用法規が先決問題付託の原則に対する例外または修正を定めていないにもかかわらず拒否があった場合、[2] 拒否が適用法規に定めるのとは別の理由に基づく場合、[3] 適用法規に照らした十分な理由付けが行われていない場合である」[23]（[ ] は筆者による追加）。

ここで示されている各類型をみると、第三の類型は、従来行われてきた付託拒否の理由付けの審査を指すのに対して、第一・第二の類型はそれまでの判例では言及されていないものであり、この点で注目に値する。ただし、これらの

21）例えば、上述のDivagsa対スペイン事件決定は、「［スペイン］最高裁判所は、［その］判決において、欧州司法裁判所の確立した判例法に依拠して請求棄却を長々と理由付けている」と指摘し——かつそれを指摘するのみで——付託拒否の恣意性を否定している。Société Divagsa c. Espagne, préc. (note 15).
22）Predil Anstalt S.A. c. Italie (déc.), n° 31993/96, 8 juin 1999.
23）Ullens de Schooten et Rezabek c. Belgique, préc. (note 19), § 59.

三類型は、上に引用した判決文でも示されているように（「先決問題について判断する権限をもつ裁判所が国内裁判所であれ共同体の裁判所であれ」）、国内法上の先決裁定制度も射程に入れた一般論として提示されており[24]、その対象をEUの先決裁定制度に限定しているわけではない。そしてまた、上記の第一・第二の類型の内容をみる限り、これらはEUの先決裁定制度との関係で問題となることはほとんどないと考えられる[25]。そのため、こうした類型化にもかかわらず、今後もEUの先決裁定制度との関係で実際に問題となるのは、第三の類型である付託拒否の理由付けであると思われる。

実際、その後のVergauwen対ベルギー事件決定（2012年）をみると、同決定はUllens de Schooten対ベルギー事件判決に言及するものの、上記の第一・第二の類型にはふれてはいない[26]。また最近の判例も、Vergauwen対ベルギー事件決定を先例として挙げたうえで、次のように第一・第二の類型には言及しな

---

24) フランスの優先的憲法問題（QPC）制度において、破毀院が憲法院への憲法問題の移送を拒否したという国内法上の制度が問題となった事案でも、この三類型が確認されている。*Renard c. France* (déc.), n° 3569/12, § 22, 25 août 2015.

25) まず、第一の類型（先決裁定制度が先決問題付託の例外を定めていない場合における付託拒否）であるが、これは、EUの先決裁定制度と同様の制度をもつ国で、付託義務に対する例外を一切認めていない国が仮にあるとして、そうした国で国内裁判所が付託しなかった場合を指すものと思われる。しかし、EUの先決裁定制度では、欧州司法裁判所への付託義務は絶対的ではなく、一定の例外が認められている（上記Ⅱ1参照）。よって、EUの先決裁定制度に関しては、第一の類型の該当性が問題になることはないと考えられる。Laure MILANO, L'absence de contrôle de la Cour européenne sur le refus de renvoi préjudiciel des juridictions nationales, J.C.P. 2011, p. 2421, p. 2424.

また、第二の類型（関連規定に定めるのとは別の理由に基づく付託拒否）は、EUの制度に即していえば、EU法上認められている付託義務の例外とは別の理由で付託しない場合がこれにあたると解される。ところで、EUの場合、付託義務の例外とされるのは、先例がある場合だけでなく、先例がなくても関連法の内容が明白であると国内裁判所が考える場合も含まれる（上記Ⅱ1参照）。そのため、例えば国内裁判所が付託を拒否するにあたり関連法の内容が明白であると説明している場合、そうした解釈が妥当であったかはさておき、形式的には付託義務の例外に当たることを理由にして付託を控えた形となる。そのように考えると、国内裁判所が付託を拒否する際には、少なくとも形式的には例外のいずれかに該当する形をとることは容易であると考えられるため、EUの制度との関係では、国内裁判所が付託義務の例外にあたらないことを認識しつつあえて付託を拒否するような場合を別にすれば、この第二の類型の該当性が問題となるのは限定的であると思われる。

26) *Vergauwen et autres c. Belgique* (déc.), n° 4832/04, §§ 89–90, 10 avril 2012. 同様の例として、以下参照。*Krikorian c. France* (déc.), n° 6459/07, § 94, 26 novembre 2013 ; *Sindicatul Pro Asistență Socială c. Roumanie* (déc.), n° 24456/13, § 26, 6 mars 2014.

い形で再定式化された基準を用いる傾向にある。

「－［欧州人権条約］6条1項は、適用法規にかんがみて、先決問題の付託を拒否する決定に理由を付する義務を国内裁判所に課している。
－これを根拠に6条1項違反の申立てを受けた場合、当裁判所の任務は、争われている拒否判決にそうした理由が適切に付されていることを確認することにある。
－当裁判所はこの検討を厳格に行う任務を負うものの、国内裁判所が関連法の解釈適用においておかしたとされる過誤を審査することはその任務ではない。
－EC条約234条（現行EU運営条約267条）3段に特有の枠組みでは、以上のことが意味するのは、その決定が国内法上司法的救済の対象とならない裁判所は、提起されたEU法の解釈に関する問題を先決問題として欧州司法裁判所に付託することを拒否する場合には、欧州司法裁判所の判例が定める例外に照らして拒否を理由付ける義務を負うということである。よって、その問題が関連性をもたないか、当該EU法の規定がすでに欧州司法裁判所の解釈の対象になっているか、あるいはEU法の正しい適用が合理的な疑いの余地のないほどに明白に要求されていると考える理由を示す必要がある」[27]。

確かに、判例の中には第一・第二の類型を含むUllens de Schooten対ベルギー事件判決の定式に依拠している例もみられるが[28]、近時はむしろ上記の再定式化された一般論に言及する例が多い[29]。よって、EU法上の先決裁定手続との関係では、今後も引き続き付託拒否の理由を対象とした審査が中心となるものと思われる。

---

27) *Dhahbi c. Italie*, n° 17120/09, § 31, 8 avril 2014.
28) *Ferriera Santos Pardal c. Portugal* (déc.), n° 30123/10, 4 septembre 2012 ; *Ryon et autres c. France* (déc.), n° 33014/08, § 31, 15 octobre 2013.
29) *Chylinski et autres c. Pays-Bas* (déc.), n° 38044/12, § 43, 21 mai 2015 ; *Schipani et autres c. Italie*, n° 38369/09, § 69, 21 juillet 2015 ; *Wind Telecomunicazioni S.P.A. c. Italie* (déc.), n° 5159/14, § 34, 8 septembre 2015.

2 付託拒否理由の審査

　以上のように判例は、一方では先決問題の付託拒否が手続の公正性を侵害する可能性を認めつつも、そうした拒否が欧州人権条約6条違反を構成する場面を恣意的と評価される場合に限定し、かつ、それを付託拒否の理由付けの観点から審査するという方式を採用している。また、その審査においては、判決理由付記義務に関する判例上形成された審査基準を参照している。そこで以下では、まず判決理由付記義務における判例上の基準を確認した後（1）、先決問題付託拒否に関する判例を分析し、恣意性評価の基準を明らかにする（2）。

(1) 判決理由付記義務

　判決理由付記義務に関する審査において判例が確認している一般論は次のようなものである。まず、欧州人権条約6条1項は国内裁判所に対して判決に理由を付することを義務づけるが、各主張に対して詳細な回答を要求するものとは解されない[30]。この義務の範囲は決定の性質によって異なりうるものであり[31]、申立人が裁判上提起しうる主張の多様性、各国での法規・慣習・学説・判決の形式や起草方式（dispositions légales, coutumes, conceptions doctrinales, présentation et rédaction des jugements et arrêts）の違いをとくに考慮する必要がある[32]。そのため、国内裁判所が同条の判決理由付記義務に違反したかどうかの問題は、事案の状況に照らしてのみ分析しうる[33]。また、一定の場合には、判決理由は状況から推認しうる[34]。

　このように判例は、常に詳細な理由を付することを要求しているわけではなく、状況によって判決理由を簡潔に済ませることを許容している。そのため、個々の事案でも緩やかな審査が行われており、例えば、(i) 欧州人権条約6条は上告許可の申請に対する拒否に詳細な理由を付することを要求するとは解されておらず[35]、(ii) 上級審は当事者の請求を退けるにあたり、原則として下級審判決が示した理由を繰り返すにとどめることができるとされている[36]。

---

30) *Van de Hurk c. Pays-Bas*, 19 avril 1994, § 61, série A n° 288.
31) *Ruiz Torija c. Espagne*, 9 décembre 1994, § 29, série A n° 303-A.
32) *Ibid.*
33) *Ibid.*
34) *Sawoniuk c. Royaume-Uni* (déc.), n° 63716/00, CEDH 2001-VI, p. 416.
35) *Ibid.*

また、(iii) 提起されている問題が特別の重要性をもたない場合、上級審は関連手続を定める法規に言及するにとどめて訴えを退けることも十分となりうる[37]。

(2) 先決問題付託拒否事案における審査

先決問題付託拒否の事案においても、上記の判決理由付記義務に関する一般論が審査の出発点として用いられている。そうした一般論に言及している初期の判例に Predil Anstalt 対イタリア事件決定（1999年）があるが、同決定は、判決理由付記義務の範囲は判決の性質により異なりうるのであり、事案の状況に照らして分析されるべきこと、同義務は当事者の各主張に対してそれぞれ詳細な回答を行うことを要求するものではないこと、控訴審は原則として原審判決の理由を繰り返すにとどめることもできることを、判決理由付記義務に関する判例を挙げながら確認している[38]。

次に、こうした一般論のもとで行われている実際の審査をみると、その審査において重視されているのは、先決問題の付託が行われなかった理由がEU法上の付託義務の例外に該当するためであることを判決理由から了知しうるかである。そして、それを確認できない場合、判例は欧州人権条約6条違反を認定している。同条違反を初めて認定した Dhahbi 対イタリア事件判決（2014年）は、イタリア破毀院の判決を審査して、次のように結論づけた。

「当裁判所は……破毀院判決を検討したが、原告が行った先決問題の付託請求への言及や、提起された問題は欧州司法裁判所に付託するには及ばないとされた理由への言及は判決中には見出だせない。よって、<u>当該判決の理由付けからは、この問題は関連性がないとみなされたのか、明白である、またはすでに欧州司法裁判所が解釈している規定に関連するとみなされたのか、それとも単に無視されたのか、判断することができない</u>（……）。この点に関して、当裁判所が確認するところでは、破毀院の理由付けには欧州司法裁判所の判例への言及が含まれていない。

こうした認定は、［欧州人権］条約6条1項違反の存在を結論付けるの

---

36) *García Ruiz c. Espagne*, préc. (note 20), § 26.
37) *Teuschler c. Allemagne* (déc.), n° 47636/99, 4 octobre 2001.
38) *Predil Anstalt S.A. c. Italie*, préc. (note 22).

に十分である」(下線は筆者)[39]。

さらに、欧州人権裁判所は、続くSchipani対イタリア事件判決 (2015年) においても、同じように述べて欧州人権条約6条違反を認定している[40]。

しかし、上記の例のように実際に違反を認定している例はわずかであって、ほとんどの事案では付託拒否の恣意性は否定されている。そうした否定例を検討すると、その審査の傾向として次の点を指摘できる。

まず、上記のような違反認定例とは対照的に、国内裁判所が付託を拒否する際に、付託義務の例外のいずれかにあたると判断したことが判決理由から確認できるのであれば、恣意性は否定されている[41]。

また、この審査において重要なのは、付託しない理由を確認しうるか否かであって、その理由が詳細に述べられていたかどうかは基本的に問われていない。確かに、判例は一般論として、「適用法規に照らした十分な理由付け」[42]が求められるとしており、実際の審査でも、「判決は十分に理由付けられており、あらゆる恣意の危険性を排除することを可能にしている」[43]と述べたり、「最高裁判所は、原告の主張を詳しく審査し、本件は [EU] 法上の先決問題を生じさせるものではないという認定についての詳細な理由を述べている」[44](いずれも傍点は筆者)と指摘するなど、表現上は一定水準の詳細さを要求しているように読める例もある。しかし、実際には、要求される詳細さの程度を具体的に説明しているわけではなく、多くの事案では、国内裁判所が付託義務の例外のいずれかに該当することを理由に付託を控えていることを確認するにとどめて、その詳細さに立ち入ることなく恣意性を否定している[45]。

---

39) *Dhahbi c. Italie*, préc. (note 27), §§ 33–34.
40) *Schipani et autres c. Italie*, préc. (note 29), § 72.
41) 例えば、近時の例として、*Sindicatul Pro Asistență Socială c. Roumanie*, préc. (note 26), § 33 参照。
42) *Ullens de Schooten et Rezabek c. Belgique*, préc. (note 19), § 59.
43) *Predil Anstalt S.A. c. Italie*, préc. (note 22).
44) *Schweighofer et autres c. Autriche* (déc.), n°s 35673/97, 35674/97, 36082/97 et 37579/97, 24 août 1999.
45) Cedric Ryngaert, "Oscillating between Embracing and Avoiding *Bosphorus*: The European Court of Human Rights on Member State Responsibility for Acts of International Organisations and the Case of the European Union", 39 E.L.Rev. (2014), p. 176, p. 182.

さらに、付託しない理由の説明が明示されていることは必ずしも必要とされてはいない。国内裁判所が判決文中で当事者からの付託請求に明示的に言及していない場合でも、付託を拒否した理由が付託義務の例外に該当すると考えられたためであることが判決内容から理解できるのであれば、「黙示的な理由付け」がなされているとして恣意性が否定されている[46]。

以上に加えて、当事者側の消極的な態度が恣意性を否定する方向に作用する事情として斟酌されることがある。

まず、そもそも当事者自身が事案のEU法関連性を立証していないような場合、国内裁判所が当事者からの先決問題付託請求を明示的に扱わなくとも恣意的とは評価されない[47]。

また、当事者が付託請求を積極的に行っていない場合にも恣意性が否定される傾向にある。例えば、Grinhorst対フランス事件決定（2006年）では、下級審の段階では付託請求が予備的に行われたにすぎず、最終審の段階では付託請求が繰り返されていなかったことを挙げて恣意性を否定している[48]。ただし、こうした当事者の消極的な姿勢が、恣意性否定の十分条件であると解してよいのか否かは判例上明確ではない。確かに、上記のGrinhorst対フランス事件決定は、恣意性が否定される事情として当事者の消極的な態度のみを挙げている。しかし、他方で近時の判例は、当事者側の消極的態度だけでなく事案におけるEU法関連性の欠如等もあわせて指摘しており、当事者による付託請求の欠如だけを恣意性否定の根拠としているわけではない[49]。こうした近時の例からすると、当事者による付託請求の欠如は、恣意性の評価において重視される事情の一つではあるものの、直ちに恣意性を否定する要因であるわけではないように思われる。

---

46) *Wind Telecomunicazioni S.P.A. c. Italie*, préc. (note 29), §§ 36–37.
47) *Matheis c. Allemagne* (déc.), n° 73711/01, § 3, 1er février 2005. 当事者がEU法上の権利義務の発生・消滅等を根拠づける事実の主張立証を十分に行っていない場合、国内裁判所にとってみれば事案の解決のためにEU法の論点を明らかにする必要性がないと判断しうることになるから、国内裁判所が欧州司法裁判所に先決問題を付託しなくとも基本的には（国内裁判所に法的観点指摘義務が生じるような場合は別として）EU法上も許されると考えられる。
48) *Grifhorst c. France* (déc.), n° 28336/02, 7 septembre 2006.

3 違反認定時の救済

　欧州人権条約6条違反が認定された場合、精神的損害に対する賠償が当事者に対して認められている。Schipani対イタリア事件判決では、原告が主張する物理的損害については因果関係が認められず請求が退けられたものの、精神的損害に対する救済として原告一人当たり3,000ユーロが認められた[50]。また、Dhahbi対イタリア事件判決では、欧州人権条約6条違反だけでなく、同8条とあわせ読んだ同14条違反も認定された事案であるが、精神的損害に対する救済として10,000ユーロが認められている[51]。

4 考察―― 理由付け審査の背景

　以上で確認したように、欧州人権裁判所は、欧州人権条約6条適合性審査に際して、EU法上の付託義務とその例外を前提としたうえで、国内裁判所による付託拒否がEU法上の例外に該当することを理由にしていることが判決理由から確認できるかを問題としており、そして、それが確認できる限りで付託拒否の恣意性を否定している。また、この審査では理由の詳細さは問われておらず、場合によっては理由が明示されていなくとも許容されている。こうした緩やかな審査方式が採用された理由としては、次のような審査上の制約が働いた

---

49) Ryon対フランス事件決定（2013年）は、結論として恣意性を否定するに際して、原告が先決問題の付託を明示的に請求していなかったとの事実とともに、原告がEU法両立性を争った国内法が、別件で下された先決裁定後に、まさにEU法に適合させるために改正されている事実を指摘している（*Ryon et autres c. France*, préc. (note 28), §32）。これは要するに、国内裁判所が先決問題を本件で付託しなかったのは、EU法の解釈が別件での先決裁定によって示されていたためであることがこうした事情からは推察されるので本件の付託拒否は恣意的ではない、という趣旨であろうと思われる。また、Krikorian対フランス事件決定（2013年）は、国内裁判所が先決問題を付託しなかったのは関連法の明白性および当事者の主張のEU法関連性の欠如によるものであることを確認しており、原告による先決問題の付託請求が予備的に行われていたにすぎなかった事実については補足的にふれるにとどまる（*Krikorian c. France*, préc. (note 26), §99）。

50) *Schipani et autres c. Italie*, préc. (note 29), §87.

51) *Dhahbi c. Italie*, préc. (note 27), §60. 精神的損害が欧州人権条約6条と同14条のいずれの条文に違反する行為から生じたものか明示されていないが、後者の条文との関係では物理的損害に対する賠償が認められており、精神的損害に対する賠償は同6条違反との関係で認められたものと思われる。

ことによるものと考えられる。

　第一に、裁判を受ける権利自体の性質に由来する制約である。欧州人権条約上、法律問題が先決問題として付託される権利は絶対的なものではなく[52]、付託されなければ直ちに欧州人権条約6条1項違反となるわけではない。判例はその理由として、裁判を受ける権利はその性質上国家の規律を要し、国は一定の評価の余地を有する点を挙げている[53]。この点を敷衍すると、裁判を受ける権利は、権利行使の前提として、管轄権を有する裁判所や出訴期間等、様々なルールの具体化を要するが、その内容は欧州人権条約の次元で確定できるものではない。裁判制度をいかに設計するかは原則として締約国に委ねられ、裁判制度の一部として先決裁定制度を導入するか、また導入するとしてその制度をいかに設計するかは各国が判断すべきこととなる。そのため、一部の事案で付託が行われないとしても、それを国内法制度自体が許容しているのであれば、そうした法制度が尊重されるということになる。

　実際、欧州人権裁判所の審査は、締約国で導入されている先決裁定制度自体には及んでおらず、あくまで個々の事案における国内裁判所の付託拒否の条約適合性を審査するにとどまっている。EUの先決裁定制度との関連でいえば、いかなる場合に付託義務が生じ、またその例外が認められるかについてはEU法上の制度を前提に——付託義務の例外を示したCILFIT事件先決裁定にも言及しながら[54]——欧州人権条約適合性審査を行っているのであって、反対に、例えばEU法上の付託義務の例外が不当に広く認められていないか（付託しなくても許される場面が広すぎないか）というような、EU先決裁定制度自体の評価につながるような審査は基本的に行っていない。同様に、付託の要否の判断が当事者ではなく国内裁判所に委ねられる点も、それは先決裁定という「制度の作用と両立する」[55]、あるいは「そうした制度の帰結である」[56]として許容している。

　第二に、この審査は、欧州人権裁判所の権限に内在する制約を受ける。欧州人権裁判所は、締約国の国内法の解釈適用を行うことはその任務としていない[57]。

---

52) *Société Divagsa c. Espagne*, préc. (note 15).
53) *Coëme et autres c. Belgique*, préc. (note 18), § 114.
54) *Société Divagsa c. Espagne*, préc. (note 15).
55) *Coëme et autres c. Belgique*, préc. (note 18), § 114.
56) *Ullens de Schooten et Rezabek c. Belgique*, préc. (note 19), § 57.

そのため、付託拒否が欧州人権条約6条に違反するかどうかの審査は行いうるが、付託を巡って争われているEU法を解釈する権限は有していない。よって、例えば国内裁判所がEU法の解釈問題について先例の存在を理由に付託を拒否した場合を考えてみると、欧州人権裁判所はその先例の射程を自ら定めることはできず、国内裁判所が先例の存在を理由に付託を拒否したことがEU法に照らして正当であったかどうか、国内裁判所は関連法の解釈において誤りをおかしていないかどうかの審査は避けるべきことになる[58]。そうであれば、先決問題付託拒否の審査にあたっては、欧州人権裁判所はEU法の解釈問題に立ち入ることのない形でそれを行うことが求められる。実際に欧州人権裁判所が採用した審査方式をみると、付託拒否の理由が確認できるかどうかを問題とし、国内裁判所は付託を行うべきであったかは問題としていないが[59]、こうした審査方式であれば、国内裁判所によるEU法解釈が正しいか否かの問題に踏み込むことなしに欧州人権条約上の審査が可能となる。判決理由に着目した審査が行われているのは、こうした点への配慮によるものと考えられる。

Ⅳ 結 語

EU構成国の国内裁判所による先決問題の付託拒否の問題に対して、欧州人権裁判所は、付託拒否が恣意的な場合には欧州人権条約6条違反を構成しうることを認めており、実際にもわずかながら違反を認定している例もみられる。

---

57) *Coëme et autres c. Belgique*, préc. (note 18), § 115 ; *John c. Allemagne* (déc.), n° 15073/03, 13 février 2007.
58) *Ullens de Schooten et Rezabek c. Belgique*, préc. (note 19), §§ 61 et 66 ; *Sindicatul Pro Asistenţă Socială c. Roumanie*, préc. (note 26), § 32. ただし、欧州人権裁判所も実際には国内裁判所が行った国内法に関する判断に対して評価を加えることがあるとして、こうした抑制的な態度は矛盾する面があるとの指摘もある。MILANO, préc. (note 25), p. 2424. 同様に、2001年のCanela Santiago対スペイン事件決定（*Canela Santiago c. Espagne* (déc.), n° 60350/00, 4 octobre 2001）を例に出して、先決問題付託拒否の事例でも欧州人権裁判所が国内裁判所の判断について評価を行っている例がみられると指摘する見解もある。Laurent COUTRON, L'irénisme des Cours européennes : Rapport introductif, *in* COUTRON, préc. (note 1), pp. 22–23.
59) Denys SIMON (dir.), *Contentieux de l'Union européenne 3: Renvoi préjudiciel, Recours en manquement*, 2011, p. 81.

欧州人権裁判所による統制は全てのEU構成国に及んでおり、それが実際に違反の認定にもつながっている限りで、欧州人権裁判所がEU法制度の実効性の確保に寄与している面を確認することができ、ここに欧州人権条約6条適合性審査の意義が認められる。しかし他方で、欧州人権裁判所の採用した審査方式は緩やかなものであり、付託拒否がEU法上の付託義務の例外に該当するとの判断の結果であることが国内裁判所の判決理由から確認できる場合には恣意性は否定されている。そのため、ほとんどの事案では欧州人権条約6条違反の主張は退けられており、今後も違反が認定される事例は限られると思われる。

　最後に、今後の研究課題としては次の点が挙げられる。本稿では、国内裁判所による先決問題の付託拒否に対する救済手段の問題を欧州人権条約6条の観点から考察したが、その他にもEU法上または国内法上利用可能な手段が存在する。そのため、先決問題の付託拒否に対する救済手段の問題を考えるうえでは、こうした手段も対象とした検討が求められる。また、欧州人権条約との関係でも、「同等の保護」[60]の推定との関係で付託の動機づけが働いていると考えられる余地があるため[61]、この点の検討も要する。さらに、欧州人権条約とEU法の関係一般との関連では、欧州人権条約6条に関する判例がEU法にいかなる影響を及ぼしうるか、とくに同条に対応した権利を保障するEU基本権憲章47条の解釈において、上述の欧州人権裁判所の判例法上の基準が取り入れられるかどうかといった論点もまた、今後検証すべき点として残されている。

【付記】

　本稿は、第69回慶應EU研究会（2013年11月2日）において筆者が行った報告の一部をもとにしている。研究会では参加者より貴重なご質問およびご指摘を賜った。記して感謝申し上げる。

---

60) *Bosphorus Hava Yolları Turizm ve Ticaret Anonim Şirketi c. Irlande* [GC], n° 45036/98, CEDH 2005-VI.
61) EU指令の国内実施措置の欧州人権条約適合性が問題となったMichaud対フランス事件判決（2012年）において欧州人権裁判所は、国内裁判所が欧州司法裁判所に対して関連するEU法の論点の付託を行っておらず、欧州司法裁判所が判断の機会を得ていない場合には、「同等の保護」の推定が働かないことがありうることを認めて、欧州人権条約適合性審査を行っている。*Michaud c. France*, n° 12323/11, §§ 114–115, CEDH 2012.

クルツ・バット引渡請求事件（英国）の国際法上の意義について

洪　恵子

I　はじめに

　本稿は、2011年の英国でのクルツ・バット（Khurts Bat）引渡請求事件を紹介し、欧州逮捕状で請求された個人の引渡しに関する英国の裁判所の国際法上の免除（immunity）に関する判断について考察することを目的とする[1]。犯罪人引渡制度（extradition）は刑事分野における国家間の協力の制度の一つとして長い歴史を持ち、特に欧州において、国境を越えて犯罪の容疑者を引き渡す手続が法的制度として洗練されてきた。近年は、欧州統合に伴い、刑事司法協力に関しても欧州連合法が数多く立法され、2002年には欧州逮捕状に関する欧州理事会の枠組決定により、欧州逮捕状（手続）（European Arrest Warrant : EAW）という制度が導入された[2]。欧州逮捕状は加盟国間の引渡手続を迅速化するために、司法機関の間の引渡手続を導入している。伝統的な犯罪人引渡制度においては、司法機関（裁判所）の役割は引渡しの可否を判断することであり、引渡しの当否については行政府の役割である[3]。これに対して、欧州逮捕状は行

---

1) *Khurts Bat v. Investigating Judge of the German Federal Court,* 29 July 2011, [2011] EWHC 2019 (Admin), [2012] 3 WLR 180, 147 ILR 633 (QBD (Div. Ct)).
2) Council Framework Decision on the European arrest warrant and the surrender procedures between Member States, 2002 (2002/584/JHA). こうした欧州連合における刑事司法分野の変化にいち早く注目されたのが本書が捧げられる滝沢正先生であり、2000年には「欧州警察協力の新展開」という共同研究を組織された。「欧州警察協力」研究会「欧州警察協力の新展開（一）」上智法学論集45巻1号（2001年）73-124頁、同（二・完）上智法学論集45巻2号（2001年）123-171頁。

政府の裁量を排除し、手続を「司法化した」("judicialization")といわれている[4]。

　他方で、国際法上の免除も近年発展している法分野である。今日、国際法上の免除（immunity）と一般にいう場合、次のおよそ3種の免除のいずれかを示す。第一が国家（主権）免除（state (sovereign) immunity）であり、すなわち国家は原告として外国の裁判所に訴えを起こすことができても、自発的に免除を放棄して応訴する場合を除けば、その同意なく被告として提訴され外国の裁判管轄権に従属するよう強制されないということである（裁判権免除ともいう）[5]。第二が外交官・外交使節団に対する免除（diplomatic immunity）であり、この系譜に属する免除として、さらに国際機関および国際機関の職員に与えられる免除がある。第三にこれらの免除の根拠に部分的に基礎づけられて、最近、しばしば議論の対象となるのが、政府職員（state official）の外国の刑事管轄権からの免除である[6]。国家免除や外交官免除は慣習国際法として発展してきたが、現代では成文化により明確なものとなっている。すなわち国家免除に関して、国連国際法委員会（International Law Commission : ILC）の草案をもとに、2004年に国連国家免除条約が採択された。それ以前に外交使節団に関する免除は、同じく国連ILCの草案をもとに、1961年に外交関係に関するウィーン条約や1963年に領事関係に関するウィーン条約が採択されており、国際社会に定着している[7]。しかし、第三の政府職員の外国の刑事管轄権からの免除については国際法はまだ発展段階にあるといえる。この種の免除については、問題となる個人の身分に着目して免除が認められる（身分（地位）による免除）（immunity

---

3) 山本草二「中国民航機不法奪取犯引渡事件」『ジュリスト平成2年度重要判例解説』（有斐閣、1991年）251-253頁。
4) 浦川紘子「欧州逮捕状制度と犯罪人引渡制度の手続的相違—「行政」、「司法」、「EU機関」の役割を中心として」立命館国際地域研究42号（2015年）40-53頁、Bill Gilmore, "The EU Framework Decision on the European Arrest Warrant: An Overview from the Perspective of International Criminal Law" ERA Forum, Vol. 3, 2002, pp.144-147.
5) 山本草二『国際法〈新版〉』（有斐閣、1994年）249頁。
6) いずれの免除も一定の人物・事件に関する外国の管轄権（裁判権）行使からの免除であり、国際刑事管轄権からの免除は本稿では取り扱わない。国際刑事管轄権の発展が国内裁判所の裁判権免除の議論に影響を与えたとする考え方について、竹村仁美「国家元首等の外国刑事管轄権からの免除—その輪郭と国際刑事管轄権との関係」国際法外交雑誌114巻3号（2015年）20-29頁。
7) 国際機関に関しては1946年に国連特権免除条約が成立しており、その他の国際機関についても設立条約等でルールが決められている。佐藤哲夫『国際組織法』（有斐閣、2005年）134-148頁。

ratione personae）場合と、行われた行為が公務であるということを根拠とする場合（事項的免除）（immunity *ratione materiae*）というように分けて議論されるようになっており、前者には外交官の特権免除が、後者には国家免除の根拠が類推されている[8]。しかしとりわけ事項的免除については、国家実行も一様ではなく慣習国際法の確定を困難にしている。このような事情を背景として、国連ILCでは2007年に外国刑事管轄権からの政府職員の免除（Immunity of State officials from foreign criminal jurisdiction）が作業のトピックの一つに含められ、以来、議論が続けられている[9]。

さて本稿が検討の対象とするクルツ・バット引渡請求事件は、英国に欧州逮捕状が導入された後のものであり、ドイツから英国への引渡請求の対象となる人物の本国（モンゴル政府）が引渡手続において国際法上の免除を主張した。後述する通り、免除はいくつか異なる根拠で主張され、英国の高等裁判所はそれぞれの免除に関する検討を行った。犯罪人引渡制度と国際法上の免除といえば、同じく英国の犯罪人引渡手続でチリの元国家元首のピノチェト（Augusto Pinochet Ugarte）に関して免除が否定されたピノチェト事件が有名である[10]。

---

8) Immunity *ratione personae*は英語ではpersonal immunityやstatus immunityとも呼ばれるが、本稿では身分による免除という用語を充てる。またimmunity *ratione materiae*は英語ではsubject-matter immunityやfunctional immunityとも呼ばれるが、本稿では事項的免除という用語を充てる。
9) 第59会期に作業計画に追加され、ローマン・コロドキン（Roman A. Kolodkin）（ロシア）が特別報告者に任命され、3つの報告書が提出された。第64会期（2012年）からはコンセプシオン・エスコバル・ヘルナンデス（Concepción Escobar Hernández）が特別報告者に任命され、第67会期（2015年）までに4つの報告書が提出されている。国際法委員会研究会「国連国際法委員会第67会期の審議概要」国際法外交雑誌114巻4号（2016年）109-114頁。竹村・前掲注(6)14-16頁。
10) ピノチェトの逮捕及び引渡しに関しては合計4度の司法審査が行われ、最終的な上院（最高裁判所に相当）では、拷問禁止条約違反については元国家元首の免除が引渡しを妨げないと判断された（ただし、殺人については免除が認められた）。Regina v. Bow St. Metro, Stipendiary Magistrate, ex parte Pinochet Ugarte (No. 3), [2000] 1 A.C. 147 (H. L.March 24, 1999); 拙稿「国際協力における双方可罰性の現代的意義について（一）」三重大学法経論叢18巻1号（2000年）9-15頁。第二回上院の裁判官7名のうち6名が個別意見を提出しており、結論に至るまでのそれぞれの推論を示している。また判決の意義も論者によって様々に解釈されている。Robert Cryer, Håkan Friman, Darryl Robinson, Elizabeth Wilmshurst, *An Introduction to International Criminal Law and Procedure (Third Edition)*, Oxford University Press, 2014, pp. 546-549. この事件が免除の理論や国家実行に与えた影響を詳細に検討した最近の論考として、Ingrid Wuerth, "PINOCHET's Legacy Reassessed" *American Journal of International Law*, Vol. 106, 2012, pp. 731-768.

ピノチェト事件とクルツ・バット引渡請求事件では事案の要素が異なっているが、本件の英国の裁判所の判断も慣習国際法上の免除概念を明確化するために重要な国家実行を提供している。本稿では以下、クルツ・バット引渡請求事件の内容を紹介し(Ⅱ)、特別使節（Special Missions）に関する国際法上の免除について英国の裁判所がどのような判断をしたのかを紹介し(Ⅲ)、身分による免除(Ⅳ)、事項的免除に関する国際法についての裁判所の判断を検討する(V)。最後に若干のまとめを述べる(Ⅵ)。

Ⅱ　クルツ・バット引渡請求事件の概要

1　事実背景

　クルツ・バット（Khurts Bat、以下、バット）はモンゴル政府の国家安全保障局の局長であった。2010年9月17日に英国を訪問したが、空港で欧州逮捕状（2010年4月13日にドイツ連邦裁判所によって発行）によって逮捕された。バットに対する嫌疑とは、誘拐と重大な身体傷害である。2003年に他の3名の同じくモンゴル政府の職員（secret service）とともにフランスにおいてモンゴル国籍を持つエンクバット・ダミラン（Enkhbat Damiran）を誘拐し、ドイツへ移送し、薬などで昏睡状態に陥らせ、彼の身柄をモンゴルまで連れ帰ったといわれている[11]。さてドイツからのバットの身柄の引渡し（extradition）の請求に対して、バットは2つの根拠で引渡しに異議を申し立てた。第一に、バットは特別使節として英国を訪問していたので、免除を享有するというものであり、第二に、バットはモンゴル政府の高官（hi-ranking official）であるので、免除を享有するという主張であった。2011年2月18日、治安裁判所（Magistrate court）判事（District Judge）パーディ（Purdy）は、引渡しに関するバット側の異議申立ての

---

[11] 誘拐と重大な身体的傷害は欧州逮捕状に関する枠組決定で示されている（双方可罰性の要件の審査が不要な）犯罪類型である。後掲注(25)を参照。なお、ダミランはモンゴル政府の要職にある者(Mr. Zorig)の暗殺に関与したといわれ、モンゴルで訴追され、のちに起訴は取り下げられたものの、収監から解放された5日後に死亡したという。Andrew Sanger, "Immunity of State Officials from the Criminal Jurisdiction of a Foreign State" *International and Comparative Law Quarterly*, Vol. 62, 2013, p.194.

2つの根拠を退け、彼のドイツへの引渡しを命じた。これに対してバットは2003年犯罪人引渡法26条に基づいて高等裁判所に上訴し、後述する4つの理由で引渡しに異議を申し立てたが、2011年7月29日高等裁判所（High Court of Justice）は、新たに提出されたバット側の異議申立ても含めてすべて認められないとし、彼の身柄の引渡しを命じた。バットは最高裁判所への上告はせず、ドイツに引き渡され、同年10月には裁判が開始される予定であったが、11月身柄が解放され、モンゴルに帰国した[12]。

2　高等裁判所におけるバットの主張と裁判所の結論

　バットとモンゴル政府（第一利害関係者、first interested party）は次のように主張した。第一に、バットはモンゴル政府の特別使節として英国を訪れたことによって慣習国際法上の免除を享有する。第二に、引渡手続はプロセスの濫用（abuse of process）である。第三に、逮捕の時点で、彼は高位の公務員として彼の本国政府を代表していたので、国際法上の免除を享有する。第四に、バットが行ったとされる引渡犯罪は、モンゴル政府の命令によって彼が行った公的な行為であり、したがって彼はドイツおよび英国の両方で免除を享有する。

　こうした主張に対して、裁判所はいずれも認めなかった[13]。特に国際法上の免除に関する第一、第三、第四の主張について、以下であらためて検討する。

---

[12] Michael Wood, "The Immunity of Official Visitors" *Max Planck Yearbook of United Nations Law*, Vol. 16, 2012, p. 92. なお、彼の身柄の解放の数週間後、ドイツのメルケル首相がモンゴルを訪問し、そのタイミングが取りざたされた。Banyan, "A murky Monglian saga, Mistah Khurts, he free", *The Economist*, September 30th 2011, <http://www.economist.com/blogs/banyan/2011/09/murky-mongolian-saga> (visited on August 10, 2016)

[13] この上訴審はモーゼス主任裁判官（Lord Justice Moses）とフォスケット裁判官（Mr. Justice Foskett）から成る。

III 特別使節の免除

1 特別使節に関する国際法

　国家の外交関係を担うのは、常設外交使節団だけでなく、特定の目的のために構成される公的な訪問も重要であり、これらは一般に特別使節（Special Missions）といわれる（時にアド・ホック外交とも呼ばれる）。特別使節というのは国際関係を維持するための諸国家の行動に柔軟性を与えるものであり、実際には様々な形をとることになる。つまり国家元首が訪問するような場合から、純然たる技術的な問題に関して相対的に階級の低い公務員が訪問するような場合もある[14]。

　さて常設的な外交使節団に関しては、1961年外交関係に関するウィーン条約および1963年領事関係に関するウィーン条約が成立している。両者の法典化に寄与した国連ILCは、1969年に特別使節（団）に関する国連条約（Convention on Special Missions, 略称ニューヨーク条約）を作成した。ニューヨーク条約の内容は外交関係に関するウィーン条約や領事関係に関するウィーン条約の枠組みを踏襲している。つまり接受国と派遣国の同意を重視しており、特別使節を受け入れるという接受国の同意は、外交経路または別の合意されたまたは相互に受諾した経路を通じて事前に得られるべきであること（第2条）、特別使節の任務は相互の同意によって決定される（第3条）。また特権・免除に関しては、施設の不可侵（第25条）のほか、人的（身体の）不可侵（personal inviolability）として、特別使節における派遣国の代表と外交職員は不可侵であり、逮捕や拘留を受けないこと（第29条）を定めるほか、管轄権（裁判権）からの免除を規定する第31条において、特別使節における派遣国の代表と外交職員は接受国の刑事管轄権（criminal jurisdiction）から免除されるとしている（第1項）。この免除は原則として特別使節の任務達成のために必要な期間において有効であるが、特別使節のメンバーの事項的免除は任務の終了後も継続すると考えられて

---

[14] Chanaka Wickremasinghe, "Immunities Enjoyed by Officials of States and International Organizations" Malcolm D Evans (ed.), *International Law (Fourth Edition)*, Oxford University Press, 2014, pp.389-392.

いる[15]。さらに第21条では、特別使節を率いる国家元首（第1項）、特別使節に参加する政府の長、外務大臣およびその他の高位の地位にあるもの（other persons of high rank）は、接受国や第三国において、国際法によって与えられる、便宜、特権および免除を享有すると規定している（第2項）。

ニューヨーク条約は1985年に発効したものの、締約国は38か国にとどまっている。その理由としては、前述の通り特別使節は多様な形をとりうるが、この条約は単一の取扱いを定めているために、柔軟性に欠けるという指摘がなされている[16]。またそもそもこの条約がどの程度に慣習国際法の内容と一致しているかには議論がある。つまり現在、この条約の大部分の規定が慣習国際法となっているとはいえず、慣習国際法上、公的な訪問であるとして特権免除を享有する人的範囲は条約よりも広いと考えられる一方で、与えられる特権免除の内容はこの条約が規定するほど包括的ではないといわれている[17]。注目すべきは、とりわけ英国においては特別使節に関する裁判例が集積していることである[18]。なかでもクルツ・バット引渡請求事件はこの問題を最も詳細に議論しているとされている[19]。そこで次に節をあらためて裁判所の考え方を詳しく紹介する。

2 特別使節として認められるための要件

本件で裁判所は、すべての慣習国際法上のルールがイングランド法の一部となるわけではないが、免除に関する慣習法上のルールを英国の裁判所は適用しなければならず、それらのルールが英国の法、または法源の一部であると認め

---

15) Wickremasinghe, *Ibid.*, pp. 390-391.
16) Wickremasinghe, *Ibid.*, p. 390.
17) Wood, *supra* note 12, pp.49-51.
18) *supra* note 12, pp.84-94.
19) Wickremasinghe, *supra* note 14., p. 391. 本件はイングランドとウェールズにおいて、下級裁判所ではなくて上級裁判所が、特別使節に関する免除は慣習国際法を反映している範囲でコモン・ローの一部であり、特段の立法なしに裁判所で適用可能であると判断した初めてのケースであるといわれている。Roger O'Keefe, "Khurts Bat v. Investigating Judge of the German Federal Court, 29 July 2011, [2011] EWHC 2029 (Admin), [2012] 3 WLR 180, 147 ILR 633 (QBD (Div. Ct))" *British Yearbook of International Law*, Vol. 82, 2011, p. 621.

なければならないとした。また特別使節に関するニューヨーク条約を、英国は批准していないが署名はしており、ウィーン条約第18条によって、英国は当該条約の趣旨目的を阻害するような行動を控えなければならないとし、バットの英国への訪問が特別使節と認められれば、バットは免除を享有するとした[20]。

その上で、バットの訪問が特別使節といえるかどうかを検討した。すなわち (i) 2011年1月12日付の外務省から提出された書簡が、示している事実の認定に関して決定的なもの (conclusive) かどうか、(ii) もし書簡が決定的でないとすれば、事実の問題として、クルツ・バットをメンバーとする特別使節の受入れに英国が同意していたと立証できるかという問題である。裁判所は特別使節として認められるためには、事前に、かつその旨の同意を接受国から得ていなければならないとした。そこで裁判所は2010年9月17日にバットが英国に到着するまでの事実経過、特にモンゴル政府と英国政府とのやり取りを詳細に検討した。英国外務省から提出された書簡には、英国政府はモンゴル政府に対してバットについての特別使節としての訪問に同意したことはないとあり、(次で検討する通り) この事実については外務省の書簡が決定的であるとした。続けて、たとえ外務省が提出した書簡が決定的でないとしても、裁判所が認定した事実からは英国政府がバットを特別使節として受け入れることに同意していたとはいえないとし、特別使節であったことを根拠としての免除を享有しないと判断した[21]。このように裁判所は特別使節としての免除を享有するためには、事前に接受国が同意していることを不可欠の条件としたが、この同意は「特別使節として受け入れること」についての同意であることに注意すべきである。裁判所は「すべての公的な訪問が特別使節になるのではない。自国を代表して相互の利益のために訪問をするすべての者が特別使節に与えられる不可侵と免除を享有できるというわけではない」と示した[22]。

3 裁判所と行政府の役割分担

特別使節としての免除を享有するためにはその旨の接受国の事前の同意が重

---

20) *supra* note 1, para. 22.
21) *Ibid.* paras.23-46.
22) *Ibid.*, para. 29.

要であることが本件でも確認されたが、接受国がこうした同意をしていたかどうかを認定することは現実にはそう容易ではない。単に外交または公的旅券が発布されていることでは十分ではなく、他方で「特別使節」という用語が使われていなければならないというのでもないからである[23]。本件では前述の通り、裁判所は事実経過を丁寧に検討し、さらに外務省の書簡を重視した[24]。

ところで本件の引渡請求は欧州逮捕状によって行われた。はじめに述べたとおり、欧州逮捕状は逃亡犯罪人の引渡しに関する行政府の裁量を排除して、各国の裁判所の判断に委ねるシステムとして評価されている。しかしだからといって引渡手続において、まったく（外交を担う）行政府の意見が考慮されないというわけではない[25]。問題はどのような局面で、どの程度の行政府の裁量が残されているかである。本件についていえば、外務省が提出した書簡の法的性質にかかわる。この書簡は治安判事から外務省の意見を求められたことに応じたものであって、事実の問題として外務省はクルツ・バットが特別使節として英国を訪問すると考えていたのか、また英国外務省が外国の公務員の訪問をどのような基準で特別使節と考えるのかという点についてであった。英国外務省は2011年1月12日付の書簡が、外務省はクルツ・バットの訪問が特別使節であるとの同意を与えていないことの決定的な証拠であると主張した[26]。これに対してクルツ・バットとモンゴル政府は、この書簡は裁判所の判断を拘束するものではないと主張した。

この点に関して、裁判所は常設外交使節団に関する特権免除を援用し、常設使節団の認証の受諾の権限は行政府（Executive）にあり、またある個人を国家元首として認めるかどうかの決定を政府（Government）がするのと同様に、あ

---

23) Hazel Fox, Philippa Webb, *The Law of State Immunity (Third Edition)*, Oxford University Press, 2013, p.562.
24) 本件で英国・外務省（外務大臣）(the Secretary of State for Foreign and Commonwealth Affairs)は第二利害関係者(2nd Interested Party)として参加している。
25) 英国において、欧州逮捕状は2003年引渡法第1部と第3部によって履行されている。手続の迅速化が図られており、32の犯罪カテゴリーに関しては双方可罰性の要件の審査は不要とされている。引渡しにかかる司法審査のあと、引渡しの対象となる人物は不服がある場合は高等裁判所に上訴することができ、また高等裁判所の判断に不服の場合は最高裁判所に上告することができる。引渡しを求められている者は最終的な裁判所の決定ののち通常10日以内に引き渡される。Joannna Dawson, Sally Lipscombe, *The European Arrest Warrant, Briefing Paper (House of Commons Library)*, No. 07016, 2 June 2015.
26) *supra* note 1, paras. 23-24.

る使節を特別使節だと認定するのは英国政府であるとした。その上で、「英国政府がバット氏の訪問を特別使節として認めなかったという事実の（法的）帰結は裁判所が判断することである。英国政府がクルツ・バット氏の訪問が特別使節であるとの同意を与える選択をしたかどうかは裁判所ではなくて、政府が排他的に判断することである。2011年1月12日の書簡は英国が特別使節としての同意を与えていないと立証することについて決定的である」[27]。外交政策について外国に説明する国の立場は一つであるべきとの観点から、行政府の事実の認証を決定的と認めたのであり、その後も英国の裁判所はこの立場をとっていると指摘されている[28]。

ただし特別使節として同意を与えなかったことに対する法的評価は裁判所が担う、とも示していることには注意すべきである。フォスケット裁判官は、特別使節として受け入れるかどうかの同意は英国政府が与えるものであり、本件の証拠からはそのような同意があったとすることはできないとの裁判所としての結論には賛成したが、自らの意見のなかで、黙示の同意（implied consent）というものを認めるとするならば、外務省が同意を与えていないと認証しても、その他の証拠から反対の見解を導くことができる場合もあるだろうとした。また外務省が提出した書簡が決定的な証拠であるかという問題は、今回の事件よりもより適切な事件において解決されるべきであるという考えを示した[29]。このような考え方をとれば、欧州逮捕状に関する司法手続においては、本来は行政府の権限内にある行為も裁判所の一定の審査の対象となるといえよう。

しかし、接受国としての同意を与える権限を持つのは行政府である。クルツ・バット引渡請求事件ののち、2013年に英国外務省は特定の公的訪問が特別使節であるかどうかに関する決定手続の明確化を試みている。このなかで、クルツ・バット引渡請求事件に言及しながら、すべての国家の代表の英国訪問が特別使節のメンバーとしての免除を享有することができるのではなく、英国政府がそれとして認めたものだけに与えられるとして、特別使節としての扱いを受けたい場合の英国への通知手続などを定めている[30]。このような手続が整備されることによって、欧州逮捕状の司法審査において「政府が（特別使節

---

27) *Ibid*., para. 39.
28) O'Keefe, *supra* note 19, p.616.
29) *supra* note 1, paras. 109-112.

として受け入れるとの）同意を与えた、または与えていない」の認定について行政府の意図とは異なる解釈がなされることを避けることができ、国際法上の免除が問題となる司法手続において、行政府と裁判所の役割分担が効果的に果たされるだろう。

Ⅳ　身分による免除を享有できる範囲

人がある特定の身分（地位）を持つということで、外国の刑事管轄権から免除されることは、身分による免除 (immunity ratione personae) と呼ばれる。これらは、(a)国家元首や首相、(b)外務大臣といった高位の公務員、(c)外交官や前節で検討した特別使節に認められる。(a)の国家元首の外国の刑事管轄権からの免除を明文で規定した条約はないが、慣習国際法上認められることに異論はない。国家元首は国家の独立と主権を人的に象徴するからである。首相（政府の長）は自身が主権者ではないが、国家を代表する存在であり、国家元首と同様に免除が広く認められている[31]。また(b)外務大臣については、国家の外交関係を処理するという任務を有効に果たすことができるために免除が認められると考えられ、国際司法裁判所 (International Court of Justice: ICJ) の裁判例（逮捕状事件や刑事司法共助事件）の判断が広く受け入れられている[32]。(c)の外交使節や特別使節については前章で検討したとおり、慣習国際法や関係条約で免除が与え

---

30) Written Ministral Statement, House of Commons, 4 March 2013. <http://www.parliament.uk/documents/commons-vote-office/March-2013/4-3-13/6.FCO-Special-Mission-Immunity.pdf> (visited on June 23, 2016)

31) Elizabeth Helen Franey, "Immunity from the criminal jurisdiction of national courts" Alexander Orakhelashvili (ed.), *Research Handbook on Jurisdiction and Immunities in International Law*, Edward Edger, 2015, pp.209-210.

32) Arrest Warrant of 11 April 2000 (Democratic Republic of the Congo v. Belgium), Judgment [2008]（逮捕状事件）; Certain Questions of Mutual Assistance in Criminal Matters (Djibouti v. France), Judgment [2008]（司法共助事件）. 逮捕状事件で、ICJは「外務大臣はその任期中、彼または彼女が外国にいる間、刑事管轄権からの完全な免除と不可侵性を享受する」と認定した。拙稿「逮捕状事件」杉原高嶺・酒井啓亘編『国際法基本判例〈第2版〉』（三省堂、2014年）86-89頁。また国連ILCの外国刑事管轄権からの政府職員の免除に関する議論においても、いわゆるトロイカに身分による免除を認めている。Draft article 4, Second report on the immunity of State officials from foreign criminal jurisdiction, by Concepción Escobar Hernández, A/CN.4/661.

られることが認められている。

　これらの身分・地位を持つ個人はその身分を持つ間（公職にある間）は免除を享有するが、逆に身分を失えば免除は享有できない。また伝統的に、免除は行われた行為が公的な行為なのか私的な行為であるかを問わず、またその身分を持つ前に行ったのか在任中なのかにかかわりなく与えられる。さらに外国管轄権からの免除は身体の不可侵にも及ぶ。つまりこの種の免除を享有する者は外国の裁判の当事者にならないだけでなく、そもそも逮捕もされないと解される[33]。

　ところで、学説においては外務大臣以外の高位の政府職員にも免除が認められるべきだとする考え方もある[34]。実際に本件でバットはモンゴルの国家安全保障局の局長（Director）であり、この地位によって身分による免除を享有すると主張した。これに対して、高等裁判所は前述のICJの裁判例を検討し、特に逮捕状事件において、ICJが、国際法上、一定の国家の高位の地位を持つ者（certain holders of high-ranking office in a State）は他国の管轄権から免除を享有することは確立しているとし、その例として（such as）国家元首、政府の長および外務大臣と示していることに注目した[35]。また国連ILCの外国刑事管轄権からの政府職員の免除に関する特別報告者の報告では、免除の享有主体を国家の高位の役職者という狭い範囲（narrow circle of high ranking officials）で認められるとしていることを指摘し、結局、国家安全保障局の局長のバットは、中級（mid-ranking）の公務員であり、そうした狭い範囲には入らないとし、身分による免除の主張を退けた[36]。

　前述の通り、身分による免除は、身体の不可侵を含み、いかなる性質の行為でも免除の対象となるなど包括的な免除であり、したがってその享有が極めて限られた対象にのみ認められるという考え方が本件でも確認されたといえる。

---

33) Arrest Warrant of 11 April 2000 (Democratic Republic of the Congo v. Belgium), Judgment [2008], paras. 53-55; Roger O'Keefe, *International Criminal Law*, Oxford University Press, 2015, pp. 421-422.
34) この問題に関する学説を詳細に検討したものとして、坂巻静佳「政府職員等の刑事管轄権からの免除に関する諸問題」国際法研究4号（2016年）192-200頁。
35) Arrest Warrant of 11 April 2000 (Democratic Republic of the Congo v. Belgium), Judgment [2008], para. 51.
36) *supra* note 1, para. 61.

V 刑事管轄権からの事項的免除

1 事項的免除の根拠と裁判所の判断

　本件でバットは、モンゴル政府のために行った自身の公務については、ドイツの刑事手続からの事項的免除を享有すると申し立てた。行為が私的目的ではなくて公務だったという理由での免除（事項的免除）(immunity ratione materiae)である。

　ところで個人が国家のために行動したとして外国の裁判権から免除されることは、民事裁判権の文脈においては広く認められてきた。すなわち、国家は自国およびその財産に関し、他の国の裁判所の裁判権からの免除を享有する（国家免除条約第5条）。この場合の国家には「国家の代表であってその資格において行動しているもの」（同条約第2条(b)(iv)）も含まれ、こうした資格を持つ者は民事裁判権からの免除を享有できる。英国は1978年国家免除法で、政府のために行動する個人は民事裁判権から免除されると規定しており（第14節(1)）、このことは判例でも認められている。バット側はこれらに依拠して、外国の法廷地国の裁判権からの免除という権利はその使用人や代理人を訴追することによって制限されないとして、この主張を刑事手続からの免除に適用することを求めた[37]。

　これに対して、裁判所は、刑事責任と民事責任とは本質的な違いがあり、民事裁判からの免除が存在するからといって、本国政府の代理として行動する政府職員個人が刑事責任から免れることにはならないと判断した。そのうえで刑事的な文脈でこの問題を解くために適用可能なルールとは何かを確定するために、ピノチェト事件やマクリード (McLead) 事件 (1837年)、旧ユーゴ国際刑事裁判所 (ICTY) のブラスキッチ事件 (Prosecutor v. Blaskic) (1997年)、レインボウ・ウォーリヤー事件 (1986年) を取り上げ、特にエリザベス・フラニー (Elizabeth Helen Franey) の分析を重視した[38]。

　興味深いことに、裁判所は、この種の免除について国際社会の関心を高めた

---

[37] *supra* note 1, paras. 71-73.

自国のピノチェト事件については、次の理由で本件には拘束的でないとした。つまり拷問禁止条約違反の行為に関する免除が否定された一方で、スペインでの殺人や殺人の共謀については免除が認められたが、この点については深い検討はなされていなかったこと、またピノチェトは元国家元首であったが、本件は中級の政府職員であることなどのためである[39]。むしろ裁判所はFraneyの研究に依拠して、任務に従ったとしても犯罪を行えば処罰される例を示している。つまりレインボウ・ウォーリヤー事件では、フランスは自国民である被告の免除の主張をしなかった。ニュージーランドは管轄権を行使し、訴追し、刑事裁判と刑の執行を行ったのであり、任務による行動だったということは量刑の際に考慮されたにすぎない。国連事務総長の調停においてもフランス人職員の個人的な刑事責任は認められた[40]。裁判所はフラニーの著作から次の一節を引用している。「事例の分析から明らかな通り、特別のレジームで、外交官や領事や、合意、特別使節や一時的な合意で認められているのではない限り、法廷地または第三国の領域で行われた犯罪について国家の政府職員は事項的免除を持たない。国家実行は国家の職員は重大な暴力の犯罪とされる行為に免除がないだけでなく、不法侵入と情報収集について日常的に逮捕され、訴追されていることを示す。国家実行は、国家は他国の職員を逮捕、嫌疑をかけ、起訴することで、また自国の職員が訴追されることに反対しないことで、法的確信を示しているのである」[41]。

　このように裁判所は刑事的管轄権からの事項的免除という慣習国際法上のルール自体に懐疑的な見方を示しながらも、国連ILCのコロドキン特別報告者の第2報告書に言及した。すなわち、コロドキンの考えでは、政府職員の外国刑事管轄権からの免除は慣習国際法を根拠とするが、犯行地の国家が刑事管轄

---

38) *supra* note 1, para. 74. なお、マクリード事件について、R. Y. Jennings, "THE *CAROLINE* AND McLEOD CASES" *American Journal of International Law,* Vol. 32, 1938, pp.82-99. 国家免除の議論において刑事手続と民事手続とは区別されてきたことはICJの「国家の裁判権免除」事件（Jurisdictional Immunities of the State, Germany v. Italy: Greece intervening, Judgment of 3 February 2012）でも指摘されている。坂巻静佳「国際司法裁判所『国家の裁判権免除』事件判決の射程と意義」国際法研究1号（2013年）133-135頁。
39) *supra* note 1, paras. 75-82.
40) Franey, *supra* note 31, p. 226. 松隈潤「国連事務総長の裁定─レインボー・ウォーリア事件」別冊ジュリスト国際法判例百選〈第2版〉（2011年）174-175頁。
41) *supra* note 31, para. 95.

権を行使しようとしている場合には、犯行地の国家が、(a)（犯罪に至った）活動がその領域で行われること、(b)犯行を行ったとされる外国公務員が自国領域内にいることの2点に同意していなかった場合には認められない[42]。裁判所はこの整理を援用して、結局、バットに事項的免除を与える慣習国際法がないと結論し、この理由での上告も退けた。

2 事項的免除に関する本件の意義

本件は、外国で政府職員の行った重大な犯罪（誘拐）がその本国から命じられた公務であったということをその本国自身が認めたという珍しい事例である。前節で紹介したこうした裁判所の事項的免除に関する判断に対しては、特に前述のコロドキンの主張には関連国家実行が少なく、法的確信も不透明であり、実定法上の根拠が必ずしもあるとはいえないなどとの批判がある[43]。しかし、本件での裁判所の判断は、現在行われている事項的免除に関する議論において、幾つか重要な判断を示していると思われる。

その第1は、本国による事項的免除の援用（裁判所に対する通知）の必要性についてである。

仮に政府職員は公務について外国の刑事管轄権からの免除を享有できるとして、その援用について、援用する主体の問題（本国か、本国および政府職員個人か）、また援用は申し立てる側の義務であるのか、または裁判所は職権で検討する義務があるのかという問題がある[44]。

これに関して本件ではモンゴル政府の対応が問題になった。ドイツが請求したバットに関する欧州逮捕状では、バットはドイツにおいて免除を享有しないと明示していた。しかしバットが英国で逮捕されたのは2000年9月17日であるが、治安裁判所での引渡決定ののち、2011年の高等裁判所の審理の最終段階までモンゴル政府はバットの事項的免除を主張しなかった。英国外務省の代理人（Michael Wood）は、モンゴル政府はバットにかかる嫌疑は公務として行

---

42) *Ibid.*, paras. 96-99. Second Report of Special Rapporteur Kolodkin, UN Doc. A/CN.4/631, para. 90.
43) O'Keefe, *supra* note 33, p. 437.
44) 坂巻・前掲注(34)208-211頁。

われたとドイツや英国に対して通知しなかったと説明した。これに対してモンゴル政府は、ドイツ政府に対してすでにバットの行為について2010年10月20日付書簡で正式に陳謝していたと主張した。

　興味深いことに、裁判所は事項的免除は身分による免除が認められなかった場合に初めて問題となるという前提を取っている[45]。ただし理論的にはそうであっても、手続の後半に主張が行われたことで、相手方が反論を準備するための時間が限られたことは、特に慣習国際法上のルールの問題であるがために、手続全体に影響を及ぼしたことに懸念を示した[46]。実際の問題として、ピノチェトといった元国家元首や一国の外務大臣ならともかく本件のような中級の政府職員に関しては、法廷地の裁判所が（本国からの通知なしに）免除の対象者であると認めるのは容易ではないだろう。ICJの刑事司法共助事件でも、フランス裁判所への通知をジブチ政府が行うことを重要視しており[47]、本件の裁判所の判断も、こうした本国による免除の援用の必要性をあらためて示しているといえよう。

　第2に、事項的免除を主張できるのはどのような手続においてなのかという問題がある。本件では、裁判所はドイツにおける訴追に免除が認められれば引渡手続からも免除されるという前提をとった[48]。こうした裁判所の判断について、オキーフ（Roger O'Keefe）は、本件で裁判所はドイツにおける免除ではなくて、英国の引渡手続からの免除を検討すべきだったと批判している。ピノチェト事件で問題となったのも、犯罪人引渡からの免除であり、ドイツにおいてバットが免除を享有するかどうかはドイツ法が決めることであるという[49]。これに対して、事項的免除は国家免除を根拠とするので、事項的免除の主張が

---

[45] *supra* note 1, para. 64. 事項的免除に関しては、身分による免除が認められる対象であって、その免除が身分の終了によって認められなくなった場合に、身分を保持していた際に公務として行った行為について認められるのか（残余的（residual））、それともそうした身分による免除とはかかわりなく、政府職員が公務として行ったということを理由として、外国の刑事管轄権からの免除を主張できるとする考え方の違いがある。水島朋則『主権免除の国際法』（名古屋大学出版会、2012年）278-280頁。

[46] *supra* note 1, para. 66, para. 104.

[47] Certain Questions of Mutual Assistance in Criminal Matters, *supra* note 32, para. 196, 坂巻・前掲注(34)210頁。

[48] *supra* note 1, para. 63.

[49] O'Keefe, *supra* note 19, pp. 623-628.

できるのは、その手続が結果として他国を司法的判断の対象とすることを避けるためである、そうだとすれば犯罪人引渡制度は行政手続なのであり、引渡しの可否や当否を判断することは、相手国の行為を司法的判断に服さしめるということではないので、引渡手続においてはそもそも事項的免除は主張できないという反論もある[50]。

　果たして犯罪人引渡手続は国際法上の免除の適用については刑事手続とみなされるべきか、またそもそも事項的免除は（外交官に関する免除などではなくて）国家免除を存立基盤とするのかといった問題は、国際法上の事項的免除とは何かという根本的な問題に関するのであり、オキーフらの論争のどちらが正しいかについて、本稿では確定的な答えを出すことができない。しかし本件に限ってみれば、欧州逮捕状に基づいて行われた手続であるということに留意すべきであると思われる。つまり欧州逮捕状制度においては、一定の犯罪については、被請求国において双方可罰性の検討は不要である。双方可罰性とは、国家間で犯罪の容疑者を引き渡す場合、問題となっている犯罪が、引渡しの請求を受けた国の国内法でも引渡しを請求する国の国内法でも、そのどちらでも犯罪として定められていなければならないということであり、イギリスを含めて多くの国では管轄権の存在までも必要としている[51]。バットの引渡しに関して、もし欧州逮捕状に基づく請求でなければ、双方可罰性の検討が必要となり、請求国に管轄権が存在するかどうか、また管轄権に対する国際法上の免除の影響の検討が行われただろう。そういうプロセスがない本件では、裁判所はいわば独立の抗弁として提起された事項的免除を検討するしかなかったのではないかと思われる[52]。

---

50) Thiago Braz Jardim Oliveria, "Foreign State Officials Do Not Enjoy Immunity Ratione Materiae from Extradition Proceedings: The Not So Curious Case of Khurts Bat-A reply to Dr. Roger O'Keefe" EJIL: Talk!, <http://www.ejiltalk.org/foreign-state-officials-do-not-enjoy-immunity-ratione-materiae-from-extradition-proceedings-the-not-so-curious-case-of-khurts-bat-a-reply-to-dr-roger-okeefe/> (visited on June 23, 2016)

51) ピノチェト事件に際しては、第二回目の貴族院（最高裁）の審理の際に双方可罰性を充たす引渡犯罪を特定するための検討が詳細に行われた。その上でそれらについて免除が認められるかを判断した。拙稿・前掲注(10)11-15頁。

VI　おわりに

　本稿は、国際法学の関心から英国の国内裁判例（犯罪人引渡法に基づく司法判断）を検討した。伝統的に国際法の主体である国家は、対外的には行政府によって代表されるが、近年では国内裁判所も国際法の内容にかかわる認定を行っており、それらは翻って慣習国際法の法源となる。特に国際法上の免除はまさに国内裁判所の管轄権からの免除を問題にするのであり、国内裁判所の判断が決定的である。本書が献呈される滝沢正先生は、国際裁判所と国内裁判所、国際法と国内法の関係を、単に制度や法秩序として垂直的に比較するのではなくて、実態に着目して水平的に比較する重要性を指摘された[53]。ダイナミックな法の発展を示す例として、本件も位置づけられるのではないかと思われる。

---

52) ただし、オキーフは欧州逮捕状制度における事案であること、つまり双方可罰性の検討の必要がない事例であっても、裁判所の判断は正当でないという。双方可罰性の認定は、もし仮に犯罪者が同じ行為を「被請求国で」行った場合に訴追可能かどうかを判断することであり、請求国において訴追可能かどうか判断することではないので、通常の犯罪人引渡手続にのっとったとしても、ドイツにおける訴追に関する検討は必要ないのだという。O'Keefe, *supra* note 19, p. 624.

53) こうした問題に関して滝沢正先生が主催された研究会に国際裁判研究会がある（その成果の一部は国際裁判所研究会「国際裁判所と国内裁判所(1)」上智法学論集53巻2号（2009年）41-76頁を参照）。また滝沢正「シンポジウム『公正な裁判』をめぐる比較法　序論」比較法研究74号（2012年）2-5頁、滝沢正『比較法』（三省堂、2009年）178-194頁。

国際司法裁判所における「法の一般原則」への依拠
―― クリーン・ハンズ原則の可能性

岩 石 順 子

I　はじめに

　国際司法裁判所（以下、「ICJ」という）規程38条1項は、「裁判所は、付託される紛争を国際法に従って裁判することを任務とし、次のものを適用する」と裁判所が用いることのできる規範を規定し、慣習法と条約に並んで「文明国が認めた法の一般原則」をあげている。これは、ICJの前身である常設国際司法裁判所（以下、「PCIJ」という）の設置時に、強制裁判管轄権付与の可能性が出たなかで、既存の条約及び国際慣習法によって判断することができずに裁判不能となる事態、またかかる事態における裁判官の恣意的判断を回避するために導入され、強制裁判管轄権が実現しないながら、残された規定である[1]。
　この「文明国が認めた法の一般原則」が何を示すか、起草時においては「信義誠実」や「既判力原則」などの国内裁判所で用いられてきた原則、また「法の格言」を指すといった説明がなされていたという[2]。本稿はこの規定がいかなる射程を持ってきたものと考えられるか客観的に検討するものではないが[3]、

---

1) 国内裁判所における法の一般原則の役割と、国内法の視点における本規定の理解について、滝沢正「国内法における『国際法の一般原則』の利用―フランス法を中心として」上智大学法学会編『上智大学法学部創設五十周年記念―変容する社会の法と理論』（有斐閣、2008年）276-290頁。また本規定の起草過程については、Alain Pellet, "Article 38", in Andreas Zimmermann et al (eds), *The Statute of the International Court of Justice: A Commentary, 2nd Edition*, 2012, pp. 734-748.
2) 江藤淳一『国際法における欠缺補充の法理』（有斐閣、2012年）149-150頁。
3) 国際裁判における「法の一般原則」の機能については、江藤・前掲注(2)参照。

裁判所は証明責任に関する原則など本条項に基づくと解される原則への依拠を行ってきた。他方で、事件の当事国が援用しながら、裁判所は原則として認めていないものもある。本稿で扱うクリーン・ハンズ原則はその一つである。

クリーン・ハンズ原則とは、英国の衡平裁判所において用いられる「救済を求めに来る者はその手が汚れていてはならない」という法格言で表現される原則であり、提起された事案に関連して原告側に信義誠実を欠く行為がある場合などは裁判所における救済が拒否されることを意味する[4]。ICJでは、前身たるPCIJが1937年に「ムーズ（ミューズ）河からの引水事件」[5]でこの原則の考えに従って請求を棄却する判決を下したと指摘されるほか、原則を明示的にも黙示的にも支持して適用したとみられる事件はない。国際法では、国連国際法委員会（以下、「ILC」という）での国家責任条文や外交的保護条文案の起草作業において、この原則が国家責任の違法性阻却事由となりうるか[6]、国家による外交的保護権行使の前提として個人の行為の違法性は問題となるか[7]という観点から議論にのぼるものの、こうした国家責任論においての位置づけは否定され、原則の検討が深まることはなかった。

それにもかかわらず、クリーン・ハンズ原則とこれに類似する法原則は、ICJにおいて繰り返し当事国により依拠され裁判所判事の個別意見において言及されている。またこうした例は、特に1980年後半以降の比較的近年に増加していることが注目されるのである。そこで本稿では、裁判所においてかかる原則への依拠がいかなる目的をもってなされているのか検討することとする。まず国内法に由来するクリーン・ハンズ原則の意味と機能と、国際法上での原則性に関する議論を確認した上で、裁判所が認めてこなかった本原則への依拠や言及が繰り返される背景を検討し、ICJにおいて本原則が期待される意味について明らかにしたいと考える。

---

4) 田中英夫ほか編『英米法辞典』（東京大学出版会、1991年）151頁、Bryan A. Garner (ed.), *Black's Law Dictionary, 10th Edition*, 2014, p. 306.

5) *Affaire des prises d'eau à la meuse (Royaume des Pays-Bas c. Royaume de Belgique), arrêt du 28 juin 1937, Cour permanente de justice internationale* (ci-aprés dénommé «*Affaire des prises d'eau à la meuse*»).

6) James Crawford et al. (eds.), *The Law of International Responsibility (Oxford Commentaries on International Law)*, 2010, p. 432.

7) International Law Commission, *Six Report on Diplomatic Protection by John Dugard* (A/CN.4/546).

II 「法の一般原則」としてのクリーン・ハンズ原則

1 クリーン・ハンズ原則の意味と機能

　クリーン・ハンズ原則は、先に述べたとおり英米法に由来する「エクイティ裁判所に救済を求めに来る者はその手が汚れていてはならない。(He who comes into a court of equity must come with clean hands.)」という法格言で表現される原則であり、エクイティ裁判所においては、当該の事案に関して原告側に良心に反する行為・信義誠実を欠く行為・その他衡平の原理にもとる行為がある場合には、原告の主張に正当性が認められるとしても救済を拒否されるという原則である[8]。

　コモン・ローとエクイティが基本的に一つの裁判所で扱われることとなった現在においても、この原則はエクイティ上の制度として機能しており、クリーン・ハンズ原則が適用される事案においては、コモン・ロー上の救済である損害賠償は請求できるが、エクイティ上の救済である差止命令や契約不履行に対する特定履行は請求できないという[9]。

　大陸法では、クリーン・ハンズ原則と共通する考え方は、不法原因給付として実体法の中に実現していると説明される[10]。民法では、不当利得制度という、法律上の原因がないのに他人の財産又は労務によって利益を受け、そのために他人に損失を及ぼした者は、その利益を返還する義務を負うという制度がある。「何人も他人の損害において利益をあげることは許されない。(Neminem cum alterius detrimento fieri locupletoriem.)」[11]というローマ法の格言に基づき、公平・正義・衡平といった考えが根拠にあるものという[12]。この不当利得の制度において、返還を求める側が不法な原因のために給付をしている場合のこと

---

8) 田中・前掲注(4)、Garner, *supra* note 4.
9) 田中・前掲注(4)、Garner, *supra* note 4.
10) 田中・前掲注(4)。
11) 他にも「自然法上何人も他人に対する損害と不正をもって利得せざるを衡平とす。(Jura naturae, aequum est neminem cum alterius detrimento et injuria fieri locupletoriem.)」「何人も他人に対する損害を持って利得せざるを自然上の衡平とす。(Natura aequum est neminem cum alterius detrimento fieri locupletoriem.)」など、同趣旨を示す格言がある。
12) 川井健『民法概論4債権各論〈補訂版〉』(有斐閣、2010年) 367頁。

を不法原因給付といい、返還を請求することができない[13]。

しかしながら、そもそも英米法にいうクリーン・ハンズ原則の淵源自体が、先に挙げた不法利得の制度のもととなるローマ法の格言（及び同趣旨の格言）がもととなっているとの説明もあり[14]、クリーン・ハンズ原則・不当利得制度・不法原因給付はいずれも、不当・不正・不法など他者に対して何らかの非がある者がその非によって他者から利益を受けることはできないというローマ法の考え方に根拠を持つといえる。またより広くいえば、クリーン・ハンズ原則の定義にみられるように、かかる考え方は「衡平」や「信義誠実」の原則から派生したものであり、より具体的な機能を持つ原則や規則となって現れていると考えられる。その上で英米法にいうクリーン・ハンズ原則に特有の機能とは、不法原因給付と対にして説明され、原則を適用した効果として（実体上の権利にかかわらず）救済を求める請求が認められないという点にあると見られる[15]。

2　国際法上の議論

クリーン・ハンズ原則を裁判所が認めた先例として援用されるのは、先にも示したPCIJにおけるムーズ（ミューズ）河からの引水事件である。ムーズ河はフランス北東部を源としてベルギーを抜けてオランダから北海へ流れ出る国際河川であり、ベルギーとオランダは運河及び灌漑用水路のために行うムーズ河からの引水を規律するため1863年に条約を結んでいた（以下、「1863年条約」という）[16]。1921年にオランダは自国領域内にムーズ河からの側部運河の工事を決定したところ、ベルギーはかかる作業は1863年条約を妨げるためベルギーの合意なしには行い得ないと反対し、両国は交渉を続けていたが解決しないま

---

13) 川井・前掲注(12)390-391頁。日本の民法では、不法原因の典型例として妾契約や賭博契約が挙げられる。
14) 吉原達也ほか編著『リーガル・マキシム─現代に生きる法の名言・格言』（三修社、2012年）443-445頁。
15) 日本の国内法では民法708条において不法原因給付が規定されるほか、民法1条及び民事訴訟法2条の信義則を根拠としつつそのいずれであるかが特定されることもなく、エストッペルやクリーン・ハンズ原則が単独に機能しているとみられる例が指摘されその役割を再考する議論がある（廣峰正子「信義則再考─わが国の最高裁判例にみる信義則の役割」立命305号（2006年）99-133頁）。
16) *Affaire des prises d'eau à la meuse,* pp. 9-14.

ま、オランダは新しい運河を完成し利用を開始した[17]。そこで、ベルギーは自国においても新しい運河を建設することとして着工したところ、これに対して、ベルギーの建設する運河が1863年条約に反するとしてオランダが訴えたのが、本事件である[18]。

裁判所の多数意見自体は、クリーン・ハンズ原則を明示的に示した箇所はなく、オランダの請求を1863年条約に照らして棄却している[19]。クリーン・ハンズ原則を明確に示したのは個別意見を付したハドソン判事である。ハドソン判事は、裁判所規程38条の「法の一般原則」にあたり国際法の一部として認識できるものとして衡平原則をあげ、かかる原則のもとで両当事者は同一の又は互恵的な義務を持ち「かかる義務を履行し続けない者が、他の当事者の同等の不履行から利益を受けることは許されてはならない」とする[20]。続けて、衡平を示す格言のなかに「エクイティ裁判所は訴訟の主題に関する行為が不適切であった原告に対して救済しない」とあり、同種の原則が他の国内法においても実現されていることを指摘した[21]。

またアンチロッチ判事は、請求が認められるかは第一に、根拠とする法規則が当該国家間の関係において適用可能でなければならないが、本請求の基礎を与える原則である「自身の義務を履行しない者に対して義務を履行する必要はない。(Inadimplenti non est adimplendum.)」はまったく正しく衡平で広く認められ、裁判所規程38条1項にいう「法の一般原則」の一つであり、国家間関係においても適用しなければならないと述べた[22]。

マックス・プランク国際法辞典で「クリーン・ハンズ原則」の項目を担当するシュウェーベルは、先のハドソン判事の考えは裁判所の多数意見にもアンチロッチ判事にも共有されていたとするジェンクスの指摘を引用する[23]。また、

---

17) *Ibid.*, pp. 14-15.
18) *Ibid.*, pp. 15-16.
19) 本件は1863年条約が裁判管轄権の基礎となっており、裁判所は1863年条約の解釈及び適用によってのみ判断を行う旨のことわりをしている (*ibid.*, p. 16)。
20) *Affaire des prises d'eau à la meuse, opinion individuelle de M. Hudson*, pp. 76-77.
21) *Ibid.*
22) *Affaire des prises d'eau à la meuse, opinion dissidente de M. Anzilotti*, p. 50.
23) Stepehn M. Schwebel, "Clean Hands, Principle", in Rüdiger Wolfrum (ed.), *The Max Planck Encyclopedia of Public International Law, Vol. II*, 2012, pp. 233; C. Wilfred Jenks, *The Prospects of International Adjudication*, 1964, pp. 30 and 326.

裁判所の多数意見は理由付けの中で、条約がオランダに対してムーズ河からの分水について管理する特権を与えているとするオランダによる解釈を、明らかに規定されているのでない限り条約が二当事国間に不平等な地位を生み出すものと解することはできないと否定しており[24]、シュウェーベルは、その流れで裁判所が「オランダ自身が過去に例を示した水門の建設及び利用を、いま責める権利が与えられていると認めることは困難」と結論している点が関係していると示唆している[25]。

　この先例以降、比較的近年になるまでこの原則が裁判所で言及されることはないが、学説の中で積極的に国際法上の原則性を認める議論はみられる。フィッツモーリスは、「権利は不法からは生じない。(Ex injuria non oritur jus.)」の原則の発現の一つとして、英国のエクイティ法上の原則であるクリーン・ハンズの原則が国際平面にも適用可能とし、違法な行為を行った国家は他国による同種の違法行為を責める提訴権 (locus standi in judicio) を、とりわけ他国の違法行為が自国の違法行為へ対抗するために行われている場合、剥奪されるであろうとする[26]。ビン・チェンは、信義誠実原則が国際裁判で適用される態様を示すなかで、「何人も自身の不法から利益を得ることはできない。(Nullus commodum capere de sua injuria propria.)」の原則の適用例をあげて、かかる原則は「違法な行為は提訴権の基礎を与えない。(Ex delicto non oritur actio.)」の原則としても現れ、国際裁判において一般に認められているとする。その例として挙げた先例の当事国の主張の中に、救済を求める者は自身が「綺麗な手で」現れなければならないとの記述があり、これはクリーン・ハンズ原則を示しているものと理解される。近年の裁判の中でクリーン・ハンズ原則へ言及する当事国又は判事は、先のムーズ河事件でのハドソン判事やアンチロッチ判事の意見と、このフィッツモーリスとビン・チェンの記述を根拠として挙げている。

　しかしながら、正面からクリーン・ハンズ原則を示したハドソン判事を除いては、現時点において、これらの材料をクリーン・ハンズ原則の根拠として持ち出す説得性は減じられている。まず、アンチロッチ判事の示した「自身の義

---

24) *Affaire des prises d'eau à la meuse,* p. 19-20.
25) *Ibid.*, p. 25 ; Schwebel, *supra* note 23, p. 234.
26) Gerald Fitzmaurice, "The General Principles of International Law: Considered From the Standpoint of the Rule of Law", *Recueil des cours,* Tome 92-2, 1957, p. 119.

務を履行しない者に対して義務を履行する必要はない。(Inadimplenti non est adimplendum.)」との原則は、その後に起草された条約法条約の60条に基礎を与えることとなった。60条は、条約当事国による条約の終了又は運用停止が認められる事由の一つとして、他の当事国による重大な違反があった場合を規定する。ただし起草過程において、原則はこの規定に根拠を与えるものであるが、原則は条約関係に変更を与えるものではなく相手国の違反からの救済を目的とするもので、条約関係を変更する本規定とは区別されるものと認識されており、原則自体が吸収されたわけではない[27]。

次にフィッツモーリスの記述であるが、彼は先の記述に続いて、かかる原則に基づいて裁判所において救済の要請を否定しうるか否かという観点ではなく、合法な復仇として認められる範囲とはいかなるものかという議論を展開している。復仇は相手国の違法行為に対して自ら自国の権利の回復を実現する手段として伝統的に用いられてきたが、国家責任条文の起草の際に対抗措置として要件の明確化が図られ、違法性阻却事由の一つと位置づけられた。その作業の中で、クリーン・ハンズ原則を導入するか、特別報告者のクロフォードが検討したが、クリーン・ハンズ原則は多くは外交的保護の請求の受理可能性を否定する基礎として主張されており、違法性阻却事由は、請求の受理可能性やフィッツモーリスのいうところの提訴権のような手続的問題を扱うものではないとする[28]。さらにクロフォードは、クリーン・ハンズ原則はその枠組においても確立したものといえるか見解が分かれていることを指摘し、信義誠実の概念を基礎に置く原則が国際法においても役割を持つことは確かであるが、クリーン・ハンズ原則のように「新しく曖昧な」法格言はそれに該当せず、「一般国際法の装置とはいえない」とするルソーの見解が有効であるとしている[29]。なおクロフォードは、アンチロッチの示した原則も検討して、ある種の互恵的・双務的な義務に適用されるもので違法性阻却事由とは異なるとしつつ、この原則は「国家は自身の違法行為に依拠することはできない」との原則に基づ

---

27) Bruno Simma and Christian J. Tams, "Article 60", in Olivier Corten and Pierre Klein (eds.), *The Vienna Conventions on the Law of Treaties: A Commentary, Volume II*, 2011, pp. 1351-1381.
28) Crawford, *supra* note 6, p. 432; International Law Commission, *Second Report on State Responsibility by the Special Rapporteur James Crawford* (A/CN.4/498), paras. 330-333.
29) *Ibid.*, paras. 332-334; Charles Rousseau, *Droit international public*, Tome 5, 1983, p. 177.

いており、かかる原則は信義誠実の概念を基礎に置く原則であって、ガブチコボ・ナジュロマロシュ事件にみられたように責任の分野において新しい法的帰結を生み出す可能性があるとしている[30]。

そしてビン・チェンの記述については、彼が原則を認めたとして挙げている先例は、ラテン・アメリカ諸国による独立戦争時における捕獲審検所の判例で、拿捕されたスペイン船籍船に従事していた米国籍のクラーク船長を、米国が中立国の国民として保護するために当事国となっていたものである[31]。この中で、クラーク船長が米国の中立を守るべく定めた米国国内法と二国間条約とに反する行為をしていたことが問題と認められ、請求が棄却されたということを、国際平面においてクリーン・ハンズ原則が適用される根拠としているのである[32]。ビン・チェンはより広い文脈にも相当するものとして記述しているようにみられるが、例自体は外交的保護の枠組の中で機能する可能性を示すものでしかない。

外交的保護の枠組においてこのクリーン・ハンズ原則が適用され、保護の対象となる私人の有責性の有無が問題となるかについては、外交的保護条文案の起草時に検討することとなった。特別報告者のデュガードは、結論として外交的保護における本原則の適用には反対の学説が多く、条文案には検討に入れないこととすると決定する[33]。

こうしてみると、クリーン・ハンズ原則の適用を主張する者が根拠にしている材料は、他の国際法上の装置の根拠を提供したか（条約法の終了停止原因や、責任法における対抗措置）、クリーン・ハンズ原則が外交的保護の請求の受理可能性を左右するという限定的な場面で機能しうる可能性を示唆したにすぎず、さらに後者について現時点では実定法の法典化とするまでにはその機能が一般的には認められないものとされているのである[34]。

しかしながら、こうした国際法上の先例や学説の支えが希薄ななか、クリーン・ハンズ原則はむしろ近年繰り返しICJにおける主張に持ち出されている。

---

30) Crawford, *supra* note 6, paras. 314-329 and 333.
31) Bin Cheng, *General Principles of Law as Applied by International Courts and Tribunals*, 2006 (reprint of his classic in 1953), pp. 155-158.
32) *Ibid.*
33) International Law Commission, *Sixth Report on Diplomatic Protection by John Dugard* (A/CN.4/546), paras. 17-18.

先のデュガードは、外交的保護の文脈での適用可能性を検討する前提として、私人の関係しない国家間の関係において本原則が機能するかについても検討し、国家間紛争の中で当事国及び裁判所の少数意見で繰り返し用いられているが多数意見では採用されていないことを指摘しつつ、多数意見がそれを否定している例もないことに注意を向けており、こうした先例の積み重ねも無視できないことを示唆している[35]。そこで、次に実際に訴訟手続の中でクリーン・ハンズ原則への言及がある判例を確認し、かかる原則がどのような意図を持って援用されているのか、検討することとする。

III 近年の国際司法裁判所におけるクリーン・ハンズ原則への依拠

1 クリーン・ハンズ原則への依拠例

(1) ニカラグア事件

1986年に本案判決が下された「ニカラグア事件」[36]は、反ニカラグア政府組織であるコントラへの米国による援助等が国際法違反に当たるとしてニカラグアが提訴し、米国の武力行使禁止原則や不干渉原則違反が認定された事件である。米国は裁判所が裁判管轄権の存在を認定したのちに訴訟手続への参加を拒否しているため、管轄の存在を争った一部の論点を除いた主張を十分に展開していないが、本案判決に付した反対意見の中で、シュウェーベル判事がクリーン・ハンズ原則に依拠した議論を展開した。シュウェーベル判事は、ニカラグア自身がエルサルバドルにおいて違法な武力侵略を行っており「綺麗な手で裁判所に来ていない」とし、ムーズ河事件やその他の個別意見等を引用しながら、

---

34) 否定的な見解としてJean J. A. Salmon, "Des 'mains propres' comme condition de recevabilité des réclamations internationales", *Annuaire français de droit international*, Vol. 10, 1964, pp. 225-265. 肯定的な見解としてRobert Kolb, "La maxime 'nemo ex propria turpitudine commodum capere potest' (nul ne peut profiter de son propre tort) en droit international public", *Revue belge de droit international*, 2000/1, pp. 105-107.

35) International Law Commission, *supra* note 33, paras. 5-6.

36) *Case concerning Military and Paramilitary Activities in and against Nicaragua (Nicaragua v. United States of America)* (hereinafter *"the Nicaragua Case"*), Merits, Judgment of 27 June 1986.

かかる行為によってニカラグアが米国の同種の違法性を問題とするための訴権 (locus standi) は失われているとした[37]。

(2) ジェノサイド条約適用事件

1993年にボスニア・ヘルツェゴビナが提訴した「ジェノサイド条約適用事件」[38]は、旧ユーゴスラビア連邦から独立したボスニア・ヘルツェゴビナで激化した内戦の一方に、新ユーゴスラビア連邦(後にセルビア・モンテネグロとなり現在はセルビア共和国)の機関と考えられる軍隊が支援したことがジェノサイド条約等への違反に当たることを主張した事件である。本事件では提訴時に仮保全措置が要請され、1993年4月に新ユーゴスラビア連邦にジェノサイド条約違反の行為に関与しないこと及び両当事国が紛争悪化に繋がる行為を慎むことを命じる仮保全措置が下されたが[39]、事態の改善がみられないために再び措置が要請され、同年9月にさらなる命令が下された[40]。この二度目の命令に付されたアジボラ判事の個別意見に、クリーン・ハンズ原則への言及がみられる。二度目の仮保全措置要請においてボスニア・ヘルツェゴビナは、ジェノサイド条約への違反行為の停止だけではなく、セルビア・モンテネグロのミロシェビッチ大統領を含む政府高官がボスニア・ヘルツェゴビナの領域を編入等しようとする計画を辞めること、ボスニア・ヘルツェゴビナがジェノサイド行為から国民を守る手段を持ちジェノサイド条約の他の締約国から武器等供与を受けること等も要請していた。アジボラ判事は、先の仮保全措置命令がどちらの当事国にも守られていないとして、再度要請したボスニア・ヘルツェゴビナを非難し、「とりわけ英米法系の多くの国内裁判所において、中間手続は完全に裁判所の裁量の範疇であり、多くの場合において裁判所がそのような裁量を用いることを要請される際には(それは裁判所の固有の権能の一部であるが)『衡平』が非常に重要な役割を果たし、『衡平を求める』原告は『衡平をなさねばならない』、すなわち原告は『綺麗な手で来なければならない』」と述べて、さ

---

37) *The Nicaragua Case, Merits, Dissenting Opinion of Judge Schwebel.* (なおシュウェーベル判事は米国籍判事である。)
38) *Application of the Convention on the Prevention and Punishment of the Crime of Genocide (Bosnia and Herzegovina v. Yugoslavia (Serbia and Montenegro))* (hereinafter *"Application of the Genocide Convention"*).
39) *Application of the Genocide Convention, Provisional Measures, Order of 8 April 1993.*
40) *Application of the Genocide Convention, Provisional Measures, Order of 13 September 1993.*

らなる要請をなすためには自身が先の命令に従っていることを示さなければならないとしている[41]。

(3) 武力行使の合法性に関する事件

「武力行使の合法性に関する事件」[42]は、ユーゴスラビア（当時）からコソボ自治州が独立を図ろうとする内戦の中でNATO軍による空爆が行われたところ、ユーゴスラビアがNATO構成国のうちの一部の国（ベルギー、フランス、イタリア、ポルトガル、英国、カナダ、ドイツ、オランダ、スペイン、米国）を相手取り1999年に提訴し、同時に仮保全措置を要請した事件である。この仮保全措置の口頭手続において、ドイツ・カナダ・英国・米国・ポルトガルが、クリーン・ハンズ原則に依拠して、ユーゴスラビア自身による住民虐殺等の行為から、仮保全措置は認められないと主張した。ドイツとポルトガルは、ユーゴスラビアが「綺麗な手で」裁判所に来ておらず仮保全措置の要請は手続の濫用であると非難し[43]、カナダと米国は、「綺麗な手で」来ていない原告に仮保全措置を認めるのは不適切であるとした[44]。英国は、仮保全措置を指示する裁量を行使するか否かを決定するにあたって裁判所はすべての衡平を考慮し、とりわけ原告が「綺麗な手で」要請しに来ているかに注意を払うべきであるとし、これは司法機能に不可欠な要素に深く関係しており、裁判所規程第38条にいう「法の一般原則」とみなされるべきであると主張した[45]。裁判所は、クリーン・ハンズ原則やユーゴスラビア自身の違法性には触れず、仮保全措置を指示するに要する「一応の管轄権」も存在しないことを理由に仮保全措置の要請を却下したが、裁判所に出廷しているすべての当事国が国連憲章上の義務及び国際人道法等の国際法上の義務に違反しないよう行動しなければならないことを冒頭に述べている[46]。

---

41) *Application of the Genocide Convention, Provisional Measures, Separate Opinion of Judge Ajibola.*
42) *Affaire relative à la licéité de l'emploi de la force, ordonnance du 2 juin 1999, mesures conservatoires.*
43) *Case concerning Legality of Use of Force, Verbatim Record, CR99/18 and CR99/21.*
44) *Case concerning Legality of Use of Force, Verbatim Record, CR99/16 and CR99/24.*
45) *Case concerning Legality of Use of Force, Verbatim Record, CR99/23.*
46) *Affaire relative à la licéité de l'emploi de la force, supra* note 42, para. 18.

(4) 逮捕状事件

2002年に本案判決が下された「逮捕状事件」[47]では、ファン・デン・ウィンゲルト判事の反対意見にのみクリーン・ハンズ原則への言及がみられる。本件は、1949年ジュネーヴ条約等の重大な違反及び人道に対する罪等の行為に対して普遍的管轄権を行使する法律に基づき、コンゴ民主共和国の外務大臣であるイエロディアへの逮捕状を発布したことに対して、コンゴが逮捕状の破棄等を求めて提訴したものである。ファン・デン・ウィンゲルト判事は、コンゴは自国において訴追する義務を負う行為について訴追したベルギーを非難するという不誠実な行為をしており、裁判所に「綺麗な手で」来ていないと指摘した[48]。しかし争点は主に外務大臣の刑事管轄権からの免除に関する国際法に違反するか否かという点にあったため、裁判所は逮捕状の発布がこれに違反したとして逮捕状の破棄を命じる判決を下し、判事の指摘に呼応する判断は特になかった。

(5) 石油油井事件

2003年に本案判決が下された「石油油井事件」[49]では、両当事国がクリーン・ハンズ原則の適用可能性を正面から争った。本件は、米国海軍の軍艦が国営イラン石油会社の石油油井に攻撃を加えて破壊したことについて、イランが米国を相手取り提訴した事件である。かかる攻撃はイラン・イラク戦争の最中に生じており、米国籍のタンカーが受けたミサイル攻撃と米軍艦が被害を受けた機雷の敷設とがイランによるものであるとして、行われたものであった。米国は自身の行為が正当な自衛権行使に基づくものであるとし、加えて、イラン自身の違法行為があるため裁判所は要請された救済を退けるべきとの主張を展開した。

米国は、「訴訟の当事者は自身の非行によって利益を受けようとすることは許されない。(Nullus commodum capere de sua injuria propria.)」との原則は国際法において十分に確立しており、非行を行った当事者は私法上の救済を要求する権利を喪失するというクリーン・ハンズの原則もまた認められ、イラン自身が

---

47) *Affaire d'arrêt du 11 avril 2000 (République dèmocratique du Congo c. Belgique), fond, arrêt du 14 Fébrier 2002.*

48) *Affaire d'arrêt du 11 avril 2000, ibid., opinion dissidente de Mme Van den Wyngaert,* para. 35.

49) *Oil Platforms (Islamic Republic of Iran v. United States of America), Merits, Judgment of 12 December 1996.*

イラン米国請求権裁判所において原則を援用していると指摘した[50]。これに対してイランは、クリーン・ハンズの概念とはそれ自体が自律的な法的仕組みを持つものではなく他の仕組み又は法的規則の履行に伴って機能するもので、外交的保護権行使の文脈において個人のクリーン・ハンズが問題とされてきたものであり、米国は国家間の紛争において国家自身のクリーン・ハンズが請求の受理可能性にかかわるか示しておらず、またすでに管轄権は認定されていることも指摘した[51]。また、ILCの国家責任条文の作業において網羅的に規定された違法性訴却事由にも含まれておらず、事由として明記された自衛権として正当化できないのであればクリーン・ハンズの主張が単独で防御となることはなく、ILCが「違法性訴却事由」とその他の「違法性は訴却しないが違法性を緩和又は増大させる効果を持ちうる事由」との違いを指摘したことに鑑みると損害の評価に影響を与える可能性があるのみだとした[52]。

　裁判所は、クリーン・ハンズの原則の機能を正面から論じなかった。裁判所は、かかる主張が受理可能性を否定する目的ではなく救済を請求する権利を排除する目的を持つものであるとしてイランの反論の一部を修正しながら、かかる主張の確からしさを明らかにするためには、まさにイランの請求と米国の反訴に判決を与えるために両国のペルシャ湾での行為を検討しなければならないとした[53]。

(6)　パレスチナの壁事件

　2004年に勧告的意見が出された「パレスチナの壁事件」[54]は、イスラエルがパレスチナ占領地域を囲む形で建設した壁が国際法に照らしてもたらす法的帰結について、国連総会が2003年に勧告的意見を諮問したものである。この手続においてイスラエルはクリーン・ハンズの原則に依拠して、壁建設の理由であるテロ行為に責任のあるパレスチナは「綺麗な手」で裁判所に来ておらず、

---

50)　*Oil Platforms, Merits, Counter-Memorial and Counter-Claim submitted by the United States of America,* pp. 156-159.
51)　*Oil Platforms, Merits, Reply and Defence to Counter-Claim submitted by the Islamic Republic of Iran,* pp. 175-180.
52)　*Ibid.,* pp. 181-185.
53)　*Oil Platforms, supra* note 49, paras. 27-30.
54)　*Conséquences juridiques de l'édification d'un mur dans le territoire palestinien occupé* (ci-aprés dénommé «*Conséquence juridiques de l'édification d'un mur*»), *avis consultatif du 9 Juillet 2004.*

本件は勧告的意見の手続の濫用であると主張した[55]。イスラエルは提出した陳述書の中で、「信義誠実及び『クリーン・ハンズ』の衡平に関する原則は裁判所の先例において広く認識されており、それらのコロラリーの原則である信義不誠実と権利濫用についても同様である」とし、ムーズ河事件のハドソン判事の意見に示されたクリーン・ハンズを衡平上の法格言として引用し、これは「何人も自身の非行から利益を受けることはできない。(Nullus commodum capere de sua injuria propria.)」という原則からきており、この原則は勧告的意見にも等しく関係するとした[56]。

裁判所は、イスラエルが原則としてあげたローマ法上の法格言に依拠し、信義誠実と「クリーン・ハンズ」の原則は裁判所が総会による諮問を却下する決定的理由を与えると主張しているとまとめつつ、特定の国家に意見を与えるものではない勧告的手続には関係がないとして退けた[57]。

(7) 人種差別撤廃条約の適用に関する事件

2010年の判決で管轄権の存在が否定された「人種差別撤廃条約の適用に関する事件」[58]は、南オセチアとアブハジアにおけるロシアの行為が人種差別撤廃条約の禁止する民族浄化に当たることの認定等を求めてグルジアが提起した事件である。グルジア国内の自治地域であった南オセチアとアブハジアの領土的地位に関して争いが生じており、ロシアは先決的抗弁のなかで、本紛争は人種差別撤廃条約上の紛争ではなく、「真の紛争 (real dispute)」は南オセチアとアブハジアの領土的地位とグルジアによる武力行使に関して生じたグルジアと南オセチア及びアブハジアとの間の問題であると主張した[59]。グルジアは、ロシアのこの主張を「汚い手 (unclean hands)」で法廷に来るなとする「いわゆるクリーン・ハンズの原則」の主張であるとしつつ、この主張に正面から反対せずに、いずれにしても人種差別撤廃条約上の紛争自体は生じているとした[60]。

---

55) *The Legal Consequences Arising from the Construction of the Wall, Written Statement of the Government of Israel on Jurisdiction and Propriety,* pp. (ii)-(iii) and pp. 113-114.
56) *Ibid.*, pp. 113-114.
57) *Conséquences juridiques de l'édification d'un mur, supra* note 54, paras. 63-64.
58) *Case concerning Application of the International Convention on the Elimination of All Forms of Racial Discrimination (Georgia v. Russian Federation)* (hereinafter *"Application of the Racial Discrimination Convention"*), *Preliminary Objections, Judgement of 1 April 2011.*
59) *Application of the Racial Discrimination Convention, Preliminary Objections of the Russian Federation,* Chapter II.

裁判所はこの点に関して答えることはせず、条約に規定された紛争付託要件の付託前の交渉が尽くされていないことをもって、請求を棄却した。

2 原則への依拠と裁判における紛争の個別化

　本稿は、上記の先例においてクリーン・ハンズ原則が認められるべきであったか否かを検討するものではない。先のⅡ2に述べたように、本原則を依拠する主張を支える材料は決して確固としたものではないことがすでに明らかである。実際に、本原則を持ち出す当事国や判事も、この原則にのみ頼るのではなくあくまでも二次的・追加的主張として試みているものであるため、これまで注意を払う意味のあるものと扱われてこなかったと言えるだろう。それにもかかわらず、本原則にも依拠しようとする試みが近年繰り返し見られる背景には、何があるのか。

　上記の先例に共通する特徴をまとめてみると、次の点が指摘できる。第一に、いずれの事件も外交的保護の文脈や個人にかかわる事例ではなく、国家間紛争において（提訴国の国民ではなく）提訴国の有責性の文脈で持ち出されていることである。イスラエルの壁に関する勧告的意見は、争訟手続とは異なるが、イスラエルとパレスチナの紛争においてイスラエルの壁建設の可否が問題とされており、イスラエルが事実上「被告国」に類する位置づけに置かれている。裁判所は、勧告的意見の手続においてパレスチナは「原告国」ではないため、パレスチナの有責性を問題とするイスラエルのクリーン・ハンズの主張を退けたが、構造は同じである。

　第二に、いずれの事件も紛争当事国の双方の合意をもって訴訟手続（ないしは諮問手続における事実上の紛争当事国の同意）が始められたものではないことである。クリーン・ハンズ原則の機能に鑑みれば、そうした事件でのみ援用されているのは当然ではあり、ICJにおいて一方的に付託される事件が近年多いことからも、それ自体は特筆すべきことではない。しかしながら、一方的付託による事件は一方当事国が請求事項を特定して提訴するため、紛争当事国間で実際に抱えていた衝突を一方的に切り取った形で提訴し、他方の当事国がその

---

60) *Application of the Racial Discrimination Convention, Verbatim Record, CR 2010/11*, paras. 31-39.

点をしばしば争うことが起こる。クリーン・ハンズ原則が言及された事件は逮捕状事件を除いて、一方的付託による事件の中でも、とりわけかかる問題の生じた事件であることが特徴的なのである。

ニカラグア事件で米国は、ニカラグアが近隣諸国に武力行使等の行為を行ってきたことを指摘するとともに、本件はホンデュラスも含めた中米全体にわたる社会・経済・政治・安全保障が絡み合う問題の中で生じており、そうした総合的な問題解決のために地域で合意されたコンタドーラ・プロセスの枠組の中で解決されるべき問題であるとし、二国間紛争として提起したことを非難した[61]。ジェノサイド条約適用事件でユーゴスラビアは、本件が内戦の過程の中で生じた一側面であることを主張し[62]、武力行使の合法性に関する事件で被告国らは、本件の背景にユーゴスラビアの管理下において行われたコソボ住民らの虐殺行為があり、すでに国際機関からの非難があった上で取られたNATOの行為であったことを主張した[63]。石油油井事件で米国は、石油油井への攻撃が長い一連の攻撃の中で生じたものであることを主張し、そのうちの一部の米国による攻撃を取り上げた提訴を非難し[64]、パレスチナの壁事件でイスラエルは、勧告的意見の要請が、イスラエルとパレスチナの間の長期にわたる紛争の一側面のみを取り出し、パレスチナ人によるテロがイスラエルを脅かし続けている現実を無視するものであると主張している[65]。人種差別撤廃条約適用事件で、原告国が裁判所に提起された紛争は「真の紛争」と異なるとした際に、被告国がそれはいわゆるクリーン・ハンズ原則の主張であるとしたのは、クリーン・ハンズ原則がこうした先例の中で持ち出されてきたからであろう。

第三に、これらの事件に相当の割合で被告国による反訴の提起が行われてい

---

61) *The Nicaragua Case, Preliminary Objections, Counter-Memorial of the United States of America*, pp. 56-73.
62) *Affaire relative à l'application de la convention pour la prévention et la répression du crime de génocide (Bosnie-Herzégovine c. Yougoslavie), exceptions préliminaires, arrêt du 11 juillet 1996*, para. 43.
63)（対米国の手続のみ一例として）*Case concerning Legality of Use of Force, Verbatim Record*, CR99/24.
64) *Affaire des plates-formes pétrolières (République islamique d'Iran c. Etats-Unis d'Amérique), exception préliminaire, arrêt du 12 Décembre 1996*, para. 18.
65) *The Legal Consequences Arising from the Construction of the Wall, Written Statement of the Government of Israel on Jurisdiction and Propriety*, pp. 4-5.

ることも特徴的である。これまでICJにおいて反訴が行われた件数は総件数161件（2016年4月時点）のうち8件にとどまり、そのうちの3件（ジェノサイド条約適用事件、石油油井事件、人種差別撤廃条約の適用事件）が上記に含まれているのである。また、常設ICJでは反訴が提起された事件は3件にとどまり、そのうちの一つが冒頭にあげたムーズ河引水事件である。これら4件はいずれも、クリーン・ハンズ原則を適用するべきとされる提訴国の有責性を、反訴によって裁判所の判断事項のうちに入れるよう求めたのである。

近年、とりわけ条約中の紛争付託条項に基づく提訴の際に、提訴国により定式化された紛争主題と管轄権の基礎との関係を、裁判所が形式的に比較的容易に認めることが問題として指摘されるところである[66]。被告国（や提訴国への非難を述べる判事）は、一方ではクリーン・ハンズ原則を用いて、裁判の外に置かれた背景を原則を媒介として判断に取り入れ、裁判所における請求又は救済を退けるよう求め、また一方では、反訴の手続を用いて、裁判の外に置かれた提訴国の有責性についても判断が下るように求めるという形で、こうした提訴国による一方的な紛争の定式化に対して修正をはかる試みが行われていることがみて取れるのである[67]。

Ⅳ　おわりに

以上みてきたように、ICJでは、当事国又は個別意見を付す判事が英米法のエクイティ上の原則であるクリーン・ハンズ原則に言及する機会が、近年になって増えてきている。本原則は、国際法においては外交的保護という限られた文脈にのみ適用する可能性を支持する議論であれば一定の範囲でみられる一方で、純粋な国家間の紛争における適用を支持する先例や議論は乏しい。それにもかかわらず、原則への言及が行われる背景には、提訴国によって一方的に定式化された紛争主題に対して、その背後にある文脈への考慮を法的に正当に

---

66) 河野真理子「国際裁判の動向—条約の紛争解決条項に基づく紛争付託の問題点」法教238号（2000年）38-41頁。
67) 反訴の手続も近年になって増えている。裁判における紛争の定式化と反訴の増加との関係については、李禎之『国際裁判の動態』（信山社、2007年）49-86頁。

求めようとの意図がある[68]。現時点において、クリーン・ハンズ原則が単体として機能するかは、依拠される場面においても機能のさせ方が異なり[69]、学説上も支持が希薄ななか肯定的に断定することはできない。しかし、裁判所はこれまで数度にわたる機会があったにもかかわらず本原則の可能性を正面から否定することはしたことがなく、クリーン・ハンズ原則と同種の信義誠実原則や衡平に繋がる原則への依拠は裁判所においても用いられてきており[70]、近年の国際裁判における一般原則の利用可能性が学説においても積極的に検討されるなか[71]、今後認められる余地は必ずしも否定されずに残されていると考えられる。

---

[68] 提訴国が用いた管轄権の基礎の範囲において試みるために、法の一般原則のように管轄権の基礎が特定の条約に基づく場合にも用いることのできる法源であることも重要となる。

[69] 紛争主題に含められた被告国の違法行為とされる行為と、提訴国の有責性が問題とされる行為との関係性もそれぞれの事件で異なっている。後者の行為が前者の行為の原因となっているのではなく、相関関係にない提訴国の違法行為を問題とする場合も含まれ（ジェノサイド条約適用事件）、かかる場合にはクリーン・ハンズ原則の本来の機能からは適用できる場面ではないと考えられる。ビン・チェンはクリーン・ハンズ原則が適用可能な場合について、提訴国の有責性が訴訟原因に関係する範囲においてのみ認められると述べている（Bin Cheng, *supra* note 31, pp. 157-158）。

[70] 本稿では紙幅の関係から、クリーン・ハンズ原則に明示的に言及しているもののみを扱ったが、「権利は不法からは生じず。（Ex injuria jus non oritur.）」へ言及した例や事実上原則の適用によって得られる効果を認めた例は他にも指摘される（マックス・プランク国際法辞典で国際法上の本原則の存在を肯定的に捉えるシュウェーベルもこうした例を含めている。Schwebel, *supra* note 23, pp. 232-235）。また、クリーン・ハンズ原則のもととなる「何人も自身の不法から利益を受けることはできない。（Nullus commodum capere de sua injuria propria.）」は単体で機能が認められていることが指摘される（Kolb, *supra* 34; Robert Kolb, *The International Court of Justice*, 2013, pp. 951-952）。

[71] とりわけ ICJ にとどまらずより広く国際裁判における恣意的な紛争の定式化が問題となる場面において法の一般原則の可能性を指摘するものとしてたとえば、Luiz Eduardo Salles, *Forum Shopping in International Adjudication: The Role of Preliminary Objections*, 2014 では「権利は不法からは生じず。（Ex injuria jus non oritur.）」をかかる場面で機能する原則として述べる。

個人の国際法上の権利と国際司法裁判所

土 屋 志 穂

I はじめに

　国家が唯一の国際法主体であるとしたかつての国際法において、個人は論理必然的に国際法上の権利義務主体から排除されていた[1]。したがって、常設国際司法裁判所（以下、「PCIJ」という）および国際司法裁判所（以下、「ICJ」という）での個人出訴権は問題にされなかった。ところが現在、個人の問題は国際法と国内法の二元論的区別を超え、国内法の問題は国内裁判所で、国際法の問題は国際裁判所でという単純な区別では収まらなくなっている[2]。個人に条約が権利義務を規定し、それが特別の編入手続なしに直接適用される場合などもあり、個人が権利も義務もない単なる国際法上の客体とみなすことは今日の国際法学では不可能である。

　しかし、そうであってもICJへの個人の出訴は認められない。ICJ規程34条1項が裁判の当事者を国家に限定しているからである[3]。国家以外の個人・私企業・団体が直接にかかわる問題がICJで多くなったとしても、1920年のPCIJ規程で構築された枠組みに「囚われた」[4]まま、ICJにおける訴訟の原告適

---

1) 山本草二『国際法〈新版〉』（有斐閣、1994年）163頁。
2) 国際裁判所研究会「国際裁判所と国内裁判所(1)」上智法学論集53巻2号［滝沢正執筆］42頁。
3) Andreas Zimmermann, Christian Tomschat, Karin Oellers-Frahm and Chrisitan J. Tams(eds.), *The Statute of the International Court of Justice A Commentary*, Second Edition, (Oxford, 2012), pp.585-598.
4) Robert Y. Jennings, "THE UNITED NATIONS AT FIFTY, The International Court of Justice after Fifty Years", *American Journal of International Law*, vol.89 (1995), p.504.

格は国家にのみ認められている[5]。そのため、国際裁判において個人にかかわる紛争は2つの傾向を有するようになった。ひとつは、ICJ以外の国際裁判所における解決の道が探られるようになったことである[6]。個人の国際犯罪を処罰するために設けられた国際刑事裁判所や、国際投資について投資家個人や企業と投資受入国との裁判を行う国際投資紛争解決センター（ICSID）、地域的な人権条約に基づく人権裁判所など、訴訟適格者としての資格を条約によって個人に付与する実行が積み重ねられ、個人は紛争解決手段として国際裁判所も選択可能となったのである。

　もうひとつは、事実としての紛争が個人に関連するものをきっかけとするものであっても、紛争の主題を国家が自らに対する損害あるいは権利侵害として再構成することで、ICJでの訴訟を可能にするという方式である。この方式は伝統的には外交的保護といわれ、PCIJの頃から個人にかかわる紛争において選択されてきた解決方法である。外交的保護とは、「国民の請求を取り上げることによって、および、外交的行動ないし請求者（である国民）の代わりに、国際裁判に訴えることで、国家は実際には自己の権利を主張する」[7]制度である。今日、国家間紛争では一般的に国家の国際義務違反について国家自身の責任が問われるが、国家責任法の生成時においてはむしろ、外交的保護が中心であった。19世紀から20世紀初頭の仲裁判断による紛争解決の中で外交的保護の実行が蓄積されるうちに、外国人への侵害をめぐる侵害国の慣習法上の義務としての賠償が観念され、帰属の条件や賠償対象となる損害の範囲といった国家責任法の具体的内容が明らかにされていったのである[8]。実際、国家責任に関する法典化作業において国連国際法委員会（以下「ILC」という）の特別報告者に選出されたガルシア＝アマドールは、「自国領域内で外国人の身体・財産が被った損害に対する国家の責任」として報告書を提出している[9]。その後、ILCは国家責任法条文草案の内容を外国人の被った損害に限定しないとした[10]ため、外国人損害については外交的保護条文の法典化作業に任されることにな

5）Robert Kolb, *The International Court of Justice*, (Hart publishing, Oregon, 2013), pp.263-265.
6）Jennings, *supra* note 4, p.504.
7）*Mavrommatis Palestine Concessions*, Merits, *PCIJ Series A, No.2*, 1924, p. 12.
8）西村弓「国家責任法の誕生―国際法における責任原則とその適用対象の一般化」上智大学法学会編『上智大学法学部創設五十周年記念：変容する社会の法と理論』（有斐閣、2008年）259-260頁。

り、概念整理が進んだ。他方で、ICJでは外交的保護と国家責任に関するケースは区別され、外交的保護に関するケースも引き続き係属対象とはなってきた。

ところが、近年のICJの実行では、必ずしも伝統的な外交的保護と同一視できない判断が累積している。たとえば、2001年のラグラン事件では、形式上は国籍国が国家への侵害に擬制された個人の権利侵害を提起しているにもかかわらず、ICJはこれを外交的保護であるとは結論づけなかった[11]。さらに、2004年のアヴェナ事件においては、国籍国が国民の・国・際・法・上・の権利を代理として訴える仕組みは外交的保護ではなく、「国民の権利と国家の権利の相互依存状態」[12]であるとさえ述べられている。両事件は領事関係条約が個人に国際法上の権利を創設するとの認定に基礎づけられたが、個人の国際法上の権利侵害が紛争の主題となる場合、ICJはマヴロマティス事件以降維持してきた外交的保護を否定ないし放棄することが可能なのであろうか。

さらに、個人の権利侵害という点では、国際人権保障制度との関係についても考慮しなければならない。個人が国際的にも基本的人権を保障されることは普遍的な人権条約および地域的・事項的人権条約で確保されてきた。国際人権

---

9) *Yearbook of International Law Commission 1956*, vol. II, pp.173-231 (A/CN.4/96); *Ibid. 1957*, vol. II, pp.104-130 (A/CN.4/106); *Ibid. 1958*, vol. II, pp.47-73 (A/CN.4/111) ; *Ibid. 1959*, vol. II, pp.1-36 (A/CN.4/119); *Ibid. 1960*, vol. II, pp.41-68 (A/CN.4/119); *Ibid. 1961*, vol. II, pp.1-54 (A/CN.4/134). なお、法典草案の具体的内容につき、*Yearbook of International Law Commission 1961, Ibid*, pp.46-54参照。また、1961年報告書付属の法典草案の対訳は、安藤仁介訳「『自国領域内で外国人の身体・財産がこうむった損害に対する国家の責任』に関する法典草案（資料）」京都大学教養部政法論集3号（1969年）149-169頁も参照。

10) 特別報告者Agoの提案により、外国人損害という問題に特化した国家責任法ではなく、より一般的な国家責任法の法典化が求められたためである。*Yearbook of International Law Commission 1963*, vol. II ,p.228.; James Crawford, *State Responsibility The General Part*, (Cambridge, 2013) pp.35-44. このような国家責任法の一般原則や賠償規則が個人の国際法上の権利侵害に対する法的帰結にも適用できるかについて、ILCは特別な規則に反しない限り適用可能と考えているようである。そのような指摘について、薬師寺公夫「国際司法裁判所における個人の権利の認定とその法的効果に関する覚書(1)」立命館法学355号（2014年）1022-1025頁。

11) *LaGrand case* (Germany v. United States of America), Judgment (2001), para.77：ただし、Avena事件の後に判断されたコンゴ対ウガンダ武力紛争事件では、外交的保護の伝統的な要件判断にICJが固執する部分もみられる（*Case Concerning Armed Activities on the Territory of the Congo*, Judgment, *ICJ Reports 2005*, paras.330-333.）。

12) *Case Concerning Avena and Other Mexican Nationals* (Mexico v. United States of America), Judgment (2004), paras.38-40. ただし、これがいかなる状況であるかについては十分な説明がなされていない。

保障は、すでに単なる個人の保護の枠を超えて、国際法全体の関心事項としての地位を確立していることに疑いはない[13]。近年ICJでは、武力紛争法[14]や免除に関する規則[15]など一般国際法との関係で人権保障が問題となる場合に限らず、人種差別撤廃条約[16]や拷問禁止条約[17]等直接的に人権条約上の権利を主題とする紛争も提起されるようになっている。外交的保護との関係では、2007年のディアロ事件先決的抗弁で、「従来、外国人待遇の最低基準違反に限定されてきた外交的保護権の事項的管轄の範囲は、後に拡大され、国際的な人権の保障も含むようになった」[18]と述べられたことが注目に値しよう。外交的保護も一般国際法のhumanization（人権化）[19]という大きな潮流のなかで、人権侵害に対する履行確保の一端を担うようになりつつあるのか。ICJはディアロ事件において外交的保護と人権の関係、そしてその侵害に関する請求権の問題をどのように整理したのだろうか。

本稿では個人がICJでどのように扱われてきたかをICJの人的管轄の点および外交的保護の観点から概観（以下Ⅱ）したうえで、ICJが外交的保護の事項的管轄に人権を含むようになったとして人権条約違反を扱ったディアロ事件判

---

13) *Barcelona Traction, Light and Power Company, Limited* (Belgium v. Spain), Second Phase, Judgment, *ICJ Reports 1970*, para.34.
14) *Legal Consequences of the Construction of a Wall in the Occupied Palestinian Territory*, Advisory Opinion, 2004.; *Case concerning the Application of the Convention on the Prevention and Punishment of the Crime of Genocide* (Bosnia and Herzegovina v. Serbia and Montenegro), Judgment, 2007.
15) *Jurisdictional Immunities of the State* (Germany v. Italy: Greece Intervening), Judgment, 2012.
16) *Case concerning Application of the International Convention on the Elimination of All Forms of Racial Discrimination* (Georgia v. Russian Federation), Request for the Indication of Provisional Measures, Order, 2008.
17) *Questions Relating to the Obligation to Prosecute or Extradite* (Belgium v. Senegal), Judgment, 2012.
18) *Case Concerning Ahmadou Sadio Diallo* (Guinea v. Democratic Republic of the Congo), Preliminary Objections (2007), para.39.
19) 人権法が一般国際法に与える影響について、断片化アプローチと調和アプローチの二つがあると考えられている。国際法協会による人権の国際法への影響に関する作業部会では後者のアプローチが好ましいとされた。(Menno T. Kammminga, "Final Report on the Impact of International Human Rights Law on General International Law", Menno T. Kammminga and Martin Scheinin (eds.), *The Impact of Human Rights Law on General International Law*, (Oxford, 2009), pp.1-2.)「人権化」の議論についてより詳しくは、阿部浩己『国際法の人権化』（信山社、2014年）5-36頁。

決を素材に人権侵害に対する外交的保護権の行使の問題を評価（以下Ⅲ）したい。

Ⅱ 国際司法裁判所における個人と外交的保護

すでに述べたように、個人はICJにおいて出訴権を有しない。ICJ規程34条1項は「国のみが、裁判所に係属する事件の当事者となることができる」とする。これは、その前身であるPCIJ規程34条の起草過程において、法律家委員会が国際連盟規約14条「該裁判所（常設国際司法裁判所：筆者注）ハ、国際的性質ヲ有スル一切ノ紛争ニシテ其ノ当事国（'parties'）ノ付託ニ係ルモノヲ裁判スル権限ヲ有ス。」との連続性を鑑みたからに相違ない[20]。この規定において個人の存在は問題とされなかった。国際法の拘束力は国家の自由意思から生じ、独立の国家間の関係を規律するものであって[21]、国際連盟規約14条のいうところの'parties'に個人を含む余地はなかったからである。また、マヴロマティス事件での「国家は自己の権利を主張する」とする言説に従う以上、外交的保護は厳密には個人の問題でなかった[22]。

ところが現在、国家が主張する権利は国家自らの権利であるとする外交的保護の「国家性」[23]に対しては、個人に国際法上の権利主体としての地位を与える現代の国際法において、「擬制」としての性格（「国家的性格」）[24]が強調され

---

20) Kolb, *supra* note 5, p.264.
21) *Lotus case* (France v. Turkey), Judgment, *PCIJ Series A, No.9*, 1927, p.18.
22) Kolb, *supra* note 5, p.269 and p.276.
23) 外交的保護の国家的性格について、Edwin M. Borchard, *The Diplomatic Protection of Citizens Abroad or the Law of International Claims* (1915), pp. 356-357. 加藤信行「外交的保護に関する『埋没理論』の再検討」北大法学論集32巻4号（1982年）959-1003頁。
　　本稿では「国家性」を「外交的保護権行使が可能なのは国家のみである」もしくは「国家が外交的保護権を行使するかどうかは当該国家の裁量による」という意味で用いているが、小畑教授は「国家性」あるいは「外交的保護は国家の権利である」というロジックが用いられるのは、私人の利益を修正したり処分したりする文脈のみであると指摘される（小畑郁「国際投資協定と国家間請求」*RIETI Discussion Paper Series* 14-J-005, 3-5頁）。実際、外交的保護の「国家性」の問題は、政府が外交的保護を行うことを国内法上義務づけるなど、救済面での国家の裁量性を制限する方向を指向している。国籍国に対して外交的保護権の行使を求める実行として、*Samuel Kaunda and Others v. The President of the Republic of South Africa and Others*, 44 *International Legal Materials* (2005). ; *R (Abbasi) v. Foreign Secretary* [2002] EWCA Civ 1598, CA.

すぎているのではないかとの疑問も投げかけられている。個人が国際裁判提起の権利を持ちえない以上、個人に対する他国の国際違法行為責任を追及するために国家は個人の損害を国籍国の法益侵害として自らの権利に「変換（transformation）」して外交的保護権を行使する。マヴロマティス事件以来、この権利を「国際法の尊重を確保する」という国家自身の権利としてとらえ、反対に個人に生じたいかなる損害も国際法では単なる事実と認識してきた[25]。こうした伝統的理解の背景となっていたのは、個人は国際法において権利義務の主体足りえないとする国際法と国内法の二元論的なアプローチであった[26]。個人が他国で損害を被った場合にはまず国内で可能な限りの救済を尽くすべきであり、それでも問題が解決しなかった場合には、国籍国が国際的なレベルで個人損害を取り上げるために国際法の権利問題を再構成するという二段構成の法的擬制（legal fiction）がとられてきたのである[27]。ただし、PCIJはパネヴェジス・サルディティスキス鉄道事件で、損害を被った個人とその国籍国との間の国籍のみが国家に外交的保護権を与えるものであるとも述べ[28]、個人が損

---

[24] この法的擬制による「国家的性格」は外交的保護の濫用の原因であるとしてしばしば批判の対象とされてきた。なぜならば、国家、特に強国は、その政治的・経済的必要性から自国民の些細な損害を口実として外国に過大な請求を行ってきたからである。（松井芳郎「国家責任法の転換－1－ 伝統的国際法における国家責任法の性格」国際法外交雑誌89巻1号（1990年）13-14頁。）

[25] Mavrommatis case, *supra* note 7, p.12. PCIJはホルジョウ工場事件でも「その権利の侵害が存在を生じさせた個人の権利ないし利益は、常に国家に帰属する権利とは別の次元で存在する。そして、国家の権利も同じ違法行為により侵害される。」と述べ、個人の権利は国際法上の権利でないことを確認している（*Chorzow Factory Case (Merits), PCIJ Series A, No.17*, 1928, p.28.）。マヴロマティス事件方式とするPCIJ及びICJの見解の分析について、山下朋子「外交的保護の法的擬制─国内法から国際法への「変型理論」に関する一考察」神戸法学雑誌60巻1号（2010年）347-352頁参照。

[26] アンチロッチは、個人は国際法の主体でなく、個人に生じた損害は国内法で解決されるべきであるとの二元論的立場から、「外国に対して自国民を保護することで、国家はあらゆる不当な侵害、つまり、国際法上基礎を持たない外国のすべての請求に対して自らの利益を主張する。」と述べる（Dionisio Anzilotti, «La responsabilité internationale des états à raison des dommages soufferts par des étrangers», *Revue générale de droit interntaional public*, tome.13(1906), pp.8-9.）が、このような考え方がマヴロマティス事件での基礎となっていた。

[27] 萬歳寛之「国家責任の認定過程における国内法の機能と役割」早稲田大学大学院法研論集94号（2000年）178頁。

[28] *The Panevezys-Saldutiskis Railway Case* (Preliminary Objections), *PCIJ, Series A/B, No.75*, 1938, p. 16.

害を負ったことではなく国籍という紐帯に請求の基礎を見出している。その意味でPCIJは、個人損害の国家の損害への擬制という形式をとりつつ、厳密には国籍の結びつきを重視していたことにも注意が必要である[29]。

さらに、PCIJは条約が個人に権利を創設することも認めている[30]。外交的保護の様式としてマヴロマティス事件方式を維持しつつ、他方で個人の地位と国家の外交的保護権の理論的整理を模索してきた。すなわち、個人は締約国の意思次第で国際的な権利さえ有し、国内裁判所以外の国際的な紛争解決機関が条約上創設される限りにおいて権利侵害を直接主張する余地を認める方向へ進んだのである[31]。だからこそ当該権利について外交的保護は問題となる余地はなかったともいえる。

ところが、ICJではディアロ事件に至るまで、個人の国際法上の権利はもちろん外交的保護はむしろ前面に押し出されなかった。PCIJでのマヴロマティス事件自体もノッテボーム事件[32]やバルセロナ・トラクション事件[33]では引き合いに出されているものの、次第に直接引用されなくなっていく。インターハンデル事件では国内救済完了原則の理由として「他国で国際法の違反として害されたと主張されている権利の所持者である国民を理由として国家が取り上げた事件によって一般に守られている（慣習法上の）規則」と述べられているにとどまる[34]。ELSI事件でもICJはアメリカ自身への権利侵害であることに基づく国内救済完了原則の適用除外に関する請求が、実際にはイタリアによる

---

29) 個人損害が国家損害に埋没するという学説の考え方とPCIJ（およびICJ）の考え方はその意味で異なる。その指摘として、山下・前掲注(25)342-354頁。
30) *Compétence des tribunaux de Danzig*, Avis consultatif, *PCIJ Series.B, No.15*, 1928 pp.17-18. ダンチヒ裁判所の管轄権に関する勧告的意見では、「国際協定自体は個人に権利を創設するものではないが、国際協定の目的が、締約国の意思によって、国内裁判所でも適用可能な個人の権利義務を創設することにあるのであれば」そのような権利が創設できるということを述べているため、ラグラン事件のような国際法上の権利創設とまったく同じというわけではないということも考慮すべきであろう。
31) Kate Parlett, *The Individual in the International Legal System*, (Cambridge, 2011), pp.65-84 and 121-122. 人権条約上の権利と人権裁判所へのアクセスの問題についてA.A.Cançado Trindade, *The Access of Individuals to International Justice*, (Oxford, 2011). 参照。
32) *Affaire Nottebohm* (Liechtenstein v. Guatemala), Deuxième Phase, 1955, p.24.
33) Barcelona Traction case, *supra* note 13, para.85.
34) *Interhandel case* (Switzerland v. United States of America), Preliminary Objections, *ICJ Reports 1959*, p.27.

自国民への損害であるとして退けたが、これがマヴロマティス事件方式の外交的保護であると明言されなかった[35]。領事関係条約36条の創設する個人の権利は国家の権利と相互依存するという状況であるから「裁判所は、外交的保護という異なる主題の下でなされたメキシコによる権利侵害の請求を扱う必要はない」[36]とさえ述べられたアヴェナ事件のような場合もある。他方で、コンゴ民主共和国対ウガンダ事件でウガンダの外交的保護権に基づく請求につき、ICJ自国民であることの立証を欠くとして訴えを棄却した。しかしこの際にも、ICJは「ウガンダに直接生じた損害ではない」ことによって、国内救済完了原則と国籍のリンクを要求したものの、外交的保護であるとは明言しなかった[37]。

このように、ICJではマヴロマティス事件方式というよりも「国籍」という紐帯と国内救済完了原則という外交的保護の手続的要件のみが重視されるようになり、次第に「国籍国による在外自国民の保護」という部分だけが形骸化した。しかし、ICJが個人に国際法上も権利を創設しうると明示した[38]ことにより、外交的保護は個人の損害あるいは権利侵害を国家損害に変換する制度と捉えてきた学説上では、個人の権利侵害についても国籍国が当然に外交的保護権を行使できるかという点において疑問が生じた。そして、国際人権諸条約が個人に権利を創設しているという点で、人権の問題との整合性も問われることとなったのである。

---

35) *Case Concerning Elettronica Sicula S.p.A (ELSI)*, Judgement, *ICJ Reports 1989*, pp.42-43, paras.51-52.
36) *Avena case*, Judgment, *supra* note 12, para.40. アヴェナ事件が外交的保護を否定したのは国内救済完了原則の問題があったからであろう。ラグラン事件では国内救済は完了していた (*LaGrand case, supra* note 11, para.60.) が、アヴェナ事件において提起された51人のうち大半のケースについて国内救済が完了していなかったことはメキシコも認めるところであった。しかし、国民の条約上の権利侵害によって同時に自己の権利も侵害されたとのメキシコの主張を取り上げることで、国内救済が尽くされなくても個人の国際法上の権利侵害を払拭する手段が生み出されたと言えよう。
37) *Case Concerning Armed Activities on the Territory of the Congo* (Democratic Republic of Congo v. Uganda), Judgment, 2005, paras.306-330.
38) *LaGrand case, supra* note 11, para,.77.

III ディアロ事件における人権侵害に対する外交的保護

　ディアロ事件は「人権の普遍性という枠組みにおいて、ふたつの人権条約、すなわち普遍的レベルでの1966年の国際人権規約、地域的レベルでの人および人民の権利に関するアフリカ憲章について、ICJがその違反を認めた史上初めての事件である」[39]。個人の国際法上の権利と外交的保護という論点に関連して、外交的保護権と人権の関係も注目を集めていたが、ICJがその論点に真正面から答えたことはなかった[40]。しかし、ディアロ事件2007年の先決的抗弁判決及び2010年本案判決はこの関係に一石を投じた。これまでの外交的保護に関する形式的かつ伝統的な制限を取り払ったとさえ評価される[41]。そこでIIIでは、2007年先決的抗弁および2010年本案判決を検討することで、ICJが外交的保護権と人権の関係についてどのように論理づけたかを分析・考察する。

　ギニア人であるディアロは、1964年にコンゴ民主共和国（1971年～1997年までザイール）に移住した後、輸出入会社であるアフリコム・ザイール社及びコンテナ輸送会社であるアフリコンテネール・ザイール社を建設し、両会社の代表（gérant）に就任した。ところが、1980年代に両社は取引相手との関係が悪化したので、債権回収のためにディアロを通じてコンゴ国内での司法手続を開始した。両社は債権の決済をコンゴ政府に要求したほか、国家交通局やその他企業との間でも独占権条項違反および操業停止、コンテナの不適切な利用・破壊・毀損についての訴訟を起こした。これに対し、1995年10月31日、ザイール首相は「ザイール公序、とりわけ経済的・財政的・通貨的公序の毀損」を理由にディアロの国外退去命令を発布し、ディアロを逮捕のうえ、1996年1月31日、空路でギニアに強制送還した[42]。

---

39) Separate Opinion of Judge Cançado Trindade, in *Case concerning of Ahmadou Sadio Diallo* (Republic of Guinea v. Democratic Republic of the Congo), Judgment (2010), para.1.
40) たとえばラグラン事件ではドイツは領事関係条約上の領事援助の権利が人権であるとの判断を求めたものの、ICJは判断を明示的に避けていた（*LaGrand case, supra* note 11, para.78.）。
41) Mada Andenas, "International Court of Justice, Case concerning Ahmadou Sadio Diallo (Republic of Guinea V Democratic Republic of the Congo) Judgment of 30 November 2010", *International and Comparative Law Quarterly*, vol.60 (2011), p.812.
42) *Diallo case, supra* note 18, paras. 13-14.

ギニアは、ディアロの3つの権利に関して外交的保護権を主張した。すなわち、第1に、非人道的な待遇および領事関係条約上の権利に関するディアロ個人の権利、第2に会社の代表としてのディアロの権利、第3にアフリコム・ザイール社およびアフリコンテネール・ザイール社を代位しての権利である[43]。ギニアは第1の請求における非人道的な待遇の実体的規則として世界人権宣言および自由権規約を挙げた。

　2007年先決的抗弁でICJは、ILC外交的保護条文草案1条を慣習法上の外交的保護の定義を反映したものとして取り上げ、そして、外交的保護の事項的管轄に国際人権の保障を含むようになったと述べた[44]。そこで、この判旨を分析するにはICJが依拠したILCの外交的保護条文草案の概念に立ち戻る必要がある。ILC条文草案1条は、外交的保護を「国民である自然人および法人に対する他国の国際違法行為によって生じた損害について、当該他国の責任の履行を求めて、外交行動その他の平和的手段により、国籍国が責任を提起すること」[45]と定義する。一見すると、この条文はマヴロマティス事件の言説を受け継いでいるだけのようにも思われる。ところが、そのコメンタリーを合わせ読んでみると、外交的保護の真に目的とするところは損害を被った在外自国民の保護であるとし、マヴロマティス事件のもたらした擬制は目的のための単なる手段でしかないことILCが認識していることが明らかである。ILC自ら、外交的保護が外国で人権侵害を被った個人を保護するために国家間レベルでの重要な救済手段であるとさえ述べている[46]。つまり、ILCは外交的保護の第一義的機能を被害者の個人損害あるいは権利侵害の補塡と捉えているのであり、請求当事者間の国家性は維持しつつも、請求目的の点で個人損害の補塡という形での発展を促している[47]と評価し得る。

　このILCの論理展開の背景には、人権条約とその履行確保制度が存在してい

---

43) *Ibid.*, para.28. ICJは先決的抗弁の段階で、第3の主張については棄却した。
44) *Ibid.*, para.39.
45) A/CN.4/559, Aricle.1, p.24.
46) *Ibid.*, pp.25-26, para.4.
47) 萬歳寛之『国際違法行為責任の研究―国家責任論の基本問題』(成文堂、2015年) 244-245頁。ICJが外交的保護を個人の損害の補塡として考えていることが端的に示されているものとして、*Case concerning Ahmadou Sadio Diallo* (Republic of Guinea v. Democratic Republic of the Congo), Compensation owed by the Democratic Republic of the Congo to the Republic of Guinea (2012), para.57. も参照。

る以上、外交的保護自体は廃れたあるいはすでに必要がないのではないかという批判が在る。ILCはこの批判に対し、人権条約の履行確保手段には地域間での格差も存在し、普遍的レベルにおいては必ずしも十分とは言えないのが現状であり、したがって外交的保護が伝統的な国際法での個人の救済制度として用いられるべきであると反論するのである[48]。ILCは、人権条約の履行確保制度でなく外交的保護でも救済が可能である点につき国家責任条文草案での国際法の実体的規則を示す一次規則とその違反に対する帰結を定める二次規則という区別を外交的保護条文草案でも採用し、個人の権利侵害に関する二次規則のみを外交的保護として定めることによって、実体的規則が人権であっても外交的保護による救済を可能であると整理しているようである[49]。むしろ、外交的保護が国家の権利として擬制されることで国際平面において個人の権利侵害に対する救済手段を確保しうることが、国際法の下で包括的な履行確保制度を持たない人権にとっては重要だと考えられた[50]。とはいえ、人権侵害に対する保護手段としての外交的保護は、ILCが自ら述べる[51]ように未だ慣習法には至っていない。この意味でICJがILCの条文草案を踏襲して外交的保護を個人の人権保護に用いることができるとしたことは慣習法の証拠としての価値を有し、確かに人権侵害に対する外交的保護の慣習法化への第一歩ともいえよう[52]。

　しかし、実体規則と手続規則を区別したからといって、ILCのように人権規範と外交的保護を接続することにまったく問題がないわけではない[53]。人権規範には国籍を問わず保護を認める性質があり、国籍リンクを重視する外交的保護とは本質が異なるのではないかと考えられているからである[54]。そう

---

48) John Dugard, "Diplomatic Protection and Human Rights: The Draft Articles of the International Law Commission", Australian Yearbook of International Law, vol.24 (2005), p.76.; Mohamed Bennouna, *Preliminary Report on Diplomatic Protection*, A/CN.4/484, p.34.; C. F. Amerasinghe, *Diplomatic Protecction*, (Oxford, 2008), p.73.
49) 拙稿「個人の国際法上の権利と外交的保護―国連国際法委員会の外交的保護草案の検討から」上智法学論集51巻2号（2007年）167-169頁。
50) John Dugard, "Diplomatic Protection", James Crawford, Alain Pellet and Simon Olleson (eds.), *The Law of International Responsibility*, (Oxford, 2010), pp.1068-1070.
51) ILC条文草案の19条「推奨される実行」のコメンタリーにおいて、人権侵害に対する外交的保護の実行も含まれる（*supra* note 45, pp.95-97.）。
52) 国際司法裁判所判例研究会「判例研究・国際司法裁判所アマドゥ・サディオ・ディアロ事件（先決的抗弁判決・2007年5月24日）」国際法外交雑誌114巻4号（2016年）[玉田大執筆] 474-487頁。

だとするならば、在外自国民の人権侵害があったからといって当然に外交的保護権を行使できると肯定しえない。もし、両者を接合する場合、侵害された利益が人権であれば論理的には国籍要件は不要であるからすべての国家に外交的保護権を認めるという帰結に至る可能性がある[55]。

そもそも、「国際社会全体に対して国家が負う義務と外交的保護の領域において他国に対して生じる義務とは本質的な区別がなされるべきである」[56]として、前者の義務の例に人権規範（あるいは「人間の基本的権利に関する規則と原則」[57]）を含めたのはほかならぬICJ自身であり、国家責任追及の文脈では被害国が多数化する危険を避けるために非常に慎重な姿勢をとっていた[58]。したがって、ICJがバルセロナ・トラクション事件以来の国際義務の区別を変更したのであればその証明がなされるべきなのである。ところが、ディアロ事件においてはこの枠組みに触れることなく人権救済の側面のみが強調されている。何ゆえこのような理論構成となったのだろうか。

ここで、着目すべきはディアロ事件本案判決で違反の認定を受けた義務の内容であるように思われる。本件で扱われている規則は自由権規約などの人権条約上の権利侵害のみである。ギニアは外国人の追放に関する自由権規約13条およびアフリカ人民憲章12条4項、逮捕・抑留の要件に関する自由権規約9条および人民憲章6条、領事援助に関する権利としての領事関係条約36条1項(b)を適用法規として援用する一方で、抑留の際の非人道的な待遇に関しては自由権規約10条1項や人民憲章7条に触れつつも一般国際法上の権利侵害として請

---

53) Giorgio Gaja, "Droits des Etats et des individus dans le cadre de la protection diplomatique", Jean-François Flauss(dir.) *La protection diplomatique –Mutations contemporaines et pratiques nationals-* (Bruylant, 2003), pp.65-67.; Enrico Milano, "Diplomatic Protection and Human Rights before the International Court of Justice: Re-Fashioning Tradaition?", *Netherlands Yearbook of International Law*, vol.35(2004), pp.109-119.; Serena Forlati, "Protection diplomatique, droits de l'homme et reclamations «Directes» devant la cour internationale de justice quelques réflexions en marge de l'arrêt Congo/Ouganda", *RGDIP*, t.111-1 (2007), p.93.
54) 西村弓「国際法における個人の利益保護の多様化と外交的保護」上智法学論集49巻3・4号（2006年）300-297頁。
55) 国際司法裁判所判例研究会・前掲注(52)481頁。阿部・前掲注(19)23頁。
56) *Barcelona Traction case, supra* note 13, para.33.
57) *Ibid.*, para.34.
58) *Ibid.*, para.91.

求を構成していた59)。これにICJは「非人間的かつ品位を下げるような取扱いの禁止は、条約の規定を離れてさえもあらゆる状況において国家を拘束する一般国際法の規則があることは疑いがない」60)としながら、一般国際法上の権利侵害はギニアの証明不十分を理由に請求を棄却した61)。また、追放の権利についても、恣意的な追放に対する保護が人権保護の国際的規則、とりわけ本件で適用できる2つの国際条約によって保障された権利の核心であると述べている62)。以上のことから、ICJは人権条約の違反認定に終始していたと考えられるのである。先決的抗弁判決では外交的保護の事項的範囲としての国際最低基準に国際的な人権保障を含むようになったことを判事したものの結果的にはすべて条約上の権利違反の認定となった。したがって、ICJが本件で認定した外交的保護と人権の関係は、バルセロナ・トラクション事件で述べられたような対世的義務の関係ではなく、個人に国際法上の権利を定めた条約に基づく外交的保護というあくまで二辺的な関係にとどまっていると解しうる63)。

　しかし、個人の国際法上の権利侵害に基づく外交的保護が可能であるとしても、外交的保護を人権条約にも適用しうるのかについてはやはり何らかの説明が必要であろう。本件でのICJの判断はいささか形式的すぎるきらい64)があり、結局人権条約の違反に対する外交的保護について、両者の性質の違いによる矛盾を解決していないからである。人権条約は通常の国家間関係を規律するような条約と異なり、各当事国が同一の条約義務を受諾して「共同歩調」を取ることに法的利益を有しているために、自国の義務の受諾と実現により相手国への条約義務の履行とそこから生じる利益を享受するという直接的な対応関係が存在しない65)。だからこそこのような共通利益に関する責任追及の場合、

---

59) *Case Concerning Ahmadou Sadio Diallo* (Guinea v. Democratic Republic of the Congo), Judgment (2010), para.63.
60) *Ibid.*, para.87.
61) ICJは非人道的な待遇に関する条約上の問題と慣習法上の問題を区別しようとしているが、その説明が不十分である。そのことを指摘するものとして、Annemarieke Vermeer-Künzli, "The Subject Matters: The ICJ and Human Rights of Shareholders, and the *Diallo* case", *Leiden Journal of International Law*, vol.24 (2011), pp.618-619.
62) *Diallo case, supra* note 59, para.65.
63) 国際司法裁判所判例研究会・前掲注(52)482頁。
64) この傾向はラグラン事件の個人の権利認定にもみられる。Separate Opinion of Judge Shi, in *LaGrand Case, supra* note 11, paras.8-15.

たとえ国籍国でも人権条約の違反によって侵害された利益追及の権利を有するか否かが問題とされているのである。人権侵害に対する国家責任追及では、一国の義務違反によって共同歩調を崩されたことで、対世性を有する多数国間条約の当事国が等しく合法性回復についての共通利益を持つことになるが、当該義務違反の追及に関しては特別に影響を受ける国あるいは義務の履行と権利の享有に根本的な変化を生ずるような影響を受けた国家が一次的な責任追及権を有するという考え方[66]が学説上示されてきた。

ICJがこの点をどのように考えていたのか現時点では明らかでないが、ここでアヴェナ事件の「個人の権利と国家の権利の相互依存状態」という概念を想起したい。このICJの言説からは、個人の国際法上の権利侵害に起因する外交的保護としての請求と対世的義務違反に起因する国家自らの権利の請求は本来的に別個のものとしているようにもみえる。ICJはディアロ事件でも「人権」という対世的な義務の性質より条約上の「個人の権利」としての性質に特化していた。そうだとすれば、人権侵害に対する責任追及でも対世的義務として捉えられる国家間関係の義務だけが存在しているわけではなく、個人の権利侵害に起因する国家間関係が別個に存在していると考えうるのか[67]。だがICJの判旨からはギニアが対世的義務において特に影響を受けた国[68]としても自らの地位を主張して別個の責任を追及できたかどうか不明である。条約が個人に国際法上の権利を創設する場合、当該権利侵害について外交的保護の国籍リンクを用いることで、むしろ国家責任条文草案42条(a)の規定で想定されるような二国間関係の下での責任追及に収められるのだろうか。ILCやICJにとって外交的保護が一次規則である義務の内容を含まず、単純に個人の請求を国際化す

---

65) 山本草二「国際経済法における相互主義の機能変化」高野雄一編『国際関係法の課題〔横田先生鳩寿祝賀〕』(有斐閣、1988年) 260-261頁。

66) 萬歳・前掲注(47)281-285頁。

67) そのような個人の権利侵害に関する国際義務違反の存在を示唆するものとして、Riccardo Pisillo Mazzeschi, "Impact on the Law of Diplomatic Protection" Menno T. Kamminga and Martin Schinin (eds.), *The Impact of Human Rights Law on General International Law* (Oxford, 2009), pp.213-233.

68) 国家責任条文草案42条(b)(i)で、「当該国を含む国の集団もしくは国際共同体全体に対するものであり、かつ、その義務の違反が、当該国に特別に影響を及ぼすものである場合(下線筆者)」。ただし、ギニアはこの条文に触れずに伝統的な外交的保護権の提起として請求を提起している (Affaire Ahmadou Sadio Diallo, Requête, par République de Guinée, le 28 décembre 1998, pp.26-36.)。

るという手続として二次規則のみに限定されるのであれば、そのように理解することも可能であるかもしれない。ただし、このような理解が可能かは現段階では判例の蓄積を待たざるをえない。

IV　おわりに

　国際法において個人の権利が直接規定されるという発展がある一方で、ICJでは、その権利侵害についての責任追及権について国家が自国民を保護することが当然に期待されるとしても、それが理論的に可能かについては十分な理論構築がなされているとはいえない。ディアロ事件判決もILCの外交的保護草案との連帯を述べるのみで、国際法上の個人の権利、とりわけ人権条約上の権利について外交的保護が可能かの理由が十分に説明されたとはいいがたい。他方で、人権条約上の権利侵害については圧倒的に人権裁判所での解決が多いものの、近年、国家間請求での解決にも注目が集まっている。今後の発展が期待されているとともに、学説上は個人の国際法上の権利・人権・外交的保護・国家責任における責任の追及の包括的な理論的整理が求められているといえよう。

　【付記】
　　本稿は、村田学術振興財団平成27年度研究助成「現代国際投資法における外国人投資家保護の国際最低基準」の研究成果の一部である。

滝沢正先生　略歴

◆学歴・職歴（大学・学会関連）

1946.7.10	長野県中野市に生まれる
1965.3	長野県立長野高等学校を卒業する
1965.4	東京大学教養学部文科1類に入学する
1969.6	東京大学法学部公法コースを卒業し、法学士の称号を受ける
1969.7	東京大学大学院修士課程に進学する
1971.3	東京大学大学院修士課程を修了し、法学修士の称号を受ける
1971.4	東京大学大学院博士課程に進学する
1976.3	東京大学大学院博士課程を修了し、法学博士の称号を受ける
1976.4	上智大学法学部助教授に就任する
1977.4	成蹊大学法学部非常勤講師を兼務する（2年間、フランス法）
1979.9	パリ第2大学法学部にて在外研究を行う（2年間、上智大学在外研究・フランス政府給費）
1984.4	上智大学法学部教授に昇任する
1984.4	早稲田大学法学部非常勤講師を兼務する（1年間、フランス法）
1986.6	『フランス行政法の理論』（有斐閣）に対して、日仏会館・毎日新聞社より「渋沢・クローデル賞」を受賞する
1987.4	九州大学法学部非常勤講師を兼務する（集中講義、以後隔年8回、フランス法）
1988.5	比較法学会理事に就任する（15期目、現在に至る）
1989.10	ルーヴァンカトリック大学法学部にて客員教授に就任する（3か月、国際交流基金派遣）
1991.1	上智大学法学部国際関係法学科長に選任される（3期6年間）
1991.4	東京大学教養学部非常勤講師を兼務する（16年間、比較法）
1993.4	東京大学法学部非常勤講師を兼務する（1年間、フランス法）
1994.4	慶應義塾大学法学部非常勤講師を兼務する（1年間、フランス法）
1994.4	名古屋大学法学部非常勤講師を兼務する（集中講義、以後隔年3回、フランス法）
1995.4	日本大学大学院非常勤講師を兼務する（16年間15回、フランス法）
1995.11	日仏法学会理事に就任する（7期目、現在に至る）
1998.4	東京大学大学院非常勤講師を兼務する（9年間、比較法、教養学部と合併）
1999.1	上智大学法学部長に選任される（2期4年間）

2001.10	日本公法学会理事に就任する（1期3年間）
2002.4	上智学院評議員に就任する（1期2年間）
2003.4	上智大学図書館長に任命される（半期1年間）
2004.4	上智大学法科大学院教授に所属変更する
2004.4	上智大学法科大学院長に選任される（2期4年間）
2006.6	比較法学会理事長に選任される（2期4年間）
2009.4	上智大学図書館長に任命される（1期2年間）
2009.4	東京大学法科大学院非常勤講師を兼務する（2年間、比較法）
2011.4	上智大学学長（第14代）に選任される（1期3年間）
2011.4	上智学院学務担当理事兼評議員を併任する（1期3年間）
2011.4	大阪市立大学大学院非常勤講師を兼務する（集中講義1回、比較法）
2013.3	上智大学短期大学部学長（第7代）に任命される（暫時6か月）
2015.4	上智大学生命倫理研究所長に任命される（1期目、現在に至る）
2017.3	上智大学教授を退任する〈予定〉

◆職歴（団体役員・会議委員関連）

1990.5	末延財団評議員（3期9年間）
1991.10	日本学術会議15期比較法学研究連絡委員会委員（3年間）
1994.1	文部省学術審議会専門委員（2期2年間）
1994.10	日本学術会議16期比較法学研究連絡委員会幹事（3年間）
1997.10	日本学術会議17期比較法学研究連絡委員会委員長（3年間）
1998.6	秦野市情報公開個人情報保護審査会副会長（5期10年間）
1999.5	末延財団理事（6期目、現在に至る）
2001.3	法務研究財団法学検定試験委員会専門委員（10年間）
2002.4	江草基金評議員（7期目、現在に至る）
2003.1	日本私立大学連盟法科大学院に対する公費助成対策委員会委員（3年間）
2003.3	大学入試センター適性試験実施方法研究会委員（5年間）
2003.4	大学基準協会相互評価委員会専門委員（2期6年間）
2004.6	大学評価・学位授与機構法科大学院認証評価委員会専門委員（2期4年間）
2005.3	法科大学院協会監事（1期3年間）
2005.10	最高裁判所図書館委員会委員（6期目、現在に至る）
2006.8	日本学術会議20期、21期連携会員（短縮5年間）
2007.12	東京弁護士会懲戒委員会委員（2期4年間）
2008.5	大学評価・学位授与機構法科大学院認証評価委員会委員（4期8年間）
2011.4	大学基準協会評議員（1期3年間）

2011.6	日本私立大学連盟理事・常務理事（1期3年間）
2011.6	カトリック大学連盟幹事（1期2年間）
2011.10	日本学術会議22期、23期連携会員（6年目、現在に至る）
2011.12	私学研修福祉会評議員（2期4年間）
2012.1	私立学校振興共済事業団共済運営委員会委員（1期2年間）
2012.4	私立大学連合会代議員（2年間）
2012.6	日仏会館理事（3期目、現在に至る）
2013.6	カトリック大学連盟会長（半期1年間）
2013.6	カトリック学校連合会理事（半期1年間）
2013.11	秦野市情報公開個人情報保護審査会会長（2期目、現在に至る）
2014.5	長野県教育委員会SGH長野高校運営指導委員会副委員長（現在に至る）
2015.5	長野県教育委員会SGH上田高校運営指導委員会副委員長（現在に至る）
2016.9	公正研究推進協会研究倫理基盤委員会委員（現在に至る）

滝沢正先生 主要著作目録

◆著 書

1980.5	『行政法第2巻』（近藤昭三先生他と共著）有斐閣・有斐閣新書
1984.10	『フランス行政法の理論』有斐閣・上智法学叢書第9巻
1997.3	『フランス法』三省堂
1998.3	『現代ヨーロッパ法の展望・山口俊夫先生古稀記念』（編著）東京大学出版会
2002.4	『フランス法（第2版）』三省堂
2002.4	『比較法学の課題と展望・大木雅夫先生古稀記念』（編著）信山社
2008.9	『フランス法（第3版）』三省堂
2009.2	『比較法』三省堂
2010.10	『フランス法（第4版）』三省堂

◆訳 書

1978.3	『フランス民法典——家族・相続関係』（稲本洋之助先生他と共訳）法務資料433号、1978.9法曹会より出版
1982.7	『フランス民法典——物権・債権関係』（稲本洋之助先生他と共訳）法務資料441号、1982.11法曹会より出版
2007.8	『ウェール=プイヨー・フランス行政法』（兼子仁先生と共訳）三省堂

◆論説・学会報告

1973.10	「フランスにおける条例」公法研究35号
1977.1	「フランスにおけるレジオナリスムの成立過程」上智法学論集20巻2号
1977.10	「第5共和制下のフランスにおけるレジオナリスム」上智法学論集21巻1号
1978.4	「フランス法における行政契約（1）」法学協会雑誌95巻4号
1978.5	「フランス法における行政契約（2）」法学協会雑誌95巻5号
1978.6	「フランス法における行政契約（3）」法学協会雑誌95巻6号
1978.7	「フランス法における行政契約（4）」法学協会雑誌95巻7号
1978.9	「フランス法における行政契約（5・完）」法学協会雑誌95巻9号
1979.12	「フランスにおける行政法の法典化」上智法学論集23巻1号
1980.12	「フランスにおける公務員災害補償制度」上智法学論集24巻特別号・国

　　　　　際関係法学科創設記念号
1982.3　「フランスの法学教育機関」判例タイムズ457号
1982.4　「フランスの法学教育」判例タイムズ460号
1982.4　「フランスの法学教育のにない手」法律時報54巻4号
1983.3　「フランス法における私人の行政行為」上智法学論集特別号・上智大学
　　　　　法学部創設25周年記念論文集
1983.5　「フランス法における行政上の不法行為責任」『東西法文化の比較と交
　　　　　流・野田良之先生古稀記念』(有斐閣)
1983.6　「各国行政法・行政法学の動向と特色——フランス」『現代行政法の課題・
　　　　　現代行政法大系Ⅰ』(有斐閣)
1984.3　「最近のフランスにおける行政裁判制度の改革」日仏法学12号
1984.5　「フランスの裁判制度について」判例タイムズ522号
1985.3　「フランスにおける商法の非法典化」上智法学論集28巻1=2=3号・佐
　　　　　藤功先生退職記念号
1986.2　「フランスにおける判決の簡潔性について」上智法学論集29巻1号
1987.8　「各国の国家補償法の歴史的展開と動向——フランス」『国家補償法の理
　　　　　論・国家補償法大系Ⅰ』(日本評論社)
1988.6　「フランス外国人法の現状」ジュリスト909号
1989.2　「フランスの地方制度——歴史的展開」『歴史、比較法・地方自治大系Ⅰ・
　　　　　須貝脩一先生喜寿記念』(嵯峨野書院)
1989.6　「法学からみたフランス革命」ソフィア38巻2号
1990.4　「行政監察制度の歴史的考察」『行政法の諸問題(上)・雄川一郎先生献
　　　　　呈論集』(有斐閣)
1990.9　「EC行政訴訟の概念と機能」判例タイムズ732号
1990.12　「フランスにおける行政監察」『現代行政の統制』(成文堂)
1991.3　「フランスにおける判例の機能——司法判例と行政判例」上智法学論集
　　　　　34巻2=3号・幾代通先生追悼記念号
1991.3　「法学における専門教育と一般教育との関係」『上智大学教育改革と一般
　　　　　教育の課題』
1991.9　「法学教育にみるフランス人の法思考」ソフィア40巻3号
1991.12　「フランスにおける判例の機能——司法判例と行政判例」比較法研究53号
1992.12　「ヨーロッパ統合と法——フランス法」比較法研究54号
1994.3　「必修性は存続させるべきか」『上智大学における自己評価とFDの研究』
1994.9　「フランス法のなかの性差」『ジェンダー』ライブラリー相関社会科学第
　　　　　2巻(新世社)
1995.5　「Les contrôles juridictionnels et non juridictionnels」Revue française
　　　　　d'administration publique, 1995-1

1995.12	「L'enseignement du droit étranger aux étudiants japonais」Revue internationale de droit comparé, 1995-4
1997.2	「日本人学生に対する外国法教育」日仏法学20号
1998.2	「フランスにおける憲法の最高法規性に関する一考察」上智法学論集41巻3号
1998.3	「フランスにおける憲法改正」『現代ヨーロッパ法の展望・山口俊夫先生古稀記念』(東京大学出版会)
1998.8	「フランスにおける国際法と国内法」上智法学論集42巻1号
1999.3	「法観念を中心とする世界法文化の比較・討論のまとめ」比較法研究60号
1999.9	「Droit public de l'immeuble: contre-rapport」Revue internationale de droit comparé, 1999-3
2000.2	「EUと各国法」『EUとドイツ語圏諸国』(南窓社)
2000.3	「フランスにおける生命倫理法制」上智法学論集44巻4号
2000.4	「後継者養成の展望——諸外国との比較の視点から」法律時報72巻4号
2000.9	「フランスの法学教育」『帝京大学・法学教育に関する調査報告書Ⅰ』
2001.9	「欧州警察協力の新展開・Ⅰはじめに」上智法学論集45巻1号
2002.4	「欧州共同体法の発展と比較法学・外国法学」『比較法学の課題と展望・大木雅夫先生古稀記念』(信山社)
2002.8	「法科大学院における比較法・外国法教育」法律時報74巻8号
2003.1	「ヨーロッパ法の発展と他の法分野との関連」聖学院大学総合研究所紀要24号
2004.2	「フランスの法学教育が示唆するもの」書斎の窓2004年1=2月号
2004.3	「新世紀における比較法学の課題・問題提起、総括」比較法研究65号
2005.3	「生命倫理法の展開——比較法的考察・掲載にあたって」上智法学論集48巻3=4号
2005.3	「生命倫理問題に対する法的対応の二類型」上智法学論集48巻3=4号
2005.3	「比較法的にみた日本法のアイデンティティ」『日本法の国際的文脈』早稲田大学比較法研究所叢書32号 (成文堂)
2005.5	「La réception des droits étrangers et la langue」Mélanges Xavier Blanc-Jouvan, De tous horizons, Société de Législation Comparée
2005.10	「フランスの特別裁判所」法の支配139号
2006.2	「フランスによる欧州連合憲法条約の否決——国内的側面」聖学院大学総合研究所紀要34号別冊
2006.10	「公法学教育の比較研究」公法研究68号
2007.3	「欧州人権条約と法統合」聖学院大学総合研究所紀要38号
2007.6	「行政法と民法典」日仏法学24号

2008.5	「国内における『国際法の一般原則』の利用――フランス法を中心として」『変容する社会の法と理論・上智大学法学部創設50周年記念』（有斐閣）
2008.12	「フランスにおける私法と公法」上智法学論集52巻1=2号
2009.2	「私と公――フランス法の視点から」法律時報81巻2号
2009.9	「法科大学院における基礎法学教育の理念と問題点」学術の動向14巻9号
2009.12	「国際裁判所と国内裁判所・第1章序論」上智法学論集53巻2号
2010.3	「国際裁判所と国内裁判所・第3章第2節第1款フランス法」（田辺江美子氏と分担執筆）上智法学論集53巻4号
2010.3	「国際裁判所と国内裁判所・第4章結論」上智法学論集53巻4号
2010.7	「比較法の新時代・ディエン報告へのコメント、まとめの挨拶」『法創造の比較法学』（日本評論社）
2011.3	「翻訳の手法――フランス法律文献の場合」上智法学論集54巻3=4号
2011.6	「ヨーロッパにおける法統合の新たな展開――人権保障を中心として・問題の提起、構成国法の視点から」比較法研究72号
2012.12	「『公正な裁判』をめぐる比較法・序論、総括」比較法研究74号
2015.3	「近代国家法に対するフランス法の影響力」日仏文化84号
2016.3	「フランスの学術法制」上智法学論集59巻4号
2016.3	「フランス民法典の改正と生命倫理」生命と倫理3号
2016.10	「フランス民法典改正拾遺」上智法学論集60巻1=2号

◆訳　文

1972.4	「フランス民事訴訟法典の翻訳（11）」（野田良之先生他と共訳）法学協会雑誌89巻4号
1972.6	「フランス民事訴訟法典の翻訳（12）」（野田良之先生他と共訳）法学協会雑誌89巻6号
1978.2	「フランス労働法典（部分）」『フランス等諸外国労働法令集』（労働省）
1991.2	「デルヴォルヴェ『行政訴訟における政策決定問題――フランス』」『日本とフランスの裁判観』（有斐閣）
1992.3	「ランベール『比較法学の諸問題』」（大木雅夫先生と共訳）上智法学論集35巻3号
1998.9	「ロベール『第五共和制の行方』」日仏法学21号

◆判例評釈

1982.6	「企業誘致政策の変更と損害補填」ジュリスト768号・昭和56年度重要判例解説
1983.6	「箕面慰霊祭訴訟第一審判決をめぐって」判例タイムズ492号
1984.3	「水俣病認定業務の遅延が県知事の故意による違法な不作為に当たるとして、国および県に対し慰謝料等の支払いを命じた事例」判例時報1101号
1984.9	「予防接種事故と損害の填補——予防接種禍東京地裁判決に寄せて」判例タイムズ530号
1985.7	「予防接種と疾病との因果関係の成立要件」判例タイムズ555号
1986.7	「予防接種による被接種者の死亡または後遺障害に対し、国家賠償責任が認められ、損失補償責任が否定された事例」判例時報1190号
1987.4	「種痘接種による後遺障害に対し、国家賠償責任が否定された事例」判例時報1221号
1987.11	「ごみ処理施設建設請負契約が地方自治法施行令に定める競争入札に適しない契約にあたるとされた事例」判例時報1247号
1990.11	「公務員が懲戒免職処分係争中にした立候補の届出と公務員たる地位の消滅」判例時報1358号
1993.9	「予防接種被害につき、損失補償請求が否定され、厚生大臣の過失による損害賠償請求が認定された事例」判例時報1461号
1995.7	「公選法112条2項の繰上補充による当選人の決定を、名簿登載者の除名が適正手続に従わない無効なものであるとして、無効とした事例」判例時報1527号
1997.5	「公選法251条の2第1項が定める連座制による立候補の禁止規定は合憲である」判例時報1594号
1998.1	「会社の指揮命令系統を利用して選挙運動を行った代表取締役等は、連座制の対象となる組織的選挙運動管理者等に当たる」判例時報1618号
1999.9	「平成6年改正法による連座制の秘書への拡大が合憲とされた事例」判例時報1679号
2003.1	「公職選挙法違反の罪により当選無効とされた議員が、報酬等を不当利得として返還することを命じられた事例」判例時報1800号

◆外国立法・外国判例・内外文献の紹介

1979.8	「水難救助者に無過失国家賠償が認められた事例」判例タイムズ388号

1983.11	「公役務の継続性の原理」判例タイムズ504号
1983.12	「学界回顧——フランス法」法律時報55巻12号
1984.3	「公法——国有化、地方分権」日仏法学12号
1984.10	「比較法一般——René David, Les avatars d'un comparatiste」比較法研究46号
1984.12	「学界回顧——フランス法」法律時報56巻13号
1984.12	「行政契約と事情変更の原則」判例タイムズ538号
1985.10	「比較法一般——René Rodière, Introduction au droit comparé」比較法研究47号
1985.12	「学界回顧——フランス法」法律時報57巻13号
1986.9	「公法——経済社会評議会、大学」日仏法学14号
1986.9	「山口俊夫『フランス債権法』」ジュリスト868号
1986.10	「比較法一般——論文」「フランス法——行政法に関する最近の概説書について」比較法研究48号
1986.12	「学界回顧——フランス法」法律時報58巻13号
1987.10	「比較法一般——論文」「フランス法——憲法に関する最近の概説書について」比較法研究49号
1987.12	「公土木の請負工事をめぐる責任関係」判例タイムズ646号
1988.3	「公法——海岸、外国人出入国管理」日仏法学15号
1988.10	「比較法一般——論文」「フランス法——行政法のモノグラフィーについて」比較法研究50号
1989.12	「刑事法——恩赦法」日仏法学16号
1989.12	「比較法一般——論文」「フランス法——公法に関する論文集について」比較法研究51号
1990.12	「比較法一般——Eric Agostini, Droit comparé」「フランス法——行政法の概説書について」比較法研究52号
1991.3	「公法——ヌヴェル・カレドニの将来に関する国民投票、不正選挙の防止、外国人出入国管理」日仏法学17号
1991.12	「比較法一般——学界の動向」「フランス法——ベルギー行政法の概説書について」比較法研究53号
1992.12	「比較法一般——Comparative and Private International Law, Essays in Honor of John Henry Merryman on his Seventieth Birthday」比較法研究54号
1993.3	「公法——タバコ・アルコールの広告規制」日仏法学18号
1993.12	「比較法一般——Comparative Legal Cultures, edited by Csaba Varga」「フランス法——EC法の著書について」比較法研究55号
1995.1	「比較法一般——Peter de Cruz, A Modern Approach to Comparative Law」

	「フランス法——環境法の著書について」比較法研究56号
1995.3	「公法——民営化」日仏法学19号
1996.2	「比較法一般——L'enseignement du droit national aux étudiants étrangers」
	「フランス法——フランス法全体の概説書について、行政法の概説書について」比較法研究57号
1997.2	「公法——フランス語使用」日仏法学20号
1997.3	「フランス法——立法・著書」比較法研究58号
1998.2	「フランス法——立法・著書」比較法研究59号
1999.3	「フランス法——立法・著書」比較法研究60号
2000.1	「社会法——若年者の雇用創出」日仏法学22号
2000.3	「フランス法——立法・判例」比較法研究61号
2001.3	「フランス法——立法」比較法研究62号
2002.3	「フランス法——立法」比較法研究63号
2003.3	「フランス法——判例・立法」比較法研究64号
2003.6	「五十嵐清『現代比較法学の諸相』」社会体制と法4号
2005.1	「公法——行政と市民」日仏法学23号
2007.6	「公法——出版の自由」日仏法学24号

◆座談会

1982.8	「大阪空港大法廷判決をふりかえって」判例タイムズ469号
1989.4	「憲法訴訟・行政訴訟における政策決定問題」ジュリスト932号
1992.1	「日本の国家賠償法制の特色」ジュリスト993号
1995.7	「日仏法学シンポジウム週間」ジュリスト1071号
1998.6	「不動産所有権の現代的諸問題」ジュリスト1134号
2000.2	「EUとドイツ語圏諸国」『EUとドイツ語圏諸国』(南窓社)
2002.6	「ロースクール構想」ソフィア50巻4号
2003.1	「ある日突然、あなたは『裁判員』」『東京都女性海外視察団の会・報告書』
2007.1	「国際関係法学科設立25周年記念」上智法学論集50巻3号

◆随想・解説

1983.7	「フランスの街角の法規」判例タイムズ495号
1983.8	「カフェーのテラスとフランス行政契約法」判例タイムズ498号
1983.10	「年齢による差別的取扱の実例と根拠」判例タイムズ503号
1983.11	「滞在許可手続余談——戸籍」判例タイムズ506号
1983.12	「フランスの週休二日制」判例タイムズ508号

1986.7	「受賞の言葉——渋沢・クローデル賞」日仏会館・日仏協会通信31号
1986.8	「フランスは法と論理の国でもある——渋沢・クローデル賞を受賞して」ふらんす昭和61年8月号
1986.10	「体系フランス民法〔債務法〕(3)——錯誤、詐欺」判例タイムズ613号
1986.10	「私を動かした本、私が動かされた本——野田良之著『フランス法概論（上）』」上智新聞234号
1993.3	「法学教育における授業評価」『上智大学における自己評価とFDの研究事例』
1994.7	「比較法および外国法科目の開講または設置状況（日本学術会議比較法学研究連絡委員会報告書）」法律時報66巻8号
1996.9	「フランス法文化圏の学者が毎年集う国際会議」学術の動向1996年9月号
1997.11	「フランス法文化圏の学者が毎年集う国際会議」学術の動向1997年11月号
1998.2	「外国人による比較法・外国法教育（日本学術会議比較法学研究連絡委員会報告書）」法律時報70巻2号
1999.5	「試験について」上智大学通信256号
1999.7	「パンのフランス法」ソフィア48巻2号
2000.3	「ナポレオン法典」「フランス法」『現代法律百科大辞典第6巻』（ぎょうせい）
2000.7	「法科大学院アンケート：大学と法学教育・上智大学」法律時報72巻8号
2000.10	「諸外国における法学研究者養成制度（日本学術会議比較法学研究連絡委員会報告書）」ジュリスト1187号
2005.9	「警察刑事司法協力」『国際関係法辞典（第2版）』（三省堂）
2006.12	「法科大学院の使命は何か」上智新聞442号
2009.7	「体で学ぶ——ラーニングコモンズ」上智大学図書館だより5号
2009.9	「法科大学院の現状と基礎法学教育——法科大学院に何を求めるか・序文」学術の動向14巻9号
2010.1	「心に残る私の一冊——『法の精神』に挑戦する」上智大学通信351号
2011.3	「上智大学における教育理念の原点を探る」『叡智を生きる』（上智大学出版）
2011.3	「真田濠の桜と上智大学の教育精神」さくら茶フェスティバル2011 in 大妻
2011.4	「図書館は知の宝庫である」上智大学図書館だより10号
2011.5	「グローバル・コンピテンシーのために」大学ジャーナル93号

2011.5	「女性研究者支援について思うこと」上智大学グローバル社会に対応する女性研究者支援プロジェクト8号
2011.6	「上智大学が目指す三つの価値の実現と情報教育」大学教育と情報20巻1号
2011.7	「聖三木図書館と私」ゆるし2号
2012.1	「本県高等教育への期待——長野県出身の学長等に聞く」長野県民新聞840号
2012.3	「真田濠の桜と大学の立地」大妻さくらフェスティバル2012
2012.5	「大学教育の質保証雑感」大学時報344号
2012.10	「理工学部50周年に寄せて」上智大学理工学部創設50周年記念誌I
2012.12	「男女共同参画は言葉遣いからも」輝くsophia女性研究者・女性研究者ロールモデル集II
2013.2	「法における共生の思想」共生学7号
2013.3	「100周年を迎える上智大学」三田評論1165号
2013.3	「上智大学100周年と真田濠の桜」大妻さくらフェスティバル2013
2013.4	「グローバル人材養成と理工学部」Sophia Sci-tech24号
2013.5	「叡智が世界をつなぐ」大学時報350号
2013.11	「さらなる飛躍を目指して」『上智の100年・記念誌』
2013.12	「次の100年を飛躍の世紀に！」東京人333号
2014.2	「百周年を迎えた上智大学と共生学」共生学8号
2014.3	「経済学部100周年記念特集号・祝辞」上智経済論集59巻1=2号
2015.11	「末延財団と上智大学」『末延財団80周年記念誌』
2016.3	「生命倫理研究所の伝統と新たな課題」生命と倫理3号

＊ほかに学長式辞、巻頭言・挨拶文、検定試験の出題・解説、寄稿文・取材記事・紹介記事は多数に上る。紙幅の都合で、すべて割愛した。

滝沢正先生古稀記念論文集
いのち、裁判と法──比較法の新たな潮流

2017年3月15日 第1刷発行

編集代表	矢島　基美	
	小林　真紀	
発行者	株式会社　三　省　堂	
	代表者　北口克彦	
印刷者	三省堂印刷株式会社	
発行所	株式会社　三　省　堂	

〒101-8371　東京都千代田区三崎町二丁目22番14号
電話　編集　(03)3230-9411
　　　営業　(03)3230-9412
http://www.sanseido.co.jp/

Ⓒ M.Yajima, M. Kobayashi 2017　　　　Printed in Japan

落丁本・乱丁本はお取替えいたします。　　〈滝沢古稀記念論文集・352pp.〉
ISBN978-4-385-32315-2

Ⓡ本書を無断で複写複製することは、著作権法上の例外を除き、禁じられています。本書をコピーされる場合は、事前に日本複製権センター（03-3401-2382）の許諾を受けてください。また、本書を請負業者等の第三者に依頼してスキャン等によってデジタル化することは、たとえ個人や家庭内での利用であっても一切認められておりません。